纤石村志

《纤石村志》编纂委员会 编

方志出版社
Publishing House of Local Records

《纤石村志》编纂委员会

主　　任　苏文海

副 主 任　王祖龙　　沈德强

委　　员　沈生根　　黄伟芳　　梁　波　　沈　斌

　　　　　梁　凯　　宋红丽　　宋悦忠

编纂工作室

顾　　问　康烈华

主　　编　沈农高

编　　辑　梁文伟　　沈伟平　　徐美根　　梁苏伟

编　　务　梁晓宇　　金佳蓉

摄　　影　沈祥林

上纤埠全景（2022） 纤石村委供稿

田园纤石（2022年）　　纤石村委供稿

2019年5月落成的纤石村办公楼（2022年）　　沈祥林 摄

纤石村领导班子合影。党委书记、主任苏文海（中），党委副书记沈生根（右二），纪委书记沈斌（左三），组织委员梁波（右三），党委委员黄伟芳（右一），村委副主任梁凯（左二），村委委员宋红丽（左一）（2022年）

沈祥林 摄

2016年，浙江省副书记、省政法委书记、浙江省人大常委会副主任王辉忠（右一）到杭州及时雨植保防治服务专业合作社调研

杭州及时雨合作社供稿

2020年，杭州市委常委、余杭区委书记张振丰（中）到村调研　　　纤石村委供稿

2016年，浙江省农业厅副厅长张火法（左四）到杭州及时雨植保防治服务专业合作社调研　　　杭州及时雨合作社供稿

2021年6月3日，余杭区政协副主席、良渚街道党工委书记斯建刚（左三）到村调研，到《纤石村志》编纂工作室看望编纂人员　　纤石村委供稿

2018年，村党委书记沈德强（右三）与妇女探讨美丽乡村建设　　纤石村委供稿

田园中的村庄（2020年）
沈农高 摄

美丽乡村建设（2022年）
纤石村委供稿

农户自建房（2022年）
纤石村委供稿

美丽庭院（2021年）
沈农高 摄

陈家门自然村（20世纪90年代） 徐美根供稿

上纤埠民宿（2021年）
沈祥林 摄

上纤埠旧景（20世纪80年代）　　康烈华供稿

草里坝新苑（2022年）　　纤石村委供稿

浙江省水稻绿色高产高效创建千亩示范片（2021年）

沈桂法供稿

机械插秧（2021年）　　沈桂法供稿

机械翻耕作业（2021年）

沈桂法供稿

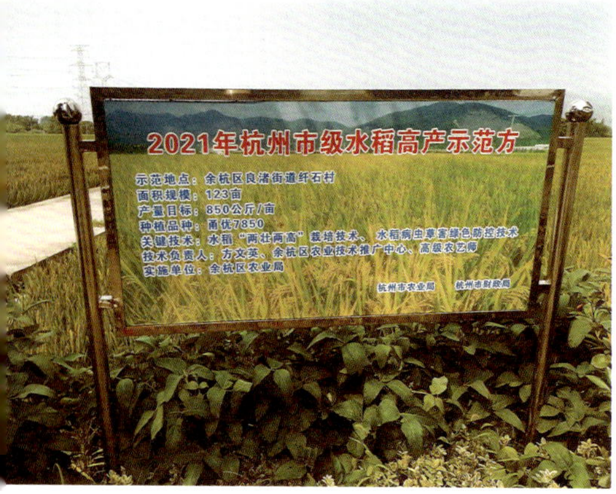

杭州市级水稻高产示范片（2021年）
沈桂法供稿

无人机治虫（2021年）
沈桂法供稿

机械收割水稻（2021年）
沈桂法供稿

虾儿兜造田项目竣工（2021年）

沈祥林 摄

杭州及时雨植保防治服务专业合作社（2022年） 沈农高 摄

杭州梁山机械配件厂产品（2021年） 沈祥林 摄

整治后的三官堂港河道（2021年）　　纤石村委供稿

植林基地（2021年）　　沈祥林 摄

东苕溪之大云寺湾（2022年）
纤石村委供稿

上纤埠船闸（2021年）　　沈祥林 摄

康家涧排涝站（2021年）　　沈祥林 摄

移动通信基站（2021年）
沈祥林 摄

宣杭铁路苕溪大桥（2022年）

纤石村委供稿

1 | 2
3
4

1. 宣传垃圾分类　　纤石村委供稿

2. 建设中的垃圾处理场（2021年）
沈祥林 摄

3. 垃圾分类，从小教育（2020年）
纤石村委供稿

4.村民打扫卫生（2019年）
纤石村委供稿

高明桥公园（2022年）　　纤石村委供稿

改造后的小微水体（2022年）　　纤石村委供稿

东苕溪（2022年）　　纤石村委供稿

生绿缘农庄（2021年）　　沈祥林 摄

四好农村公路（2022年）　　纤石村委供稿

康安公路（2021年）　　沈祥林 摄

东苕溪与西险大塘（2021年）　　沈农高 摄

西险大塘防汛公路（2022年）　　纤石村委供稿

过境500千伏高压线（2022年）

纤石村委供稿

上纤埠大会长桥（2022年）　　纤石村委供稿

余杭区良渚街道社区卫生服务中心纤石村服务站（2021年）　　沈祥林 摄

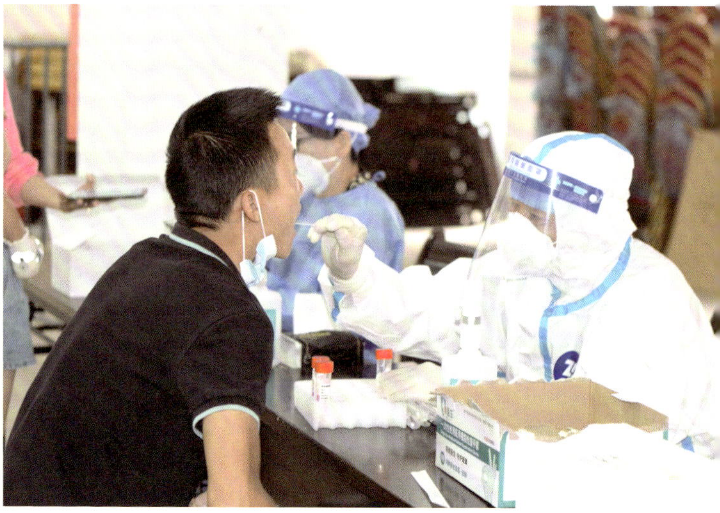

村核酸采样点（2022年）　　沈农高 摄

1
2

1. 余杭区安溪幼儿园新星分园（2022年）

沈农高 摄

2. 幼儿园户外活动

新星分园供稿

浙江广播电视发射基地（2021年） 沈祥林 摄

2013年，澳大利亚学生到杭州及时雨植保防治服务专业合作社学习 杭州及时雨合作社供稿

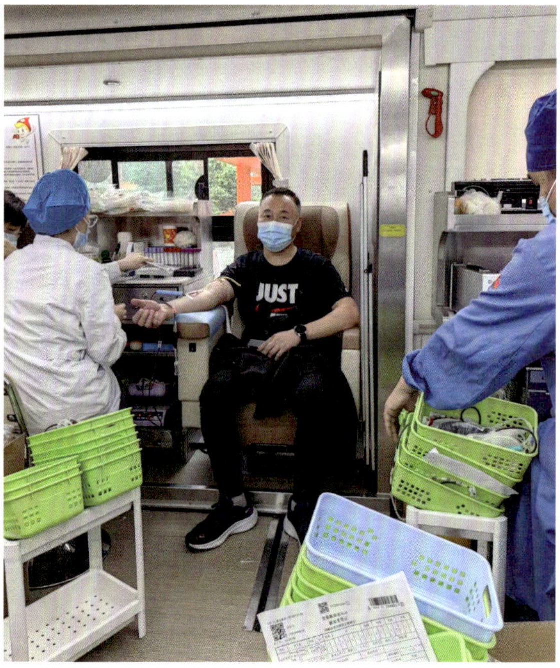

村民义务献血（2021年） 纤石村委供稿

1
2 | 3

1. 篮球场（2022年）　纤石村委供稿

2. 滚灯操队参加比赛（2016年）　纤石村委供稿

3. 上纤埠健身点（2022年）　纤石村委供稿

2020年退休老干部活动（2020年）　　纤石村委供稿

1 / 2

1. 旧式织布机（2021年） 沈祥林 摄

2. 浇花布（2021年） 沈祥林 摄

| 1 | 3 |
| 2 | 4 |

1.2. 传统农家器皿（2021年）　沈祥林 摄

3. 盘架和笪（2021年）　沈祥林 摄

4. 风箱（2022年）　沈祥林 摄

文化宣传栏（2022年）　　沈祥林 摄

农家书屋（2022年）　　沈农高 摄

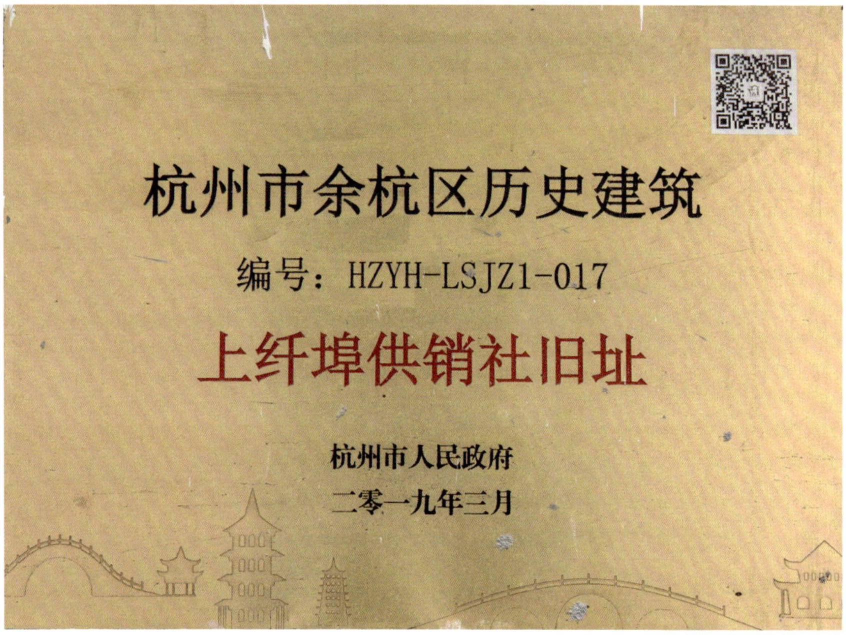

2019年3月，上纤埠供销社旧址获评杭州市余杭区历史建筑

纤石村委供稿

2019年3月，花园聚财桥获评杭州市余杭区历史建筑

沈祥林 摄

天神桥（2022年）

纤石村委供稿

大隐寺（大云寺）（2021年）　　沈祥林 摄

谷仓群（2022年）　　纤石村委供稿

1. 锅焦衣（2020年） 纤石村委供稿

2. 青团子（2020年） 纤石村委供稿

3. 烘豆茶（2020年） 纤石村委供稿

《纤石村志》第一次编纂工作会议(2021)　　梁波 摄

2022年8月28日,省级方志专家、区委党史研究室(区地方志编纂研究室)一级主任科员(原方志科科长)李景苏(左二)到纤石村指导修志　　纤石村委供稿

《纤石村志》评审专家与编委、编纂工作室人员合影(2022年)　　梁波 摄

前排评审专家：王庆（左二）、陈顺水（右二）、吕伟纲（左一）、叶华醒（右一）

后排编委人员：苏文海（左五）、王祖龙（右四）；编纂工作室人员：沈农高（左四）、徐美根（左二）、梁苏伟（左三）、梁晓宇（左一）、梁文伟（右一）、沈伟平（右三）、沈祥林（右二）

纤石村荣誉证书（2022年）　　梁晓宇 摄

纤石村区位图

纤石村
德清县
临平区
拱墅区
浙江省
西湖区
上城区
余杭区
临安区
仁和街道
良渚街道
瓶窑镇
径山镇
黄湖镇
鸬鸟镇
百丈镇
仓前街道
余杭街道
五常街道
中泰街道
闲林街道
桐乡市
安吉县
G104
G320
G235
S304
S205
S206
G329
图例
省政府
市政府
区（县）政府
镇政府、街道办事处
村委会
设区市界
区（县）界
街道（镇）界
村界
铁路
高铁
高速公路
高架路
国道
省道
审图号：浙杭S[2023]31号
中煤浙江测绘地理信息有限公司编制
本图基础地理地图由浙江省自然资源厅提供
注：本图界线不做划界依据 资料截止时间2023年9月

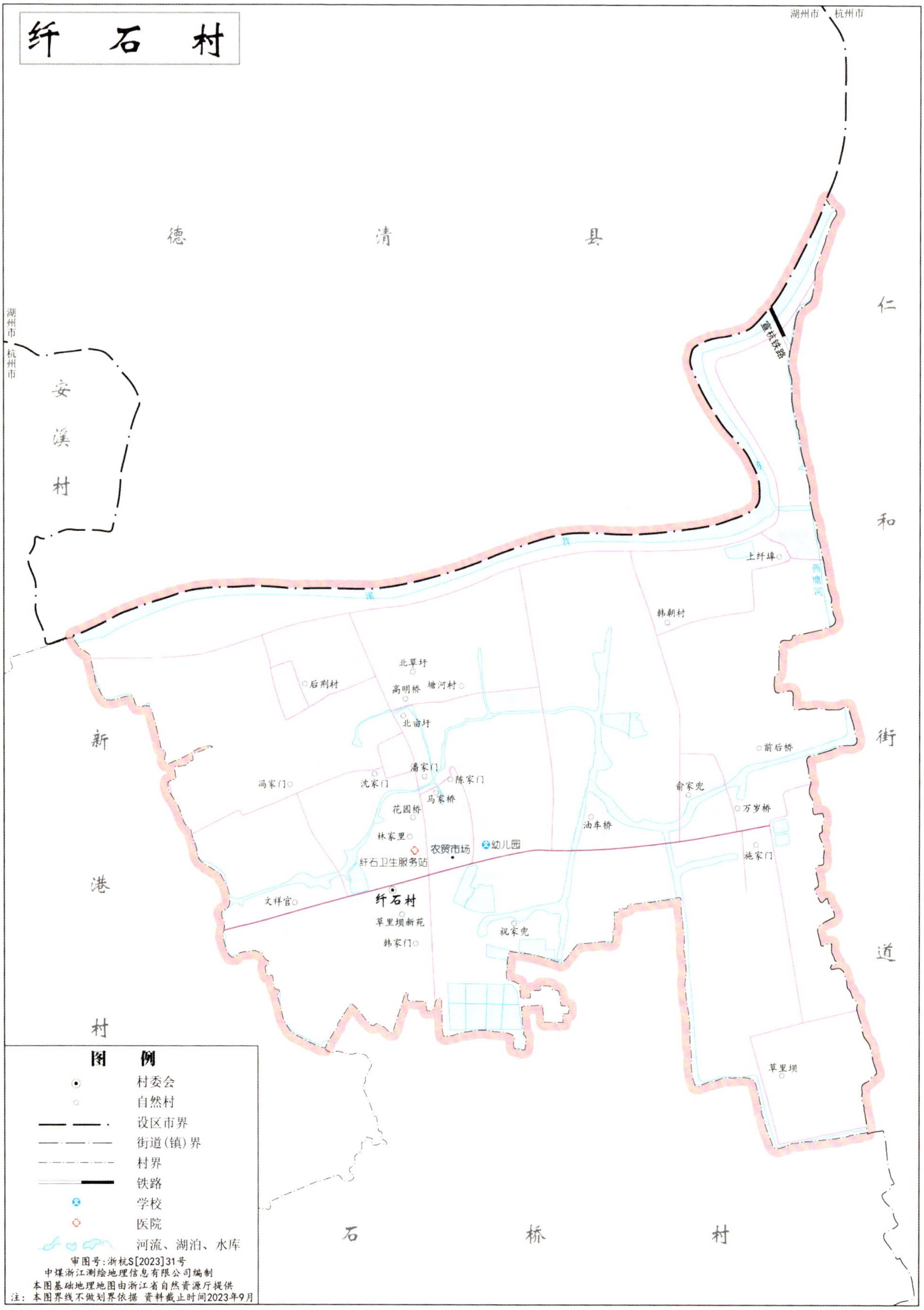
纤石村
湖州市
杭州市
德清县
仁和街道
安溪村
新港村
石桥村
宣杭铁路
上纤埠
韩朝村
北草圩
后荆村
高明桥
塘河村
北亩圩
前后桥
潘家门
冯家门
沈家门
陈家门
马家桥
俞家兜
万岁桥
花园桥
油车桥
林家里
农贸市场
幼儿园
纤石卫生服务站
施家门
文祥官
草里坝新苑
韩家门
祝家兜
草里坝
图例
村委会
自然村
设区市界
街道(镇)界
村界
铁路
学校
医院
河流、湖泊、水库
审图号:浙杭S[2023]31号
中煤浙江测绘地理信息有限公司编制
本图基础地理地图由浙江省自然资源厅提供
注: 本图界线不做划界依据 资料截止时间2023年9月

序一

正当全区深入学习贯彻习近平总书记关于“千万工程”的重要批示精神和关于“三农”工作的重要论述精神，切实按照主题教育要求，循迹溯源、学思践悟，深化“千万工程”、建设和美乡村，高质量创建国家乡村振兴示范区，奋力谱写余杭“三农”工作勇立潮头的新篇章之际，一部反映“三农”历史和现状的《纤石村志》纂修成书，可喜可贺！

作为文化之邦，余杭修志弥远，自北宋大中祥符年间《余杭图经》、明嘉靖《余杭县志》而下，历代修纂繁多，累以百计，堪称方志之乡。既入盛世，已编纂出版《余杭市志》《余杭通志》及数十种部门志、镇乡志、村志。2023年6月，习近平总书记到中国国家版本馆和中国历史研究院考察调研时指出：“盛世修文，我们这个时代，国家繁荣、社会平安稳定，有传承民族文化的意愿和能力，要把这件大事办好。”余杭区各镇、街道、村认真学习贯彻总书记要求，努力争取修部良志佳作，用它来留住根脉，承载乡愁，赋能发展，助力振兴，为方志之乡、文化之邦增光添彩。

村志是中国地方志的组成部分，古已有之。国务院办公厅于2015年8月25日印发的《全国地方志事业发展规划纲要(2015—2020年)》指出：“指导有条件的乡镇(街道)、村(社区)做好志书编纂工作。”中共中央办公厅、国务院办公厅于2017年5月7日印发的《国家“十三五”时期文化发展改革规划纲要》提出：“完成省、市、县三级地方志书出版工作。开展旧志整理和部分有条件的镇志、村志编纂。”村志编纂迎来一个崭新的时期。

纤石，古之名村。苕溪挹其灵气，西塘秀其清远，纤石毓其精英，增华文明。进入新时代，纤石村迈步在中国特色社会主义大道上，政治鼎新，经济发展，文化繁荣，社会进步，环境臻美，人民生活水平提高，呈现了人与自然的和谐相处，已成为浙江省“一村万树”示范村、浙江省AAA级景区村庄、浙江省“善治示范村”、余杭区区级高质量就业村。可谓日新月异，沧桑巨变。为了把村庄历史文化记录下来，并且传承下去，也为了增强村民创造历史的光荣感和自豪感，激励后人自强不息，纤石村党委、村委会决定创修村志，这无疑是明智之举。可以说，功在当代，利在千秋。

《纤石村志》客观、全面、翔实地记述各领域发展的历史与现状，内容翔实准确，思想观点新颖，在写法上还有不少独特创新之处。在体例编排上更加切合实际，量体裁衣，按照全面记录一个村历史现状所需，删繁就简，不受大形势所限，只以村为核心来取舍。堪以资治和教化。希望这部村志适其所用，为人们所喜爱，发挥其应有作用。是为序。

余杭区政协副主席
良渚街道党工委书记 斯建刚

2023 年 10 月 28 日

序二

《纤石村志》即将编纂完成，值此广大干部群众以高度的政治责任感和历史使命感，深入学习贯彻党的二十大精神，坚决贯彻落实中央和省委、市委决策部署，以“建设杭州城市新中心、争当‘两个先行’排头兵”的领跑心态，坚定不移强信心、全力以赴拼经济，共同开创高质量发展新局面，奋力谱写中国式现代化余杭篇章之际，兴修志之业，载盛世之昌，可谓合时应运，这是纤石村的大事，值得庆贺!

纤石村有着悠久的历史和深厚的文化底蕴，承载着丰富生动的历史记忆。中华人民共和国成立后，尤其是改革开放以来，纤石村经济日益繁荣，发展日新月异。进入新时代，在习近平新时代中国特色社会主义思想指导下，抢抓机遇、扎实苦干、奋勇争先，纤石村独特的区位优势、广阔的发展空间和良好的生态环境更为凸显，各项经济、社会事业迅猛发展，村貌发生翻天覆地的变化，成为生态环境优美、经济产业发达、人文底蕴深厚、宜居宜业的现代化村落。然而，伴随城市化建设步伐的加快，一些承载着重要历史文化、乡土文化和民俗文化的信息不断流失。在建设新时代纤石村的过程中，留住乡音、乡思、乡风，保留乡土文化记忆，继承传统文化精华，挖掘历史智慧，让百姓望得见山、看得见水、记得住乡愁，成为推进特色新型村落建设的重要内容。2021 年 1 月，我们启动《纤石村志》编纂工程，以满足村民文化需求，达到展示纤石村发展脉络，提炼发展思路，梳理发展模式和道路，宣传纤石村悠久历史、人文环境、精神内涵，培育爱乡、爱国情怀之目的。村党委、村委会十分重视该项工作，并一以贯之。

“治天下者以史为鉴，治郡国者以志为鉴。”《纤石村志》以马克思列宁主义、毛泽东思想、邓小平理论、“三个代表”重要思想、科学发展观、习近平新时代中国特色社会主义思想为指导，坚持辩证唯物主义和历史唯物主义的立场、观点和方法，循纤石村历史轨迹，记载了纤石村的兴衰、变迁、发展和现状。其间，尤其重视发展变化进程和改革开放成果，地方党委、村委会切实加强领导，保证各项中心工作完成。志为信史，可以说《纤石村志》是纤石村的变迁史、发展史，为纤石村乃至余杭奉献了一份宝贵史料，为外地人了解纤石村提供了一份难得的资料，也为后人留下可资借鉴的历史经验。该志在编纂上继承地方志优良传统，并有所创新，具有“资治、教化、存史”的作用。

《纤石村志》的编纂出版，有赖于编纂人员谨勤于世、殚精竭虑的两年多工作。该志毕其功于一役，也是纤石村热心文化人士和方志专家指正的结果。在此，我要向他们表示衷心感谢！同时也希望这部志书能为广大村民所喜欢、所利用，进一步激发热爱家乡之情，为家乡的改革开放、经济建设、社会发展，为在新征程上打造“重要窗口”和高质量发展建设共同富裕示范村再谱新篇章，做出新的更大贡献。是为序。

中共杭州市余杭区良渚街道纤石村委员会书记
余杭区良渚街道纤石村村民委员会主任　苏文海

2023年10月1日

凡　例

一、《纤石村志》以马克思列宁主义、毛泽东思想、邓小平理论、“三个代表”重要思想、科学发展观、习近平新时代中国特色社会主义思想为指导，坚持辩证唯物主义和历史唯物主义的立场、观点和方法，实事求是地记述纤石村的历史与现状，力求资料科学翔实，内容简明扼要，体现思想性、科学性、资料性的结合与统一。

二、《纤石村志》以国家宪法、法律和地方性法规、政策为准绳，对各种事物存真求实，删繁就简，以实事求是的精神，实录纤石村环境、经济、政治、文化等各方面的历史与现状。

三、本志记述古今，明古详今，上溯事物发端，重点记述1949年中华人民共和国成立以后至2020年的历史与事物，大事记和彩图及正文插图下延至2022年，地图下延至2023年9月。

四、本志记述地域范围，以今纤石村域为限，尊重历史上村域内建置多变的现实和历史事实，记事以环境为依据。

五、本志继承地方志传统编纂体例，力求创新，记述形式为述、记、志、传、图、表、录。以志为主，横排门类，纵述史实，大致按舆地、经济、政治、文化、社会顺序设编，编下为章，章下为节，章节体和条目体相结合。

六、文字、数字、计量单位等按国家规定统一规范书写。农田土地面积沿用旧制“亩”为单位。

七、历史纪年，民国以前以朝代纪年，用汉字书写，括注公元纪年；民国纪年用阿拉伯数字书写，括注公元纪年；中华人民共和国成立后用公元纪年，用阿拉伯数字书写。

八、人物按志书通例，生不立传，收录纤石村有成就的历史人物。

九、资料来源于区、街道档案和年鉴、志书、专著、报刊，以及各单位提供的资料、村内各类座谈会、采访记录及村民提供的资料，经考证后采用现代语文体、记述体入志。

目　录

第三编　政　治

第四编　基础设施和新农村建设

第五编　教育　卫生　文化　体育

第六编　社　　会

第七编　人　物

概　述

一

浙江省杭州市余杭区良渚街道纤石村，位于杭州市主城区西偏北，与杭州市中心区武林门直线距离约22千米，距余杭区治仓前约15千米，离良渚街道办事处所在地约5千米。纤石村东以西塘河为界，隔河与余杭区仁和街道九龙村、东风村、奉口村毗邻；南以金边桥为界，与良渚街道石桥村相连；西与良渚街道新港村接壤；北临西险大塘，隔东苕溪与德清县下渚湖街道康家山村相望。

据《杭州市余杭区地名志》(2008年版)载，纤石村之名，系沿用乡名。“纤石”因上纤埠和石墩各取一字而成。又一说，上纤埠和石桥头合并为乡时各取一字组成乡名。民国《杭县志稿》云：“安溪纤石乡，南宋时为安溪市。”民国《杭州府志》卷六市镇载：“上纤埠市，在县治西北四十五里。”

纤石村史上也称“欠石”，西部一片亦称“石墩”或“石墩里”。石墩是下溪湾康家山脚延伸至苕溪南岸的一块大石头而得名。石墩在周边具有一定的知名度，石墩小学、石墩高桥均以此命名。

纤石史上乡级建制居多，纤石以乡为名时其范围大于现今纤石村。中华人民共和国成立后，为纤石乡第四、五、六、七村。第七村包含现新港村何家村自然村，其余均为现今纤石村范围。纤石村时分时合，分合之后仍保留原有村域。

2003年村规模调整时，由上纤埠村、花园桥村、沈家门村3个建制村合并而成，村委会驻地纤石村花园桥自然村50号。

纤石村面积4.56平方千米，有耕地面积3306亩(220.4公顷)，属“三保”(农保、文保、生态保护)区域。村内有15个村民小组、22个自然村，1个小组因征地拆迁后新设安置小区。2020年底，全村常住户973户，常住人口4088人。其中，农业人口3436人，非农业户口652人。2020年，农村劳动力资源2773人，其中男性1331人、女性1442人。

二

纤石村位于杭嘉湖平原的南端，地形相对平缓，地貌表现单一。水田、旱地、河港、漾、兜、池塘为主要地貌特征，属典型的江南水乡，古桥与水系构成小桥、流水、人家的乡村特色。水田与旱地落差不大，相对高差在1.5米左右。呈西高东低地势。从历次洪涝来看，东部草里坝自然村为最低。全村海拔约10米。

纤石村外围西部有天目山余脉。东苕溪在村北部沿村而过，经纤石村段有2.8千米。东苕溪南侧有防汛重地——西险大塘，经过地段属村防洪责任区。东部有西塘河穿越上纤埠而过，经上纤埠船闸与东苕溪相连，向西可达瓶窑等地，往北可通往湖州市德清县，往南通杭州湖墅达武林门。村内小微水体较多，部分做了整治，水系相对发达。

纤石村内土壤为平原水稻土，属第四纪全新世冲积、湖积、湖沼型基层，成土年代为公元前5世纪至公元前16世纪不等。村内区域地质构成单元属扬子准地台钱塘褶带，浙西北大复向斜翼部。工程地质勘察资料显示，自上而下分别为：淤泥质粉砂质黏土，灰色、流塑，厚约24米；粉砂质黏土，局部为细砂薄层粉砂质黏土，厚约8.5米；圆砾层，见5米，未揭穿。

纤石村地处亚热带东南季风气候区，温暖潮湿，四季分明，光照充足，雨量充沛，春秋冬季冷暖空气活动频繁。全村气温与良渚一带相近，年平均15.9℃—16.2℃。1—2月为最低，日平均3.5℃，极端低温达-14.9℃。7—8月为最高，日平均28.5℃，极端高温达40.7℃。常年于11月15日前后初霜，3月17日左右终霜，无霜期243天左右。全村年平均降雨量在1150—1550毫米，年降水日130—140天。降水主要集中在春雨和梅雨季，7—8月也有短时间大雨和暴雨。盛夏至翌年2月为相对干旱期，雨水少。年平均蒸发量1100毫米，降水量大于蒸发量。

纤石村属平原地带，光照充足。年平均日照量超过2000小时，日照率大于45%，5—10月的日照时数和日照率大于11月至次年4月。其中，7—8月日照强且长，冬季日照短，日射弱。

纤石村气温适中，土壤疏松，土质优良，雨量充沛，水体较多，适宜农耕和种植、养殖。村内环境优良，空气清新，是宜居之村。

纤石村北邻西险大塘和东苕溪。西险大塘在村境内流经约 2.8 千米，是村防洪责任区域，防汛任务十分重大，每当汛期和台风雨期间担负着防洪护塘的重任，轮班值守，责任到人。

西险大塘早期为低矮的土堤，每年冬季各地根据分配的地段都来此加固。政府的重视和多种护塘固堤措施，一改过去苕溪初洪堤坝低的状况。通过抛石、砌石等一系列护塘固堤措施，西险大塘已成为百年一遇的金汤之堤。如今西险大塘不仅是防洪之水利工程，政府对大塘也进行了美化，使之成为一道亮丽的风景，是村民休闲散步的好去处。

上纤埠船闸是西塘河贯通东苕溪的设施，是为减轻奉口陡门船只过往压力和缩短航道而设计建造的二级永久性建筑，于 1984 年 1 月动工兴建，1987 年 6 月建成，沟通东苕溪和运河水网。上下闸室均净宽 7 米，可通 100 吨级船只。用地 14.5 亩，工程造价 173.09 万元。

康家涧排涝机站建成于 1974 年 3 月，是一个大排水量的机埠，有排水泵 4 台，受益面积 8190 余亩，惠及纤石村、石桥村、新港村、港南村、安溪村和仁和街道九龙村。工程造价 120 万元，2002 年又进行维修改造，投资 60 万元。当洪水超越警戒水位后抽水由内港排向西塘河，确保农田不受淹和村民的安全，在防汛中起到了重要作用。

三

纤石村与良渚古城遗址近在咫尺，深受良渚文化影响，村民世代从事农业生产，农耕经验丰富且不断发扬光大。“寸麦不怕水，尺麦怕寸水”等农事谚语，充分体现了农耕经验与文化。

农耕文化凸显在粮食生产中，从改良耕作制度开始。水稻耕作制度从单季稻到间作双季稻，从 1965 年到 20 世纪 80 年代初期推广连作稻和春花连作稻，扩大三熟制（早稻—晚稻—春粮），扩大春粮种植。此外，还有养殖业和经济作物种植。

20 世纪 70—80 年代，早稻种植面积占水田的 80%以上，晚稻占 95%以上。

1984 年实行家庭联产承包后，农户仍以麦—稻—稻三熟制为主。早稻种植面积占 70%以上，晚稻占 85%以上。

1998年开始试种单季稻,2000年后进行农业生产结构调整,走“粮经轮作,种养结合,一优两高”的农业耕作模式。2013年后实行土地流转,开展规模经营。

贯彻农业“八字宪法”,坚持科学种田,推广“高产示范方”实践,引进优质粮种,推广杂交制种,大力推进农业生产发展与粮食丰收。

中共十一届三中全会以后实行家庭联产承包和土地流转,提高农业生产效率和经济效益。

原始劳作逐渐被农业机械化所代替,农民从肩挑背扛的手工劳作中解放出来。平田、播种、插秧、收割、运输、烘干、加工机械化,体现了当今农业生产的科技含量与水平。

纤石村不断加强农田基本建设。“三面光”渠道、抗旱排涝机站的建设有力地保护农业生产,为农业丰收打好基础。

在抓好农业生产的同时,发展与农业相关产业,以粮为主,多业并举。发展蚕桑养殖、渔业养殖、家畜家禽养殖作为经济收入。养蚕是传统产业,也是主要的经济收入。在五千年的农耕社会中,纤石村一直是稻桑并重的农业生产格局。从晚清、民国到中华人民共和国成立后的农业合作化及人民公社时期,纤石村的养蚕历史达到鼎盛,并形成“蚕花节”“蚕花娘娘生日”等蚕文化活动。养蚕数量1974年最多,达1193张,平均张产34公斤。1966—1977年,农户年均养猪4头,最高年份达户均5.7头。羊的存栏总量为1394—1778只/年。2007年,根据《余杭区运河流域畜禽养殖污染综合治理工作意见》,村内开始禁养家畜家禽。

2020年,全村农村经济总收入10950万元。其中,农业收入390万元,渔业收入370万元,建筑业收入5060万元,运输业收入700万元,商业收入1285万元,服务业收入1080万元,其他收入2065万元。

四

上纤埠系古集市,是典型的江南水乡码头。清代就有“上纤埠市”(光绪《杭州府志》卷六)。民国时期,上纤埠市“在县治(杭州)西北四十五里”,主要交易物品为“鱼、水果、丝”。上纤埠有市以来,远近皆知,一度达到商业门类齐全,市井繁华,体现了江南水乡集市的风貌,其繁华时曾被称为“小上海”。旧时上纤埠商号林立,商贾云集,商品俱全,集市繁华。每到节至集市上更是车水马龙、熙熙攘攘,人声鼎沸，一派热闹景象。上纤埠集市是村内主要的购物交易集市，同时也是周边梁家村、小桥村、仁和、獐山和德清县的南窑坞、北窑坞、杨坟等地居民主要购物交易之处。

上纤埠东边紧靠西塘河，北面紧贴东苕溪，其繁华也得益于水路的畅通和停泊的方便。通过河道可以北至德清城关镇、武康、湖州，东至塘栖，西至瓶窑，南至良渚、三墩、杭州，水上运输极为便利。得天独厚的环境孕育了上纤埠集市的崛起、发展与繁华。

日本侵华战争全面爆发后，一批外地客商为躲避战事，纷纷来上纤埠暂居歇脚并经商，不少商贩摆摊交易，加上原有商铺，集市更加繁华。集市以横跨东西的大会长桥连接西塘河两边的街市，真正成为古集市东西两街的桥梁与纽带。街上有百货店、布店、南北货店、杂货店、米店、酒店、染坊店、木器店、茧行、点心店、理发店、诊所、茶馆、电话所、警察所、学校等。茶馆既是喝茶又是信息交流之处，在信息不畅通的时代，茶客在此谈天说地，聊家长里短，传递信息。

上纤埠清末民国初时有汪、周、乐、杜等大户。其中，汪家田地数居多，人称“汪半镇”。周家名为“春和里”，住走马楼，有店面80多间。乐家虽然家产不多，但在当地很有威望。据民国35年(1946)统计，镇上有103家商号。

中华人民共和国成立后，上纤埠商贸有进一步发展。供销社、商店、信用社、收购部、生产资料部应运而生，是村民上街购物投售农副产品的首选街市。每逢过年，一些乡村青少年拿着平时积攒的零花钱到街上购物逛街。

上纤埠除商业繁华外人文事件颇多，李卫疏浚西塘河、陈望道上纤埠种棉花、日寇侵略上纤埠、新四军奉口之战史有记载，在民间颇有影响。

随着时代的发展，陆路交通的便利与快捷，水路逐渐失去了原有的优势。20世纪90年代起上纤埠这一集市的供销社、商店逐渐改变了经营方式，有的迁址于外地经商。上纤埠集市逐渐缩小，如今仅有纤石村一个自然村庄，其繁华街市情景慢慢地淡出了人们的视线，但其历史地位与功绩仍广为流传。

2003年合并纤石村后，花园桥成了村的中心，各项配套设施应运而生，并不断趋于完善。花园桥综合农贸市场建于1998年，市场规模不大，但功能俱全，集百货、五金、肉类、水产、副食品、蔬菜、饮食、理发、棋牌于一体，基本满足村民生活需求，附近石桥村、新港村也有村民来此购物。

五

据《良渚镇志》记载，创办于民国 2 年(1913)2 月的杭县第二区区立上纤埠初级小学是村内最早的小学，为 4 年制学校。中华人民共和国成立后成为一所 6 年制完全小学。民国 17 年(1928)11 月上纤埠建杭县第十九民众学校，民国 35 年(1946)6 月村内建杭县纤石乡陈家门国民学校。1950 年建石墩小学，担负小学低年级的教学任务，高年级时进入上纤埠小学，两所学校均为公办学校。

中华人民共和国成立前，上纤埠有合格塾师 3 人。花园桥(9 组)还有 2 所私塾，招本地农家孩子学习文化知识。

20 世纪 70 年代，学龄儿童数进入高峰，仅靠公办学校解决不了学生的入学问题，于是在花园桥相公庙新建新联小学。课桌椅紧缺是学校的主要困难，学生有的拿木板、有的拿凳子，在简陋的教室里上课，录用知识青年和回乡青年担任民办教师。新联小学、上纤埠小学、石墩小学班级和学生最多，同时外设油车桥、冯家门、陈家门、花园桥等教学班。

1968 年，安溪公社在相公庙创办纤石“五七”中学(初中一个班)，解决了不少学生的升学问题并调拨了一套优质课桌椅给学校，实行半读半农。

2013 年，因教学规划调整和学龄儿童的减少，学校归并，村内小学归入安溪中心小学(良渚三小)学区。新星幼儿园于 2006 年开办，现属安溪幼儿园一个园区，截至 2020 年已完成 600 名幼儿早期教育。

纤石村自古就有各种民间文化活动，如“三官会”“相公庙会”，都是规模较大的群众庙会和聚会，还有国术团队表演。

中华人民共和国成立后，露天电影开始放映，早期以购票形式观看电影。20 世纪六七十年代许多革命题材影片到村放映，免费观看。其间，革命样板戏也是主打戏，1971 年胜利大队毛泽东思想宣传队就能演一台全本京剧样板戏《红灯记》，演员均来自本村村民和知识青年，在简易的舞台设备下其演出水平不亚于专业团队，很受欢迎。

民国时期，上纤埠就有了诊所和中西药房，可以满足村民一般就医和生产接生，还到患者家里出诊，问病开药。

20 世纪 60 年代末，村里办起了合作医疗站，培养赤脚医生，挖草药、种草药，农忙时在田间地头巡诊。合作医疗站还担任防疫任务。改革开放后，医疗站逐步完善，现今为良渚街道卫生院的一个社区门诊部。村民从合作医疗进入“新农合”，医疗待遇有了提高。

2019年，社区卫生院进行装修，功能扩大，满足村民一般就诊配药和常规检验需求。

2020年新冠疫情发生后，全村采取多种有效措施，积极做好防疫工作。党员为抗疫自愿捐款22400元。

2019年，村开展文化礼堂建设。从古老的农具展示到“文化书架”建设，退役军人事迹展示，端午“连心粽”活动等都是历史文化的传承弘扬。还谱写《纤石》村歌，彰显纤石村文化品位。

六

纤石村是一个古老的乡村，其村民为早期从外地迁入，在这里繁衍生息，也有的是中华人民共和国成立后从外地到此落户。村内世居村民主要有沈、金、梁、周、冯、韩、陈、姚、管、郭、宋、苏、黄、赵等姓。世居村民均为汉族，书写文字为规范汉字，村民之间交流一般为本地方言。随着文化水平的提高，年轻人逐渐使用普通话，特别是对孩子的教育与沟通大多使用普通话，学校均为普通话教学。村民对精神文化的追求也日益提高。

数千年来，村民在故土上生息繁衍，营造家园，孕育精神文明与物质文明，其中农耕文化是典型的代表。村民勤劳善良，奉守孝道，节俭朴素，村风淳朴，睦邻友好。严格治家教子，弘扬中华传统美德。

村民经历了封建土地所有制、土地改革、互助合作、人民公社化、改革开放等重大改革，生活发生了重大变化。从中华人民共和国成立前的住不好、吃不饱、穿不暖、行不便到如今的住高楼、吃不愁、穿时尚、行有私家车，过上了幸福生活。村民喜食大米，一般为一日三餐制，中餐、晚餐均以米食为主，配以菜肴，早点面食辅之，其饮食风味喜清淡，忌咸辣。饮食风格相当于“杭帮菜”。在历史的发展中形成了村风民俗。

中华人民共和国成立前，村民生活比较贫困，粮食收成不高，不能满足生活需要，生活十分艰苦。中华人民共和国成立后，村民生活水平不断提高。计划经济时代生活用品凭票供应,改革开放后取消凭票证,敞开供应。菜品也从过去的以蔬菜为主逐渐转为荤素搭配,注重营养,实现生活富足。

村民自古就有种棉、纺纱、织布的传统和手艺,一直延续到20世纪70年代。早期服装式样以中式为主,大襟衣服、长衫、团团裤,手工缝制,成衣铺很少,一般是裁缝师傅上门做衣。中华人民共和国成立后,服装无论是布料还是式样逐渐有了改变。从土布、化纤、纯棉、羽绒到羊绒,缝纫机也逐渐普及。改革开放后取消布票,如今一般都直接从实体店或网店购置成衣,款式和面料的多样性体现了当今的衣着水平。

村民的住房不同时期有不同的建筑特点,中华人民共和国成立前,基本上是木结构低矮的小瓦片房,还有一些草房。好一点的人家住厢房(前后为正屋,两边为厢楼,中间为天井)。中华人民共和国成立后,住房条件得到了改善,逐渐建起富檐楼房、假西洋楼甚至别墅。从时间上看,20世纪70年代后期村民建房逐渐增多,以富檐楼居多,有的以水泥柱替代木柱。20世纪末从砖混结构房屋为主,房屋格局体现生活功能,屋内全面装饰,质量较好。到现今建房讲究式样材料,更注重房屋基础施工。新地基先进行工程地质勘察,再进行基础施工,一般桩基为钢筋混凝土灌注桩,其质量和式样达到当今农居的最高水平。

电视从黑白到彩色再到高清,并且实现联网,满足村民观看需求。固定电话、宽带遍布各户。到2020年,电视机户均3.33台,空调户均5.93台,家家户户满足生活需求基本得到满足。家用汽车迅速发展,户均1.5辆。洗衣机广泛使用,户均1.33台。手机、电脑更新换代,普及使用。社保、低保、残保落实到位,居家养老有一支专业团队服务并正逐步完善。2020年起,政府为村内60岁以上老年人购买意外保险。

七

纤石村史上水路交通较为发达,运输基本靠水路。中华人民共和国成立前后航船承接客货运输,可到瓶窑、塘栖、德清、杭州。各自然村基本上都有河道相通,河港、港兜供出行或停泊船只。随着时代的发展,道路的拓展,村民出行从步行逐渐发展到轮船、自行车、摩托车、公交车、地铁、私家车。

20世纪70年代有两条客运轮船航班。一条是良渚—上纤埠—塘栖,上纤埠有停靠站。另一条是瓶窑—德清县城关镇,晨去午回,上纤埠大云寺湾有停靠站。后两条航班停运。

改革开放后道路交通迅速发展,1999 年 10 月村内首次有个体客运中巴车,在花园桥至良渚之间不定时班次接送乘客。纤石村内有区级公路穿村而过,489 路、2575 路公交车途经村域,并设有数个停靠站。489 路公交车途经村后往良渚方向行驶至杭州地铁 2 号线良渚站,与地铁接驳,还可与其他交通工具衔接。宣杭铁路在村东经过,东苕溪、西塘河可水上运输,交通十分便利。现今大多数家庭拥有私家车,成为主要交通工具。

1961 年,韩曹村、上纤埠首先通电。至 20 世纪 70 年代初,村内各自然村全部通电。1965 年,油车桥设置第一台变压器,后供电设施逐步完善。

2000 年起,先后有两条 500 千伏高压输电线经过村域,3 组、8 组、13 组共有 30 户农户因重点输电工程搬迁并得到安置。

20 世纪末,纤石村着手打造美丽乡村。从道路硬化、夜间亮化、环境美化入手,村道、组道浇筑水泥路面,后又改浇沥青路面。各组建设健身场,安装路灯、改水改厕、五水共治、截污纳管、垃圾分类,环境面貌得到了改善。

2014 年 1 月,浙江广播电视发射工程在 1 组(草里坝)征地,农户全部搬迁至花园桥,统一安排建房,两户一体四层,形成一个独立农居小区,各项配套设施完善。

2018 年,以 14 组高明桥和 13 组北草圩为首批美丽乡村建设试点,拆除围墙,铺设道地,种植花草,是村级美丽乡村的典型代表。

2020 年,大部分小组实施美丽乡村建设,体现了田园纤石的风格。全村大多数农户住上第三代楼房。

八

纤石村古河道和古桥保存尚好,有 3 条古河道、10 座古桥,且大多保留原有面貌。通过河道整治改变了河道环境,部分河段失去了通航能力,现今只作为抗旱排涝之用。村内河道最主要有 3 条,第一条是油车桥港,由文祥官经花园桥、马家桥、三官堂、油车桥、万岁桥、康家涧到西塘河外港;第二条是三官堂港,由冯家门经后荆村、高明桥、油塔桥、三官塘、油车桥、万岁桥、康家涧到西塘河外港;第三条由祝家兜经油车桥、万岁桥、康家涧到西塘河。这些河道上有多处古桥,大多保留原貌。据《良渚镇志》记载,高明桥(保安桥)建于清代。其他还有石墩高桥、花园聚财桥、马家桥、油塔桥(保兴桥)、油车桥、胡子桥(宝善桥)、前家桥(福寿桥)、万岁桥、天神桥。油车桥宽度最小,桥面为单块条石,仅 0.8 米,建造风格简单。纤石村的古桥特点都为单孔、平桥、跨径小、干砌石。花园聚财桥因作为明朝官宦人家的后花园而得名,如今被列为杭州市余杭区历史建筑加以保护。

村内还有相公庙、大云寺、观音堂等庙宇。相公庙规模较大,但在破“四旧”中拆除。大云寺尚存,观音堂曾经作为西险大塘防洪用房,后拆除。

1970 年,在“备战备荒”的背景下,余杭县粮食部门在油车桥自然村建造了土圆仓,既方便农民投售粮食,又确保粮食储存安全。土圆仓停用后,自然破损严重。政府列专项资金对土圆仓进行修缮,并将其列为爱国主义教育基地。

九

纤石村乃鱼米之乡,人杰地灵。经过一代又一代纤石人的辛勤创造和不懈的努力,各方面发生了巨大的变化。从原始劳作到规模经营,从传统农业到生态农业。在社会主义建设时期和改革开放中涌现了许多英模人物、党政干部和各级先进分子。党的组织不断发展壮大,2020 年有共产党员 166 名,其中 50 年以上党龄的 28 人。全村有革命烈士 1 人,参战立功人员 24 人,劳动模范 7 人,出席余杭县(市、区)党代会代表 3 人,人代会代表 12 人,政协委员 3 人,高级职称 13 人,杭州市高层次 E 类人才 3 人,本科以上毕业生 194 人。

纤石村在习近平新时代中国特色社会主义思想的指引下,坚持“富强、民主、文明、和谐、自由、平等、公正、法治、爱国、敬业、诚信、友善”的社会主义核心价值观,不断进取,开拓创新,以党建引领全村各项工作;在村“两委”的带领下,不忘初心,吃苦耐劳,敢于担当,勇立潮头;在广袤的田野中,吸吮着田园气息,沐浴着灿烂阳光,大踏步行进在共同富裕的大道上。

田园纤石,美丽乡村,众人拉纤,金石为开!

大事记

新石器时代

距今四五千年前，先民在荀山、安溪等地发展原始农业，制造石器、玉器、陶器、竹木器、漆器、纺织品等，创造了华夏文明之光——良渚文化。

秦

秦王政二十五年（前 222），置会稽郡钱唐县，村属之。

汉

东汉建武六年（30），钱唐并入余杭县，村属之。

东汉熹平二年（173），余杭县令陈浑发民 10 万修筑南湖及苕溪塘路。上游治水奏效，可通舟楫，村内农田受益。

南北朝

南朝陈祯明元年（587）置钱唐郡，村属之。

隋

开皇九年（589），废钱唐郡，置杭州，治余杭，村属之。

大业三年（607），改杭州为余杭郡，钱唐隶杭州，村属之。

唐

武德四年(621),改钱唐县为钱塘县,村属之。

贞观年间(627—649)大云寺上纤埠北,东苕溪湾东岸建成。后该处以庙名称大云寺湾。

武周天授三年(692),朝廷敕令钱塘、於潜、余杭、临安四县租税纲运航道于东苕溪。从此境内东苕溪成为浙北重要航道。

开元四年(716),今境内缫丝、织绸等手工业兴起。

宝历年间(825—827)东苕溪余杭、德清两县间筑成西险大塘,以抵制洪水东漫平原。

宋

北宋元祐二年(1087),县令李元弼率民增筑西险大塘三尺,村亦获益。

北宋宣和三年(1121)四月,钱塘、仁和县界设奉口巡检司寨。

南宋绍兴六年(1136)六月乙巳夜,地震,境内有声如雷。

南宋淳熙六年(1179),东苕溪分段组成黄塘、烂泥湾塘、北湾塘、羊山塘、压沙塘、上陵林塘、下陵林塘、北陵林塘、唐家渡塘、大云寺湾塘十处。村内有唐家渡塘和大云寺湾塘。

南宋淳祐七年(1247)夏,大旱,按抚赵与筹,自北新桥至奉口分段开挖西塘河,挖出之泥培筑堤塘。

元

至正十九年(1359),张士诚开浚新运河。至正二十八年(1368)竣工。

明

洪武五年(1372)、九年(1376)、十年(1377),境内屡遭大水,农田受淹,官府发民修塘筑圩。

洪武年间(1368—1398)建安溪奉口税课大使署,后裁并。清同治五年(1866)重建。

万历三十七年(1609)四月,湿雨为灾,浃四旬不休,桑田成海,屋庐荡析。

清

雍正七年(1729),因四年水灾,仁和县无力修理,浙江巡抚李卫经奉口见河道浅,谕令拨银1280两3钱疏浚西塘河。

道光二十九年(1849)四至五月,梅雨不休,大云寺湾塘大崩。

道光三十年(1850)八月十五日,唐家渡塘冲坍。

咸丰十一年(1861)九月十七日,太平军李秀成部攻占余杭。次年,与清军激战,筑垒连四十里,兵燹对境内破坏极大。

光绪七年(1881)五月,苕溪水势骤涨,冲坍塘堤,境内农田被浸灌。

中华民国

民国元年(1912)1月22日,仁和、钱塘两县合并,称杭县,纤石属之。

民国2年(1913),杭县第二区区立上纤埠初级小学建立。

民国15年(1926)11月22日,杭县妇女协会成立。是年,在上纤埠初级小学内开设民众夜校。

民国16年(1927),村建有农民协会。

民国17年(1928)11月22日,在上纤埠初级小学内建杭县第十九民众学校。

民国23年(1934)夏,大旱60余天,村内河道干涸,田土龟裂,灾象惨重。

民国27年(1938)5月,杭县县长陈纯白率县自卫大队一中队进驻上纤埠。

民国28年(1939)春,省政工队第一中队第二分队以上纤埠和永泰等地为活动地,建立运河以西敌后游击区。

民国30年(1941)9月,日伪在西险大塘何家陡门至安溪段砍伐古松686株。10月27日,日本侵略军500余人袭击省政工队第一中队驻地上纤埠。双方激战5小时,日本侵略军遭沉重打击,向德清杨坟方向败退。

民国31年(1942),安溪乡公所下属纠察队队员庄金富(猫公头)被日伪抓获后供出纠察队的情报。纠察队派何宝春、方寿山和另两名队员随即将庄金富抓获并处决。是年,日本侵略军入侵,3名村民被日军杀害。

民国32年(1943),日本侵略军杀害村民1人。后荆村4户村民被日本侵略军烧毁房屋12间。上纤埠前街北到鹤庙一带房屋被日本侵略军烧毁,仅剩一间未烧。11月,杭县抗敌自卫总队改编为杭州市特务总队,以上纤埠为根据地,开展游击战。

民国33年(1944)春,上纤埠小学因战火被焚,停办后的上纤埠小学再度兴学于万岁桥,改称第五保校。

民国34年(1945),新四军苏浙军区八支队在上纤埠东之西南山围攻国民党顽军"浙保三团",团长王志忠逃脱。

民国35年(1946)6月,建杭县纤石乡陈家门国民学校,校长乐养身。

民国38年(1949年9月30日止)4月,新四军追击国民党部队到德清县南窑河,向驻扎东苕溪对岸奉口、上纤埠一带发起攻击,新四军取得胜利。

中华人民共和国

1949年

5月3日,杭县解放。是月,建立中共瓶窑区委,下辖纤石乡党支部(书记谢绪贤)。

5月23日,杭县人民政府成立,下设瓶窑区人民政府,辖纤石乡(乡长鲍丕荣)。

8月,引进晚粳稻良种10509,20世纪50年代成为村内晚稻主要栽培品种。

10月,杭县组织斗争蒋邱乡、恶霸地主蒋公望等,影响和带动了纤石乡的反霸斗争。

是年,纤石四村、五村、六村、七村分别设村长和农会主任。四村村长陆元坤,农会主任钱德胜;五村村长张福根,农会主任徐福庆;六村村长方雪堂,农会主任陈炳荣;七村村长梁慈祥、梁永寿,农会主任何阿叙。

是年，徐福庆、沈永金两人首批加入中国共产党。

1950 年

2 月，纤石乡农会建立。

5 月，纤石乡开始组建民兵和自卫队。是月，稻螟虫危害严重，组织农户治虫。

12 月，开展“抗美援朝、保家卫国”宣传教育运动，梁寿鹏、冯雪梅等广大青年纷纷报名参军，农民争卖爱国粮。

是年，在沈家门自然村建成石墩小学。同时，掀起群众性学文化高潮，冬学、民校兴办。

1951 年

8 月，土地改革完成，村内贫苦农民获得土地。农民成立临时伴工组，以工换工，互相帮助，后发展为临时互助。

1952 年

2 月，巡回电影放映队到村放映电影。

春，推广小株密植等水稻栽培技术，普及改良蚕种，产茧产量比上年增一倍。

是年，上纤埠建立联合诊所。

是年，村内建立了多个互助组。

1953 年

1 月，杭县公安机关针对反动会道门活动仍严重情况，在包括今境在内的各乡村开展取缔补课工作。

2 月，村组织开展宣传《中华人民共和国婚姻法》，保护妇女、儿童合法权益活动。

8 月，纤石乡政府在马家桥自然村办公。

是年，建立新联初级农业合作社、高明桥初级农业合作社、油车桥初级农业合作社、中心初级农业合作社等 4 个初级农业合作社。

是年，实行普遍民兵制，乡建分队，村建中队。

1954 年

5 月 18 日，入梅，村域内连续 111 天降雨，早稻损失重大，晚稻颗粒无收。

11 月 5 日，三官庙会轮到草里坝办会，来自上海、杭州、绍兴、宁波、嘉兴、湖州等地 1000 余人和 100 余艘船只前来参加，最终因天气原因未办，此后三官庙会停办。

是年，上纤埠信用合作社建立。

是年，纤石乡政府搬迁至上纤埠办公。

是年，4 个初级农业合作社改为中心和联合两个高级农业合作社。

1955 年

1 月，由于严寒，致春花作物普遍受冻害，产量减少。

4 月，推广双季稻，早稻面积约占粮田面积的 60%。引入“甘蓝型”胜利油菜品种。

6 月，开始实行粮食定产、定购、定销的“三定”政策。

是年，纤石乡政府搬迁至严家桥办公。

是年，余杭县农村有线广播开始进入村域内少数农户家庭。

1956 年

7 月，村域内遭受台风袭击，多处房屋倒塌，大树被连根拔起，损失大。

10 月，纤石乡及长命、荀山、角窦乡的部分地域并入安溪乡。

是年，中心、联合两个高级社改为中心、新联两个大队。

是年，村域内开展防血吸虫病、灭钉螺活动。

1957 年

8 月，纤石乡组织各村开展农村基层整风和社会主义教育运动。

是年，第一个村办集体企业——上纤埠砖瓦厂建成，朱耀根负责筹建工作。

1958 年

4 月，杭县被撤销，设杭州市郊区，建三墩区，今境属之。

9月,开始“大办钢铁”,组织上百人建小高炉,对经济和自然环境造成严重破坏。

10月,实现人民公社化后,设良渚人民公社,下辖安溪、纤石、良渚、沈桥、七贤、大陆6个大队,纤石村时属纤石大队。

是年,良渚人民公社陈家门食堂建立,农民吃食堂饭,村内各自然村办起多个食堂。

是年,大批民工参加良塘公路建设,后因国家困难而停工。

是年,杭州城区有人员落户到本村,分别落户到部分生产队,称“新社员”。

是年,在祝家兜南建立安溪鱼种场。

1959年

3月,良渚人民公社设纤石管理区,主任沈锡根。办公地点在梁西村。

4月,推广早稻直播及深耕改土等技术,大搞年产畈。

5月,沈金火、沈富林、季敏敏、徐阿安、赵宝寿等5人响应国家号召支援宁夏。

9月,“后右倾,鼓干劲”运动在公社、大队展开,提出“亩产千斤麦、一百斤油菜籽”等不切实际指标。

1960年

1月4日,半山联社和拱墅联社合并,建立钱塘联社,下辖良渚等10个人民公社,纤石村时属安溪人民公社。

3月10日,寒潮严重影响早稻秧田,公社、大队组织村民突击防冻。

是年,农村实行三级所有制政策,生产队为基本核算单位。

是年,村域内有部分民工参加康门水库建设。

1961年

4月9日,撤销杭州市钱塘联社,恢复县建制,设余杭县,村属之。

是年,钱塘联社改为余杭县三墩区,新联大队、中心大队两个大队分为6个大队:草里坝大队、上纤埠大队、油车桥大队、花园桥大队、沈家门大队、后荆村大队。

是年，韩曹村、上纤埠通电，村民开始用上电灯。

1962 年

2 月，落实以生产队为基本核算单位。

9 月 5 日，14 号台风侵袭余杭，村域内有多间房屋倒塌，沈家门有五保户被压屋内，后被村民救出。

是年，油车桥老桥边专门为祝家兜范围 200 余亩农田建排涝机埠一座。

1963 年

3 月，水稻始行连作化，普遍推行绿肥—连作稻二熟制外，又推行春花—连作稻三熟制。

9 月 12 日，12 号台风袭击村域，暴雨持续 28 小时，东苕溪上游连续 3 天降雨 346 毫米。农田一片汪洋，少数农户房屋进水，部分房屋倒塌。

1964 年

7 月 1 日，全村开始第二次全国人口普查。

7 月 5 日，良渚公社鱼种场首次繁殖草鱼苗成功，下塘鱼苗 1.5 万尾。

是年，余杭县投资治理西险大塘，组织民工将安溪段大塘加高到 9.5 米以上，并改抛石护堤为干砌块护堤。

是年，掀起“农业学大寨”热潮，村域内开始挑埂平荡造“大寨田”。至 1976 年结束。

1965 年

8 月，推广“矮脚南特”号品种，占早稻面积约 70 亩。

是年，在陈家门与乌龟坟安装第一台变压器，供油车桥、三官堂一带排涝和农田用电。

是年，城镇知识青年开始“上山下乡”，9 人插队落户到社员家，接受再教育。

1966 年

8 月，“红卫兵”开始“破四旧”。

10月,大队纷纷建立“文革小组”和“战斗队”等组织。

是年,余杭县瓶窑航运公司开通瓶窑—德清客轮航班,大云寺湾设停靠站。

1967年

3月,县人民武装部奉命建立生产办公室,公社、大队建立相应小组。

夏,大旱百余天,受旱农田上百亩。

是年,草里坝、上纤埠、油车桥、花园桥、沈家门、后荆村6个大队改为建新大队、中心大队、新联大队、前进大队4个大队。

1968年

2月,开展“农业学大寨”运动。

9月,安溪公社在胜利大队(相公庙)创办纤石“五七”中学。

是月,贫下中农毛泽东思想宣传队进驻学校。

是年,建新大队、中心大队、新联大队、前进大队4个大队合并,胜利大队成立。

是年,胜利大队建立贫下中农协会。

是年冬开始,在“农业学大寨”运动中开展大规模农田基本建设,拆埂并圩,挑墩平地,开沟筑路进行园田化建设。

1969年

4月,境内下雪,水果蔬菜等受冻严重。

11月25日,大队革命领导小组派人参加县召开的战备现场会,家家户户开始挖防空洞。

是年,胜利大队创办医疗室,成立合作医疗站,是年3月、6月分两批到杭州市第三人民医院培训赤脚医生。

是年,大批城镇(杭州、三墩、安溪、上纤埠)知识青年先后下乡到胜利大队,落实到各生产队,与农户同吃同住同劳动,接受贫下中农再教育并在西险大塘设知青点,后杭州市粮食局属等4个单位子女下乡到大队,并派带队干部。

是年,在三官堂建造胜利大队大会堂。

1970 年

是年,组织全村男女青壮年 200 余人到瓶窑围垦北湖草荡。

是年,油车桥土圆仓库开始兴建。

是年,全村房前屋后种“苦栋树”。

是年,全村推广水稻新品种“广陆矮 4 号”。

1971 年

9 月,大队建农机厂,实行“大修不出社,小修不出队”。

是年,胜利大队成立毛泽东思想文艺宣传队,成员来自大队社员和知识青年。

是年,胜利大队创办中草药基地 30 亩。

1972 年

是年,康家涧防洪工程开始动工兴建。

1973 年

6 月,安溪公社召开贫下中农代表大会,胜利大队 65 名代表出席本次会议。

是年,8 队开始使用公社分配的电动打稻机打稻。

是年,在西险大塘南边种草药 10 余亩。

是年,大队抽调 100 多人参加长(命)安(溪)公路建设。

1974 年

10 月,康家涧排涝机埠建成并投入使用,用工 1200 余工,投资 120 万元,受益面积 8190 亩。

11 月 14 日,经批准成立胜利大队农业机械修理组。

是年,全村养蚕 1193 张蚕种,平均每张蚕种产茧 34 公斤,为养蚕最多的一年。

1975 年

是年,实行计划生育,开始提倡一对夫妇只生育一个孩子。

1976 年

1 月 1 日,大雪。公路、通信中断,农田受损严重。

是年,西险大塘全面加高拓宽,加高至 10.5 米以上,拓宽至 6—8 米,并铺砂石,筑成简易公路。

是年,胜利大队在大会堂前面成立种子队,担任杂交制种任务。

1977 年

1 月 1 日起,连降大雪,冰冻严重,农作物严重受损,九队冻死村民 2 人。

6 月中旬连降大雨,苕溪水位急涨,全县 1.8 万公顷农田受损,村域内受损。

1978 年

12 月 10 日开始,胜利大队各生产队选派村民开挖新港。

是年,由村到良渚的砂石简易公路开通。

1979 年

8 月,开始更改地名工作,恢复以自然村命名,至 1985 年结束。上纤埠村辖万岁桥等 10 个自然村,花园桥村辖油车桥等 10 个自然村,沈家门村辖冯家门等 6 个自然村。

是年,村内“地、富、反、坏、右”全部摘帽,落实政策。

1980 年

是年,修建俞石桥,上纤埠大会长桥拆除后部分材料用于建造此桥。

余杭县土地调查队在村内开展取样调查。

1981 年

是年,部分农户挖水井,用上井水。

是年,村内少数农户开始使用落地式电风扇。

1982 年

2 月,胜利大队改名为花园桥大队。

7 月 1 日零时,全村开展第三次全国人口普查。

7 月 3 日,苕溪禁止挖沙。

是年,上纤埠大会长桥改建拓宽。

1983 年

1 月,余杭县推广使用沼气,农户开始建沼气池,使用沼气。安溪公社聘用王永年担任沼气技术推广员。

7 月,全县大风暴雨,瓶窑降水 359.5 毫米,村域内水田淹没、作物受损。

9 月,花园桥大队分为上纤埠、花园桥、沈家门 3 个建制村。

是年,各村全面实行家庭联产承包责任制。

1984 年

1 月,上纤埠船闸动工兴建。

4 月,各村按照"大稳定、小调整"原则,进一步完善联产到户生产责任制。

5 月 31 日,余杭县人民政府发布公告,加强西险大塘管理与养护。

6 月 13 日,发生特大洪水,安溪一片成汪洋,村域受灾严重。

是年,下大雪,电杆被压断。

是年,实行殡葬改革,实行遗体火化。

1985 年

7 月 13 日,龙卷风袭击,10 组祝家兜有村民房屋倒塌,压死 1 人。

是年,国家取消粮食定购,取消各种票证(粮票、布票、油票、肉票、肥皂票等)。

1986 年

2 月 25 日,遭暴雨及冰雹袭击,春粮、油菜受损。

是年,村民领取第一代身份证。

1987 年

3 月,虾儿兜自然村 8 户农户分别迁至 9 组花园桥和 13 组沈家门,至此,虾儿兜无农户居住。

9 月,上纤埠船闸建成并投入使用。

是年,经上级验收达到消灭血吸虫病标准。

1988 年

6 月,花园桥村开办安溪脱模油厂。

8 月 8 日,受第七号台风突袭,大树被连根拔起,损失严重。

是年,农业税实行“实物征收,货币结算”的方法。

1989 年

是年,农业税征收实行“双道价”,10 月底前入库每 50 公斤 22.2 元计征,11 月 1 日后按晚稻谷每 50 公斤 26.8 元计征。

1990 年

4 月,村域内第一部家用电话启用。

5 月,花园桥村将安溪脱模油厂改名杭州余杭安溪皮革助剂厂。

1991 年

3—6 月,历史上罕见的长期低温连阴雨,春花作物和早稻生产受损。

是年,农村土地 30 年不变承包办法实施。

1992 年

5 月,浙江省农业厅厅长赵宗英到纤石村调研。

7 月,村内第一部移动电话(大哥大)启用。

12 月 9 日,浙江省委副书记刘锡荣到纤石村调研。

1993 年

4 月,浙江省委副书记卢展工到纤石村调研。

是年,蒋家圩灌溉渠道进行“三面光”改造,砖砌,水泥糊面。

是年,村内第一辆私家车(桑塔纳)入户徐美根家。

1994 年

4 月 5 日,余杭县撤县建余杭市。

7 月,余杭市安溪乡改为建制镇。

是年,第一条 500 千伏高压线经村,架线铁塔落地,有农户搬迁。

1995 年

5 月,浙江省副省长章猛进与浙江省农业厅厅长赵宗英到纤石村调研。

12 月 22 日,杭州市委书记李金明到纤石村调研。

是年,相公庙小学新校舍选址于 8 组高田圩。

1996 年

6 月 30 日,连降大雨后,东苕溪水位超警戒线 2.58 米,村域内遭洪灾。

是年,上纤埠、花园桥、沈家门 3 个村分别建立经济联合社。

1997 年

5 月,开展全民参与的“余杭精神大讨论”。

是年,纤石村被列入电话村建设。

1998 年

5 月,部分农田开始租给外地公司种植苗木花卉。

6 月,部分农田开始恢复种单季稻。

9 月,新建的相公庙小学落成并启用。

1999 年

6 月 23 日至 7 月 1 日，连降暴雨，余杭 43 万人受灾，村域内受损严重。

10 月，村内花园桥至良渚始有个体中巴车运行。

是年，花园桥村农贸市场投入使用，占地 4283 平方米，建筑面积 2228 平方米。

2000 年

是年，15 组后荆村在全村率先浇筑水泥路面组级道路。

是年，第二条 500 千伏高压线在村架设，8 组、13 组有少数农户搬迁。

2001 年

3 月 9 日，余杭市撤市设余杭区。

8 月，撤销安溪镇，新建良渚镇。

2002 年

是年，创办龙荷农庄，集种植、养殖、餐饮、休闲于一体。

是年，康家涧防洪工程改建维修，投资 60 万元，装机 3200 千瓦，排涝水泵 4 台，每小时排水量 43200 立方米。

是年，修建宣杭铁路，在上纤埠村（四组）征地。

2003 年

9 月，上纤埠村、花园桥村、沈家门村合并为纤石村。

是年，中共杭州市余杭区委、杭州市余杭区人民政府授予纤石村“十佳经济强村”称号。

2004 年

10 月，有线电视开始进入农户家庭。

2005 年

1 月,杭州市余杭区委宣传部、杭州市余杭区计划生育局授予纤石村“全区新型生育文化建设示范村”。

2 月,中共杭州市余杭区委、杭州市余杭区人民政府授予纤石村“余杭区十佳经济强村”称号。

4 月,开展保持共产党员先进性教育。

是年,西险大塘防汛公路建成,宽 5 米。

是年,全村自来水安装完毕,农户全部用上自来水。

是年,各组安装路灯,道路亮化。

是年,吴桂女在鱼种场创办集种植、养殖、餐饮、休闲于一体的生绿缘农庄。

是年,韩家门农民公园建成。

2006 年

2 月,中共杭州市余杭区委、杭州市余杭区人民政府授予纤石村“余杭区平安创建和社会综合治理先进单位”称号。

3 月,与村结对企业杭州老板集团、杭州众望布艺集团资助村建 2000 平方米标准厂房,租赁给杭州梁山机械厂。

5 月,梁山机械厂落户三官堂(8 组)。

9 月,在相公庙小学内办起云华幼儿园新星教学点。

10 月,纤石村办公楼落成并启用,总造价 110 万元。

是年,纤石村被列入余杭区级创建“园林绿化村”。

是年,全国取消农业税,全村农户减轻负担。

2007 年

1 月,中共杭州市余杭区委、杭州市余杭区人民政府授予“杭州市余杭区基层平安创建十佳平安村”称号。

是年,根据余杭区有关规定,村内禁养家畜家禽实施。

是年,大庄玻璃厂落户村 8、9 组。

是年,纤石村被认定为杭州市级“园林绿化村”,并获奖励和通报表彰。

2008 年

2 月 1 日,降大雪,积雪超 30 厘米,道路封锁,造成损失。

6 月,杭州及时雨植保防治服务专业合作社成立,并流转村内土地。

是年,全村全面完成组级道路路面硬化,浇筑水泥路,共计 82641 平方米,总投资 330 万元。

2009 年

1 月,中共杭州市余杭区委、杭州市余杭区人民政府授予纤石村“十佳平安示范村”称号。

2 月,杭州长相知家纺科技有限公司落户村 8 组。

12 月,龙荷农庄获区级休闲观光农业园区称号。

是年,引进浙江平安消防有限公司,落户村 9 组。

2010 年

10 月,浙江省爱国卫生运动委员会授予“浙江省卫生村”称号。

是年,489 路公交车开通,经村而过,设文祥官、纤石村、韩家门 3 个停靠站。

2011 年

3 月,中共杭州市余杭区良渚街道工作委员会、杭州市余杭区人民政府良渚街道办事处授予纤石村“2011 年度良渚街道安全生产工作先进单位”称号。

12 月,杭州冠杭食品有限公司落户村内。

2012 年

3 月,村内土地开始实施土地流转,由杭州及时雨植保防治服务专业合作社规模经营。

是年,杭州生绿缘农庄获评市三星级农家乐经营点。

2013 年

8 月,相公庙小学并入安溪中心小学(良渚第三小学)。

是年，杭州市农业局副局长严建立到杭州及时雨植保防治服务专业合作社调研。

是年，生绿缘获评市级休闲观光农业旅游示范单位。

是年，澳大利亚学生到杭州及时雨植保防治服务专业合作社学习。

2014 年

1 月，浙江广电发射工程在 1 组征地 214 亩。

是年，开展除污水、防洪水、排涝水、保供水、抓节水“五水共治”，实施污水整治工程。

2015 年

是年，唐家渡设人工降雨点。

2016 年

是年，浙江省委副书记、省政法委书记、浙江省人大常委会副主任王辉忠到杭州及时雨植保防治服务专业合作社调研。

是年，浙江省农业厅副厅长张火法到杭州及时雨植保防治服务专业合作社调研。

2017 年

3 月，在余杭农商银行花园桥农贸市场设自动存取款机。

11 月 24 日，全体党员赴嘉兴参观党的一大会址，接受教育。

是年，三官堂港砌石施工完成后，河岸植树建成“青年林”。

是年，在原组级道路水泥路面铺设沥青。

2018 年

9 月，花园桥十字路装交通信号灯。

12 月，在塘河村前塘步湾进行地改田。

是年，在韩曹村西险大塘边新建骨灰存放室，占地 120 平方米，存放骨灰穴位 2400 个，投资 75 万元。

是年,13 组北草圩、14 组高明桥开始首批美丽乡村试点建设。

2019 年

2 月,2575 路公交车开通,经村内,设上纤埠等停靠站。

3 月,上纤埠供销社旧址被杭州市人民政府命名为“杭州市余杭区历史建筑”。

4 月,高明桥公园建成。

5 月 1 日,村新建办公楼启用,同时建村文化礼堂。

11 月,花园聚财桥被杭州市人民政府命名为“杭州市余杭区历史建筑”。

12 月,社区卫生院纤石服务部改造装修。

是年,村污水纳管工程结束,总造价 1533 万元。

是年,西险大塘公路路灯安装完成。

2020 年

1 月,村根据上级要求做好防疫工作,纤石村委广泛宣传抗疫知识,落实相关措施。

6 月 8 日,杭州市委常委、余杭区委书记张振丰到纤石村调研。

7 月,纤石村完成沈家门虾儿兜垦造耕地项目,新增土地 21.08 亩。

11 月 1 日,开始第七次全国人口普查,全村共有 973 户,常住人口 4088 人。其中,农业人口 3436 人,非农业户口 652 人。

是年,村 6、7、9、10、11、12、13、14 组开始美丽乡村建设。

是年,政府为 60 岁以上老人购买人身意外险。

12 月,村“两委”决定编纂《纤石村志》。

是年,选址相公庙筹建开设纤石村老年人助餐点。

是年,村 5、8、15 组开始美丽乡村建设。

2021 年

3 月 11 日,余杭区行政区划分设余杭区、临平区,村属余杭区。

6 月 3 日,余杭区政协副主席、良渚街道党工委书记斯建刚到纤石村调研。

10 月 10 日, 村党委组织全体党员到长兴新四军苏浙皖军区旧址接受红色教育。

10月,过境500千伏高压线路加高扩容动工,涉及架线铁塔加高8座。

11月,草里坝新苑69户农户住宅落成并入住。

12月24日,村荣获浙江省“一林万树”示范村称号。

12月,纤石村退役军人服务站获中共浙江省委退役军人事务工作领导小组办公室授予的“新时代枫桥式退役军人服务站”称号。

是年,油车桥大会堂至西险大塘第一条“四好农村路”建成。由杭州弘正市政工程有限公司铺设沥青路面。

2022年

1月3日,纤石村获浙江省AAA级景区村庄称号。

2月,纤石村获良渚街道2021年度优胜单位称号。

是月,纤石村油车桥谷仓群(土圆仓)重新修缮完工,总投资350万元。

3月,新冠肺炎防控值班设点。村设核酸检测采样点,后由村组织实施。

是月,纤石村15组“四好农村路”建设动工。

4月24日,纤石村获浙江省“善治示范村”称号。

6月10日,良渚街道纤石村实施耕地功能恢复项目,整治总面积85.5公顷,项目总投资1493.5万元。

7月,纤石村获良渚街道最美退役军人志愿者服务队称号。

7—8月,持续高温天气,气温达39℃—41℃,8月14日新闻媒体报道气温最高达到41.8℃。

8月,完成“上纤埠自然村市级美丽乡村特色项目”建设。

是年,纤石村2、3、4组开展美丽乡村建设。

第一编

舆　　地

上纤埠与西塘河　　村委供稿

第一章 政 区

纤石村位于良渚街道东北隅，东与仁和街道九龙村、东风村、奉口村比邻，南与良渚街道石桥村相连，西与良渚街道新港村接壤，北与德清县下渚湖街道康家山村隔东苕溪相望。

民国22年(1933)有上纤埠乡建制，属瓶窑镇管辖。民国29年(1940)至民国31年(1942)一直设纤石乡。民国38年(1949年9月30日止)4月纤石乡第四保、第五保、第六保、第七保(除何家村外)均为现纤石村村域。

据《杭州市余杭区地名志》载，纤石村之名系沿用乡名。民国《杭县志稿》卷四舆地载："民国34年，瓶调区纤石乡(附旧有乡镇名称：上纤埠、石桥镇、北安溪、南安溪)土地测丈都图为10、都4、5、6、7、8图。"卷十四实业载："安溪在纤石乡。南宋时为安溪市。""上纤埠，抗战时毁，今复兴。""纤石"一名，由上纤埠与石墩各取一字而成，又一说，上纤埠和石桥头合并为乡时各取一字组成。

"纤石"历史上也称"欠石"，"上纤埠"也称"上欠埠"，档案资料中记载颇多。2003年，花园桥、上纤埠、沈家门三个建制村合并时采用"纤石村"一名。

历史上纤石一名，乡建制较多，但地域范围与现今纤石村有较大变化。中华人民共和国成立后纤石村域内有4个村，后改为初级农业合作社，又升为高级农业合作社，成立人民公社后设2个大队，后大队分分合合，几多变化。1983年后分设3个村，2003年9月合并为纤石村，属村级建制。

第一节 建 制

一、村域

纤石村历史上建制多变，但村域变化不大。民国时期属纤石乡第四、五、六、七保。除七保含何家村(现新港村何家村自然村)，其他均为现纤石村域范围。

中华人民共和国成立后，为纤石乡第四、五、六、七村。现新港村何家村自然村仍在第七村。此外，均为现纤石村村域。

1958年人民公社成立，纤石时有中心大队、新联大队，其地域范围与纤石村范围相同。

1959年1月，良渚公社设纤石管理区。管理区包含了石桥(现石桥村)等周围一些自然村，地域大于现今纤石村。

1961年安溪公社成立后，大队时分时合，至2003年3个村合并纤石村时，村域一直保持未变。

二、沿革

据《杭州市志(1986—2005)》载，清代，宣统二年(1910)，县以下区划分自治区域，钱塘县分县城和江干、湖墅、西湖、上泗、调露、钦履、瓶窑7个乡。

民国及以前，县以下各级机构均称“地方自治团体”，不属于政府组织。民国初，县以下设一级组织，城、乡、镇构成地方组织。区以下为乡，设乡公所和乡长。乡辖保、保辖甲。保甲为基层户口编制单位，置保、甲长。

民国21年(1932)颁布《各县编查户口条例》规定：保甲之编组以户为单位，户设户长；十户为一甲，设甲长；十甲为一保，设保长。

民国22年(1933)有上纤埠乡，属瓶窑镇辖。民国29年(1940)、民国31年(1942)设纤石乡。民国33年(1944)杭县撤区并乡，仍设纤石乡。

民国35年(1946)，杭县设纤石乡，共设14保，其辖范围远远大于现纤石村范围。现今纤石村范围在当时属第四保(草里坝、上纤埠、施家门、万岁桥、前后桥、韩朝村)，第五保(陈家门、花园桥、马家桥、文祥官、韩家门、塘河村)，第六保(油车桥、祝家兜)，第七保(沈家门、冯家门、高明桥、后荆村、何家村)。于版图第十都6、7图。

1949年5月23日，杭县人民政府成立，纤石村时为纤石乡第四、五、六、七村。1953年成立初级农业合作社，1956年改为高级农业合作社。1958年4月，杭县被撤销，划为杭州市郊区，纤石属三墩区安溪乡，仍为高级社。1958年10月1日，良渚人民公社成立，纤石村时为良渚公社中心大队、新联大队。1959年1月改名为纤石管理区。1961年4月，良渚公社分解，分为良渚、大陆、安溪3个公社，纤石村时有草里坝大队、上纤埠大队、油车桥大队、花园桥大队、沈家门大队、后荆村大队，属大队建制。1967年，上述6个大队合并为建新、中心、新联、前进大队。1968年4个大队合并为胜利大队；1982年2月胜利大队更名为花园桥大队。1983年9月花园桥大队划分上纤埠、花园桥、沈家门3个大队。1984年1月24日,恢复乡建制,改上纤埠村、花园桥村、沈家门村3个建制村。1994年4月15日,安溪乡撤乡建同名安溪镇,3个村时属余杭市安溪镇。2001年8月,安溪镇并入良渚镇,3村同时归属良渚镇。2003年9月,上纤埠村、花园桥村、沈家门村3个村合并,组成纤石村,仍为村级建制。2007年12月,余杭区撤销良渚镇改为良渚街道办事处,纤石村仍为村级建制。

三、隶属

秦王政二十五年(前222)置钱唐、余杭两县,是境内建县之始。唐武德四年(621)改钱唐为钱塘县。北宋端拱二年(989)建安溪镇。三国时钱塘属吴国,并为吴郡都尉治,隶扬州。南宋时,良渚称梁渚,属钱塘县,安溪属孝女北乡。钱唐几经变更,至民国为杭县。至清,现今村域一直隶属钱塘县。清宣统二年(1910),今村域属钱塘县,由浙江行省杭嘉湖道辖。县以下划分自治区域,钱塘县分县城和江干、湖墅、西湖、上泗、调露、钦履、瓶窑7个乡。

民国元年(1912)1月22日,仁和县和钱塘县合并为杭县。民国16年(1927)又将杭县划分为杭州市和杭县,今村域属杭县瓶调区。

民国29年(1940),浙江省杭县县政府所制的《浙江省杭县略图》标明,有纤石乡设置,属瓶窑镇辖。

民国31年(1942),据浙江省政府浙西行署编《浙江杭县行政区划图》显示,瓶窑区辖纤石乡。

民国33年(1944),杭县时撤区,故无区,其中纤石仍为纤石乡。

民国35年(1946),杭县设置4个区,51个乡镇,纤石乡属瓶调区。

民国38年(1949年9月30日止)4月,纤石村时为纤石乡第四、五、六、七保。

1949年5月23日,杭县人民政府成立,纤石时属瓶窑区纤石乡,之后属瓶窑区安溪乡。

1953年,建4个初级农业合作社,即新联初级农业合作社、高明桥初级农业合作社、油车桥初级农业合作社、中心初级农业合作社,属纤石乡。

1956年,初级农业合作社升为高级农业合作社,合并为中心、联合2个高级农业合作社,属纤石乡。

1958年,良渚人民公社成立,设中心大队、新联大队,属杭县三墩区良渚人民公社。

1959 年 1 月,改设纤石管理区(大公社),属杭县三墩区良渚人民公社。

1961 年,良渚人民公社新建安溪公社,纤石设草里坝、中心、油车桥、新联、沈家门、后荆村 6 个大队,属余杭县三墩区安溪公社。

1967 年,分设 4 个大队,并改名为建新大队、中心大队、新联大队和前进大队,均属余杭县安溪人民公社。

1968 年,4 个大队合并为胜利大队,设 15 个生产队,属安溪人民公社。

1982 年 2 月,胜利大队更名为花园桥大队,属余杭县安溪公社。

1983 年 9 月,分别改名为上纤埠村、花园桥村、沈家门村 3 个建制村,属余杭县安溪乡。

1994 年 4 月,安溪拆乡建镇,上纤埠村、花园桥村、沈家门村同属余杭市安溪镇。

2001 年 8 月,安溪镇并入良渚镇,上述 3 个村属余杭区良渚镇。

2003 年 9 月,上纤埠村、花园桥村、沈家门村 3 个村合并为纤石村,设 15 个村民小组,与早期的胜利大队范围等同,属余杭区良渚镇。

2007 年 12 月,良渚镇撤镇设街道办事处,纤石村同时归属余杭区良渚街道办事处。

第二节 区 划

民国时期,良渚境内乡镇建制多变。据民国时期《都图乡镇一览图》(浙江省民政厅测丈队制)显示,民国 22 年(1933),纤石乡为杭县第十都第六图、第七图。

2003 年,由上纤埠村、花园桥村、沈家门村合并为纤石村。

一、上纤埠村

1983 年 9 月由花园桥大队分设。村驻地在韩曹村自然村,距安溪镇 5 千米,位于纤石村东部。以种植水稻为主,兼蚕桑、淡水鱼养殖。村内有上纤埠集市。

上纤埠村辖上纤埠、韩曹村、万岁桥、草里坝、前后桥等自然村。2003 年 9 月与花园桥村、沈家门村合并为纤石村。

二、花园桥村

以驻地花园桥得名,位于纤石村西南部。1983 年 9 月由原花园桥大队分建花园桥村,花园桥自然村为村驻地。以种植水稻为主,兼蚕桑、淡水鱼养殖。属安溪镇，距离安溪镇所在地 4 千米。

花园桥村辖油车桥、陈家门、马家桥、花园桥、林家里、虾儿兜、文祥官、韩家门、祝家兜自然村。2003 年 9 月与上纤埠村、沈家门村合并为纤石村。

三、沈家门村

位于纤石村西北部，村驻地在麻文头，距安溪镇 4 千米。1983 年 9 月由花园桥大队分设。

沈家门村辖沈家门、冯家门、高明桥、后荆村、塘河村、潘家门、虾儿兜自然村，以种植水稻为主，兼蚕桑、淡水鱼养殖。2003 年 9 月，与上纤埠村、花园桥村合并为纤石村。

四、纤石村

纤石村 2003 年 9 月由上纤埠村、花园桥村、沈家门村合并而成，村驻地在花园桥自然村，村域面积 4.56 平方千米。下辖 15 个村民小组，22 个自然村。2014 年，草里坝自然村因征地而整体搬迁到新设草里坝新苑小区。虾儿兜自然村于 1987 年整体搬迁，已无村落。2020 年 12 月，全村常住户 973 户，总人口 4088 人，距良渚街道 5 千米。

第二章　自然村　小区

纤石村村域内有22个自然村落和1个征地安置农居点。

纤石村早期的22个自然村落，规模不大，其中油车桥自然村规模最大。草里坝自然村于2014年1月被浙江广电集团征用建造发射塔，经政府安排，农户全部迁入花园桥区块，为安上线与良沈线交会处之西南，与花园桥农贸市场一路之隔，建成后名为“草里坝新苑”。

纤石村各自然村一般以一个集中的姓氏为主，以姓氏为村命名的不在少数。早期村民来自湖州、东阳、江西等不同地区。他们多来此经商，因此地富庶宜居，故置地造屋定居，繁衍生息。

纤石村千百年来一直过着自给自足的小农经济生活，且一直传承着良渚文化，世代农耕精于种粮，擅长养蚕和养殖鱼类。

改革开放后，村民生活水平日益提高，美丽乡村建设加快，住房别墅化、道路硬化、夜间亮化、环境美化，大部分自然村均已完成美丽乡村建设，村民的生活品质日趋提高。

第一节　自然村

一、草里坝自然村

草里坝自然村地处纤石村东南端，为纤石村第1村民小组。

草里坝自然村东以西塘河为界，隔河与仁和街道莫家塘村相望，村南与良渚街道石桥村相连，以小河宋家港为界。河堤东西长达300余米，堤上建有草里坝闸，控制着堤内一千余亩水田的旱涝排灌。村西和石桥村的小桥村及梁家村两个自然村接壤，北与施家兜河港相隔，比邻施家门自然村。

草里坝地势相对低洼，人称“锅子底”地带，天一下雨，四处的水聚集到此，故易酿洪灾。民间曾有顺口溜云：“草里坝，草里坝，三天落雨草里爬。”又云：“三年旱发草里坝,三年洪水草里爬。”全村农田均为青色黏泥土,农活难做,也有顺口溜云:“(铁耙)笃笃四个洞,扯扯四条缝,肩上背着走,泥块不松动。”全村道路一遇到下雨,即呈淤泥状态,行走十分困难。

草里坝自然村共有农户 69 户,人口 292 人。自然村村民分为三大姓氏,各有称号,即宋家里、章家里、郭家里,各有自己的居住地段。宋家里有农户 24 家,章家里有农户 21 家,郭家里有农户 23 家,城市来此落户 1 家。

草里坝三姓村民均为世居村民,历来以种植水稻和养殖桑蚕为生。但地处低洼,稻田常年蓄水,反而有利于荸荠、慈姑、莲藕等经济作物生长栽培,故历来在水稻收获后,种荸荠和慈姑。过去,村民主要用肩挑往良渚、安溪和瓶窑等集镇售卖,集体化以后,产量增加,即用船装载,组成船队,以水路远运至桐乡、嘉兴、上海和杭州湖墅里出售给农副产品商行。摇船一个来回要三五天。

草里坝自然村于 2014 年 1 月被浙江电视广播发射工程征用土地 290 亩,整村移迁新址,并在文祥官村东,与花园桥村南相交处建成草里坝新农居,名为“草里坝新苑”。居民每户三间四层新居,两户相连,共计 35 幢,70 户。新居整齐美观,设施齐全,配套完善。村民们都享受着改革开放的福祉,过着和谐幸福的生活。

二、万岁桥、俞家兜和施家门自然村

万岁桥自然村,位于纤石村东部,是纤石村第 2 村民小组,包括俞家兜与施

万岁桥自然村(2022 年) 村委供稿

家门自然村。因万岁桥而得名。东与仁和街道九龙村隔西塘河相望,北与前后桥自然村相邻,西与油车桥(6组)相接。俞家兜自然村共有农户88户,人口364人,耕地292亩。村中俞姓占90%以上,其次为陆、叶、严等姓氏,村民为世代居民。

村中主要水运河道油车桥港穿村而过,至康家涧入西塘河。俞家兜自然村水系发达,以种植水稻和水生植物为主,自古以来除产水稻外,荸荠、慈姑、莲藕也是主要的农业作物,养鱼也是村民的一大经济来源。

施家门自然村同属纤石村第2村民小组。南以施家兜为界,北与西塘河河道相通到俞家兜湾,东以西塘河为界,隔河为仁和镇九龙村的上港村、下港村,西从俞石桥与本村7组为界。自然村共有农户13户,人口60人。万岁桥在村中央贯穿南北两岸。早期为石板三孔桥。现已修葺一新,桥面铺设沥青,护栏围护,可通小型汽车。万岁桥曾是上纤埠行政村驻地。

施家门自然村也具有水乡优势,水稻、麦子等历来是主要农作物,荸荠、慈姑、莲藕也是主要的经济作物。

村内有俞石桥,最早是俞姓兄弟俩,大者为俞大文,小者为俞大有,在此行善出钱造桥,后人为纪念这两位兄弟,并在桥的石阶和石柱上镌刻了碑文“俞大文”“俞大有”两块。1980年,修缮此桥时发现刻有“俞大文”“俞大有”的石板。在改建中,将上纤埠大会长桥拆除的部分材料用于此桥,建造了新的俞石桥。

三、前后桥自然村

前后桥自然村位于纤石村的东部,属纤石村第3村民小组。此地有石板桥,名为前后桥,南与俞家兜接壤,村前有青树漾与俞家兜相通。村落之中横跨2组的三孔石梁桥万岁桥贯通南北。北隔田畈与韩曹村相连,西与油车桥隔港相望。有农户53户,人口232人,耕地面积190亩。

前后桥自然村中有韩、管、陆、金、周、郭、严、钱、罗、曹等姓氏,其中韩姓家族为最大,有16家,管姓11家、陆姓4家、金姓3家、周姓3家、郭姓2家、严姓2家、钱姓2家,罗、曹两姓各1家。韩家祖先韩桂元是萧山人,因当时上纤埠繁华,慕名到此地经商,常年居住在此,最终择地定居。俞家祖先是诸暨人,原先做染纱染布之活,到此地就被上纤埠的徐锦顺招为伙计,开始居无定处,后在前后桥这块土地上造屋定居。郭家祖先是东阳人,名叫郭桂水,少年随父到此地做手艺,木工匠技术精巧出众,态度热情,人缘极好,加上对当地的风土人情了如指掌,故落

前后桥自然村(2022 年) 村委供稿

脚于前后桥,最终定居在此。罗家先人罗宝刚是宁波人,外出经商到上纤埠,系蜡烛师傅,经商做蜡烛在本地打开了局面,由于看中了上纤埠的商机,最后便定居于前后桥。

前后桥自然村的西北角有一座庙宇,叫前尚庙,有前厅和后面的三间平屋,中间为天井,占地面积 200 余平方米,在庙中供奉数位佛像,四村八舍人士均来此朝拜,香火旺盛。

2000 年,500 千伏高压输电线过境,3 户农户搬迁。

四、上纤埠自然村

上纤埠自然村有东西两片,由三孔石桥大会长桥连接,形成东西两片村民居住区,系村第 4 村民小组。

上纤埠自然村西与韩曹村相连,东与仁和街道东风村相望,南和前后桥 3 组接壤,北傍东苕溪与仁和街道奉口村交界。全村有农户 89 户,人口 333 人,耕地 261 亩,村中姓氏有原籍的汪、周、乐、杜四个大家族,后又有金、来、沈、陈、张等姓氏由外地迁入村中。

上纤埠自然村紧靠东苕溪西险大塘,大塘在历次加高加固的过程中,征用上

上纤埠自然村(2022 年) 村委供稿

纤埠的耕田近 40 亩挖荡取土筑塘。

西险大塘外侧,东苕溪转弯处名为“大云寺湾”(大隐寺)。东苕溪的水流急,水冲到大云寺湾被堤塘挡水角挡避,然后转向,缓慢进入德清到太湖,故得名“大云寺湾”。大云寺中原有住持及僧人多名,香火旺盛一时,香客络绎不绝。

因奉口陡门对航运船只吨位上的限制,跟不上形势发展的需求,为使大吨位船只能够通行,杭州市、余杭区、安溪镇三级政府于 1986 年在上纤埠部北端建成一座船闸,征用上纤埠耕地 15 亩,开挖凿通苕溪直接联通西塘河,再由西塘河向南直接联通杭州或向东经獐山港到达古运河,直至上海、杭州。

上纤埠曾是古老的集市,随着时代的变迁,昔日上纤埠的商业繁华已完全退去,成为一个环境优雅的宜居村庄。

五、韩曹村自然村

韩曹村地处纤石村的最北端,属纤石村第 5 村民小组。据《杭州市余杭区地名志》载,因有韩、曹两姓居民居住而得名。现有农户 81 户,人口 317 人,耕地 261 亩。有 3 个小自然村,即沈家塘、陈家塘、黄家塘。南与前后桥村相接,北至东苕溪为界,相隔苕溪与德清县下渚湖街道界山头村相望,西隔木圩与塘河村(14

组）农田相连，东与上纤埠接壤。

村中有三大主要姓氏，沈、陈、黄姓系世居，俞、毛两姓系后期迁入，毛姓为1958年城迁时落户。陈姓族人来源于浙江海宁盐官，

韩曹村自然村(2022年) 村委供稿

民国初期，西险大塘的防御抗洪能力不强，历年需要派工加固加高加宽，为赢得时间，固堤护塘，陈姓人就近定居在韩曹村。后在此开荒造田，建房娶妻，繁衍后代至今。沈、黄两姓为世代居住农户。

韩曹村自然村在沈家塘的东边有一个兜，叫白鱼兜，是村民运输外出的重要通道。

村中黄家塘前有一条小路，是原先步行到上纤埠的必经之路。附近的自然村油车桥、陈家门、沈家门、高明桥、塘河村、后荆村都须经此路到上纤埠。20世纪70年代，建造了机耕路，如今已建成沥青公路，可通行汽车。

韩曹村世代以种植水稻为主，大小麦为辅。经济作物有蚕桑、荸荠和慈姑等，养殖业有水产类。改革开放后，村民生活不断提高，是个和谐宜居的美丽村庄。

六、油车桥自然村

油车桥村名的由来，据《杭州市余杭区地名志》载："旧时此地有人在桥边开过油坊，故名。"古时一座单孔石板平桥连接村庄东西，后又建两座新桥，一条小河将油车桥自然村分成东西两部分。村东为第6村民小组，有农户66户，人口288人，耕地193亩。村西为第7村民小组，有农户56户，人口241人，耕地187亩。

油车桥自然村，东与俞家兜自然村隔直塘港相望，西临陈家门，南与祝家兜相连，北傍塘河村，是村内河港通向外港的必经之地，也是水网交错地段，位于纤

油车桥自然村(2022年) 村委供稿

石村域中间地段。

油车桥村村民的祖先是从五杭、博陆的金家门到此营生经商,然后在此停顿下来开荒造田,建房娶妻,繁衍后代至今。故村落中唯有金氏一姓,村人均同宗同族。在1958年的杭州市居民城迁下乡过程中有杭州城里人到村落户,又增添了四个姓氏,分别为乐姓、谢姓、李姓、孙姓四姓。

油车桥村世代以种植水稻为主,其次为种植慈姑、荸荠等经济作物,河虾养殖、养蚕业也具有较长的历史,历来盛产蚕茧。

20世纪70年代,村里的年轻人就骑着自行车去杭城的菜市场、酒家、小弄堂卖菜做生意,主要经营水产品,特别是鲫鱼之类,从德清、杨坟、二都等地收购,少者几十斤,多者上百斤。晚上用气泵增氧,第二天天不亮就骑着自行车出门到杭州销售,下午两三点才回家,大部分农户凭贩运水产品增加了收入,改善了生活。

1970年,县粮管部门在村中建造了8个大型土圆仓库储粮,一方面方便农民粮食投售,另一方面确保国家粮食的储存安全。20世纪70年代末,土圆仓库逐渐失去了原来的作用,同时年久失修,破损严重。2020年,国家已拨专项资金重塑原貌。如今土圆粮仓成了历史文物,作为乡村旅游景点建设和爱国主义教育基地。

七、陈家门和马家桥自然村

陈家门自然村位于纤石村中部，有农户56户，人口239人，因陈姓人家居住此地而得名。陈家门南隔康安公路与祝家兜自然村相望，北与塘河村、高明桥相连，东与油车桥相邻，西为马家桥自然村与花园桥9组接壤，全村有农田215亩与马家桥均为纤石村第8村民小组。

陈家门自然村（2021年） 沈祥林 摄

陈家门村中有陈、徐、沈、包姓。徐家长辈是从东阳南乡到纤石村陈家门做木匠的。徐子泉的曾祖父徐在来，手艺精湛，近邻远乡的农户纷纷邀请他做木匠活。在为别人家做工的同时，亦建造了自己的房子，买了5亩良田，又跟村中人租了5亩水田，做工之余，经营农耕种植水稻。

中华人民共和国成立后，陈家门农户联合办起了互助组。1953年，建立初级农业生产合作社，名为“新联初级社”，1954年与其他初级合作社合并建立高级农业生产合作社，至1958年10月人民公社建立，陈家门自然村和各地一样办起大食堂，吃上大锅饭。曾有一块“陈家门食堂”的牌子一直保存着，后农户建房时丢失。在农业学大寨中，陈家门人挑埂填河，挑墩造田，增加了不少水田。

在生产队集体所有制时期，全组上缴公粮1.5万—2万公斤稻谷，每个全劳力（每天记有12分工分的人）凭自己的双肩挑到安溪粮站或石桥粮库和油车桥粮库交售公粮或出售余粮。实行家庭联产承包责任制前，陈家门为村里提供优质水稻种子的制种农田，生产优质杂交水稻种子。在春粮作物、大小麦田畈上，学习“龙桥”经验，田里开挖“龙桥沟”，下降地下水位为春粮的增产起到了决定性的作用。陈家门小队当时曾受到镇、县级政府的嘉奖。还在本村召开三墩区各公社领导参加的现场会,在全区推广深挖“龙桥沟”的经验。

陈家门自然村村貌变化很大,2000 年 500 千伏高压电线过境,18 户村民搬迁至村南边,经过整体规划后,新建造 4 排整齐的农居,现在已是村子里的一个亮丽风景。

据《良渚镇志》载:1946 年,杭县纤石乡陈家门国民学校办学于此。现安溪幼儿园新星园区、杭州长相知家纺科技公司等单位均落户在自然村内。

马家桥自然村同为 8 组,以马姓人家居住桥边而名,西与花园桥紧连,农户均为世居,马家桥自然村早期与陈家门自然村略有间距,后因陈家门部分农户拆迁安置于马家桥南边,逐渐相互连接,马家桥自然村的农户相应增加。

八、花园桥和林家里自然村

花园桥自然村地处纤石村中部,有农户 55 户,人口 245 人,水田面积 215 亩,加之农业学大寨时平整农田 13 亩,共有农田 229 亩,旱地 22 亩。村中有古桥 4 座,即花园聚财桥、河子桥、石墩高桥和马家桥,分别与周边村落相连。东西向油车桥港贯穿自然村,花园聚财桥连接村落南北两部分。花园桥和林家里两个自然村属纤石村第 9 村民小组。

花园桥自然村(2021 年)　沈祥林 摄

村落东与马家桥仅一桥之隔,南与韩家门水田相连,西与文祥官相连接,北与沈家门、潘家门紧贴。

花园桥自然村因花园聚财桥而得名。据《余杭县地名志》记载:“相传明末清初,此处曾有官宦沈氏的花园,故名。”2019 年 3 月,花园聚财桥被杭州市人民政府命名为“杭州市余杭区历史建筑”,编号为 HZYH-LSJZ1-123。

历史上,林家里原有一座相公庙,系古庙,庙门前有一对石狮,庙前广场上有一个很大的戏台,平时供石墩国术团排练节目。林家里由石墩高桥与沈家门相连。

清光绪六年(1880)前后,花园桥沈长美曾开办私塾。当时有学生 50 余名,教的是四书五经、三字经等内容。学生以花园桥、后荆村、石墩一带本乡学童为主,一年招生一次。另有阿有也在此办过私塾。

花园桥自然村是纤石村村委所在地,村内有花园桥农贸市场、卫生服务站。草里坝自然村征迁后,迁居农户也择地安置在此,建立农居点——草里坝新苑,花园桥失地农民得到了社会保障。花园桥位于村中心,也是村民公共活动的中心。

九、祝家兜和韩家门自然村

祝家兜自然村位于良安公路东侧,属纤石村第 10 村民小组。据《杭州市余杭区地名志》载:因此地有祝姓人家居住兜旁,故名。

祝家兜自然村处于纤石村的东南端,南至原安溪鱼种场,村南隔河与石桥村的梁家村自然村相望,北与油车桥相连,西与韩家门自然村接壤,此地为河港与

韩家门自然村(2022 年) 村委供稿

池塘交错的水网地。村中有金、韩、沈、胡四姓，均属世代定居的村民。

祝家兜村的西南角，是原安溪鱼种场，有大小鱼塘二三十个，水面达八九十亩，原是繁育鱼苗的基地，所产鱼苗供应原余杭县及桐乡、德清等地区。

韩家门地处良安公路西侧，也因韩姓人居住而名。村中有韩、胡、王、金四姓，其中韩姓 16 户，胡姓 5 户，王姓 3 户，金姓 1 户。村南至金边桥界，公路直通良渚。北与 9 组花园桥相连，西有韩家兜延伸到文祥官，东隔良安线与祝家兜为邻。韩家门与祝家兜两个自然村同属纤石村第 10 村民小组，两个自然村共有农户 51 户，人口 210 人，水田 203 亩。

村内王姓在 150 年前由祖先王广生携子女从王家塘迁入韩家门，置有 28.5 亩(1.9 公顷)农田，后在韩家门建房繁衍子孙，延续至今。胡姓起源于 130 年前，一个东阳裁缝师傅胡宝来到“下三府”营生，先在韩家门附近做手艺，因手艺超众，生意好，后在韩家门置地造屋定居。

祝家兜和韩家门自然村世代以农业种植为主。水稻、麦子、油菜是主要的农作物，还有种桑养蚕和水产养殖等一些副业。

十、文祥官自然村

文祥官自然村位于纤石村最西端，据《杭州市余杭区地名志》载：“此处历史上曾有一户做官人家居住，建有三池九井，村以此而得名。”文祥官为纤石村第 11 村民小组，有农户 53 户，人口 225 人，水田 174 亩。南面与金边桥河延伸段韩家兜相隔，对岸便是韩家门，东南与新港村大塘坝自然村相望，北与冯家门自然村接壤，西与新港村的夏家桥、葛步桥为邻，村中唯有沈姓一族，沈氏家族为村中世居。

安上公路穿村而过，把整个村庄南北一分为二。瓶窑至良渚中心站的 489 路公共汽车在村中设有停靠站。早先的文祥官村前多漾兜与池塘，有几亩兜、赵家兜，还有多个相连的鱼池，荡面紧挨着荡面，荡荡相通，是水产养殖的好地方，产量较多。

20 世纪 30 年代，村民沈礼嘉、沈礼广、沈礼红三兄弟有一条跑运输的航船，停靠在东西漾俞家庵前的河岸旁，承载人员、货物去塘栖、杭州甚至更远的地方，是村中与外界运输的主要交通工具。

俞家庵是原先纤石村唯一的庵堂，坐落于自然村落北端的东西漾旁，庵虽然不大，但香火旺盛，规模为前后两进，前为四间平房，两边有厢房四间。还有住持，

文祥官自然村(2022 年) 村委供稿

号为“小麻子”,庵中供有四五尊菩萨,求签拜佛者每天不断。庵内专门有一块倒香灰的地方叫“香粉池”,20 世纪 60—70 年代农业学大寨运动中,村民将它改为水田。

文祥官自然村村民都为世居村民。世代以生产粮食为主并养蚕产茧,生活自给自足。改革开放后,一些农户从事家畜养殖,还有很多村民外出做起了生意,收入逐年增加,生活水平年年提高。文祥官自然村至今仍有农户种桑养蚕,保留着传统农业之本色。

十一、冯家门自然村

冯家门自然村位于纤石村之西北隅,东与沈家门比邻,南与文祥官自然村隔河相望,西与新港村葛步桥自然村相接,北与后荆村自然村农田相连。冯家门自然村属纤石村第 12 村民小组,也是农户和人口最少的一个组,有农户 42 户,人口 199 人,有水田 188 亩。早期在田畈里还有两户人家,后经规划移建到冯家门自然村内。冯家门自然村之西是三官塘港西部的末端。三官堂港自西向东经过后荆村、沈家门、高明桥、油塌桥、三官堂、油车桥港,最后到达西塘河外港,这是通过水路向外运输的通道。早先河中船只多见,是村民外出的交通工具和生产工具。

冯家门自然村(2023) 村委供稿

冯家门也因姓而名，村内世居农户均为冯姓,1958年有一户林姓农户由城市迁入落户,另有其他姓氏均系婚配迁入。

冯家门自然村土质以青紫泥为主,土壤软,地基容易不均衡沉降。但其土质适宜种植农作物,其主要农作物有水稻、大麦、小麦、油菜、茎块作物、豆类作物等。

冯家门自然村地势相对较低，是田园中的村庄。早期村庄呈东西向一字排开,后期建房经规划,农户房屋排列整齐有序,加上美丽乡村建设项目的推进,村容村貌整洁美观。

冯家门农户世代以农业生产为主,在过去从肩挑背扛为主的年代,村民甘于吃苦,勤奋劳作。除从事粮食生产以外,还种植一些经济作物,养蚕产茧是主要的经济收入,在总收入中占比例较大。其次也种植慈姑、荸荠和莲藕等经济作物,亦是一个自给自足的村庄。

改革开放后,农户的经营理念发生了变化,家庭联产承包以及土地流转,给村民更大的自主支配权,村民生活水平有了极大提高。

冯家门自然村原先地处偏僻,早期出行不便,为解决出行困难,依靠集体力量,1998年从自然村向南开辟一条新的道路,在村前河上建桥一座,直接与安上公路相连,新公路为双向两车道,沥青路面,这不但是村民出行的方便路,也是村民的致富路。

十二、沈家门、潘家门、北亩圩、北草圩自然村

沈家门自然村以沈姓得名,自然村村民都为世居的沈姓,其他周、梁、金、徐、王、丁、牛等姓氏皆因婚配迁入。现今的沈家门与原来的沈家门已经不同,广义上的沈家门还包含了4个小村落，即潘家门、虾儿兜、北草圩以及八亩圩。北亩圩、北草圩这两个地方原先只是田畈，后有农户建房于此。

沈家门自然村位于纤石村域偏西，村行政中心的北部，与本组潘家门有良塘公路相隔。南与花园桥自然村紧贴，西与冯家门自然村相连接，北与高明桥自然村紧连，与后荆村隔河相望。

沈家门自然村属纤石村第13村民小组，曾为沈家门建制村的驻地。沈家门自然村现有农户56户，人口241人，水田209亩。浓家门与潘家门两个自然村并无明显的地域界限。潘、沈两姓历来共同居住一地，与其说是两个自然村，不如说是两个姓氏同属一个村民小组，只不过是历史上形成了这样的叫法。潘姓家族共5户，其中3户一直居住在沈家门自然村内。沈家门自然村沈农高、沈国农兄弟的曾祖父清末民国初时由云会许家堂前自然村移居至此。

沈家门自然村世居农户早期居住比较集中，后因两条500千伏高压电线架设过村，有8户农户搬迁新居至北草圩，还有4户因其他原因搬迁至高明桥南北亩圩。虾儿兜也有2户农户，于1987年移居到沈家门自然村。

北草圩旧时为一片草圩、农田，后有8户农户因拆迁在此安置建房。村仍沿用“北草圩”一名。

虾儿兜自然村原有8户农户，分属9组和13组，其中7户为世居村民，1户由杭城迁入。在整体规划中，属13组的2户回归沈家门自然村，属9组的6户划入花园桥自然村，故虾儿兜系有名无住户之地。2020年，此地改造为农田，虾儿兜已无旧痕。由于以上变迁原因，现

沈家门自然村（2022年） 村委供稿

今沈家门自然村并非原来比较集中的自然村落。

古桥石墩高桥位于村南端，是旧时与9组林家里自然村相通的主要通道。沈家门自然村周边旱地多，但其农田分布却远离村庄，呈东西条带状。东边水田需经高明桥到北草圩以东劳作，西边农田要过冯家门至新港村何家村边劳作，东西相距约1千米，在肩挑背扛的劳作年代，村民生产劳作十分辛苦。

沈家门自古以来尊师重教，注重对子女的培养教育。1950年创办的纤石乡石墩小学就坐落在沈家门自然村内。沈家门自然村出了较多的人才，有杭州市劳动模范2人，博士、主任医师1人，高级农艺师1人，高级工程师1人，还有莘莘学子和能工巧匠。2020年，村庄开展美丽乡村建设，村容村貌得到提升，环境得到改善，村民们生活幸福。

十三、塘河村和高明桥自然村

据《杭州市余杭区地名志》载，塘河村有塘河故而得名。塘河村与高明桥两个自然村均为纤石村第14村民小组，有农户48户，人口202人，水田155亩。塘河村自然村有水田95亩，东与韩曹村相邻，西与高明桥自然村相连，北过北草圩东苕溪西险大塘，南与陈家门为邻。村中姓氏有三，分别是陈姓、姚姓、金姓。其中，陈家13户，姚家10户，金家7户。

高明桥和塘河村自然村（2022年） 村委供稿

高明桥自然村南与北亩圩由桥相连，北至西险大塘隔溪与德清县下渚湖街道界山头村相望，东与塘河村相邻，西有良安公路相隔与后荆村接壤，南与沈家门连接。村中有水田60亩，世居村民均姓沈。据沈姓后人叙述，相传祖先为江西籍，已有第15代传人。

高明桥自然村世代以农耕为主，盛产水稻，此外，历史上一直种植慈姑、荸荠、莲藕之类的经济作物。在生产队集体经营时，种植慈姑和荸荠收获后除销往良渚、瓶窑外，还远至杭州、嘉兴、上海，全靠船只运输。

高明桥有古桥一座，自然村由此得名。据《良渚镇志》载，古桥系清朝所造。

高明桥自然村是纤石村美丽乡村建设的首批试点村庄。高明桥公园就位于高明桥与塘河村之间。

十四、后荆村自然村

后荆村自然村位于纤石村的西北端，北与西险大塘相连。早期此地偏僻，交通不便，荆棘丛生，村庄形成晚，故名。村后东苕溪唐家渡原有渡船一艘，可到溪北德清县杨坟、上柏、武康等。南面隔河与冯家门和沈家门相邻，西边与新港村的何家村相望，东有良安公路经过并连接高明桥自然村。后荆村为本村第15村民小组，也是农户最多的1个组，有农户109户，人口447人，水田348亩。原先在

后荆村自然村(2022年) 村委供稿

西险大塘外侧有70余亩桑地，现已被政府征用。

村中梁姓最多，有69户。其次为沈、金、陈、蒋四姓。梁姓先辈是由江西逃荒到此，后落户于此垦荒度日，最后定居繁衍子孙，现已有第14代传人。

村后有西险大塘，在中华人民共和国成立前对洪水的防御能力相当薄弱，当时人们祈求神灵保佑大塘牢固，就在后荆村后大塘旁建造了一座称为“观音堂”的小庙宇，除观音菩萨外，庙内还设“塘南夫人”菩萨，传说膜拜“塘南夫人”，就能确保大塘安全，故有一定的香火。

后荆村村民世代以种粮、养蚕为生。中华人民共和国成立后，村庄种桑养蚕成为每家重要的副业，由于桑地多，养蚕也多，收入相当可观。到互助合作和人民公社的农村时期，后荆村村民凭借桑地多、桑叶茂盛，发展养蚕业，每年饲养蚕种数量较多，每张产茧在35公斤左右，投售给国家。养蚕多，产茧多，是当时安溪公社产茧最多的自然村。

改革开放后，后荆村村民边务农边经商，有的村民在杭城摆摊位，有的做水产生意。到20世纪80年代初，买入固定摊位的村民就有三四位，至今有的村民已经做成了大产业。

2020年开始，后荆村开展美丽乡村建设，自然村村貌得到改观。

纤石村各组基本情况表

表1-2-1

组别	户数（户）	人口数（人）	组内自然村	2003年后历任组长
1	69	292	草里坝	郭金华
2	88	364	万岁桥、施家门、俞家兜	陆月明、周见鑫、周建永
3	53	232	前后桥	韩水庭、管建平、俞建成
4	89	333	上纤埠	陈世龙、乐荣华、周勤华、张建明
5	81	317	韩曹村	陈德兴、冯甫定、沈有章、沈伟农、陈建平、陈雪友、俞海明、沈建明
6	66	288	油车桥（东）	金贵建、金贵松、金妙林、金贵州、金永庭
7	56	241	油车桥（西）	金寿雪、赵凤金、金益民、金寿农、金子庆
8	56	239	陈家门、马家桥	沈祥根、沈云潮、沈子潮、陈祖根、朱正年、沈建塘、沈建华、张建伟
9	55	245	花园桥、林家里	沈方建、沈有庆、沈连才、沈正良、沈卫明
10	51	210	祝家兜、韩家门	金玉平、沈水元、韩水元、王子良、胡建根、韩水根
11	53	225	文祥官	沈元国、沈文良

续表 1-2-1

组别	户数（户）	人口数（人）	组内自然村	2003 年后历任组长
12	42	199	冯家门	冯金龙、冯金康
13	56	241	沈家门、北亩圩、北草圩、潘家门	沈德强、沈建生、沈勇伟
14	48	202	塘河村、高明桥	金根来、姚兴山、姚贵法、陈祯连、陈元潮、沈勤森、沈永远、王磊、沈欢连
15	109	447	后荆村	梁永潮、梁永林、梁中平

第二节　小　区

草里坝新苑农居小区

2014 年 1 月，浙江广电发射工程选址纤石村，在 1 组（草里坝）征用土地，拆迁农户 69 户。

2014 年 1 月 14 日，良渚街道对征地拆迁进行动员，后由评估公司对农户房屋丈量评估，同年 6 月 20 日评估结束，后农户腾空住房。

草里坝新苑农居小区（2022 年）　沈农高 摄

涉及征地拆迁的农户，先行过渡安置，后在村内 9 组（花园桥农贸市场边）征地 61.791 亩建设农居小区。二次征地涉及 9 组、10 组、11 组 3 个组，主要用于农户居住房及配套的公益用房建设。其房屋为两户一体，统一高度、统一面积、统一外立面、统一基础。基础设施由良渚街道出资建设，其他由农户出资建造，同时配套公用基础设施。

小区北靠村委大楼，东临良安公路，有两路公交车设停靠站，地理位置与交通出行十分方便。

小区内设家宴中心，方便村民在文化礼堂办酒席，配备辅助设施可以做饭，面积约 160 平方米，投资金额约 85 万元。

第三章 自然环境

纤石村位于杭嘉湖平原南端,西依天目山,山脉向东延伸,村北隔东苕溪有大遮山、康家山山体。东南部为广袤的杭嘉湖平原,自然条件优越,可谓鱼米之乡。全村海拔一般在10米左右。

村域内全为第四系覆盖,属第四系镇海组,以浅棕色—暗棕色泥岩为主,夹棕色粉砂质泥岩局部见砂砾岩。区域地质构成单元属扬子准地台钱塘台褶带,浙西北大复向斜翼部。地貌形态表现简单,以水田、旱地、溪、河、港、池塘等组成地貌单元,水网较为发达。受近代人类活动影响,局部改变了地貌,地势略有起伏,总体上呈西高东低的地势。土壤以淤泥质粉砂质黏土为主。

村域内土地资源丰富,土壤肥沃,水系发育,植被良好,适宜的地理与气候,形成了良好的生态环境,有利于农耕作物的种植和水产的养殖。

经济发展与生态环境形成良好互补与发展。村十分重视土地利用与保护。全村有耕地3306亩,均为农保田。在"农业学大寨"和当今的平地造田中,增加农田储量。

村内属北亚热带南缘季风区,温暖潮湿,生物资源较为丰富。自然环境适宜植物生长和动物的栖息与繁衍。近年来一方面重视环境保护,植被生长茂盛,给野生动物创造了优良环境,鸟类和松鼠数量明显增多。另一方面人们对保护环境的认识和美化环境的需求逐渐提高,生物资源无论是品种还是数量都有所增加,许多品种非本地原有,是外地引入,增加了生物的物种。

第一节 地质 地貌

一、地质

纤石村广义上区域地质构造单元隶属扬子准地台钱塘台褶带,浙西北大复向斜的翼部。自中生代以来,本区主要经历了印支、燕山两期构造运动,其中印支运动以强烈褶皱的活动方式在本区形成北东向褶皱和断裂构造，表现为北东向的紧密线形褶皱构造，形成了西湖复向斜、超山向斜、皋亭山向斜等；印支运动后期，本区处于陆缘活动阶段，由于受太平洋板块的俯冲作用，造成固化地台的再次活动，局部有岩浆岩喷出和侵入。

区域内地壳运动以断裂为主，受印支、燕山运动影响，发育了一系列的北东向断层及北西向断层，其中北东向断层往往被北西向断层切错。

区内稳定性的主要深大断裂有球川—萧山深断裂、昌化—普陀大断裂及孝丰—三门湾大断裂。

村域内全为第四系覆盖，属第四系镇海组。成因类型复杂，纵向上岩性带特征明显。为镇海组上部之冲湖积、湖积、湖沼相沉积。2019 年 12 月，浙江化工工程地质勘察院有限公司在 5 组韩曹村、9 组花园桥农贸市场西和 13 组水路头开展工程地质详细勘察，采用钻探工程施工。勘察资料显示，西部水路头第四系自上而下依次为：1.淤泥质粉砂质黏土，灰色，流塑，夹少量薄层及粉砂团块，含有机质、云母碎屑，干强度高，高压缩性，高韧性，厚 24 米。2.粉砂质黏土，局部为细沙薄层，偶见砾石，厚 8.5 米左右。3.圆砾，粒径 2—20 毫米含量约占 55%，粒径 20 毫米以上含量约占 20%，个别粒径可达 50 毫米，磨圆质较好。原岩为泥质砂岩、砂砾岩等，全为黏土及砂砾充填，见 5 米，未揭穿，厚度不详。工程地质勘察自西向东依次为水路头—花园桥—韩曹村，共施工 10 个钻机，岩土颜色、成分和结

东苕溪（2022 年） 村委供稿

构基本相同，各层厚度也相差无几，基本稳定，属同一沉积环境。

二、地貌

村域内地处杭嘉湖平原南端，西依天目山脉，属河湖相冲积平原。地貌形态表现简单，以水田、旱地、河、港、池塘为主组成地貌单元。村内水网较为发达，地貌单一。受近代人类活动（开河、挖塘、造田、填土等）影响，地貌局部改变。村内水网平原，地形平坦，微起伏，整个地势呈西高东低，海拔在10米左右。村内河、池塘等小微水体密布，河流纵横，利于水上运输，也利于储水。但这种地貌自然泄水能力弱，加上地下水位高，连日多雨会积水成涝，洪水时需向外港及时排水。

第二节　水　　文

一、水系

村内河汊交织，水资源较为丰富，溪、河、港、荡、漾、兜等组成水系。港、荡是农田灌溉和种植作物用水及养殖用水的主要水源，水源主要来自天然降水，受气候及天气的影响，一般春夏季水资源丰盈。

苕溪　“耆老相传，两岸多苕花，每秋风飘散水上，如飞雪，故名。”（清嘉庆《余杭县志》）其干流南苕溪源于临安天目山的马尖岗，从中泰入境，贯穿余杭街道，经仓前街道吴山，在瓶窑镇汤湾渡、龙舌嘴与中苕溪、北苕溪汇合，经安溪、纤石村、仁和街道獐山入德清县境，最后流入太湖。全长151千米，流域面积2267平方千米。余杭境内48千米，流经村域内2.8千米。东苕溪在余杭街道以上，穿行于山地丘陵之间，河床比降大，滩多流急，流经区域多暴雨中心，雨季洪峰势高量大，水位暴涨暴落。余杭镇以下地势低平，流速顿减，平日溪水清澈，河宽约70米。若遇汛期，山洪暴发，溪水浑浊，常为患。据《余杭通志》载，1950—

东苕溪纤石村段（2021年）　　沈农高 摄

2005年瓶窑水文站测得东苕溪日最高水位为1996年6月30日达9.07米,最低为1978年9月9日达2.16米。在东苕溪南侧建有西险大塘,抵御汛雨,防止洪灾。每当汛期,西险大塘为村内防洪之重地。

1987年6月在上纤埠新建船闸,东苕溪与西塘河相通。东苕溪是自来水取水的水源地,自上纤埠到北窑坞,沿岸纵深500米,系饮用水源一级保护区,水源目标Ⅱ类(级),长度2千米。

河道 村内河道与外连的水系主要是西塘河,内港之水由西向东流向西塘河,遇旱可由西塘河入灌至村域内港解决枯水问题。西塘河自杭州北新桥之运河起,至奉口徒门,途经上纤埠,全长10.3千米。在村域内流经约2千米,平均河宽40米,是主要的水源地,也可供船只通行。据《余杭县志》记载,南宋淳祐七年(1247)大旱,西塘河干涸,村民分段浚治,自北新桥至勾庄,拓宽3丈(1丈≈3.33米),加深4尺(1尺≈0.33米);自勾庄至奉口,拓宽1丈,遂成大河。1986年上纤埠船闸建成后西塘河经上纤埠船闸与东苕溪直通。

西塘河上纤埠段(2021年) 沈祥林 摄

1958年杭州自来水厂祥符分厂为阻止污水流入厂区,在祥符乡新桥下筑临时土坝,至今勾庄至杭州无法通水通航。而村境内段则可通航,水源充足。

村域内主要港有3条,即三官塘港、油车桥港、祝家兜港。三官堂港呈东西走向,西部起点为12组冯家门,经15组后荆村,过14组高明桥,8组油埸桥、三

油车桥港(2021年) 沈祥林 摄

官堂，14 组塘河村，6、7 组油车桥，2 组万岁桥等到东部康家涧，入西塘河，全长约 3 千米。

油车桥港呈东西走向，西起 11 组文祥官，过石墩高桥，流经 9 组花园桥，8 组马家桥，北与三官堂港相连接合并，到康家涧入西塘河，全长约 3 千米。

梦向池（2021 年） 沈祥林 摄

祝家兜港南起 11 组祝家兜，经油车桥、万岁桥入西塘河。

村内诸港径流方向均自西向东，每个自然村均有港相通，先人在开挖港时充分考虑资源共享，每个自然村均有港或港兜到达。

村内三官塘港、油车桥港部分段已整治，砌石、绿化，部分失去通航功能。油车桥港砌石 1100 米，其中花园桥段砌石 500 米，三官塘港砌石 1700 米。村内河道清淤 3 千米，河道实行河长制管理。

荡 村内荡（池塘）比较多，均为人工开挖。池塘是早期村民用水的水源地，并供灌溉和养殖水产用水。早先的一些小荡经后人填土有所改变，其痕迹无存。村内最大荡单个水体 25 亩，其中 1 亩以上的荡有 26 处。

漾 为港的开阔处。早期供船只停泊之用。村内油车桥港有马步漾，三官塘港有皮刀漾等。

兜 是港的支流或延伸，是港的尽头，也是为方便船只停泊与出行方便而延伸的河道末端。村内有祝家兜、虾儿兜等。

马步漾（2022 年） 沈农高 摄

二、地下水

根据工程地质勘察，综合地下水赋存条件、水理性质、水力特征、埋藏条件及区域水文资料，村内地下水类型主要为潜水。

潜水主要赋存于浅部素填土层（渗透水层）。地下水位较浅，水位受季节影响明显，降水量多寡对水位动态影响较大，地下水年变化幅度 1.50 米左右，丰水期水位接近地表。

第三节　土壤　植被

一、土壤

村域内土壤以青紫泥、小粉土为主，多数土壤土层深厚，土质肥沃。据《余杭县农业志》载，东部水网平原水稻土，属第四纪全新世泥沙沉积物，成土年代以公元 5 世纪至公元前 16 世纪不等。

土壤的组合受气候、地形、母质、时间和人为因素影响，其中母质是土壤的物质基础。

村内土壤为水网平原土壤组合和河谷平原土壤组合。土壤成土母质为河、湖相沉积物，分布有粉泥头小粉田、清粉泥田、青紫泥田，河谷平原土壤组合，系苕溪河滩的河谷平原，地势低平。河谷土壤分布规律由河谷冲积物的沉积规律决定，土壤母质为河流冲积物，贴近河道两岸为最新冲积物，其冲击物较疏松。相反离河床愈远，沉积颗粒越细，形成与河流平行的条带分布状态，这是形成河谷土壤分布规律的基础，村北部靠近东苕溪之北草圩田坂偶有清水沙可见。

据 1980 年余杭县土地调查队调查报告显示，苕溪南岸平原土壤服从于水平规律，因受人为影响较深，自然形态变动大，因此，没有明确的分布规律，但从地势高低、河流走向等因素来分析，尚可大致分辨出一些分布趋向。由于地势高低受水分影响不同，胜利大队一部分地势较低的，分布着渍水严重的青紫泥田土种，均为旱地小粉土。

调查队曾对村内小粉青紫泥田取样分析，其特征：0—18 米，为棕灰色粉块状中壤，pH 酸碱度 8.5；8—36 米，为青灰色块状中壤，pH 酸碱度 6.5；36—56 米为浅棕灰色棱片状轻壤，pH 酸碱度 7；56—126 米，为黄棕灰色棱片状轻壤，pH 酸碱度 7.5。

村内土壤受人类活动影响，局部有变化，并非原土原貌。

二、植被

纤石村处于中亚热带绿阔叶植被带。村内主要是自然植被和人工植被,植物种类丰富,除原生、次生自然植物外,还有农田、果园、花木园、村内绿地在内的人工植被。

村内植物资源主要有蕨类植物、裸子植物、被子植物等。

村内系水网平原,自然和人工植被丰富,植物品种繁多,常绿阔叶林为村内典型的地带性植被。主要是香樟、桂花等。灌木经济林主要是茶树、桑树,此外还有竹子。人工植被主要有花木、草坪。

第四节 气 候

一、气候特征

村内属北亚热带南缘季风气候区,温暖潮湿,四季分明,光照充足,雨量充沛,季风交替,冷暖空气活动频繁。春季阴雨多,天气变化较大。常年6月中旬入梅,7月上旬出梅,其梅雨季节的长短取决于当年的天气趋势。梅季雨量较多,相对集中,常伴有雷阵雨、暴雨。梅季的主要特点是闷热潮湿,地面易起水,物品易发霉,食品易变质。

梅雨季节过后即入盛夏,常受副热带高压控制,天气晴热,表现为温度高、日照强、蒸发大、易有旱伏。三伏天为天气最热阶段。至秋季,受北方冷空气影响,冷暖空气再次交替,台风发生较多,阴雨暴雨时有发生,易造成恶劣性天气,有灾害性隐患。秋季天气比较稳定,秋高气爽,是比较舒适的季节。冬季受极地干冷气团的影响,吹西北风,干燥、寒冷,如北方冷空气强就出现寒潮,时有冰冻。“三九”为一年中最寒冷的阶段。

村内气温适中,适宜种植水稻和麦类两熟、三熟制作物。雨热同季对茎类作物、瓜果蔬菜生长有益,具有发展粮食生产和经济作物的气候优势。不利因素主要是因水量分布不均匀,灾害性天气较多。

二、气温

村内气温以7月、8月为最高,月平均气温28.5℃,年极端最高气温40.7℃。1月、2月最低,月平均气温3.5℃,年极端最低气温-14.9℃。全年平均气温16.1℃。

日照 村内属平原地带,光照充足,年平均日照数超过2000小时,日照百分率大于45%,四季变化分明,日照季节也较为明显,5—10月的日照时数和日照百分率均大于11月至次年4月。其中,盛夏7月、8月,日照强、日照长,全村平均日照时数220小时。冬季的辐射弱、日照短。12月至次年2月,月平均日照时数125小时。

无霜期 村内无霜期自3月17日左右开始到11月15日左右,无霜期为243天左右。

干旱期 干旱期为10月至次年1月,晴天多,雨天少,偶尔局部降雨,降雨量小。自然降水不足以补给作物,需人工补给水分,后期干燥出现寒冷天气。

三、降水

村域内地表水主要是河港、池塘,水源主要来自天然降水,年平均降水量1150—1550毫米,年降水日数130—140天。3月、4月为春雨期,雨日平均31天,降水量平均230毫米,约占全年降水量的20%。梅雨期雨水多,连续降雨,有时暴雨常引起洪涝灾害。8月中旬至9月下旬为秋雨期。天气瞬间变化,有时隔田埂这边下雨那边晴,俗称“秋喳喳”。其间,若遇台风,会出现连续狂风暴雨,雨量较大。年蒸发量1100毫米,降水量大于蒸发量。

春雨期 每年2月下旬至5月为春雨期。连绵小雨,时雨时晴,夜间下雨次日晴是春雨的基本特点。惊蛰过后时有阵雨、雷雨出现。春雨温和,既不像夏雨那样狂,也没有冬雨那样冷。适当的春雨对作物生长有益,但春雨雨量大时也会出现涝灾。

梅雨期 东南季风带来大洋暖湿气流,这种气流的出现影响天气,会出现持续阴雨天,为梅雨期。梅雨期多出现在每年6月、7月,为江南梅子成熟期,故称梅雨天。由于每年的气候变化有所不同,梅雨的周期雨量也有所不同。梅雨一般为阵雨、雷雨,瞬间雨量较大,容易发生洪涝灾害,是防汛工作的重点时期。

秋雨期 主要在8月、9月,受季风影响,此季节常出现大雨和暴雨。有时表现为短时降雨,范围不广,雨量不大。有“秋雨隔田塍”的说法。秋雨期时常会有台风雨。台风时秋雨一般较大,可持续2—3天,伴有大风出现,也会引起涝灾,也是防汛的重点时段。

第五节 动植物

纤石村属平原地带，田园之村，动植物资源较为丰富。

村内属北亚热带南缘季风区，温暖潮湿，自然环境适宜植物生长，适宜动物的栖息与繁衍。加上近年来对环境的保护，植被生长茂盛，给野生动物创造了优良环境，鸟类和松鼠数量明显增多。生物资源无论是品种还是数量都有所增加，许多品种非本地原有，是外地引入，增加了生物的物种。新增的福寿螺近年来自然繁殖较快，给农作物及水生植物造成了危害。

一、动物

兽类 村内兽类均为小型野生动物，有松鼠、刺猬、野兔、黄鼠狼、田鼠、家鼠。

鸟类 喜鹊、乌鸦、白鹭、燕子、大雁、鹰、麻雀、猫头鹰、雉鸡、八哥、翠鸟、画眉、黄莺、斑鸠、黄雀、云雀、白头翁、鸽子、杜鹃、野鸭。

塘鳢（土步鱼）（2022年） 沈农高 摄

爬行类 乌梢蛇、水蛇、火赤链、菜花蛇、家蛇、蝮蛇、红头水泡蛇、眼镜蛇、黄蟒蛇、鳖（甲鱼）、乌龟、四脚蛇、壁虎等。

两栖类 青蛙（田鸡）、蟾蜍（癞蛤蟆、癞四）、牛蛙等。

鱼类 鲢鱼、鳙鱼（包头鱼）、青鱼（乌青）、草鱼、鳊鱼、鲤鱼、白条鱼、黑鱼、鲈鱼、鲫鱼、塘鳢（土步鱼）、鳜鱼（桂鱼、季花鱼）、鲇鱼、鲻鱼、黄颡鱼、泥鳅、黄鳝、河鳗、小杂鱼等。

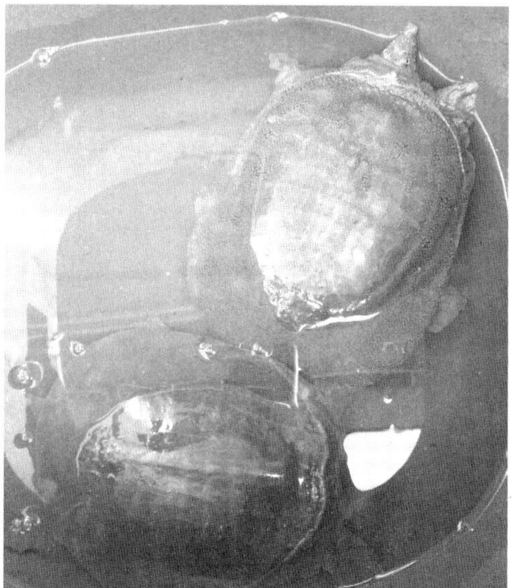
甲鱼（2022年） 沈农高 摄

昆虫类 蜻蜓、螳螂、蜜蜂、黄蜂（胡蜂）、蝴蝶、蚂蚁、白蚁、纺织娘、蚱蜢、稻蝗、褐飞虱、桃蚜、菜蚜、大地老虎（地蚕）、桑天牛、黄萤（萤火虫）、苍蝇、蚊子、米虫、蛀虫、金蟾、飞蛾、屎壳郎（爬屎虫）、蟑螂、蛔蛔、蝉（知了或摇丝太）、蟋蟀、牛虻、蝼蛄、黄刺蛾(洋辣子)、青虫、蚜虫、卷叶虫、黏虫、蝗虫、红毛虫、稻飞虱、黑尾叶蝉、稻纵卷叶虫、螟虫、甲壳虫、七星瓢虫等。

瓣鳃纲 背角河蚌、三角帆蚌等。

二、植物

蕨菜 四叶草、蜈蚣草、铁线蕨、节节草等。

焦藕(2021年) 沈农高 摄

裸子植物 银杏、雪松、五针松、黑松、金钱松、马尾松、柳杉、银杉、苏铁、水杉、扁柏、侧柏、龙柏、松柏、罗汉松、红豆杉等。

被子植物 蕺菜(鱼腥草)、垂柳、朴松、白榆、桑树、野荞麦、刺苋、鸡冠花、紫茉莉、石竹、丰枝莲、马齿苋、芍药、牡丹、鹰爪枫、莲(藕)、南天竹、白兰花、玉兰、含笑、广玉兰、木兰、香樟、蜡梅、虞美人、荠菜、紫罗兰、枫香、贴梗海棠、海棠、枇杷、杏、李、梅桃、杏梅、月季、野蔷薇、玫瑰、田皂角、紫云英、扁豆、皂荚、鸡眼草、含羞草、葛藤、刺槐、天竺葵、红花酢浆草、金橘、臭椿、楝树、香椿、乌桕、

梨树(2021年) 裕福园艺场供稿

三角梅(2022年) 沈农高 摄

黄杨、小叶黄杨、冬青、红枫、鸡爪槭、凤仙花、爬山虎、枣、猕猴桃、葡萄、梧桐、山茶、茶、秋海棠、水苋菜、紫薇、石榴、仙人掌、蟹爪兰、八角枫、胡萝卜、水芹、杜鹃、报春花、柚子、柿、常枳、樱桃、无花果、四角菱、女贞、茉莉、金桂、银桂、夹竹桃、夜来香、牵牛花、紫苏、一串红、朝天椒、泡桐、车前、芝麻、栀子、艾蒿、杭白菊、野菊、凌霄花、大理菊、蒲公英、芦苇、白哺鸡竹、早竹、黑麦草、狗尾草、浮萍、菖蒲、凤眼莲(水葫芦)、鸭舌草、灯芯草、吊兰、万年青、郁金香、剑麻、小鸢尾、芭蕉、姜、蕉藕、美人蕉、石斛、满天星、水仙花、文竹、君子兰、朱顶红等。

月季(2022年)　　沈农高 摄

三、蔬菜

胡萝卜、萝卜、大白菜、小白菜、青菜、黄芽菜、花菜、菠菜、芹菜、莴苣、茼蒿(蒿菜)、苋菜、荠菜、空心菜、香菜、毛豆、蚕豆、豌豆、豇豆、四季豆、扁豆、洋葱、葱、韭菜、大蒜、番茄、茄子、辣椒。黄瓜、南瓜、冬瓜、葫芦、丝瓜、菜瓜、苦瓜、芋艿、马铃薯、生姜、洋姜、荠菜、茭白、慈姑、荸荠、藕、菱、水芹菜、竹笋、边笋、冬笋、芦笋、黄花菜、蘑菇、平菇、香菇、金针菇、黑木耳等。

豌豆(2022年)　　沈农高 摄

第六节　灾害性天气

纤石村域内地势相对较低，且平坦，地下水位高，自然泄水能力弱，连日多雨会积水成涝。史上曾遭受洪灾、旱灾、风灾、雪灾。

一、旱灾

民国 23 年(1934)，夏大旱，全省 76 个县除 6 个县外普遍受灾，为百余年来所未有。时村域内均遭受灾害，一些河港都干涸，人可以直接走到对岸，严重影响作物生长和收成。

民国 36 年(1947)，余杭遭受旱灾，村域受影响。

二、水灾

明万历三十七年(1609)秋八月大雨水，初七至初十雷雨昼夜不止，南湖诸堤坝俱决，苕溪、西溪、安溪复有水患。

清道光二十九年(1849)四月至五月梅雨不休，大云寺湾塘、化湾塘、安溪陡门三处大崩，余杭发大水。

清道光三十年(1850)八月十五日，洪水冲塌烂泥塘湾、化湾塘、平山塘、龙岗塘、下林陵塘、安溪陡门、唐家渡塘。

1954 年 5 月 5 日起，连续降雨。村域内连续降雨 111 天，为几十年所未遇。从秧苗插下去到成熟都是雨天，造成早稻收成减少，晚稻颗粒无收。6 月 29 日瓶窑水位 8.19 米，余杭先后塌塘 40 余处，淹堤 14 处，24 个乡镇受灾。

1963 年 9 月 12 日，12 号台风袭击余杭县，3 天连续降雨 354.3 毫米，安溪公社一半以上生产队受淹。

1977 年 6 月中旬连降大雨，河水猛涨，超过警戒水位，青山水库水位超历史水平，苕溪水位急涨，全县 1.8 万公顷农田受涝。

1984 年 6 月 13 日至 14 日 8 时，全县普降暴雨，造成洪涝灾害，损失惨重。

1996 年 6 月 30 日至 7 月 1 日，普降大到暴雨，平均降雨量 289 毫米，东苕溪水位猛涨，瓶窑水位达 9.07 米。西险大塘出现险情，安溪桥北片农田被淹，村域内受灾。

1999 年 6 月 23 日至 7 月 1 日，连降暴雨。7 月 1 日，瓶窑最高水位 9.18 米，余杭 43 万人受灾，受灾农作物 3.13 万公顷。村域受损严重，损坏经济作物 11.30

亩,农作物 5.80 亩,农用房屋面积 0.10 亩。

三、风灾

1956 年 8 月 1 日,下午 3 时 15 分,遭狂风大雨袭击,受灾严重,损失较大,村内也遭受损失。

1962 年 9 月 5 日,14 号台风侵袭余杭县,村域有房屋塌。沈家门自然村有村民被吹倒的房子压住,困在瓦砾中被救出。

1983 年,全县大风暴雨,村内受影响。

1985 年龙卷风袭击,10 组祝家兜有村民因房屋倒塌被压死。

1988 年 8 月 8 日,台风突袭,树被连根拔起,村内损失严重。

四、雪灾

清道光二十一年(1895),余杭十一月大雪,屋塌严重。

清道光二十七年(1901)八月二十八日雪,十月大雪,深积八九天,次年二月始消。

1969 年清明下雪,果、茶、菜等受冻严重。

1977 年 1 月 1—5 日连降大雪,雪后冷冻严重,农作物普遭冻害,给生产生活带来严重影响。九队冻死村民 2 人。

1984 年大雪,电杆被压断。

第二编

经　　济

水稻　　沈农高 摄

第一章 农 业

纤石村是农业村,受良渚文化的传承,具有悠久的农业生产历史,村民世代从事农业生产。农业是传承与繁衍的主导产业,农耕经验丰富,并不断提升与发扬光大。

纤石村史上种植制度有单季稻、间作双季稻、连作稻和春花连作稻等。单季稻为麦稻两熟之传统耕作制度,始于唐,盛于宋,清代末期时行两季稻。

民国年间至20世纪50年代初,为春花—单季稻两熟制,以种植单季中籼稻为主,少量晚、糯稻。冬季作物主要是大麦、小麦、油菜、蚕豆、豌豆等。1955年改籼稻为粳稻,改单季为双季,改间作为连作,单季中籼稻减少,单季晚粳稻、间作稻增加。1956年开始,推广连作稻。1963年后,全部改种连作稻,同时改良品种,改进栽培技术,复种指数进一步提高。1965年后,大面积推广三熟制,扩大种植春粮。

20世纪70年代至80年代初,仍以麦—稻—稻三熟制为主,早稻种植面积占水田的80%以上,晚稻占95%以上。

1983年实行家庭联产承包后,充分调动了农户的种粮积极性,农户仍以稻—稻—麦三熟制为主,早稻占70%以上,晚稻占85%以上。

1998年开始试种单季稻,实行冬闲田—单季稻种植模式。2000年后进行农业生产结构调整,走“粮经轮作,种养结合,一优两高”的农业耕作模式。通过土地流转发展稻田养鱼、养虾、种菜、种果及花木花卉等。

2013年开始,土地流转,由杭州及时雨植保防治服务专业合作社规模经营粮食生产,实行麦—稻两季种植模式。

中华人民共和国成立后,党和政府十分重视农业生产,提出了建设现代化农业和“八字宪法”,对科学种田起到了积极的推动作用。

坚持科学种田,贯彻“八字宪法”,开展“高产示范方”实践,大力推进农业发展。实行家庭联产承包和土地流转,大大提升了农业生产效率与经济效益。农业机械化程度的提高,改变了原始劳作方法。从肩挑背扛的手工劳作,到平田、播种、插秧、收割、运输、烘干、加工机械化一体化,提高了劳动生产力,体现了当今农业生产的科技含量与水平。

纤石村重视农田保护,加强土地管理。开展杂地造田,增加农田总量,使农业生产可持续发展。

纤石村的粮食生产具有一定的知名度,1992年12月9日,时任浙江省副省长刘锡荣到村调研农业生产;1993年4月,省委副书记卢展工到村调研;1995年5月副省长章猛进到村调研农业生产;1995年11月22日,杭州市委书记李金明到村调研春粮高产示范方;1992年5月、1995年5月,省农业厅厅长赵宗英先后两次到村农业示范方调研。2013年,杭州市农业局副局长到杭州及时雨植保防治服务专业合作社指导工作;2016年,浙江省委副书记、浙江省政法委书记、浙江省人大常委会副主任王辉忠到杭州及时雨植保防治服务专业合作社调研;同年,浙江省农业厅副厅长张火法到杭州及时雨植保防治服务专业合作社指导工作,杭州市农业局组织各县区分管农业副县(区)长、农业局长到示范方参观,余杭县(区)多次到村调研春粮示范高产方。

第一节　农村经济体制改革

纤石村经历了封建土地制、土地改革、互助合作和人民公社、家庭联产承包等社会历史过程。

中华人民共和国成立前,村内大多数的贫下中农占有土地较少,缺少赖以生存的土地,农民靠种租田谋生,或做长工、打短工度日,饱受地主剥削。

1950年6月30日,中央人民政府颁布《中华人民共和国土地改革法》,废除了地主阶级封建剥削的土地所有制,实行农民土地所有制。评成分,分土地,使农民获得了土地。

土地改革后,为抵御自然灾害,平衡发展生产,在互助组的基础上建立了初级农业合作社、高级农业合作社。时村内有中心、油车桥、新联、高明桥四个初级社,其中也有办得好的初级社。随着合作化运动的高涨,初级农业合作社相继发展成高级农业合作社,劳动评工记分,实行按劳取酬。

1958年8月,农民掀起了人民公社化运动的高潮,高级农业合作社被人民公社所代替。

1978 年 10 月,中共十一届三中全会后实行改革开放,实行家庭联产承包责任制、包产到户、土地流转等一系列政策,赋予农民更多的权益,提高了经济效益。2006 年开始,国家免征农业税,减轻了农民负担。

一、土地佃租关系

中华人民共和国成立前,村内地主和富农的土地所有情况悬殊。大部分土地掌握在少数地主富农手里。据《良渚镇志》载,1959 年良渚人民公社《解放十年总结》统计,镇境内地主户均占地 51.9 亩,人均占地 8.24 亩。富农户均占地 22.2 亩,人均占地 4.55 亩。雇农、贫农、中农户均占地 6.5 亩,人均仅有 1.74 亩,其中雇农和贫农的占有量更少。村内占少数的地主富农占有较多的土地。

土地改革前,农民缺少赖以生存的土地,无地和少地农民靠种租田谋生,或做长工、打短工度日,受地主的剥削。地主剥削农民的手段主要有 3 种:地租、雇工和放高利贷。地租形式也有 3 种:实物定缴地租、实物分成租和货币地租。

实物定缴地租 佃农按契约规定,每年向地主缴纳一定数量的租谷。一般租额为每亩上等田 7 斗、中等田 6 斗、下等田 4 斗、地 5 斗、鱼塘 4—8 斗。

实物分成租 地主和佃农按一定比例获得实物分成。

货币地租 一般每亩上等田 3 元 8 角,中等田 3 元,下等田 9 角 9 分。

田地出租有 4 种方式:永久长租,又称老租;活租,亦称借田;转租,又称小租;押租,又称预租。

开春播种和青黄不接时,地主以高利息借种谷和放粮给农民。借 1 石,到秋天还 1.8 石。农民因困难急需用钱时,地主以高利息借给农民,以土地抵押,如果不能按时归还债务,则利滚利,最终以抵押的土地抵债。农民沦为赤贫户,只好出卖劳动力维持生活。

地主通过雇工的形式实现剥削。雇工有 4 种形式:长工、短工、童工、包工。

长工 又称长年。对象为壮年男子,并精于农活。一般在农历正月十六上工,腊月二十四落工。民间有“正月十六吃了长工酒,好比青山画眉入鸟笼”“廿三掸掸尘,廿四走出门。廿四勿出门,廿五赶出门”之说。做长工一般有人介绍,即“中间人”(协定劳动内容、时间和报酬)。上工以后,长工若有怠工、逃工等情况,中介人需负相应的责任。若地主与长工熟悉则不需要“中介人”,由主雇双方面议。1945 年,安溪乡长工年薪大米 5 石。长工领班(“把作”伙计)则高一些,年薪 6

石,交付往往按大米市价折付钞票。

短工 包括月工,又称忙工、零工。一般是农忙季节雇佣,按天计酬。民国 34 年(1945),短工每天薪酬大米 3 升,约 4.5 市斤。

童工 即小长年,多为称牧童。头一年只供吃饭不给钱,第二年起给薪,年薪大米 2—2.5 石。

斗、升 沈祥林 摄

二、土地改革

1950 年 6 月 30 日,中央人民政府颁布《中华人民共和国土地改革法》,废除地主阶级封建剥削的土地所有制,实行农民的土地所有制。村内开展了土地改革运动。

分田地 1950 年 6 月《中华人民共和国土地改革法》颁布后,同年起,没收地主的土地,分给无地和少地的农民耕种,同时也分给地主应得的一份。把地主、富农的土地、房子分给无土地、少土地的村民。自 1950 年 8 月开始,土地改革运动持续一年。

评定成分及复评 1950 年 8 月 4 日,政务院《关于划分农村阶级成分的决定》公布,全国开始了划分成分运动,农村全部开始划分成分。村内此时即开展成分评定运动。按规定,凡占有土地,自己不劳动而靠剥削为生的为地主,其主要剥削方式是收取地租。占有或出租土地,有比较优良的生产工具或活动资本,参加小部分劳动主要以剥削雇佣劳动为生的为富农。占有或租人土地,有相当工具,直接从事劳动并以此为生的是中农。占有一部分土地与不完全的工具,有些全无土地,只有些不完全的工具,是贫农。全无土地和工具,主要以出卖劳动力为生的是雇农。18 周岁以下和在校青年一般不划分成分,只划家庭出身。四、五、六、七村共评定地主 20 户,富农 2 户,中农 7 户,贫下中农(贫农和中下农的合称)371 户,之后进行复评审。

三、农业互助合作

依据《中华人民共和国土地改革法》和《关于划分农村阶级成分的决定》,全村没有土地或少有土地的贫下中农全部分到了土地和农具,获得了生产资料。

伴工 土地改革后,由于农户在抵御自然灾害等方面能力强弱不一,出现了生产发展不均衡现象,有的需要合作劳作的农活因劳动力不够难以操作。因此,农户间相互商量,相互联手,相互帮助,相互换工。即一个农户帮另一个农户干几天活,另一个农户则还相应的几天工给对方,不计报酬,以工换工,解决了劳作时劳动力不足的问题,是相互调剂劳动力的好方法。

互助组 1952年,农村贯彻《中共中央关于农业生产互助合作的决议(草案)》,农民热烈响应。1952—1953年,村内逐渐建立了长年互助组和农忙互助组。建立互助组一般以自然村为界限,以性格、志向基本相同为基础,以自愿互利为原则。但互助组内户与户之间存在劳动力有强有弱、农活有多有少的问题。解决的办法是秋后用经济补找,对困难农户适当予以帮助。

初级社 1954—1955年,在互助组的基础上普遍建立了初级农业生产合作社(初级社)。初级社一般以自然村为单位,也有大的自然村一村分建两个,小的自然村两村合建一个。时村内有中心初级社、油车桥初级社、新联初级社、高明桥初级社。

初级社的模式是农民入社以后, 水车等大型农具和耕牛全部入社归公共使用。农民在社里劳动,按照劳动能力强弱评工计分,按劳分配,年终结算,土地等生产资料按股分配。初级社分配原则是:劳动力和土地参与分配。其形式为:预先讨论生产项目,确定定额用工,从某项农活开始到结束,计算用工多少。然后将全年总收入,减去生产成本、提留(公积金、公用金)和农业税(公粮)以及部分社员土地、大型农业租金报酬,再按社员总工分参加分配。

初级社大多数农活都按定额,如种一亩田计多少工分,无法定额的按杂工记工分。

瓶窑区农活定额人工翻花草田标准一览表

表2-1-1

农活名称	土壤	掘田深度(寸)	每日定额(亩)	每日工分(分)	报酬(分)
翻花草田	青紫泥	5	0.6	2.33	1.4
	黄泥土	5	0.7	2.00	1.4

(纤石乡时属瓶窑区、根据余杭区档案馆资料编)

从互助组到初级社,弥补了个体农户单干生产力不足的问题,但没有改变农民的生产资料私有制。

高级社 1956—1957年, 农业合作化运动进入了高潮, 初级农业合作社相继发展成高级农业合作社(高级社),时村内有联合及中心两个高级社。高级社成立后,农民全部土地(除按照人口留有的自留田)入社归合作社集体所有,取消了土地报酬,耕畜等生产资料折现归社,作为社员投资。入社社员都带股金入社(弥补建社初期无积累)。股金分两类,一类生产股金,另一类是公积金、公益金,即使退社了可以退还股金本金。社员由农业社统一组织生产,统一分配产品,全部收入支出和公共积累统一结算,农民统称社员,劳动评工计分,实行"按劳取酬"。分配形式按全年各项产品总收入,扣除生产成本、公积金、公益金提成、农具租金后,再将可参加分配额除以全社总工分,得出每个劳动日报酬。

四、农村人民公社

1958 年 8 月中央政治局会议上,通过了《关于在农村建立人民公社问题的决议》,正式决定在全国农村中建立人民公社。这个决议下达后,把人民公社化运动迅速推向高潮。建立不到两年的高级农业合作社被人民公社所代替。1958 年 10 月,良渚建立人民公社,其时纤石属良渚人民公社纤石大队(后改为纤石管理区)。

组织形式 人民公社实行工农商学兵合一的政社合一的体制, 既是一个经济组织,也是一级政权机构。人民公社的基本特点被概括为"一大二公",所谓"大"规模比农业生产合作社大,基本上是一乡一社,所谓"公"就是生产资料公有化程度高。在人民公社内部,从生产资料所有、分配制度、交换关系乃至社员的生活资料,都强调一个"公"字。公社下辖生产大队,大队下辖生产队。

生产方式 人民公社实行的是计划经济。劳动力由公社实行统一计划,统一指挥,实行半军事化,妇女也投入了农业生产,晚间也有劳作,挑灯夜战。在地区之间大搞平均主义,实行钱物无偿调拨。在农业生产管理方面,不尊重科学,命令风、浮夸风泛滥。以"一平二调"为特征,其结果造成经济衰落,粮食紧张,出现白市黑市两种价格。

生活形态 人民公社提倡"一大二公",即依靠集体,没有家庭副业,吃"大锅饭",初期提出"吃饭不要钱""放开肚皮吃饱饭",其时村里办了食堂和托儿所。陈家门就有良渚人民公社陈家门食堂,其食堂标牌一直保存在 8 组农户家中,后由于建房未妥善保管,遗失。

1960 年冬, 贯彻中共中央《关于农村人民公社当前政策问题的紧急指示信》,开始纠正错误。1961 年 4 月,贯彻《农村人民公社工作条例(草案)》(简称

“六十条”),食堂停办,调整社队规模,良渚公社分为良渚、安溪、大陆三个公社。新成立安溪人民公社,村属之。实行以生产队为基础的三级核算,明确了公社、大队、生产队的权、利。

1964 年,再次学习贯彻《农村人民公社工作条例(修正草案)》,进一步巩固落实“队为基础,三级所有”的制度。根据“六十条”要求,对生产队的劳动生产、经营管理、按劳分配、多劳多得、公共积累、干部误工补贴、社员自留地问题做了较为详细的规定。社员每天在集体土地上劳动记工分,由记工员登记入册,日清月结,年终参加分红。还可经营自留地,种蔬菜和杂粮,饲养家畜、家禽,收入归社员所有,其禽畜粪便由生产队施用并折价入账。对缺乏劳动力的鳏寡孤独者,实行“五保”,由集体供养,对困难家庭适当照顾。

分配方式 人民公社时期就实行按劳取酬、多劳多得的原则,以生产队为分配单位。为体现公平公正,男女劳动力在生产队内集中集体评定每个劳动者的每日工分标准。一般男性壮劳力最高为 12 分一天,女性壮劳力最高为 7 分(相当于男性壮劳力的 60%计)。初学农活者,男性一般是最高工分者的三成,即 3.6 分;女性为二成,即 2.4 分。中间有若干工分档次。

分配形式,生产队按全年各项产品总收入,扣除成产成本、公积金、公益金等分配。以每 10 个工分计算报酬的经济结算。工分多的家庭一般年终分红现金多得,反之则少,甚至成“倒挂户”。

五、家庭联产承包

1978 年 12 月,中共十一届三中全会召开,决定将全党的工作重点转移到社会主义现代化建设上,实行改革开放。之后,农村实行家庭联产承包责任制。

农业生产承包手册　　沈农高供稿

1982—1984 年,中央连续三年以“一号文件”的形式,对包产到户和包干到户的生产责任制给予充分肯定,并在政策上积极引导,家庭联产承包责任制不断完善。其间,村内全面实行家庭联产承包责任制,生产队集体土地,包括耕地、非耕地、鱼塘,全部按人口和劳动力落实到户经营,实行了大包干。农户(承包户)与生产大队(村)签订承包合同,规定承包期限(3 年)、承包项目和指标、交售国家任务、上交集体提留任务。1984 年按照“大稳定、小调整”的原则,进一步完善联产到户承包责任制,粮食承包期延长到 10 年,至 1995 年。

1995 年,农田实行“双田制”,即以生产队为基础,把农田分为口粮田和承包责任田,按照人口和承包能力落实到户。各组“双田”的比例略有不同,口粮田一般占 40%—50%,责任田占 50%—60%。

根据浙江省政府 1997 年下发的《关于进一步搞好第二轮土地承包工作稳定完善家庭联产承包责任制的若干意见》,在 1999 年,完成第二轮土地承包工作,并由省政府颁发浙江省农村集体土地承包权证,承包期延长至 30 年(1995—2025 年)。2004 年,又由中华人民共和国农业农村部颁发了中华人民共和国农村承包土地经营权证,承包年限不变。

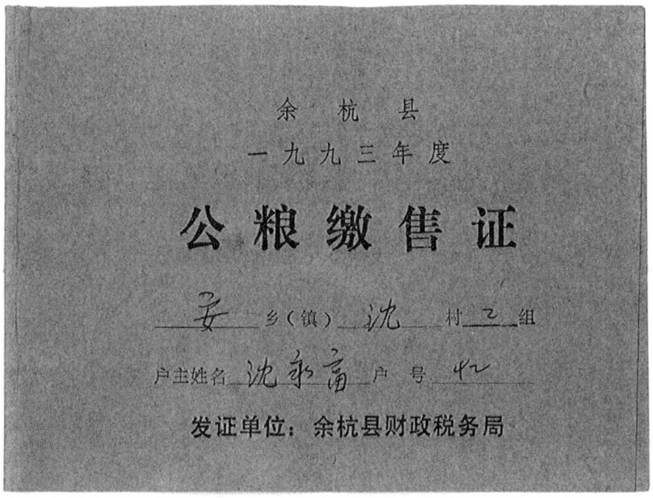

余杭县 1993 年度公粮缴售证 沈农高供稿

家庭联产承包责任制的实行,使农民的利益更直接,经营更自主,农户按所承包亩数上缴国家农业税和粮食任务。2006 年开始,国家免征农业税。

1984 年家庭联产承包状况一览表

表 2-1-2

队别	总户数(户)	总人口(人)	村民小组(个)	实行联产承包责任制		实行大包干	
				村民小组(个)	户数(户)	村民小组(个)	户数(户)
上纤埠	319	1350	5	5	319	5	319
花园桥	275	1180	6	6	275	6	275
沈家门	208	888	4	4	208	4	208

2013 年后,土地流转给种粮大户,规模经营农户按租给种粮大户承包的土地面积收取土地承包金。

1969—1977 年胜利大队粮食分配情况表

表 2-1-3

生产队	1969 年					1970 年					1971 年				
	储备（担）	征购（担）	超购（担）	分配（担）	每人平均（斤）	储备（担）	征购（担）	超购（担）	分配（担）	每人平均（斤）	储备（担）	征购（担）	超购（担）	分配（担）	每人平均（斤）
1	120	487		1239	575	33	541		1285	561	83	701		1353	595
2	198	719		1742	575		708		1803	572	100	911		1903	573
3	96	490		1144	572		567		1141	570	29	569		1156	578
4	104	790		1896	561		756		1764	501	60	901		1994	576
5	153	686		1603	564		690		1479	503		760		1684	575
6	100	522		1173	555		524		1175	538	70	661		1316	592
7	87	506		1118	567		529		1139	555	6	601		1140	560
8	93	584		1133	572		612		1130	565	30	694		1157	581
9	120	604		1249	571		629		1246	555		703		1289	578
10	140	748		993	575	40	620		993	564		765		1021	577
11	82	530		905	558		472		947	560		507		1006	575
12	54	353		837	565	45	456		849	566		501		858	576
13	236	480		1176	562	50	578		1225	567	20	609		1229	570
14	50	416		949	561		446		969	560	10	536		988	575
15	132	880		2058	565		887		1898	505	78	1145		2176	573
合计	1765	8795		19215	572	168	9015		19043	545	486	10584		20270	578

续表 2-1-3

生产队	1972年					1973年					1974年				
	储备（担）	征购（担）	超购（担）	分配（担）	每人平均（斤）	储备（担）	征购（担）	超购（担）	分配（担）	每人平均（斤）	储备（担）	征购（担）	超购（担）	分配（担）	每人平均（斤）
1	115	500	220	1504	643	100	162	578	1417	598	70	500	180	1261	525
2	150	611	200	1960	600	150	223	707	2063	612	110	661	250	1871	539
3	92	519	110	1330	655	75	145	505	1156	570	86	519	135	1187	578
4	145	751		1970	561	120	211	771	2057	581	156	751	245	2082	588
5	70	724	90	1687	576	92	199	724	1651	561	75	724	170	1595	533
6	130	539	200	1446	660	90	162	572	1375	600	83	534	150	1294	565
7	90	611		1292	584	72	166	617	1243	552	72	611	160	1236	549
8	90	578	100	1201	594	100	165	623	1157	575	83	578	150	1148	582
9	90	611		1292	584	72	166	617	1243	552	72	611	160	1236	549
10	91	626	120	1061	578	100	154	655	1145	640	100	626	180	1078	598
11	70	467	80	1111	565	98	134	523	1076	594	61	467	120	1009	557
12	70	379	89	859	576	104	118	439	868	594	75	392	140	781	527
13	95	509	120	1377	649	114	156	523	1364	634	123	509	210	1264	590
14	75	436	60	115	633	75	130	410	1017	575	62	436	100	945	537
15	164	895	160	2248	585	207	282	966	2338	610	115	895	260	1981	524
合计	1540	8716	1657	21442	606	1597	2541	9153	21094	590	1347	8723	2600	19931	557

续表 2-1-3

生产队	1975年					1976年					1977年				
	储备（担）	征购（担）	超购（担）	分配（担）	每人平均（斤）	储备（担）	征购（担）	超购（担）	分配（担）	每人平均（斤）	储备（担）	征购（担）	超购（担）	分配（担）	每人平均（斤）
1		500	17	1237	513	60	500	47	1440	552	22	504	50	1316	541
2		661	110	1745	507	16	661	61	1813	540	30	661	69	1703	507
3		519	62	1055	514	47	519	40	1139	570	60	520	46	1179	598
4		751	120	1864	522	70	751	59	2002	561	59	751	68	1799	494
5	50	724	151	1693	557	88	724	56	1778	592	72	724	64	1720	563
6		539	100	1227	522		539	26	1159	503	60	527	47	1186	511
7		521	57	1089	509		521		1057	481		521	45	1038	475
8	22	578	97	1029	506	60	578	45	1085	542	28	578	52	998	479
9	30	611	90	1209	535	64	611	45	1253	572	50	611	54	1116	496
10		626	70	910	517	51	624	43	984	556	30	626	49	915	525
11		467	100	967	523	12	467	25	956	522	30	467	42	982	543
12	50	392	90	758	515	43	392	33	746	518	23	399	24	746	514
13	35	509	140	1153	539	50	509	44	1365	650	50	509	49	1019	502
14		436	50	883	504	20	436	35	892	508		436	40	807	473
15		895	90	1908	502	60	895	79	1933	506	110	895	91	2093	561
合计	187	8729	1342	18727	519	673	8727	638	19664	550	624	8725	792	18654	522

注：1 斤=0.5 公斤。

1969—1977 年胜利大队经济分配情况表

表 2-1-4

生产队	1969 年				1970 年				1971 年			
	总收入（元）	分配		每人平均（元）	总收入（元）	分配		每人平均	总收入（元）	分配		每人平均（元）
		金额（元）	占比（%）			金额（元）	占比（%）			金额（元）	占比（%）	
1	33627	22704	67.5	106	30924	20309	65.7	90	38200	24200	63.3	106
2	50036	36570	73	109	46440	31912	68.7	100	54800	35600	68.9	113
3	32069	21689	65.1	108	31490	20655	65.5	103	34000	21600	63.5	108
4	52085	37267	70.3	110	46953	31066	66.1	88	57400	39400	68.6	114
5	43818	31072	70.4	1909	40809	27875	68.7	94	51200	33000	64.4	112
6	32044	22489	70.1	108	28553	18022	64.5	84	37100	25100	67.6	112
7	31006	22100	71.2	112	29341	20430	69.6	99	34700	22600	65.1	116
8	35036	24000	68.7	121	31874	19972	62.6	99	36900	23100	62.6	116
9	33100	23273	70.3	106	34034	23137	67.9	103	37900	26200	69	117
10	30888	21344	69.1	124	30961	20700	67.2	118	34100	22800	66.8	128
11	29154	19811	68.9	122	27972	18031	64.4	106	20100	19100	65.6	109
12	22205	15700	70.7	105	24137	15994	66.2	125	26600	16800	63.1	112
13	36088	22367	61.9	107	37058	25810	69.6	120	39600	26300	66.4	121
14	23694	20686	72.3	122	30966	20097	69.8	116	33400	22000	65.8	128
15	60481	41583	68.7	115	51788	33509	62.7	89	62600	41300	65.9	109
合计	551231	382763	59.3	112	523240	348018	66.5	99.6	607400	399100	65.7	114

续表 2-1-4

生产队	1972年				1973年				1974年			
	总收入（元）	分配		每人平均（元）	总收入（元）	分配		每人平均	总收入（元）	分配		每人平均（元）
		金额（元）	占比（%）			金额（元）	占比（%）			金额（元）	占比（%）	
1	43223	27076	62.6	115	43223	27076	62.6	115	43223	27076	62.6	115
2	58825	37585	63.3	115	58825	37585	63.3	115	58825	37585	63.3	115
3	37808	23054	60.9	114	37808	23054	60.9	114	37808	23054	60.9	114
4	61641	39807	64.6	113	61641	39807	64.6	113	61641	39807	64.6	113
5	53271	32966	61.8	113	53271	32966	61.8	113	53271	32966	61.8	113
6	40428	25545	63.1	117	40428	25545	63.1	117	40428	25545	63.1	117
7	38210	23713	62.1	115	38210	23713	62.1	115	38210	23713	62.1	115
8	39255	24714	62.9	122	39255	24714	62.9	122	39255	24714	62.9	122
9	37878	25249	66.6	114	37878	25249	66.6	114	37878	25249	66.6	114
10	36041	23336	63.1	128	36041	23336	63.1	128	36041	23336	63.1	128
11	33101	20600	62.2	115	33101	20600	62.2	115	33101	20600	62.2	115
12	28692	17219	61.7	119	28692	17219	61.7	119	28692	17219	61.7	119
13	43880	28873	65.8	136	43880	28873	65.8	136	43880	28873	65.8	136
14	37405	24649	65.3	140	37405	24649	65.3	140	37405	24649	65.3	140
15	67957	44107	64.9	115	67957	44107	64.9	115	67957	44107	64.9	115
合计	658515	418993	63.6	118	658515	418993	63.6	118	658515	418993	63.6	118

续表 2-1-4

生产队	1975年				1976年				1977年			
	总收入（元）	分配		每人平均（元）	总收入（元）	分配		每人平均	总收入（元）	分配		每人平均（元）
		金额（元）	占比（%）			金额（元）	占比（%）			金额（元）	占比（%）	
1	36600	21900	59.8	91	407477	24764	60.7	100	42967	23945	55.7	99
2	60600	39800	65.7	114	61662	41027	61.5	120	57784	35491	61.4	105
3	40700	23800	58.7	116	42219	25369	61	128	42859	24552	57.3	125
4	64900	40500	62.3	112	39897	42971	61.5	120	72579	40843	56.2	113
5	57900	36100	62.8	119	62730	39621	63.3	132	63905	38474	60.2	126
6	36200	22200	61.3	95	36457	22340	61.3	97	39450	24265	61.5	105
7	33500	20300	60.6	94	33510	21513	64	98	33086	20120	60.8	92
8	37500	23100	61.4	113	38309	22636	55.2	113	38982	23412	60	115
9	37800	23100	61.4	102	41522	25223	60.7	115	38731	23936	61.8	106
10	34900	20700	59.3	118	32704	19709	60.2	111	33454	18656	55.8	107
11	33900	20100	60.3	111	34325	19742	57.5	108	35295	20741	58.7	114
12	28300	17900	63.3	118	27781	17410	62.7	122	28674	16874	59.7	116
13	40300	24400	61.2	114	41611	25456	61.7	121	40254	25126	62.5	124
14	33100	20200	61.7	115	34806	22567	62.8	128	35050	20550	58.7	119
15	60500	63100	59.5	95	68325	41510	60	108	74204	44619	60.1	120
合计	636700	390200	61.5	108	66600	411900	61.8	114	677300	401600	59.6	112

1965—1968年胜利大队经济粮食分配情况表

表2-1-5

时间	经济分配				粮食分配				
	总收入（元）	分配		每人平均（元）	储备（担）	征购（担）	超购	分配（担）	每人平均（斤）
		金额（元）	占比（%）						
1965年	386300	197000	51	64	1156	2525		16580	542
1966年	470854	316531	67.2	101	1187	8488		20075	647
1967年									
1968年	516622	374035	72.3	113	531	9034		18799	571

第二节　土地资源

一、耕地

全村有农田3306亩，均为农保田。村内土地土质优良，适宜农耕种植。各组耕地情况见第一编第二章。

二、土地保护

根据《基本农田保护条例规定》，1997年开始划定基本农田保护区。村内农田属基本农田保护区，并与上级签订耕地保护责任状，制定使用规划和保护措施，确保耕地有效保护和保有量。

村内耕地主要用于粮食、蔬菜的生产和种植，为农业生产所用，任何单位和个人不得将村内耕地擅自转为非耕地。

村、组在开发建设中，不得占用农田保护区耕地，农户建房严格按审批程序报批，严格执行上级土地实施规划，制定措施，严格控制土地使用。

三、土地整理

村域内通过平地造田增加农田面积，造田主要集中在两个时期。20世纪60年代末至70年代初，在农业学大寨运动中，开始平地造田。由于早期的田都由各家各户管理，户与户之间农田有高于水田的埂头或地块，对机械化操作不便，后人工用土筐挑泥，将地块、埂头挑至原有农田水平。将埂头泥挑至低洼处（港兜），这样埂头、地块挑平及港兜低洼处填平，双向增加农田，平地造田称“大寨田”。

2010年后，村内开展土地整理，对部分杂地平地改为农田，共5处，45亩。其中14组塘河村地块,2017年施工,将杂地改为农田,新增土地20余亩;2019年,13组虾儿兜平地造田系余杭区良渚街道纤石村2019年垦造耕地项目(余政办局2019第365号)。项目于2020年4月开工,13组虾儿兜附近杂地平地造田,投入资金100余万元,新增土地21.08亩

2020年虾儿兜垦造耕地项目竣工　　沈祥林 摄

第三节　种植业

一、粮食作物

纤石村是农业生产重点村,村内种植粮食作物历史悠久,经验丰富,以种植粮食作物为主,主要种植水稻、大麦、小麦。在以粮为纲的年代,对种植粮食作物有着严格的计划安排,绝大部分土地均种粮食作物。

早稻　20世纪70年代,全村年均种植早稻2900亩,亩产300—400公斤,(如1978年全村种植早稻2984亩,亩产341.2公斤,总产1018吨,品种初期主要以矮脚南特为主。20世纪70年代中期引进推广辐育1号、原丰早、二九青、二九南等品种,其中现在的13组(原沈家门村2组)从浙江农科院引进试种推广辐育1号新品种。该品种成熟期早,抗病性好,产量高,后在全县推广种植。余杭县(区)在纤石村召开良种现场会议,接待多批农业干部和农技人员参观,提供给本县和外地种子12万公斤以上。

20世纪80年代全村年均种植早稻2830亩,亩产310—400公斤,如1987年全村种植早稻2826亩,亩产385.4公斤,总产1089.2吨,品种以迟熟高产广陆矮4号为主,搭配早熟品种二九青、二九丰、浙辐802等品种。

20世纪90年代,全村年均种植早稻2700亩,亩产量350—400公斤,如1995年全村种植早稻2771亩,亩产357.3公斤,总产990吨,品种以浙辐762、

浙辐9号、中156、加育293等为主。2002年后不再种植早稻。

晚稻　20世纪70年代，全村年均种植晚稻3150余亩，亩产量250—380公斤，如1978年全村种植晚稻3174亩，亩产384.0公斤，总产1218.8吨，品种杂交稻为汕优6号，翻秋为原丰早、浙辐802，粳稻矮秆23、晚3—2、农虎6号，糯稻以桂花糯、京引59为主。

80年代，全村年均种植晚稻2950余亩，亩产200—400公斤，如1987年全村种植晚稻2907亩，亩产374.1公斤，总产1087.5吨，品种杂交水稻为汕优6号、汕优64、汕优63、协优64，粳稻为秀水48、浙粳66、原粳4号、秀水04，糯稻以双糯4号、紫金糯为主。

90年代，全村年均种植晚稻2850亩，亩产350—450公斤，如1995年全村种植晚稻2845亩，亩产405.9公斤，总产1155吨，品种粳稻为秀水04、秀水09、秀水11、丙1067、丙814、丙850，以祥湖84、祥湖25为主。

2000年后种植单季粳稻，亩产500公斤左右，品种是嘉花1号、嘉991、秀水37、秀水134、浙粳22、浙粳40。

2013年后土地流转给种粮大户开始种植超级水稻，年均种植水稻1300亩，亩产600公斤，品种为甬优12、甬优538、浙优18、浙优21、甬优7872、春优927。

1995年粮食种植面积及产量一览表

表2-1-6

大队	早稻			晚稻			杂交稻		
	面积(亩)	亩产(公斤)	总产量(公斤)	面积(亩)	亩产(公斤)	总产量(公斤)	面积(亩)	亩产(公斤)	总产量(公斤)
上纤埠	1033	351	362600	1010	400	404000	—	—	—
花园桥	1008	352	354800	1085	401	435100	12	420	5040
沈家门	730	373	272300	750	421	315800	—	—	—
合计	2771	357.2	989700	2845	405.9	1154900	12	420	5040

（根据档案资料编制）

大麦　20世纪60年代开始种植大麦，特别是农业学大寨运动后大量种植。70年代，大麦品种以二棱矮白洋、浙农12为主。年均种植面积1300亩，亩产130—200公斤。其中，1978年全村种植春粮1142亩，亩产138.75公斤，总产量158.45吨。

20世纪80年代,种植品种以年熟3号、沪麦4号、浙皮1号为主,年均种植面积1600亩,亩产180—230公斤,其中1987年全村种植1490亩,亩产量235.8公斤,总产351.4吨。

20世纪90年代,品种以浙农大3号、浙农大6号、秀麦3号、花30为主。全村年均种植1490亩,亩产235.8公斤。1991—1998年,末圩至蒋家圩建设成余杭区千亩粮田示范方,高产农户大麦亩产达到400公斤,被余杭县种子公司列为春粮种子基地,年提供大麦种子30余万公斤,体现了当时村种麦的高水平,并总结出了“种麦不施灰,到老要后悔”“种麦不施钾、产量差一百”“种麦不除草、收收一把草”“寸麦不怕水、尺麦怕寸水”等种麦高产经验。

小麦 小麦是村内种植的粮食作物之一,有种植历史,相比水稻、大麦小麦的种植数量少,一般农户以分散的旱地种植为多,是水稻为主的粮食作物的补充,早年种植相对较多。计划经济时代由集体统一安排种植,家庭联产承包后分散于农户种植,但面积不大。如今农户种植小麦的逐渐减少,仅少数仍有种植。2013年开始土地流转后,杭州及时雨植保防治服务专业合作社规模种植春粮以小麦为主,占全村永久基本农田面积的35%。亩产200—250公斤。

村内发展农业生产,着力打造“千亩高产示范方”,由沈桂法、金玉坤、何玉定、梁欢泉、沈子根、俞德有等完成的“千亩高产示范方”项目被余杭市人民政府授予1996年农业丰收项目二等奖。

表2-1-7 1992年麦类种植面积及产量一览表

大队	小麦			大麦		
	面积(亩)	亩产(公斤)	总产量(公斤)	面积(亩)	亩产(公斤)	总产量(公斤)
上纤埠	5	137	685	553	241	133273
花园桥	5	225	1125	620	236	146320
沈家门	—	—	—	524	303	158772
合计	10	181	1810	1697	258.3	438365

1996年,上纤埠村、花园桥村等获评安溪镇售粮大村;沈家门村获评冬种生产先进村。朱正年为售粮大户。上纤埠2组赵根山、花园桥2组韩水元、沈家门4组梁掌权获得安溪镇“种粮大户”称号。

二、经济作物

油菜　20 世纪 70 年代全村和年均种植油菜 750 亩，亩产 50 公斤，品种以土油菜和甘蓝型胜利油菜为主。

80 年代，村年均种植油菜 950 亩，亩产 100 公斤，品种以九二—13 系、九二—58 系为主。

90 年代，全村年均种植油菜 550 亩，亩产 100 公斤，品种以浙油 7 号、浙双 72 为主。2000 年后，油菜从原来的水田种植改为旱杂地种植，面积逐年减少。现在油菜品种以浙油 50、浙油 51 为主。

1964 年油菜、花草种植面积一览表

表 2-1-8　　单位：亩

单位	总面积	油菜	花草籽
中心	582	93	407
草里坝	649	114	457
油车桥	507	86	355
花园桥	822	138	575
沈家门	440	59	308
后荆村	393	66	275
合计	3393	566	2377

茶叶　村内茶叶以零星种植为主，但种茶历史较长，农户一般在地边田头和河港、池塘边种植，数量较少，一般少则几棵，多则十几棵。茶树可采头茶(春茶)、二茶、三茶，现今基本采一次春茶，二茶、三茶弃之。采摘后自家炒制茶叶，主要供自食。近来许多农户无茶叶种植，所食茶叶以购买成品茶叶为主。

荸荠　荸荠为水生植物，也是村内主要经济作物，历史上均有种植。计划经济时各生产队均安排一定数量的水田种植荸荠，也是主要的经济来源。现仅有极少数农户零星种植。种荸荠一般先培育苗，8 月初将苗种入水田，春节前可收获。荸荠营养丰富，含有蛋白质、脂肪、纤维素、胡萝卜素和碳水化合物，可直接生食、熟食或做菜肴。

1996 年油菜、荸荠种植面积及产量一览表

表 2-1-9

大队	油菜			荸荠		
	面积(亩)	亩产(公斤)	总产量(公斤)	面积(亩)	亩产(公斤)	总产量(公斤)
上纤埠	200	39	7800	60	1500	90000
花园桥	140	43	6020	10	1500	15000
沈家门	110	64	7040	6	1000	6000
合计	450	46.4	20860	76	1460.5	111000

慈姑 慈姑是水生植物,也是主要经济作物。早期种植面积大,计划经济时生产队集体种植慈姑。家庭联产承包后农户也有种植。土地流转后,承包土地者也有种植,农户基本不种植。慈姑一般先培育苗,8 月初将苗栽入水田,春节前收获。慈姑营养丰富,可作主食、做菜和制作淀粉。

藕 又称莲藕,水生植物。村内有种植历史,早期一般在池塘内种植,后推广至水田种植,也称"田藕"。村内种植藕数量不多,藕可餐食也可药用。食用可炒,也可制作糯米藕,喜食者甚多。

蚕豆 属于豆科,豌豆属,越年生草本植物。村内有种蚕豆的历史。蚕豆可栽于旱地,也可种于田埂、地边。蚕豆为越年生植物,冬季播于土中,次年初夏收获。蚕豆既可当菜,也可当粮食,农户均有少量种植。

蚕豆(2022 年) 沈农高 摄

豌豆 豌豆(寒豆),越年生攀缘草本。寒露时节播种,次年春季收摘。豌豆有硬壳和软壳之分。硬壳食壳内之豆,可做菜。软壳又称菜寒豆,做菜带壳炒。村内农户一直有种豌豆的习惯,种植数量不多。豌豆种植简单,旱地、田边、地头均可种植。农户种植豌豆以自食为主。

黄豆 村内黄豆种植普遍。黄豆分早黄豆、迟黄豆。早黄豆有"三月拔""五月拔"等。上半年播种,经栽培成熟后即可收获。早黄豆枝矮,豆荚少,颗粒小,播种密。迟黄豆,一般 5 月下旬到 6 月初播种,可直接播种于土壤,也可移苗植株。迟黄豆株高,稀植,荚多,产量高。9 月中下旬

开始收获，为青豆，可做烘青豆和做菜。若收老黄豆则延长生长时间，可做豆制品或直接做菜，农户历来都有种植。

棉花　村内有种植棉花的历史。20 世纪 70 年代前，农户普遍种植供家用。棉花为一年生植物，其花蕾开放后摘其棉花，晒干、脱籽、弹花，可做棉花胎，也可纺线、经布（织布），所织的布为老布（土布），供男女老少裁衣做裤，也是一个时期穿着的代表。近期种棉花的少之又少。

竹笋　村内竹笋也是传统作物。竹笋又可分为早笋和迟笋，迟笋又有白孵鸡笋、乌孵鸡笋。早笋一般 3 月下旬可挖掘，壳少，肉质白嫩。迟笋比早笋要迟一些挖掘，且壳厚、多，肉质硬且味感略差，种植面积少，均为自食。

三、杂粮

番薯　番薯为一年生块茎植物，村内农户历来均有种植，且种植面广。番薯为非粮食作物，可作为主食补充。番薯品种逐年在更新，叶片形状、颜色常因品种不同而异。番薯是一种高产且环境适应性强的粮食作物。块根除做主粮外，也是食品加工、淀粉和酒精制造的工业原料，根、茎、叶又是优良的饲料。

芋艿　芋艿为多年生宿根性草本植物，常作一年栽培。农户基本上都有种植，也是传统的农作物。芋艿既可做蔬菜，又可做粮食，营养价值高，是老少皆宜的食品。

马铃薯　俗称洋芋奶，传统作物，村内农户均有栽培。具有食用多样性，既可做菜，又可做粮食，是村民比较喜欢的食物。马铃薯一般种于旱地，于立春前栽种，次年 4 月中旬可收获。

马铃薯（2022 年）　沈农高 摄

玉米　又称“六谷”，是禾本科一年生草本植物。玉米与传统水稻、小麦等粮食作物相比具有更强的耐旱性，以及较好的环境适应性。玉米营养价值较高，是优良的粮食作物。农户一般少量种植、自食。玉米可从种子直接播种，也可培育苗移栽。春季气温不够高时须覆盖薄膜加温生长。

第四节 渔业 养殖业

一、渔业养殖

据良渚出土文物考证，早在新石器时代，就有氏族聚集和原始渔业。清光绪年间（1875—1905），鄂、苏、皖三省的渔民，陆续迁徙到余杭捕鱼谋生。中华人民共和国成立后，贯彻执行“以养为主，养殖、增殖、捕捞相结合”的方针。20世纪60年代，安溪鱼种场繁殖草鱼苗成功，科学养鱼水平不断提高。

据民国《杭县志稿》卷十四《实业》载，民国时，本县农村大都利用池塘养鱼，以此为农家副业，逐年捕收，少数隔年或多年干荡一次，届时吃鱼汤饭。干荡时小鱼、杂鱼、虾遗留在池塘底的供村人拾取，名曰“清荡”。但有时也有不悦之事发生，早期也有不文明者趁虚而入，在塘主尚未抓完鱼时进入池塘“清塘”，浑水摸鱼把大鱼抓走。此时塘主和帮工就会出面阻拦，时有不悦之事发生。

纤石村内有养殖淡水鱼的历史。早期的鱼类在鱼塘养殖，主要为生产队集体所有，主要是鲢鱼、鳙鱼、草鱼、鲫鱼等传统常规品种。一般春节后放鱼苗入荡，冬季干荡收鱼。家庭联产承包后鱼塘承包给农户，有的农户通过承包发展成养殖专业户，并扩大养殖规模和品种，除常规鱼外，还养殖甲鱼、青虾及高档淡水鱼。

据余杭区淡水渔业生产情况年报表（2020年），村内从事渔业养殖的有22户，养殖面积780亩，养殖种类为常规鱼、甲鱼、青虾、贝类。其中，常规鱼类养殖149亩，甲鱼养殖87亩，青虾养殖544亩。村淡水养殖户共22户，其中养殖常规鱼8户、甲鱼3户、青虾4户、常规鱼+甲鱼1户、常规鱼+青虾6户。

纤石村淡水渔业生产一览表

表2-1-10

年份	常规鱼		甲鱼		青虾		贝类（担）	合计	
	面积（亩）	产量（担）	面积（亩）	产量（担）	面积（亩）	产量（担）		面积（亩）	产量（担）
2017	340		72		560			972	
2020	149	103.62	87	40.57	544	126.57	11.16	780	281.92

二、安溪鱼种场

安溪鱼种场，地理位置：东以宗观桥为界，南与金边桥港相连，西为金边桥，北与祝家兜相接。鱼种场有鱼荡99个，地25亩，田4亩，总面积104亩。1958年建场，建场前都是农田，后组织人员人工开挖成鱼塘。建造生产用房草房9间，组织人员投入生产。起始由何寿洪任书记兼场长,职工有何林根、梁欢田、何洪青、姚其山、骆五毛、阿木、金雪元、毛金生10余人。主要从事鱼苗孵化培育,销售一条龙,供三墩区8个公社的鱼苗。鱼种场还担任捕捞业务,周边生产队需要时,予以帮助,用渔网围捕鱼群。鱼种场每年养猪2只,蚕种2张,收番薯200多担。鱼种场每年正月初三开始卖鱼苗,一般持续一个月。鱼种场生产鱼苗主要有鲢鱼苗、鳙鱼苗。20世纪60年代中期鱼种场繁殖草鱼苗成功,结束依赖采购长江天然鱼苗的历史。1984年鱼种年产量29.20万尾,年终预计总产为1600担。按当时0.7元/斤计算,折合11.2万元,夏化鱼苗为392900尾。

1980—1982年,何寿洪任书记,沈子连、何林根任委员,何林根任场长。

1983年,何寿洪任书记,何林根、沈子连、周子连任委员。

1984年,由俞德有任书记。

1987年,由韩有法任书记,沈元康任场长至1988年。

1988—1994年,由吴国洪承包经营。

1995—2000年,由王树昌承包经营。

2000—2001年,由安溪镇政府实行土地整理项目,进行鱼塘改造。

2004年开始,出租给杭州吴桂女经营创办生绿缘农庄,到2019年,农庄关停,后各租户分散经营至今。

三、畜禽养殖

猪 村内农户世代皆养猪,养猪也是主要的经济收入来源。20世纪70年代前后农户养猪比较多,一般每户每年饲养3—4头生猪,最高年份5头以上,投售给国家,同时还获得奖励。村内农户养猪为圈养,猪圈为硬棚,即猪圈底部用大青砖(猪棚砖)铺设,70年代后改为水泥混凝土浇底。这样猪圈容易冲洗,猪也比较干净。大部分饲养肉猪,也有极少数农户饲养母猪,出售猪仔。猪的饲料以米糠、菜类为主。20世纪70年代,生产队办起了畜牧场,集体养猪。养猪还可以积肥,无论是农户还是集体,都可以积有机肥,弥补化肥的不足。2007年,根据《余杭区运河流域畜禽养殖污染综合治理工作意见》,农户停止养猪。

早期农户养猪一般到猪市场购入猪崽,有公有母,购回后无论公母再由兽医对猪崽进行阉割,阉割后猪崽变得性情温和、生长快。

1965年,全大队饲养1876头,户均2.9头。

1966年,全大队饲养2486头,户均3.9头。

1967年,全大队饲养3655头,户均5.7头。

1968,年全大队饲养2695头,户均5.1头。

1969—1977年各队全年生猪饲养情况表

表2-1-11

时间 生产队	1969年		1970年		1971年		1972年		1973年		1974年		1975年		1976年		1977年	
	全年饲养	每户平均	全年饲养	每户平均	全年饲养	每户平均	全年饲养	每户平均	全年饲养	每户平均	全年饲养	每户平均	全年饲养	每户平均	全年饲养	每户平均	全年饲养	每户平均
1	180	3.6	150	3.75	258	6.4	206	5.1	182	4.1	203	4.5	214	5	131	2.7	178	4
2	250	4.5	284	5	350	6.2	322	5.5	325	5.5	331	5.4	324	5.7	340	5.2	273	4.3
3	158	4.2	157	4.1	183	5	190	5	182	4.8	150	4	200	5	186	4.6	141	3.5
4	286	3.2	307	3.8	473	6	323	4	343	4.4	425	5.3	325	4	335	4	246	2.9
5	275	5	176	3.2	298	5.3	299	5.2	271	4.6	296	4.9	259	4.3	200	3.1	239	3.9
6	137	3.7	184	5	190	5	210	5.6	163	4.1	166	4	174	4	132	3	144	3.4
7	192	5.3	154	4	179	4.8	204	5.5	172	4.5	212	5.3	232	5.7	199	4.9	169	4
8	171	3.8	158	3.6	181	4.4	218	5.4	153	3.7	160	4	157	3.9	131	3	133	3.1
9	120	3	149	3.46	208	4.2	208	5.2	197	4.4	184	4.2	164	3.4	155	3	170	3.8
10	131	3.6	120	2.5	155	3.8	231	5.6	104	2.5	159	3.8	190	4.4	134	3.1	128	3
11	124	3.4	119	3.3	176	4.9	175	4	152	4.2	162	4.2	163	4	144	3.1	133	3.5
12	140	4.8	114	4.1	144	5	195	7	213	7.3	220	7.3	136	4.3	83	2.7	110	3.7
13	179	4.4	140	2.6	203	4.3	258	5.6	166	3.4	214	4.5	187	4.2	166	3.3	137	3.1
14	107	3.2	124	3.5	140	4	144	4	135	3.6	197	5.1	148	4	128	4	113	3.1
15	289	4.1	259	3.6	300	4	348	4.6	327	4.3	374	4.9	325	4.3	252	3.1	314	3.7
合计	3739	5.6	2595	3.7	3427	5	3530	5.1	3085	4.3	3453	4.8	3197	4.4	2716	3	2725	3.8

羊 养羊也是传统养殖业,一般为圈养,饲料以青草为主。农户根据自己家庭情况确定养羊数量,如家庭割草人多则可多养,反之则少养。一般农户养羊(成年羊)3—4只。养羊主要是为剪羊毛,每年剪毛2—3次。羊毛投售给收购站增加经济收入,同时也可积肥。羊肥是非常好的有机肥,农户将羊肥交生产队获得肥料工分。村内农户养羊以胡羊为主,也有少量山羊,供食用。2007年开始实施禁养。

1965—1977 年羊年终存栏数一览表

表 2-1-12

生产队＼时间	1965年	1966年	1967年	1968年	1969年	1970年	1971年	1972年	1973年	1974年	1975年	1976年	1977年
1					103	99	100	106	116	116	112	95	89
2					219	203	199	210	172	171	182	220	128
3					104	93	113	116	98	110	82	84	70
4					210	188	203	185	143	124	88	99	131
5					139	133	115	115	97	77	78	86	104
6					118	98	86	87	87	79	90	110	65
7					81	95	91	105	86	61	118	95	87
8					83	74	80	90	69	74	69	85	82
9					97	73	85	112	70	90	80	79	85
10					88	84	66	80	70	70	71	100	62
11					70	83	95	77	81	93	80	55	67
12					73	68	55	60	68	49	67	71	85
13					92	90	80	106	94	86	95	129	105
14					63	73	66	83	102	94	106	98	86
15					238	217	203	210	197	205	229	173	148
合计	1664	1539	1537	1662	1778	1671	1637	1737	1550	1499	1547	1579	1394

兔　养兔是经济收入的补充,早期部分农户有少量饲养长毛兔,也为圈养。养兔一是剪毛卖给收购站,二是为了积肥。后养兔者逐渐减少,现有农家饲养大多为宠物兔,供观赏。

牛　20 世纪 60 年代前期,各生产队饲养水牛用于耕作,其数量不多,后随着农业机械化,牛退出了耕作,许多农活被农机所替代。

鸡　养鸡也是村内农户传统。早期农户普遍养鸡，一般在春季开始孵化小鸡,然后饲养,长成后逢年过节到街上出售,增加经济收入,一部分做蛋鸡生蛋、繁殖,这种鸡俗称“土鸡”。改革开放后,有部分农户开始批量饲养肉鸡,供出售,少量农户养肉鸡一直到禁养前。为改善农村环境,2007 年开始,家禽实行禁养,除个别农户有少量蛋鸡饲养,大多数农户不养鸡。

早期养鸡时,为了使公鸡生长快,肉质鲜美,采用阉鸡的方法将公鸡睾丸切除,公鸡改变了原有特性,这种鸡比较温顺,无攻击性,俗称“线鸡”,其价格略高于公鸡。阉鸡由兽医或专业人员操作。

鸭　养鸭也是传统,但相比养鸡数量少,仅有少数农户饲养。养鸭主要是蛋鸭,也有公鸭(刚雕)、洋鸭、白鸭。早期也有群放养,产鸭蛋,每群数量数百只不等,禁养后农户家庭养鸭者甚少。

鹅 村内养鹅并非主打家禽养殖业，饲养者历来较少，唯少数农户有饲养。养鹅饲料要求不高，以食草为主，但食量大。村民饲养数量较少，以自食为主。

家鸽 饲养家鸽并非传统养殖业，仅因个别村民爱好而饲养。饲养家鸽一般为肉用鸽，营养丰富。养鸽技术要求高，饲料选择是关键。养鸽最大的问题是容易污染环境。

四、畜牧场

1973年，胜利大队办起了畜牧场，以养母猪为主，后逐渐发展到各生产队办畜牧场，养母猪，出售猪仔，同时积肥。既弥补了化肥不足，又增加了集体经济收入。畜牧场有专人任饲养员。母猪饲养数量各生产队不同，一般在5—8只。1977年畜牧场逐渐撤除，从此生产队无畜牧饲养场。

第五节 农事耕作

一、四季农事

村内土地肥沃，气候温暖，适宜四季耕种。主要农事凸显在春耕春播，夏收夏种，秋收冬种几个环节。

春耕春播 是春季主要农事季节。一年之计在于春，此季节，从春耕开始，整理秧田，选种、催芽、播种各环节紧紧相扣，待秧苗到达秧龄期即移栽到大田。春播除了水稻育秧，插秧是农事的重中之重外，其他一些蔬菜瓜果之类的植物也在此季育苗种植。

此季除了播种，还有收获，大麦、小麦、油菜籽也是成熟季，需要及时收割，所以这一季也是农活比较多和繁忙的季节。除了春耕春播，备耕也是一项重要农事，做田塍、做地边、清水沟、积土肥也是主要农活。

夏收夏种 也称为“双夏”。因“双夏”时间性很强，需将成熟的早稻及时收割，并将晚稻在立秋前插秧完毕。故也有称“双夏”为“双抢”，即抢收抢种。

“双抢”是一年农耕中最紧张繁忙的时节，一般于每年7月20日左右开始到8月立秋节气前结束。时间紧，任务重，季节性强。

首先，是将成熟的早稻及时抢收，避免抢收不及时影响抢种，从而影响晚稻产量。抢收还有其他方面的因素：一是稻子过度成熟收割时容易掉稻粒，影响产量；二是7月下旬、8月上旬是台风多发季节，稻子经风吹雨打容易倒伏，增加收割难度。所以抢收是保证抢种的首要任务。抢收前无论是生产队还是农户都要做好收割的充分准备。生产队要做好晒谷场地的整理，晒谷场有破损要补浇好水泥，腾出仓库，落实分工以及农具农机的配套用品，确保抢收任务完成。

抢种与抢收同等重要。抢种是在抢收的基础上，经过整理、施底肥等前期准备工作后，将适龄秧苗插入大田。晚稻插秧季节性十分强，一般在立秋前要插完秧苗，这是确保晚稻丰收最基本的要求，否则将影响晚稻产量。

“双抢”是一年农事中最繁忙、最辛苦的季节，一般半个月左右完成。每天劳作时间都在十多小时，一般早上天未亮每个小队司号员开始吹哨子，大家急忙起床，到田间干活，干完一部分农活后再吃早饭，然后再出去干活。下午中途休息时吃一点自带的粥或饭，然后继续干活，到晚上 8 点左右，摸黑回家。“双抢”不但劳动时间长，而且劳动强度大。早晚蚊子、乌蚊子虫多，还有蚂蟥，劳作十分艰苦。

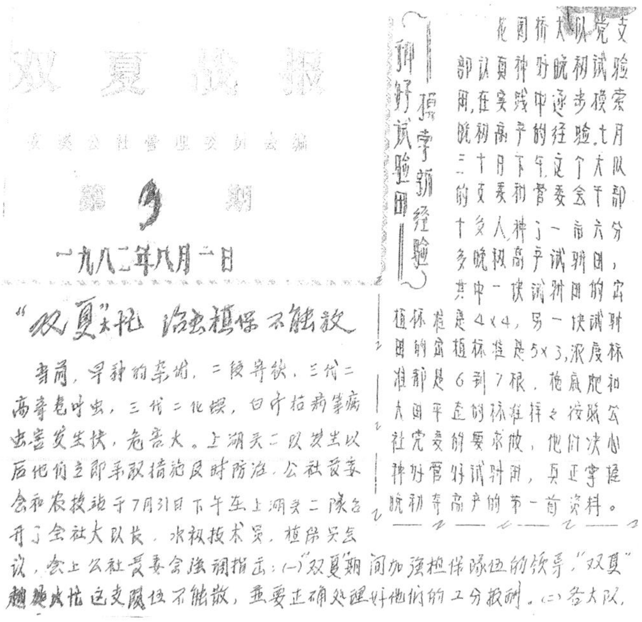

双夏战报

第9期

一九八二年八月二日

“双夏”大忙 治虫植保不能放

当前，早稻的杂[illegible]，二[illegible]，三代二[illegible]，高苗卷叶虫，三代二化螟，白叶枯病等病虫害发生快，危害大。上湖头二队发生以后他们立即采取措施及时防治。公社管委会和农技站于7月31日下午在上湖头二队召开了全社大队长、水利技术员、植保员会议，会上公社管委会强调指出：(一)“双夏”期间加强植保队伍的领导，“双夏”期间植保专业队伍不能散，要正确处理好他们的工分报酬。(二)各大队，

种好试验田 摸索新经验

花园桥大队党支部认真种好晚稻试验田，在实践中逐步摸索晚稻高产的经验。七月三十日下午这个大队的支委和管委会干部十多人种了一亩六分多晚稻高产试验田，其中一块试验田的密植标准是4×4，另一块试验田的密植标准是5×3，浓度标准都是6到7根，施底肥和大田平整的标准样样按照公社党委的要求做，他们决心种好管好试验田，真正掌握晚稻夺高产的第一手资料。

夏收夏种进度统计表　82.8.1.止

单位	应收	已收	%	位置	应种	已种	%	位置
花园桥	3070	2370	77	3	3218	1541	48.9	5
三合	1369	1069	78	2	1511	650	43	7
圩东	679	491	72.2	7	703.4	235	36.2	12
后河村	734	530	72.2	7	784	405	51.7	2
西良	619	496	81	1	679	344	50.7	3
上湖头	520	380	73	5	562	275	49.1	4
杜城	663	491	74.1	4	737	300	40.7	8
前山	1222	879	71.9	8	1324	687	51.9	1
桥南	470	290	61.7	12	527	140	26.6	14
下汗	899	665	73.9	5	1016	384	37.8	11
安汗	370	237	64	10	527	157	38.1	9
竹汗	427	329	77	3	466	150	32.3	13
上汗	608	387	63.7	11	682	253	35	10
石岭	668	462.5	69.2	9	752	334	63.1	6
合计	12318	9057	73.5		13.484	5835	43.6	

《双夏战报》和夏收夏种进度统计表影印件（余杭档案馆资料剪辑）

“双抢”时节，各级都十分重视。大队每年在“双抢”前召开动员会，布置“双抢”工作，要求统一思想，树立吃苦耐劳的思想，打好“双抢”这一仗。同时还编印《双夏战报》，及时报道抢收抢种情况，并排列名次。为确保“双抢”尽早完成，各生产队给每户家庭预支 10—20 元钱，用于改善伙食，增强身体素质和体能。

“双抢”是一项至关重要的农耕任务。大队根据各生产队的进度情况，做好统筹兼顾，让一些进度快的生产队支援进度慢的生产队，予以无偿帮助，确保晚稻插秧不过立秋关。早种好的大队或生产队敲锣打鼓到公社报喜，争抢第一名，公社通过广播向各大队或社员播报，振奋精神。

秋收冬种 秋收时节主要是一些旱地植物成熟季，此季番薯、毛豆等一些作物成熟，可以收割。待进入初冬后无论是单季还是双季晚稻均可收割，此时也是一个繁忙的农事季节。

晚稻收割后，进入冬种，大麦、小麦开始播种，油菜秧苗植入大田并进行田间管理。

二、水稻耕作

翻春田 晚稻收割后留有部分水田供次年育秧苗之用，即春田。翻春田是把晚稻收割后的农田深翻一次，一般翻成棱式。翻春田是壮劳力干的农活。

倒春田 上述翻过的春田经风吹雨打日晒冰冻，于次年开春时节再进一步细翻，以备做秧田，供播种谷（撒秧）之用。倒春田一般是辅助劳力或妇女干的农活，相对于翻春田比较省力。

播种谷 将上述倒好的春田，细化整理，形成板块。待平整后用秧耥搁平，再把孵好的种谷（芽谷）撒在上面，再用锹把种谷压到泥土中。撒种谷要求具有一定的经验，种谷数量、抛撒手势、均匀程度十分讲究，关系到秧苗的质量，是一项技术农活。

插秧 插秧即种田，将适龄期的秧苗拔起来，按同样行距、株距种入水田。插秧前用秧杆竹量好水田的距离，两头拉上插秧绳，使插下去的秧苗距离匀称，规格到位，美观。插秧讲究单棵苗竖直，根部以上不能弯曲，不能有“烟筒头”，否则影响秧苗生长，影响产量。手工插秧体力与技术并举，长时间弯腰十分辛苦，技术好者插秧既快又好。

田间管理 秧苗种入水田后的管理工作包括整株补棵、耘田松土、拔草施肥、灌水放水、搁田、防治病虫害等。

施肥治虫 水稻播种和水田插秧前一般先施底肥。底肥有有机肥或化肥，播种或插秧后对作物进行施肥补充养分，即追肥，使用追肥有时间讲究和视作物生长情况而定。在植物生长过程中要密切观察生长情况和病虫害情况，一旦发现有病虫害卵即对虫害进行治理。

除草　水稻间会产生许多对植物生长有害的杂草,需要及时清除,有利于作物生长。20世纪60年代前机械化程度低,除草一般为手工拔草或用锄头掏田,将田间拔起的草,捏成团,踩入土中,既除草,又作肥料。

搁田　水稻生长到一定时期,为结穗饱满需减少田间水分,让水田干燥,减少倒伏,增加水稻产量,同时对稻子收割无论是人工收割还是机械都是有利的。

收割归仓　水稻成熟后即可收割。早期以谷桶、手工掼谷,效率十分低下。20世纪60年代初用脚踏打稻机收割。60年代后期改为电动打稻机收割。人工割稻,电动打稻效率有所提高。现今种粮大户都采用收割机收割,速度快、效率高,经机械干燥后入仓,收割归仓一条龙。

第六节　肥　　料

一、有机肥

人畜粪　人畜粪是早期主要的肥料来源,其肥效优于其他有机肥,也是有机肥的主要来源,适用于各类植物施肥。也可作底肥,尤其适用于蔬菜类追肥。

毛灰　毛灰富含钾等元素,对植物生长十分有利,早期毛灰也是主要有机肥之一。毛灰主要来源于农家烧饭后的稻草灰,适用范围广。生产队有专人收集毛灰,然后集中存放,用于稻、麦、油菜之类植物,使用广泛。

河泥　每年冬季开始捻河泥做肥料。用一条小船,人站船上,用捻杆(长竹竿制成,下有网,可兜腐泥)深入河港中,通过推捻把河底腐泥捞上来放入船舱,待船舱满后划入岸边,用牵步送至岸边专用储泥处,然后用人工挑至就近草河泥荡,以备来年施肥之用。

紫云英　也称花草,是草本植物。当年在晚稻间将草籽撒播,晚稻收割后留下花草,次年春天花草成熟,将花草翻入田中,在水中浸泡腐烂即成有机肥。花草还可作为猪、羊等食料。

堆肥(草皮泥)　堆肥主要为草皮泥,在田埂路上将草皮用锄头削下,然后堆成一定数量,涂上泥巴,发酵腐烂后做肥料,一般抛施在麦田中。

二、化肥

化肥种类很多,随着化肥生产技术的发展,产品不断改进,早期有氨水、肥田粉、氯化铵、硝酸铵、尿素、过磷酸钙、氯化钾,现今以复合肥为主,配以尿素等。化肥是农作物生长的主要肥料。

尿素　是碳、氮、氧、氢组成的有机化合物，是一种白色晶体。作为一种中性肥料，尿素运用于各种土壤和植物。易保存，使用方便，对土壤的破坏作用小，是使用量较大的一种化学氮肥，也是含氮量最高的氮肥。

复合肥　是含有两种或两种以上营养元素的化肥，复合肥具有养分含量高、副成分少且物理性状好等优点，对于平衡施肥，提高肥料利用率，促进作物的高产稳产有着十分重要的作用。

氯化铵　简称氯铵，是一种无机物，含氮24%—26%，是白色或略带黄色的方形或八面体小结晶，有粉状和粒状两种剂型。氯化铵用于稻田肥效较高而且稳定，有利于水稻茎秆纤维形成，增加韧性，减少水稻倒伏和病虫侵袭。

硝酸铵　是一种铵盐，无色无臭的透明晶体或白色晶体，极易溶于水，易吸湿结块，溶解时吸收大量热。

碳铵　是一种碳酸盐，是一种白色或浅白色的细小结晶，有强烈的刺激性臭味，是农业生产中最常用的化肥品种之一。

氯化钾　是一种无机化合物，肥料适宜水稻、小麦、棉花、玉米、高粱等大田作物。钾主要能促进植物开花结果，加强枝叶生长的刚度、强度，也能提高植物的抗病能力。

过磷酸钙　又称普通过磷酸钙，简称普钙，是用硫酸分解磷矿直接制得的磷肥。过磷酸钙含有效五氧化二磷14%—20%，属于水溶性速效磷肥。

第七节　科学种田

20世纪50年代，村民不懂科学种田，凭热情干劲种田，盲目生产，完全凭借世代延续下来的种田方式劳作，收成不高，俗话说“靠天吃饭”。

1954年9月，在第一届全国人民代表大会《政府工作报告》中，首次提出了建设“现代化的农业”这个概念，毛泽东主席提出了农业“八字宪法”，对实行科学种田起到了积极的推动作用。

一、八字宪法

贯彻农业纲要四十条的“八字宪法”，即土、肥、水、种、密、保、管、工。“八字宪法”是科学种田的核心。

土　从改良土壤入手，从人工翻掘到机械深翻，冬季捻河泥，春播时挑入农田。增加有机肥料，对改善土壤结构起到了一定作用。

肥　合理使用化肥，广积有机肥。有机肥有猪羊粪、毛灰、河泥等。做到速施追肥、早施分蘖肥、巧施促花肥。早稻插秧5天后用碳铵加过磷酸钙发酵后施第一次追肥，分蘖前用尿素或硫铵施第二次追肥。晚稻基本和早稻一样，在第二次施追肥时也可用沼气粪加氨水泼浇。2010年后，单季稻插播5天后用尿素加氯化钾施第一次追肥，分蘖前用高安高钾水稻专用复合肥施第二次肥。

水　水利设施逐步完善，灌溉渠道通畅，从泥筑水沟改为“三面光”渠道。村内建有灌溉机埠18个，供农田灌水。排涝机埠有康家涧排涝机埠，建于1974年，是一个大排水量机埠，能抵御洪涝，确保粮食丰收。

种　村内种子更新换代快，20世纪60年代早期水稻品种为连塘早，后期到70年代初期以矮脚南特为主，中期引进推广辅育一号、原丰早、二九青、二九南等品种，系原沈家门村2组（现13组），从浙江农科院引进试种。该品种成熟期早、抗病性好、产量高，多年为本县和外地提供种子12万公斤以上。县区在此召开现场会，接待多批农业干部参观。

70年代杂交稻为汕优6号、原丰早、浙幅802。晚稻为矮秆23、晚3—2、农虎6号。糯稻为桂花糯。

80年代杂交稻为汕优6号、汕优64、汕优63、协优64。粳稻为秀水48、浙粳66、原粳4号、秀水04。糯稻以双糯4号、紫金糯为主。

90年代粳稻为秀水04、秀水09、秀水11、丙1067、丙814、丙850。糯稻以祥湖84、祥湖25为主。

2000年粳稻品种以嘉花1号、嘉991、秀水37、秀水134、浙粳22、浙粳40为主。

2013年品种为甬优12、甬优538、浙优18、浙优21、甬优7872、春优927。

各时期水稻、油菜品种更新换代情况表

表2-1-13

时期	早稻	晚稻（粳稻）	糯稻	油菜
20世纪70年代	杂交稻：汕优6号 翻秋：原丰早、浙幅802	矮秆23、晚3—2 农虎6号	桂花糯	土油菜 甘蓝型胜利油菜
20世纪80年代	杂交稻：汕优6号、汕优64、汕优63、协优64	秀水48、浙粳66 原粳4号、秀水04	双糯4号 紫金糯	九二—13系 九二—58系

续表 2-1-13

时期	早稻	晚稻(粳稻)	糯稻	油菜
20 世纪 90 年代	—	秀水 04、秀水 09 秀水 11、丙 1067 丙 814、丙 850	祥湖 84 祥湖 25	浙油 7 号 浙油 72
2000 年	—	嘉花 1 号、嘉 991 秀水 37、秀水 134 浙粳 22、浙粳 40	—	—
2013 年	—	甬优 12、甬优 538 浙优 18、浙优 21 甬优 7872、春优 927	—	浙油 50 浙油 51

密 村内早期为人工插秧,间距较为稀疏,有的可以放一只箭。一般种田时先用秧杆竹将两边量好一条田(6 株)的宽度,拉上秧绳索,开始插秧,以 4 寸×4 寸(1 寸≈3.33 厘米)标准,每亩(0.07 公顷)插 3.75 万丛。早插田每丛(棵)4—5 株苗,迟插田 6—7 株苗。杂交稻为 6 寸×6 寸,每亩(0.07 公顷)插 1.67 万丛,每丛 1—2 本。2000 年后单季晚粳稻种植的株行距 6 寸×5 寸,每丛 3—5 株,每亩(0.07 公顷)播 2 万丛。2013 年后改变了千年以来面朝黄土、背朝天的插秧方式,推广机械插秧和超级水稻品种,种植株行距 9 寸×6 寸,每丛 2—3 株,每亩(0.07 公顷)1.1 万丛。60 年代末最密时达到 4 寸×3 寸。

保 村内 20 世纪 70—90 年代水稻主要病虫害为稻纵卷叶螟(青虫)、二化螟、三化螟、大螟(蛀口死)、褐稻虱等。纹枯病、白叶枯病、稻瘟病为主要病害。当时白叶枯病、稻瘟病、褐稻虱发生严重田块颗粒无收。病虫害防治先后使用杀虫剂六六六、杀螟粉、三二三、1605、马拉松、敌敌畏、乐果、敌百虫、甲胺磷、杀螟松、呋喃丹、叶蝉散、三唑磷、杀灭菊酯类等高毒高残留农药,杀菌剂农药先后使用稻瘟净、富士 1 号、稻瘟灵、叶青双、川化 018、井岗霉素等,一季水稻要施用农药 6—7 次。

2000 年后水稻虫害仍然以稻纵卷叶螟(青虫)、二化螟、三化螟、大螟(蛀口死)、褐稻虱等为主要虫害。病害以稻曲病、纹枯病为主,先后使用农药杀虫双、扑虱灵、吡虫啉、阿维菌素、氯虫苯甲酰胺、茚虫威乳油、阿维氯虫、阿维甲虫肼、噻呋酰胺、烯啶吡蚜酮、苯甲、丙环唑、嘧菌酯等高效低毒低残留农药,一季水稻需要施用农药 2—3 次,比以前少打 4 次农药。

1965 年大队建立植保机构,各生产队相应配备技术人员,其中有水稻技术员,负责水稻生产的技术问题;治虫植保员,负责田间植物病虫害的观察、了解及防治；还有放水员等专职人员。从大队到生产队形成了一个农业技术网，尤其是农业技术工作，是科学种田的重要环节，对确保粮食丰收起到了关键作用。

胜利大队水稻技术员一览表

表 2-1-14

姓名	性别	职务	任职时间
沈炳祥	男	水稻技术员	1968—1973 年
沈水林	男	水稻技术员	1973—1983 年

管 田间管理方式有了很大改变。过去水稻管理从育秧开始，首先要在秧板上拔稗草。由于种谷不净，混入稗草籽，插秧后稗草和秧苗混生在一起，若不拔除带入大田会影响水稻生产及产量。然后灌水施肥。插秧一天后灌深水护苗，一星期后浅水发棵，苗够以后开沟搁田，搁田到四周开细裂后复水，后期时湿活水到成熟。施肥的要诀是：速施追肥、早施分蘖肥、巧施促花肥。耘田拔草。20 世纪 80 年代前没有化学除草剂，水稻种植后田间杂草多，特别是牛毛草、鸭舌草生长快且多，都是人工耘田。整个水稻生长过程要耘 2 次。第一次耘田用双手拔杂草，把田水搅浑，俗话说“苗无浑水不长”，实际上是通过耘田将溶入水土中的肥料进一步分化和渗透使作物快速吸收。其要求是块块耘到，处处抹平，株株摸到，倒苗扶直，拔起的草用脚踩入泥里可做肥料。第二次耘田在早稻行前，晚稻处暑前，有道是“处暑不动苗根”，做到上面不见稗草、下面不见杂草。

90 年代后推广水田水稻化学除草，先后采用了苄黄隆、苄嘧磺隆、苄 2 扑等除草剂，与化肥拌合在第一次追肥时封杀。中期如有杂草再起，可以用氰氟草酯加天草松除草剂结合防病治虫杀草，取代了过去人工的耘田拔草，大大提高了功效。

工 农业机械包含翻耕机械、移栽机械、植保机械、收割机械、运输机械和烘干机械。

20 世纪 70 年代前用人工铁耙和牛翻春田、花草田、油菜田、大小麦田及蚕豆田，统称为拆麦田，通过翻耕后倒细灌水平整后插秧。70 年代开始，先用人工翻耕，再用电耕犁耕

手扶拖拉机(2022 年) 冯金火供稿

田，电机摆两头，耙来回操作，但很不安全。80 年代后，时胜利大队购置一台四轮中型拖拉机，后有东风 12 型手扶拖拉机耕田。从此，拖拉机取代了人工翻耕。现已实现大型拖拉机耕、耖、平一体化。

1974 年 11 月 14 日经批准成立胜利大队机械修配组，时胜利大队拥有农机设备有电耕犁 6 台，拖拉机 2 台，电焊机 1 台，榨油机 2 台，450 饲料机 2 台，310 饲料机 2 台，碾米机 3 台，磨粉机 2 台，脱粒机 2 台，各种大小功率电动机近 100 台，打稻机 38 台，高压水泵 17 台，还有莲藕加工、豆腐加工使用设备以及治虫机等。1984 年，全村共有手扶拖拉机 22 台，其中上纤埠村 6 台、花园桥村 9 台、沈家门村 7 台。22 台手扶拖拉机中有 5 台属于个人所有（上纤埠 1 台，花园桥 2 台，沈家门 2 台）。

1984 年主要农机具拥有量一览表

表 2-1-15

农机（具）＼队别	上纤埠	花园桥	沈家门	合计
手扶拖拉机（台）	6	9	7	22
电动打稻机（台）	45	30	29	104
人力喷雾（粉）器（台）	87	82	76	245
农用水泵（台）	15	15	9	39
灌溉机械（套）	1			1
碾米机（台）	2	2	2	6
磨粉机（台）	2	1	1	4
榨油机（台）	1			1
饲料粉碎机（台）	2	1	2	5
手扶拖拉机拖车（台）	2	5	4	11
农用木船和木帆船（只）	5	5	5	15
农用水泥船（只）	4	3	3	10
农用机动船（只）	1			1
胶轮手拉（推）车（辆）	40	15	20	25

1984 年拥有拖拉机一览表

表 2-1-16

农机(具)＼村			上纤埠	花园桥	沈家门	合计
手扶拖拉机	合计	数量(台)	6	9	7	22
		马力(匹)	72	108	84	264
		完好数量(台)	6	9	7	22
	其中组所有	数量(台)	5	7	5	17
		马力(匹)	60	84	60	202
	其中独户所有	数量(户)	1	2	2	5
		数量(台)	1	1	2	5
		马力(匹)	12	24	24	60
机械总值	合计(元)		15000	20180	13680	48860
	村所有(元)		12000	14000	7500	33500
	独户所有(元)		3000	6180	6180	15360
机型	东方—12(台)		6	9	7	22

农业机械最早为电耕犁,之后各类农业机械不断推广,应运而生,大大提高了劳动功效。

二、农业技术推广

小株密植　20 世纪 50 年代,水稻种植习惯“大行稀疏”,行距 8—9 寸,株距 7—8 寸,每亩 0.8—1.0 丛。俗称“背篰行”,行株之间十分稀疏。60 年代后期,为提高单位面积种植密度,提高粮食产品而推广的水稻种植密度,即为小株密植。后逐渐加密至 4 寸×4 寸,后又再加密至 4 寸×3 寸,这也是水稻种植的最密密度。70 年代后,坚持农业生产科学规律,提倡合理的密植,并严格把握移植时间。

尼龙育秧(2022 年)　　沈农高 摄

尼龙育秧　早期的育秧都是传统的育秧方式。春节前翻好春田,春节后倒田、起板、平整、灌水,施猪粪、河泥为底肥。播种前将水入秧田,经多次整理,用耥耙耥平,使秧板达到平如镜,然后将已发芽的种谷撒播在上面,再把种谷用木锹轻轻压入泥中,防鼠防鸟,有利生长。

20世纪70年代后早稻采用尼龙育秧,即用尼龙地膜保温育秧。前期的过程与早期育秧方法无别,只是通过尼龙地膜育秧,既能提高土温,又能提高种子出苗率,还能提早成熟,使早稻早收,利于连作晚稻早栽。这种方法也是当时普遍采用和推广的一种育秧方法。

杂交制种　1976年,时胜利大队成立了种子队,担任杂交制种的任务。沈桂法在派往海南学习培训后,回大队负责杂交制种工作。种子队在当时的大会堂(三官堂)前,7、8组田间制种,后在高明桥前13组北草圩两个地方制种,制种面积35亩(2.33公顷)左右,时任种子队员由大队选用,拿误工工分。

杂交种子是三系配套,种子队制种是恢复系(父本为国际26)和不育杂(母本为珍汕97)二系杂交,杂交后品种为汕优6号。先种父本,后种母本,科学管理。在施肥、病虫害防治的同时,必经如割叶、剥苞、赶粉等技术措施,达到父母本花期花时相同,才能高产,亩产65—75公斤,总产2500公斤左右,主要提供给村内来年需要种子的生产队。

改良双季　村境内早期种植单季水稻,且亩产收成低,后改为双季种植水稻。20世纪70—80年代初以麦—稻—稻或油菜—稻—稻三熟制耕种,提高粮食收成。

水田播撒　20世纪90年代初推广,早晚稻推广塑盘抛秧技术,推广水稻直播栽培技术,运用科技提升传统农业,省工、省本、早熟、高产减轻劳动强度,并确保农时季节,方法简单易行。

三、农业机械化

移栽机械　2000年前以人工插秧为主,每人平均每天拔秧种田半亩,速度不算慢。但对于腰不好的人来说,是一项十分辛苦而不适宜的劳作。2000年后推广了单季晚稻直播栽培,2013年土地流转给种粮大户,推广机械播种、机械插秧,一天能插秧40亩,大大提高了劳动生产力。

植保机械　20世纪80年代前水稻病虫防治机械是粉喷机或工农12型、16型手摇背包喷雾器,每工可防治8—10亩(0.53—0.67公顷),其时每个生产队配有1个植保员,再有3—5名打药人员。90年代后推广汽油机驱动背包式喷雾器

机械插秧(2022 年)　　沈桂法供稿

喷雾器(2021 年)　沈祥林 摄

及电动背包喷雾器,每工可防治 30 亩(2 公顷)。2008 年后推广担架式喷雾机,每工可防治 50 亩(3.33 公顷)。2018 年推广无人机打药,每天可防治 300 亩(20 公顷)。

收割机械　中华人民共和国成立初期收割稻谷采用人工收割，用谷桶手工掼谷,效率低下。20 世纪 60 年代后用脚踏打稻机,70 年代初推广电动打稻机,90 年代后发展为收割机。以前一个生产队男女劳力起早贪黑,也就收割稻谷 20—30 亩(1.33—2 公顷),现在一台收割机一天能收割 40 亩(2.67 公顷)以上。

运输机械　中华人民共和国成立前收割稻谷均靠肩挑，直到 20 世纪 70 年代,用脚箩一担一担挑回来。收谷时有专人负责挑担,路远的中途还需要换担(接力形式),中途将担子互换,交给另一人。13 组当时收割时就采用这种方法。在何家村田畈收割时,挑谷者在中途换担。有句俗话“天不怕地不怕,只怕两头悬空挂”,说的就是挑担者的辛苦。这种运输方式村里其他组也采用。80 年代开始收割时稻谷装在编织袋里,用钢丝车(双轮拉车)拉

粮食收割、运输一体化(2021 年)　沈农高 摄

回家。2015 年后,稻谷收割后直接放到运输车上,运回来,直接倒进烘谷机。以前一人担挑 50 多公斤,现今一车可装 4000 公斤。

粮食烘干(2021 年) 沈祥林 摄

烘干机械 1965 年前,收割回来稻谷用养蚕的大匾、晒领(用竹编织而成,约 6 米×5 米)等晒谷用具,利用太阳晒谷。20 世纪 60 年代后期,每个生产队用水泥浇晒谷场用于晒谷。1985 年实行家庭联产承包后,每户用自家的道地(房屋前空地)建一个晒谷场,用于晒谷。晒谷时间比原来缩短 1 个多月。2013 年农田流转给种粮大户后,推广稻谷机械烘干,每天能烘干稻谷 12 万公斤(120 吨)。过去家家户户晒谷,遇到突发下雨还要抢在雨前做好盖薄膜防雨。现在用机械可以一个人烘谷,且能保证质量。

随着农业现代化发展,农业机械化程度提高,实现了机器替人,便于农事安排,达到了省工、省本、增产、增效的目标。

第八节 传统农具

良渚文化遗址出土的农器具就十分丰富且成系统,有翻土工具、收割工具、稻谷加工工具等。20 世纪 50 年代以前, 纤石村使用的农机具均为传统的农机具。60 年代后逐渐有电耕犁、拖拉机替代传统农机具耕作。

一、大型农具

水车(2022 年) 沈祥林 摄

水车 水车有两种,大的为脚踏水车, 小的为手摇水车,是中华人民共和国成立前后普遍使用的灌溉、排水、抽干鱼塘的农具。脚踏水车由几人合作车水,手摇水车较小,一人即可操作。水车为木质,后期有塑料幅板代替木质幅板,功效相似。水车的抽水原理是通过人工助力较少水车龙骨(许多链头组成，类似链条)同时带动幅板把低处水带上来，高处出水，完成车水。水泵使用后，水车车水逐渐退出，目前农家保存极少。

谷桶(2022 年) 沈祥林 摄

谷桶 是割稻谷、麦子的主要农具。木质，四方形，单边宽约 1 米，其配件有谷栅(稻架，脱粒用)、遮帘(围栏，防谷物飞出箱外)等，收割时两个成年人能拉动。打稻机使用后谷厢逐渐弃用。谷厢不使用时，置家中也可作为储存谷物的用具。

打稻机 打稻机有脚踏打稻机和电动打稻机之分。脚踏打稻机又可分为单人和双人两种。20 世纪 70 年代末开始使用电动打稻机，脚踏打稻机不再使用。脚踏打稻机与电动打稻机原理基本相同，仅动力上有差异。脚踏打稻机是用人工脚踩助力带动滚筒，电动打稻机则是用电动机带动，以减轻劳动强度。

捻泥船 捻河泥的船，大多为木船，后期也有水泥船，是捻河泥的主要农具。由于船体长期浸泡于水体中，容易受到腐蚀。一般夏季将木船拖上岸，晒干，然后请工匠(修船师傅)维修，以备冬季捻河泥之用。修船时先将麻丝嵌入船体受损处，补上桐油石灰腻子，再用桐油涂漆数遍，修船完成。一般冬季开始捻河泥，积有机肥。

二、小型农具

小型农具(2022 年) 沈祥林 摄

铁耙 翻掘土地的主要农具，一般为 4 齿，规格上有大小铁耙之分。大铁耙用于土地深翻(粗翻)，小铁耙用于细作，平整土地。按劳作内容不同，还有镰刀铁耙、槁等，其柄一般为生长多年的早竹，也有木柄。

刮子 锄草松土用的农具，铁质，与宽锄头相似，形状略小于锄头。其柄为竹或木头。

锄头 用于松土和除草的农具。铁制，有宽窄两种，其用途不同。宽者用于大面积的劳作除草,窄者用于植物间较窄间距的除草松土。

耥田耥 一种耘田工具,竹木结构,柄为竹。耘田时手执田耥来回拖动,去除杂草并松泥土。

秧郎耥 做秧田的农具,竹制。用于秧田板平整之用,呈“T”形。取一段较粗的毛竹,抛光,装上竹竿和左右护绳,可将秧田板块耥平整。

苗兜 是早期耘田时的工具,呈半圆形,竹木结构,用于耘田时不让禾苗刺伤眼和脸部,起劳作防护之用。

粪桶 庄稼施肥浇水的农具。两只为一担(对),早期为木质箍桶,后期也有塑料材质浇注代替。

料勺 与粪桶配套的浇水施肥的农具,呈圆形,早期为木板箍成,后用塑料浇注,按上竹柄可伸向较远的位置浇水施肥。

脚箩 收割稻谷(麦子)时用于挑谷子的农具,两只为一担。用毛竹制成的箩筐,也可用于其他劳作或盛物之用。

牵步 捻河泥用的辅助工具。船舱捻满河泥后将船停靠河岸边,捻泥者将河泥用牵步传送至岸上囤泥处。牵步也可用作其他劳作之用。

第九节 生态农业

一、生态农庄

龙荷农庄 2002年创办,位于西险大塘南侧,属13、14组部分土地和水体。由柳根龙创办,农庄面积198亩,其中水荡70亩。主要经营范围:农产品种植、果品类种植、垂钓与餐饮服务、饲养人工繁殖的梅花鹿(供观赏)。梅花鹿系国家一级重点保护野生动物,被列入《人工繁殖国家重点保护陆生野生动物名录》。龙荷农庄饲养的人工繁殖梅花鹿,最多时达26只。2009年,龙荷农庄被列为区级“休闲观

龙荷农庄(2017年) 沈农高 摄

光农业园区”。2014 年 1 月 1 日，柳根龙终止经营，转让给陈如玉经营，其经营服务内容基本不变，还可承办单日小型会议，能同时接待 40 桌人就餐，餐饮业有所发展，还饲养 2 匹马。农庄成为杭州电视台小伢儿频道的基地。2019 年 1 月，农庄进行整治，拆除了一些建筑。农庄逐步缩小经营范围，直至停止部分经营业务。

生绿缘 2005 年由吴桂女创办于位于韩家门东南处，原安溪鱼种场内，在原有鱼种场基础上扩建而成。占地面积 185 亩，其中水面积 130 亩，总投资 850 万元。农庄紧贴良安公路，农庄内建筑以仿古木屋为主，大门采用古色水韵的门楼。

生绿缘农庄（2021 年） 沈祥林 摄

农庄内设有垂钓区和自然生态区，有鳄鱼观赏台、天鹅池、孔雀园。园内还建有江南特色的休息长廊、观光长廊、观光船（内设餐厅）、亭子。

内有桃、李、梨、葡萄等 7 种水果，还有樟树等近万株花木。设有客房和餐饮包厢，供应体现农家菜的菜肴。

生绿缘曾为省市两级钓鱼协会基地，多次承办大型钓鱼赛事，园区自开发至 2008 年底累计接待游客 1.6 万人。

2007 年 1 月，浙江省委、省政府农村工作办公室和浙江省旅游局授予园区“农家乐”称号。2012 年获评市“三星级农家乐经营点”。2013 年获评市级“休闲观光农业旅游示范单位”。

2019 年 1 月年因土地使用等客观原因，生绿缘经营范围作了调整，不再经营餐饮项目，目前分块分散由各户经营，仅种植业尚存。

二、农业企业

杭州及时雨植保防治服务专业合作社 成立于 2008 年 6 月，驻地纤石村。理事长姚荣建，注册资金 51.2 万元，自有资金 200 万元；拥有合作社社员 51 名，员工 13 名，在纤石、港南、荀山、良渚等村土地流转水田面积 2800 余亩，年生产粮食 2300 吨左右，产品注册有“纤石里”“施昕更”两个商标。合作社拥有各类服务设施5000余平方米，能满足日常试验、办公、培训等工作需要，一次培训可达70余人。同时，合作社配备大型拖拉机5台、手扶拖拉机1台、农用运输车6辆、水稻育秧播种机1台、水稻点直播机1台、施肥机1台、插秧机5台、平田机1台、冬种开沟机1台、稻麦烘干流水线设备10套、秸秆粉碎机1套、无人植保机2台、先进碾米机流水线1套，其他植保机械20余台，积极推广应用机械翻耕、播种、施肥、病虫害防治、插秧、水稻点直播、病虫害防治、收获、粮食烘干，秸秆粉碎还田及开沟。开展专业化统防统治服务以来，科学采取“统一病虫测报技术指导、统一防治时间、统一防控技术指导、统一农药配方、统一配送农药”的“五统一”防治措施，实现了服务装备现代化、服务方式多样化、服务行为规范化、服务质量优质化，为当地粮食安全生产保驾护航。推广肥药减量技术，为生态农业保驾护航。大力应用水稻缓控释肥、“肥药双控”、根外追肥及病虫草害绿色防控技术，优先采用生态控制、生物防治和物理防治等环境友好型技术措施，科学使用化学农药防治，以控制水稻病虫草害发生，积极抓好生态调控，为本地起到示范引领作用。制定《余杭区水稻病虫草害绿色防控技术规程》，促进了技术的规范化应用。2013年，澳大利亚学生到公司进行合作交流。

杭州及时雨植保防治服务专业合作社加工车间（2021年） 沈祥林 摄

通过优质水稻新品种示范推广，成为无公害农产品基地，软香2号大米获余杭好稻米金奖，嘉丰优2号获杭州市“十大好味稻”金奖。合作社获得全国首批农作物病虫害专业化统防示范组织、浙江省示范性植保服务组织、杭州市示范性农民专业合作社、浙江省绿色高产高效创建千亩示范片、浙江省现代农业科技示范基地、浙江省农机示范合作社、杭州市水稻高产创建百亩示范方、余杭区水稻病虫草绿色防控标准化生产基地、余杭区规范化农民专业合作社、余杭区现代农业先进单位、余杭区规范化粮食示范园区等多项荣誉称号。姚荣建2014年被评为全国种粮先进个人,2017 年起当选余杭区第十五、十六届人大代表,2019 年被评为余杭区劳动模范。

杭州余杭区良渚裕福园艺场　创办于 2008 年 7 月 10 日，位于纤石村 15 组,法定代表人蒋亚平。企业属于农业企业，注册商标有“裕福园”“福倪达”两个,有员工 5 人。主要产品有樱桃、小蜜桃、黄桃、蜜梨等。场内所有水果自 2012 年起，都已申报无公害农产品,并得到认证,是无公害农产品生产基地,是余杭区第一批 100 家农药残留检测点之一,每当水果成熟期,对每批销售水果进行检测,数据上传至农业局质量监测平台,并不定期接受市区农产品质量安全抽查。2018 年开始接受区农业局布置的植物检疫监测工作,进行梨树疫病监测,并每周一报。

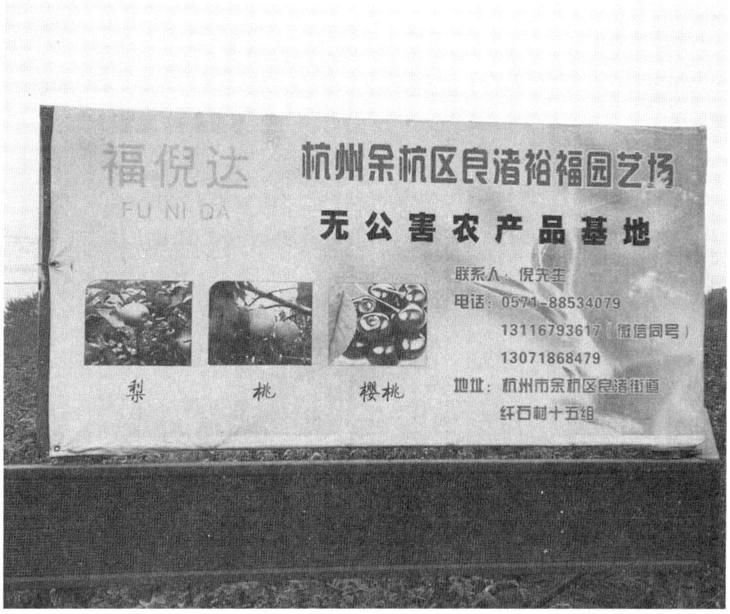

杭州余杭区良渚裕福园艺场(2021 年)　　裕福园艺场供稿

第二章　蚕桑业

五千年的农耕社会,决定了农村稻桑并重的农业格局,即种田吃饭,养蚕赚钱。这种农业格局持续到改革开放才得以改变。

钱塘自古繁华,享有"丝绸之府"的美称,纤石村历来是桑蚕的主要产区。早在秦汉时已广植桑树养蚕。五代武肃王钱镠鼓励杭嘉湖军民植桑养蚕,于是"麻桑遍野"。南宋迁都临安(杭州)后,良渚地区蚕桑的数量和质量迅速提高。明朱元璋在洪武二十七年(1394)下令:"务要多种桑村,每一里(110户)种二亩桑,违者充军。"清乾隆多次下江南,也谕饬浙江督抚:"奏报蚕收情况,每岁一次。"如此,使钱塘仁和的丝蚕业达到了"公私仰给,唯蚕丝是赖"的盛况。清代《张氏农书》记载,当时蚕茧收入三倍于粮食,因此,"全家以养蚕为耕耘之资耳"。

随着社会和生产的发展,蚕桑技术教育亦受到重视,钱塘县早在清光绪三十四年(1908)就创办了公立"钱塘县蚕桑初级师范学堂"(地点在三墩镇翠村禅院),这是原杭县最早教授栽桑养蚕技术的专门学府。良渚域内有许多大户子女在学堂学习,毕业后,即在政府从事指导蚕桑生产的"指导员"工作,为蚕桑生产服务。

晚清至民国时期,纤石村养蚕产茧主要是自缫生白丝出售。中华人民共和国成立后全部改售鲜茧给供销社,缫丝退出历史。

人民政府十分重视蚕桑生产,对蚕桑生产中的种桑、蚕种、饲养等各环节进行不断改进,使纤石的蚕桑生产达到了高潮,但随着时代的变迁,社队企业、国营企业不断发展,农用桑地一再减少,实行土地联产承包后,桑树难寻。至1998年,域内所有茧行因无茧可收,全部关闭。于是,辉煌千百年的蚕桑生产遂成历史。

第一节　蚕桑生产历史

晚清至民国期间,纤石村蚕种由蚕农各户散养。为了多养蚕种,每户想尽办法植桑,村内凡旱地均种桑树,此外,还在田野间筑埂种桑,故凡地皆桑。农户根据自家桑树的多寡,养蚕的数量从 1 张至 20 张蚕种不等。从蚕种蜕出“乌娘”后,即举家集中精力养蚕。

在五千年的农耕社会中,纤石村一直是稻桑并重的农业生产格局,耕地也就分水田和桑地两大类。水田栽种水稻,所产稻米是人们的主食。而桑地产桑养蚕,所产蚕茧及生丝出售后收入可观,是一年开销的来源。故对养蚕,人们十分重视。由蚕桑演化出来的蚕桑文化,亦是传统农业文化中的一个重要组成部分,深入农民各项生活之中。同时,蚕桑文化也在社会活动及政治生活中占据十分重要的地位,如“蚕花节”“蚕花会”“蚕花生日”等时令文化活动,还有“蚕花廿四分”的讨彩口号,不但挂在人们嘴边,亦被书写于各种用具、农具之上,还融入婚丧嫁娶民俗之中,成为人们日常生活中的一部分。

一、晚清民国及中华人民共和国成立初养蚕

晚清至民国及中华人民共和国成立初期,纤石村各家各户分散在自家养蚕。纤石农民在长期的实践中积累了丰富的养蚕经验,摸索出了“掸蚁、采桑、饲养、出火、眠蚕、放叶、除沙、落网、分匾、上山、采茧”等一整套采桑喂蚕的方法。从蚕种蜕出“乌娘”后,就举家集中精力养蚕,对采桑、饲喂、除沙、稀匾、眠蚕、放叶、上山、落茧等各环节的管理,十分细致和谨慎。甚至夜晚,家主也会几次起床,用灯照看蚕宝宝的成长情况,白天,就连饭还在口中,也要进蚕房照看蚕宝宝,恐怕发生什么情况。

蚕宝宝上山以后,家主昼夜不眠地照看。此时气温较低,山子头下摆满烘缸,既要把握好温度让蚕宝宝作茧,又要防止火烛,须不时地钻到山子头下翻缸和查看,直到茧子作成,落下茧子为止。

落下茧子后,将茧子摊在大匾中,把“烂污茄”等次茧拣出,然后将茧盛在花眼篰中,挑至良渚、安溪、上纤埠的茧行投售,各大茧行按质论价收购。此时农民是一年中现金收入最多的时候,可按需购置物品,扯布缝新衣、购田造屋,等等。一般农户,仅凭家中蚕茧收入,足足能够支付一年的所有开销,所以村民才会这样重视蚕宝宝的饲养。

1949 年土地改革以后,贫苦农民分到了地主的桑地,大大地提高了养蚕的积极性和收入。互助合作初期,各自然村成立了互助组,田间生活出现了伴工形式,于是养蚕也出现了“合作出伙”的方式,即一个互助组内农户将各户蚕种在同一个地方“出伙”,让蚕种集中脱成“乌娘”,养到头眠或二眠时,再将蚕宝宝按各

家所订蚕种分家饲养，然后各家各户自养到产茧为止。户主自行投售茧子，收入归己，由于各家后期不同的饲养方法，在产茧量（每张蚕种）上拉开了差距，也产生了蚕桑收入的差距。

二、合作化后养蚕

1953 年起，互助组逐渐联合而成立初级农业合作社，这是农村农业生产体制的一大改革和进步。农民的土地、大型农具等都入了社，归集体所有，其养蚕亦转变为共育共养，由合作社（基本上以自然村为一个社）选派富有养蚕经验的男女社员专门饲养，亦称共育员。养蚕方式和操作规程一如以前，鲜茧已不再缫生丝，全部卖给供销合作社经营的茧行。纤石村内的各初级社的茧子一律由安溪供销合作社进行收购，所得蚕茧收入均归初级合作社所有，列入年终社员分红。初级社的蚕桑收入高，年终社员的工分值就高。当时，各初级社工分值的高低就取决于该社蚕桑收入的多少，因此，各初级社当时相当重视养蚕。乡政府和初级社都有一名领导主管蚕桑，称蚕桑乡长和蚕桑社长。

1956 年，纤石村内中心、新联、高门桥、油车桥四个初级社组成联合、中心两个高级社。但因年终社员分工还是按生产队核算，故养蚕还是以自然村即生产队为单位，但是集体经济相对富裕，各生产队都纷纷开始建立养蚕专用房屋，即称生产队共育室，之后十年内，生产队根据财力继续对共育室进行改建扩建。大多建的科学考究，大玻璃窗，采光、通风均好，而且便于消毒。至 1967 年，各生产队均已完成共育室的建造。蚕宝宝的饲养，一直以队为基础共育，生产队也逐步建立培养了一支专业共育员队伍。一般以有经验的中年妇女为主，配备部分有经验与技术的中老年男性社员，由生产队蚕桑技术员带领，专门从事蚕桑饲养工作，即使“双抢”大忙期间，还是专心饲养，不下田劳动，以确保养蚕丰收。

1958 年 10 月，人民公社诞生。从此，农村农业体制一直是“三级所有，队为基础”，即生产资料为公社、大队、生产队分别所有，但是生产队（自然村）是基本核算单位，年终社员收益分配是以生产队经济收入为单位和为依据的，因此在此时期，生产队蚕桑生产的好坏直接影响生产队年终分红的工分值。换句话说，也就是直接影响社员家庭的经济收入与生活。

这样的体制结构，直到人民公社解体，土地联产承包到户为止。

蚕桑的主要产区为纤石，民国 14 年（1925）桑园种植面积占土地总面积的 18%，历史上种桑面积最大的年份。民国 22 年（1933）纤石养蚕户达到总农户的

75%以上。抗日战争期间,良渚沦陷,域内蚕桑生产被迫低落,出现了近代蚕茧产量第一次下降。

1949 年中华人民共和国成立至 1956 年，是抗战后纤石村蚕桑生产恢复阶段。1949 年村内不养夏蚕,春茧占 70.6%,平均每亩桑地年产茧 8.25 斤。春茧平均张产 13 公斤。到 1956 年,村内桑地面积比 1949 年增长 1.04%,全年茧产量比 1949 年增长 221%。

1957—1963 年,纤石的蚕桑生产经历了近代第二个下降过程。这主要受当时工作上的“浮夸风”“瞎指挥”“高指标”以及三年困难时期的影响。在片面追求“以粮为纲”的同时,桑园面积在缓慢减少,桑地培育管理较差,对桑地进行了不合理地间作,致使桑叶产量逐年减产,但蚕桑行政指标却逐年提高,种量反而剧增,造成了蚕过大眠而地上已无桑叶的情况。造成村内各生产队派出大批社员到海宁、桐乡、安吉、临安、桐庐、富阳等地采买桑叶,但往往因社会大气候相同空手而归。眼看大眠已过的蚕无叶吃,供销社给各共育室大量配发“葡萄糖”与“艾罗补汁”喂蚕,但不能代替桑叶,最终只能将蚕倒掉,造成村内蚕桑产量急剧下降。1961 年的蚕茧产量比 1956 年减少 58.9%,平均每亩桑地产茧只有 12.5 公斤,平均张产 11 公斤。纤石全村蚕桑年产值比 1956 年下降了 40.7%。

1965—1969 年蚕茧产量一览表

表 2-2-1

年度	春蚕			全年		
	数量(张)	张产(市斤)	总产(市斤)	数量(张)	张产(市斤)	总产(市斤)
1965	303	59	180	671	51	346
1966	373	66	248	796	54	434
1967	408	73	299	833	45	372
1968	380	74	273	859	60	516
1969	409	75	309	959	55	526

注:1 市斤=0.5 公斤。

1964—1982 年,前 10 年是持续增产时期,后 9 年为稳定期。1962 年农村贯彻了全国蚕桑会议精神，从中央到省委都制定了促进蚕桑生产发展的一系列政策,对蚕桑生产实行奖售。1963 年开始,安溪镇内各生产队开始建立专业桑园,并按蚕桑产量实际奖励原粮(粮票),1964 年又奖励木材、毛竹,并发放低息贷款,从而改善了养蚕条件,调动了蚕农的积极性,使纤石村内蚕桑生产得以恢复与发展。1972 年,村内的蚕茧产量为 1949—1985 年产值最高的一年,占种植总产值的 12.5%。1974 年,村内所产蚕茧中,春茧占 50.8%,夏茧占 13.2%,秋茧占 36%,为中华人民共和国成立后 36 年中总产量最高的一年。

1965 年蚕茧生产、饲养蚕种及蚕桑定金和奖励化肥一览表

表 2-2-2

蚕桑生产＼生产大队		中心队	草里坝	油车桥	花园桥	沈家门	后荆村	合计
蚕茧生产（担）	全年交售	30.95	65.88	31.97	69.54	41.75	28.05	268.14
	春茧	22	44.63	19.7	41.9	22.05	15.25	165.53
	夏茧	3.6	6.55	4.4	7.7	4.1	3	29.35
	秋茧	5.35	14.58	7.87	19.33	11.8	6.6	65.53
	晚秋茧						3.2	3.2
饲养蚕种（张）	蚕种	75	153	81.5	183	107	67	666.5
	春茧	37	74	39	86	47	30.05	313.05
	夏茧	14	25	15	59	30	12	155
	秋茧	24	43	27.5	7	11	16.5	129
	晚秋茧		11				8	19
全年合计定金(元)		399	496	406	972	747	597	3617
化肥票(斤)		984.5	1238.5	909	1562	1058.5	764	6516.5

注:1 斤=0.5 公斤。

1975 年以后,由于片面地执行了“以粮为纲”方针,忽视了桑地的培育与管理,且间作大量杂粮食物,桑叶产量大幅下降,使全村的蚕桑生产停滞不前。1979 年国家调高茧价 25.5%,1980 年又实行超国家基数加价 15%,才又使蚕茧产量略有提高。

1980 年起,乡村企业大发展,砖瓦厂、化肥厂、化工厂等排出大量废气、氟化物、硫化物,不但污染空气,更污染桑叶。桑叶被污染后,致使蚕宝宝只吃叶而不能作茧,蚕农损失惨重。

1983—1985 年,纤石村蚕茧产量出现近代的第三次下降。其原因有四点:1.是茧价偏低,挫伤了蚕农的生产积极性。据杭州市物价委员会调查,1985 年茧价比 1978 年提高 31.8%,而物价成本却同时提高了 69.1%,相当于茧价下降了 37.21%。2.茧、丝、绸行业统得过死,茧、丝、绸价格及经营关系没有理顺,生产者

缺乏积极性。3.工业污染范围继续扩大,程度也越来越重。4.蚕桑的扶持政策多变。土地承包后,责任制不够完善,桑地分得过散,承包户形不成生产力与规模,原先的“拳头”变成了“零头”,大量桑地被毁。村内1985年的桑地面积下降到1952年时的62.8%,蚕桑生产从此到了一蹶不振的地步。

1986年起,土地分户承包,此后农户开始建房,经济富裕起来的农户开始占用大量桑地建新房。之后,工业园区的建立,发展交通的道路建设,以及村镇企业建设与公共设施建设亦都大量占用桑地, 加上早先农业学大寨时早就将田埂挑毁变成稻田,已寻不出一株桑树,农村桑地面积日趋萎缩,桑树数量急剧减少。至1998年,全村基本上已无整片桑园,此时,社队企业迅速崛起,农民均进入企业打工,收入稳定。农户对养蚕已失去了兴趣,有几株桑树也是养蚕弄点丝绵而已。至1999年,因无茧可收,镇内五大茧行全部关闭。此后虽有零星农户养蚕,但所产茧子均用于制作清水丝绵家用。

2020年,纤石村饲养产茧蚕种数:9组花园桥0.25×4包;10组韩家门0.25×2包、0.5×1包;11组文祥官0.25×5包。自此,繁荣了千百年的蚕丝业逐渐退出了纤石村。

第二节 植 桑

一、桑树种植

“养蚕必先植桑。”纤石村内历史上是蚕桑的重要产区,凡旱地均种植桑树。

纤石属于水乡平原,多河港而少旱地,为了多植桑树,村民想尽办法辟地、造埂,以便增加种植桑树的空间。

辟地 有史以来,纤石村民一直开垦荒坟野地,整理成平地,种桑苗,培育桑树,使之成为连片桑园。纤石村北傍东苕溪,堤塘外有大片溪滩,村民经过祖祖辈辈的辛勤开垦,把堤外大量溪滩平整成坡地,种植上桑村,成为成片的桑林,只要不被洪水淹没,就能提供大量桑叶饲蚕。

造埂 纤石村种桑的另一个重要途径是造埂。造埂的户主均为没有桑地或少桑地的农户。由于没地种桑,纤石村民与其他地方的农户一样,在自家水田的四周,用田中的泥土加高,筑成1米高,1.5米至2米宽的田埂,在田埂中间种植成行的桑树。由于田埂中间只植一行桑树,四周空气好,阳光足,加上年年可用稻

沟泥加土施肥,所以田埂上的桑树产叶量比成片桑地上的桑树产叶量要高得多,甚至多一倍。因此,纤石村原先的田野里到处是种植桑树的田埂,而田埂修筑后又将田野分成了圩地,给水田的抗旱排涝也带来了好处。

辟地和造埂是种植桑树的根本,桑树越多,才能多养蚕多产茧。

栽植 纤石的栽桑方式,历史上均采用稀植、平肩开拳、三丫六拳头育成,习惯上要“三年种桑,五年成株”,投产慢、亩产低。20 世纪 50 年代注重桑林缺株补植、老树更新,淘汰病株、消灭蚕蟥,加强肥培管理。供销社供应大量豆饼用于培育桑地。每年冬季蚕农捻河泥、挑田泥、整株修剪、刮除蝗卵,春季开展毛桑“抱娘接”,以改良桑种,提高产叶量。

良渚农民周金玉试种“低杆无拳桑”成功,后在全县推广,纤石村内新种桑园即逐步向中杆、超密方向发展,并采用“接班桑”“抱娘接改造草桑”“横伏留条”以及增条、增拳等增产办法。20 世纪 60 年代初期,受“大跃进”影响,过度采摘桑叶,桑园又趋衰败。1963 年开始实行“粮桑挂钩”,大力培育专业桑园,推出番茄、大豆、南瓜等间作物,并继续补植加密,从原来的每亩 250 株加密到 400 株。还大力推广蚕豆绿肥,增施有机肥料。1970 年每亩桑园量达 45 公斤,比 1961 年增加三倍多。

20 世纪 70 年代初期推广速生高产培桑技术,新辟矮秆密植桑园,亩栽 2000 株左右。优点是成桑早、出叶快,缺点是生机差,寿命短,盛叶期短,落脚叶多,耗肥量大,受欢迎。1983 年联产承包后,蚕桑生产一度进入快速恢复时期,株型大多改为离地 3 尺(1 尺≈33.33 厘米)左右开拳,三年成林的中秆密植桑,每亩 500—600 株。桑地在冬春普施羊肥、人粪等有机肥,春秋季重施化肥,冬季捻上河泥和挑上稻沟泥,新桑迅速成林,为蚕茧增产打下了基础。

桑树种植质量与桑苗成活、长势与成园时间密切相关, 种桑前必先平整土地,深翻施足基肥,然后进行株行距规划,用散石灰打样。一般为穴栽,挖穴周宽 30—50 厘米,深 35 厘米,在穴里施一定基肥,与泥土拌匀。将桑秧根部进行整理,修剪过长、破损的桑根,放入穴内舒展苗根,然后将松土填入根部,浇上一勺清水有机肥,再将泥土填入穴内,用脚踏实,一般以埋没根茎 5—6 厘米为适,然后在离土 20 厘米处剪出苗干。

嫁接 种植的野桑苗,必须嫁接。两年后苗粗 2.5—3 厘米时,便可嫁接。嫁接体必须于年前拣健康桑条剪下,捆住后干埋在泥土中,只留其梢在外透气。待清明前后，将其取起，用以嫁接在桑干之上。先在干上用力将皮划成∧形，以篾签将松皮剔开，然后将10厘米嫁接体削成笔尖状，顶端留有一厘米韧皮层，以皮贴骨方式插入∧中，接口上涂上青紫泥糊口，再用稻草缚紧，如嫁接体与砧木同时发芽，即成活。

剪桑头　开年后，桑叶未露芽时，须将桑条顶梢剪去3—5寸(1寸≈3.33厘米)，以使养分能充分供应叶芽，提高发芽率。

疏芽　俗称删二叶。春伐后，桑拳重新长芽，至6月芽已长到10—15厘米时，应适当删去部分新芽，使新芽分布均匀，通风透光良好，水分养分集中，促使新梢生长旺盛。疏芽结合养蚕进行，即可用删下来的二叶饲养二蚕。疏芽主要按留强去弱、删密留疏的原则做到枝条分布均匀，一个桑拳留三到五芽为宜。

二、桑树管理

培育　桑地的培育管理为掘冬地，入冬即用大铁耙将土翻转，正月过后将翻转的冬地再翻垦一遍，称窜地，春伐后，桑条已剪光，再窜地称窜“孕妇地”，过后，如若地上已长草，即用刮子削地，一年三四次，直到野草不长为止。

施肥　桑地肥料来源主要是河泥、塘泥、稻沟泥、草泥、畜肥、油饼、豆饼等。村内有“年年加河泥，桑树涨破皮”之谚语。桑地一般为秋天捻河泥，用粪桶挑到地上倒出，冬天挑稻干泥，即将田里的泥挑到桑地上，干后敲碎，另外冬天施羊垃圾，于每株桑树边开穴填埋，开春后可施人粪与猪水粪及氨水。早先还在冬天埋施豆饼和油饼。

整拳　桑树在立冬后必须修拳整株，即将死干和死拳锯除，同时将嫩桑的三丫六拳用草绳吊匀造型。锯下的柴火刚好过年用。

桑树病虫害防治　桑树虫害主要有桑天牛(俗称蛀虫)、野蚕、桑尺蠖、桑卷叶虫、桑蓟马、桑粉虱、桑毛虫、褐金龟子、红蜘蛛、桑介壳虫等，各种虫害常交错为害，且与天气关系密切。民国至中华人民共和国成立初期，村内桑蟥为害，造成桑叶严重减产而倒蚕。农民用自制的土药巴豆或百部液喷射治蟥，由于当时不可能集中统一喷杀，蟥灾仍逐年蔓延。

中华人民共和国成立初期大力发动群众刮除蟥卵，并采用鱼藤精、巴豆等农药，组织大规模统一治蟥，每年2—3次，至1953年基本消灭桑蟥。20世纪60年代，桑树虫害主要有野蚕、桑尺蠖、桑螟(卷叶虫)、桑蓟马等，野蚕发生期采用敌百虫、敌敌畏叶面喷杀，效果较好，对蛀秆虫(桑天牛幼虫)采用在桑秆上凿洞灌药剂注杀,或用铅丝攒洞捅杀,对危害芽叶的桑象虫用敌百虫或六六粉治白拳。70年代除上述害虫外,又新增了红蜘蛛及桑白蚧(低秆无秆密植桑危害尤甚)。因此增加药剂防治次数,采取春季白条治,夏伐后白拳治,三秋乘间突击治,养蚕结束关门治等方法。70年代后期采用高效新农药杀螟松、氧化乐果、双效磷、三氯杀螨醇等,喷杀野蚕、桑尺蠖、桑螟、桑白蚧、桑粉虱、桑蓟马、红蜘蛛等害虫,并提倡多种农药交替使用。1980年起,夏伐后用高浓度甲胺磷(1000—1500倍)杀桑尺蠖、野蚕,对其他各期的害虫,分别用敌敌畏、双效磷、乐果等农药喷杀。晚秋蚕结束,用一次杀灭速丁治桑尺蠖,全年喷施各种农药6—7次,各种虫害基本得到控制。

村域桑树病害主要有桑萎缩病(俗称聋)、桑黄花型萎缩病、细菌病、紫纹羽病、膏药病、赤锈病(俗称金叶)、褐斑病,而以桑萎缩病、赤锈病为主。桑树病害与气候土壤关系密切,历来以农业防治为主,主要是做好桑园开沟排水、降低地下水位,冬垦除草。对桑萎缩病采取土壤消毒(每亩用生石灰15—20公斤)以及桑剪消毒措施,去除病株,增施有机肥料,控制氮肥以增强生机。对赤锈病用粉锈宁农药防治, 对细菌病毒采用剪除烂头, 及盐酸土霉素液或农用链霉素液防治措施。对膏药病采用刮除膏药(菌膜),或用石灰硫黄合剂涂抹措施。

第三节 养　　蚕

一、养蚕过程

养蚕按季节来分,有春蚕、二蚕(夏蚕)、中秋、晚秋之分,但主要以春蚕为主,其余三次规模小而数量少,质量也较差一些。

饲养方法在民国时期是:收蚁前准备一些老桑叶,放在锅子里炒干,研成粉末,收蚁时将桑叶粉末撒在蚕种上,待烧完半支香,用鹅毛将蚁蚕扫下来,开始给桑。稚蚕第1—3龄养在小匾里,蚕匾放在床头,近床边放一个火缸加温,以人的感觉作为加温的标准。三眠以后移到大蚕匾里,放置于蚕架上,一般以自然温度养蚕,只在气温较低时才加烘缸升温。每昼夜给桑小蚕次数较多,大蚕有时为“硬三餐”,方法简便。

春蚕饲养的时间大约是三十五六天,一般在4月30日至5月1日。先将蚕子摊开放于小蚕匾中的白色油光纸上,为了避免“乌娘头”往四处行,须在蚕子周围用煨过的乌砻糠撒一个圈,并且用电炉加热,或将大支光电灯泡吊在蚕子上面加热,将温度保持在 20℃,湿度保持在 16 度。一昼时后"乌娘头"都从蛾子壳里蜕出,日中就用鹅毛掸下,然后用采下的嫩桑叶切成如烟丝一样,先在"乌娘头"身上覆上一张小蚕网,然后将细桑叶丝撒在网上,蚕娘就从下面行上网吃叶。这样喂上十八铺,大致已是三昼时,蚕宝宝全身起了油光,此时,它就要"头眠"了。眠好的蚕宝宝嘴巴突出,头向上不吃也不动,要眠二昼时才能将皮完全蜕完。在头眠开始时,为了不让先蜕完皮的蚕宝宝四处乱行,也不让它先吃剩下的叶(为了眠龄整齐),必须在眠头上撒上散石灰,等到宝宝全部蜕皮完毕,将蚕网拎到另外的蚕匾中,此时才可放叶饲养。接下来蚕宝宝吃三昼时叶进入二眠,二眠放叶后再吃三昼时叶,便是三眠;三眠以后,蚕宝宝已经长大,须吃五昼时的桑叶才是大眠。大眠二昼时后,一是需要分匾,做到稀养;二是大蚕吃叶量大,可以整张来饲喂。吃上八至九天桑叶后,蚕宝宝开始成熟,成熟了的蚕宝宝通身透亮,在灯光下晶莹剔透,人们把成熟了的蚕宝宝叫作"节娘"。第一批"节娘"出来后,一昼时内就可将蚕宝宝完全"上山"。小蚕头眠至上山期间还要做到勤除沙,特别是大眠放叶后,要及时分匾稀养。

大眠三昼时起,人们就要做好蚕宝宝上山的准备工作。主要是为蚕宝宝做茧子搭好"山子",即在房子内用蚕凳或绳索将粗毛竹当横径搁好,一般一间房从内到外是五根横径,然后在横径上搁上用早竹做成的直径,一般是左右各四根,再在每间屋的两边直径上摊上芦苇秆编结的"山箩帘","山箩帘"上要插上"茅帚",是糯稻草杀光后用手绞成,专为上山的宝宝作茧用。中间剩出一垅是在上蚕时边铺箩帘,边插茅帚,边上宝宝用。(20 世纪 70 年代中期起,蚕宝宝上山茅帚草改用为蜈蚣草,用蜈蚣草上山既省力又省时)。蚕宝宝上山后,山子头要用棚荐拦好,底下做火堆或烘缸升温(因此时天气尚凉,没有一定的温度,宝宝不会吐丝做茧)。宝宝上山的前期还须经常到山子底下检查,尤其是夜晚,一是看火堆,防止火烛和冒烟;二是将漏在地上的宝宝拾到山

蚕茧(2022 年) 梁苏伟 摄

子头,直到宝宝“入龙”(宝宝开始吐丝做成薄茧)为止。宝宝上山后六至七天,茧子中的蚕身最后一次蜕皮,由“毛脚”变为“蚕蚁”(即蚕蛹)。此时,就由一人站在凳上拔茅帚,搿到地上,由妇女们拿篮子坐着把茧子从茅帚上采下来。拔茅帚的人必须先将帚上的“烂乌茄”(即有病而做了一半茧子的烂死茧)捉出,以免染上雪白的好茧子。

二、养蚕技术改进

纤石村内民国以前均是传统土法养蚕,成败在天,丰收无保障,故将蚕说成是“天虫”。

清光绪三十四年(1908),钱塘县始设“蚕桑师范初级学堂”(三墩翠村禅院)。这是养蚕科学的启蒙与萌芽,毕业后的学生为政府的第一批蚕桑指导员(技术员)。1951年杭县将蚕桑指导员下派各乡指导科学养蚕,当时域内良渚、安溪、大陆等乡都驻有下派之蚕桑指导员指导农户科学养蚕。

品种引进、改良和推广 20世30年代前,境内农户有自制土种的习惯。而后,村内农民养蚕用种主要是来自余杭产的土种,也有外来的天台种、江苏种。其时,苏州许墅关产的“老虎牌”蚕种最受欢迎,农民称它为“洋蚕种”,产量比自留的土种明显提高。此后又引进新品种不下10个,形状各异。30年代后开始应用一代杂交种。一代杂交种推广以后,新蚕品种遂不断被引进、更新和推广。

改进蚕种催青口 中华人民共和国成立以后,在蚕的饲养技术上采取了一系列改进措施,首先是催青技术的改进。

民国初,民间盛行土法催青,其方法是把蚕种用包袱包好,放于床上的棉被里,盖上棉衣。如数量少的,则藏在怀里和背上,使蚕种受体温而孵化。1898年开始推广一代交杂种(当时称改良种),对土法催青逐步改进。1949年以前,由于催青面不广,催青设备也不完全。从1949年秋期起,域内实行蚕种计划配销,要求集中催青,规定蚕卵转青后发给农民,并制定了催青温湿度标准和技术规程。由于新法催青的蚕种“收蚁齐、孵化好”,因此深受蚕农欢迎。之后,为了便利蚕农领种,提高催青质量,不断增建催青室和改善技术设备。1967—1984年,13组沈荣兴在余杭县三墩农技站吴家埭催青室担任催青技术员。1982年后,催青等用电气化设备(如空调机、电补湿),提高了抗不良气候的能力。

建立小蚕共育室 1949年以后,杭县建立县蚕业指导所(组),把“破除迷信,共育养蚕”作为一项重要工作推广。1951年春期,政府动员个体农民一起选择比较适合的房屋,作为小蚕共同饲养室。一般共养到4龄给过二次桑叶后,始将蚕儿按比例分给蚕户各自饲养,共育经费由各农户合理分担。随着农业互助合作化的发展和集体经济的增长,1956年起各生产队(自然村)普遍开始建造集体共育室房屋,共育室数量由少到多,规模由小到大,于1958年前完成各生产队集体共育室的建造,共育龄程逐渐延长,至1958年全镇就普及了集体共育制度。但是,从1982年冬农村实行家庭承包责任制后,共育组织一度涣散。由于"养好小蚕一半收",共育具有省工、省本、产量高的优点,加上不少农户饲养小蚕缺技术,缺劳力,缺设备,因此,小蚕共育之后又以多种联合体形式出现。最突出的一种为"小蚕店",即不是售蚕种,而是饲养到3龄出火时,出售小蚕给蚕农。

养蚕方法演变 1952年,村内推广以调节温度为主,配合给桑量和给桑时间,达到人为控制蚕眠的养蚕法,当时起到了防止僵病的作用。1953年推广了苏联的高温干燥多回薄饲快速养蚕法。1954年省农业厅推广试行防干纸育蚕法,并逐步取代了"高温快速养蚕法"。每日给桑次数由原来的一日十多次改为每日4—6次,减轻了劳动强度。1965年又引进了炕房地火龙养蚕。20世纪70—80年代又相继出现了蚕台育、尼龙薄膜围台育。90年代引进了"无火龙"暗火加温技术。又推广了小蚕一日二回育,大蚕条桑育等省力化养蚕技术。21世纪初,还推广了大棚养蚕技术。

现今养蚕方法(2022年)　　梁苏伟 摄

从1986年开始,域内引用"秋种春养"技术获成功,于是推广应用。现今养蚕已不用大匾,在干净的水泥地上消毒处理后即可养蚕,养蚕方法更趋简单。

三、蚕病防治

村内蚕病主要有僵病、白肚(脓病)、亮头(也称空头病)、卒倒病等。常交替发生(以前三种病为主)造成严重损失。故有俗语:"春蚕白肚夏蚕僵,秋蚕亮头精打光。”可见蚕病危害之烈。中华人民共和国成立前,农民缺乏养蚕科学知识,常因蚕病造成颗茧无收,因此谈病色变,只得祈求蚕神保佑来年丰收。中华人民共和国成立后,人民政府组织蚕桑技术人员下乡,普及养蚕科学知识,贯彻防重于治的方针,并年年对各队共育负责人进行科学养蚕的知识培训,培训了大批共育土技术员,全面开展蚕病防治,做好蚕室、蚕具、蚕体消毒,有效地预防和控制了蚕病的蔓延。

蚕室蚕具消毒 对小蚕室蚕具用漂白粉水冲洗,用福尔马林、硫黄或毒消散密闭熏蒸以杀灭病菌。每年春季将共育室地基泥换新,掘掉带菌泥土以阻止病菌传染。1973年,开始用土制高温消毒灶,将蚕匾、蚕具置在220℃高温中杀毒灭菌,推广到各队各村共育室,解决了当时蚕药缺乏的困难,沿用达五年之久。20世纪80年代起改用“蚕病净”熏蒸消毒。90年代采用“消特灵”代替漂白粉用于蚕室蚕具消毒,效果良好。

蚕体蚕座消毒 20世纪50年代以防僵病为主,采用冰醋酸、漂白粉或防僵粉消毒。60年代中后期以针对中肠型脓病和病毒性软化病为主,用西力生防粉或赛力散防僵粉消毒,取得明显效果,对杀灭秋蚕期多化性蚕蛆蝇效果良好。由于养蚕次数增多,蚕室、蚕具连续使用,70年代病源增多,传染面扩大,蚕体蚕座消毒改用新蚕药“防病一号”,并提倡用氯霉素添食控制蚕病发生,效果十分显著。

四、养蚕用具

养蚕从蚕子孵化到茧子落山,一般是35—36天,在这个过程中,需要一系列的养蚕用农具,包括木制品,竹制品以及其他各种用具。

木制品，有蚕具，架大匾,较高大,占地方。三脚架,饲蚕时将大匾拉出蚕具置于三脚架上。蚕凳,是上蚕宝宝搭山子架龙杆竹的专用凳。丝车是缫丝用的绕生丝的檀木制作的脚踏转动的一种架轴头的工具。

大匾与三脚架(2022年) 沈农高 摄

竹制品,有大匾,用篾编制的圆形盛器，专盛蚕宝宝用。花眼篰,是采桑时装桑叶的盛器,卖茧时用它盛茧子。龙杆竹,是搭山子架在屋内的横径,均用毛竹裁成。一间屋五至六根,长度与房子开间一样,架于两廷柱间。淌线,是搁在毛竹横径上的旱竹竿,是直径,上可铺芦帘插毛帚。

其他用具,有山芦帘,由芦苇秆编成,插毛帚用。棚荐,是稻草编织而成,围山子头保暖而用。圈廪,篾制品,半人头至一人头高不等,围山子头烘缸而用。行灶,由木架子竹编涂泥而成的一种生火灶头,缫丝专用灶。切叶墩头,切小蚕用桑叶丝用。烘缸,生火加湿用。

小型用具:桑剪、剪桑条用,接桑刀,嫁接桑树用,另有切叶墩头、切叶刀、蚕筷子、鹅毛。

辅助用品:防干纸、乌龙糠、柴头、白炭、散石灰、漂白粉、温度计、蚊帐、美孚灯、洋蜡烛等。

第四节　蚕茧投售与产品加工

一、蚕茧与生丝投售

蚕茧和生丝是纤石的传统产品。宋明以来,蚕农以自缫土丝为主,即生产生白丝。清末民国初现代缫丝工业逐渐兴起,土丝生产日趋衰微,至中华人民共和国成立初即全部淘汰,改由农民直接出售鲜茧给供销社经营的茧行。

缫丝与投售　原杭县是浙江土丝的重要产地之一,村内盛产土丝,因质量好,产量高,素负盛名,被塘栖、杭州等地丝绸厂家及商家看好。

晚清与民国期间,纤石民间一直是做丝(缫丝),卖生白丝。茧子落下来以后,先将落下的茧子薄薄地摊在大匾里,架在蚕架上,当堂屋中"行灶"生火,铁锅中水煮沸后,就将剥去茧黄(茧子外一层稀松的薄薄的散丝)的茧子倒入锅中。行灶前头是一架檀木做的脚踏丝车,做丝人一边用脚踏车轮,一边拿缫帚在沸水里淘茧,并将丝头抽出,甩上丝车,随着丝车轴头的转动,不断地将沸水中茧子的丝抽出来,绕上轴头。一锅茧子缫完,再添加茧子,直到一车丝做满,用木榔头敲下,绞好,就可出卖。那时卖丝必须从村子里的小河中坐小渔船进入西塘河,上南一直划到杭州。小河里(湖墅)一带是丝行最集中的地方。湖墅里丝行老板中有不少是苏州丝行常住杭州收丝的。最早未通汽车时,一般都坐小渔船前往。也有杭州丝行老板下乡来收丝的,常住在上纤埠等集市上。这些老板与各地缫丝大户的东家已经很熟,有的往往已是多年老主顾,也很讲信用,而乡下卖丝者也喜欢将生丝卖给老买主,在斤两和价钱上不会被欺骗,且购丝卖丝当时都用银洋交易。农家卖丝以后,囊中便会鼓鼓的,一年开支不愁,还可置田造屋。民间有这样的说法:“蓬头赤脚一个月,光头滑面用一年。”纤石村内养蚕大户多见,于是家家谢灶请蚕花,喜庆一番,妇女儿童还扯布做新衣。

民国17年(1928)至19年(1930),民间生产之生白丝每百两为96元银圆(10斤鲜茧可做丝16两,其时白米为8元半一石),相当于白米11石3斗。其时春蚕每张产茧量为65—85市斤,即每张蚕种可缫丝136两左右,可卖银圆130.56元,按市价可换米15石3斗6升。当时有养蚕大户蚕茧丰收,卖丝后建造五间四厢木楼房只要一千个大洋,可见白生丝之值钱,所以,农家精心养蚕胜于种田。

鲜茧投售 辛亥革命以后,缫丝的洋机器传到中国,杭州、苏州都先后有了丝厂,厂家便大量收购蚕茧。于是良渚镇内各集镇相继由资产雄厚的商家开办茧行,向农户收购鲜茧,并进行烘干(杀蛾),再将干茧打包卖给杭州、苏州的丝厂。

抗日战争爆发后,上纤埠成为游击区,上海、杭州等商贩均来此避难行商,一时上纤埠十分繁荣,市面曾超过塘栖,人称“小上海”。民国26年(1937)后,上纤埠有南、北两家茧行收购鲜茧。北茧行为塘栖(崇裕)丝厂收购鲜茧加烘,南茧行为杭州福华丝厂购鲜茧加烘。两行争购鲜茧,在茧价上不断提价以争夺客户,使茧农尝到甜头,也大大激发了蚕农养蚕的积极性。两茧行直至中华人民共和国成立初期才停止收茧。

民国37年(1948)春茧,经当时浙江省蚕丝改进委员会核准,良渚大经茧行之干茧限定由杭州福翠丝业公司收购,安溪大安茧行之干茧归无锡协成丝厂收购,年茧价偏低,每担茧子收入只能换取大米八斗。

1949年5月,杭州解放,由省军管会贸易总部组织春茧收购,当年村就近有茧行收购茧子。

1953年,茧价上调,平均价为70.58万元(旧币)一担,可买米4.06石,比中华人民共和国成立前的1948年提高了4倍多。

1954年杭县合作社联社与县茧业指导所成立收茧办公室,全县共设19个收茧站,其中安溪设有茧站收茧。是年,四大私营茧行转为供销社经营。

1956年起,开始收购晚秋蚕茧。

1961 年起，国家对蚕茧实行奖售。1964 年全县划区收购鲜茧，三墩区 6 个茧行收购，村域就近由安溪茧行收茧。

1950—1987 年蚕茧收购价一览表(均折合新人民币)

表 2-2-3

年　份	收购价格登记规格	每市担收购价(元)
1950	鲜光茧茧质率 16%、上茧率 100%	81.4
1951—1952	同上	83
1953	同上	70
1954	同上	73
1955	同上	75
1956—1957	同上	83
1958—1965	同上	100
1966—1967	同上	110
1972—1978	鲜茧干壳量 7 厘米、上茧率 100%	111
1979—1985	同上	140
1987	鲜茧 11 级	174

1961—1987 年蚕茧奖售标准一览表

表 2-2-4

年度	奖售标准				备注
	粮票(市斤)	布票(市尺)	化肥票(市斤)	煤油票(市斤)	
1961	20	10	100	4	1961 年超计划投售，每市担加奖售布票 1 市尺
1962		10	200	4	
1963	175		20		
1964—1965	148		26		
1966			120		
1967		15	100		
1967		3	100		
1972—1984			80		
1985			100		
1986—1987			100		

1965年起，周边勾庄、良渚、安溪、大陆四大茧行均每年收购鲜茧，至1998年蚕桑生产严重萎缩，只有大陆茧行收茧，1999年茧行因无茧可收而全部停业关闭。

1988年春茧收购价格每公斤10.48元，夏茧每公斤10元，早秋茧每公斤12元，中晚秋茧每公斤9.60元。

二、绵绸与丝绵制作

村内蚕农在做丝与卖茧后，一般将双宫茧留下，制作成蚕丝副产品。缫丝期间，茧子在下汤锅前均要将茧外的"茧黄"剥去，茧子与双宫茧拗下的茧黄及双宫茧均制成蚕丝产品。

绵绸制作 将拗下的茧黄在锅中煮沸，煮时放上适量生猪脊骨油与少量碱粉，然后将成团的茧黄覆在蚕筛笪反面浮于清水中，然后用细棒揍打，将它打匀，去除污迹污垢，晒干后将它叉于专用之叉上，插在妇人左腰上，由妇人一手拿锭子旋转，一手扯出丝头捻成细棉线，捻满锭子为止，然后将积累几年的棉线上布机织成布。如若经线与纬线都是用绵线织成的绸布，坊间称之"绵绸"，是高档衣料。晚清至中华人民共和国成立初，绵绸只用作结婚时作衣裤和小孩抱裙及被面之用。亦有中上等人家作夏衣穿，谓之"绵绸衫"。另有经线是绵线，纬线用棉线织成的绸，称为"假绵绸"，质量次于绵绸。

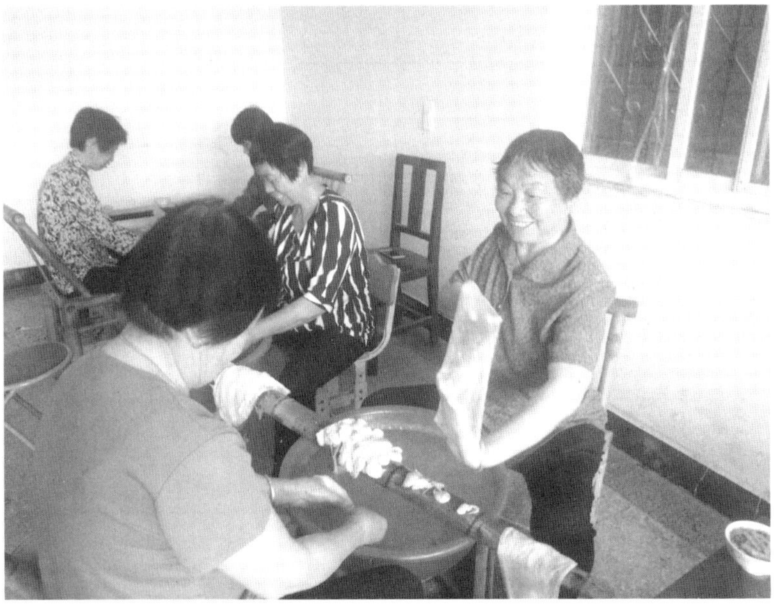
制作清水丝绵(2022年) 沈农高 摄

清水丝绵 纤石村生产"清水丝绵"历史悠久。千百年来，农户制作清水丝绵已是传统，主要是用来做丝绵被用，凡农家娶媳嫁女，是不可缺少的。清水丝绵的保暖性好，历来是冬天用于保暖的佳品，且价格昂贵。杭州府志记载："钱塘、仁和、余杭……九县，岁解绵，以同宫茧与出蛾之茧，不任缫丝者作为绵，以余杭所出为佳。"南宋康王(赵构)建都临安，特谕将“清水丝绵”列入贡品。

制作清水丝绵首要水质优异，要求做工精细，选料讲究。所产丝绵色泽洁白，边道薄而匀，无块状，无杂质，柔软，韧性强，放置长久而不泛黄色。

做丝绵用茧主要是双宫、次茧(烂污茄)及蛾口茧，一般 1 斤(1 斤=0.5 公斤)丝绵约用鲜茧 6.5—7 市斤，蛾口茧则需 1.25 市斤左右。先将做丝绵之茧拗去外面的茧黄，然后在锅中烧煮，1 斤丝绵之茧须加入白油(可以香油代)0.25 市两(1 两=50 克)，老碱 0.5 市两，待水沸后将白油、老碱充分溶化，再放入茧子一同煮沸。水面保持和茧子相平，用旺火烧煮并不停翻动，烧煮约 1 小时，待丝胶溶解，茧层发松，已无生块时起锅装入小竹篓，将水沥干后，放入清溪湖塘流水中用脚反复踩踏洗涤，直至再无污水流出时捞起。然后进入做丝绵阶段，将熟茧放入盛满清水的大脚盆内，先是脱茧，逐个剥开茧子，拉大后套于左手握成的拳头上，脱 3—5 个茧子后扯下，即谓“小绵兜”，再行晒干。小绵兜全部脱好后，即行制作“大绵兜”，须用大缸盛满清水在家中开，或到河边与池塘里在清水中开，即将小绵兜在水中绷到半圆形的“绵扩”上。要求将小绵兜扯开扯匀，扯薄边缘，剔除生块，拣尽附着物，撑成一个均匀、洁净的“大绵兜”。接下去将扩好的大绵兜绞去水分，甩挺后，用线串住一角晾于竹竿上，晒干后即制好的“清水丝绵”了。丝绵做成后留下的蛹作饲料之用。

村内农户所产清水丝绵大多自产自用，每年冬天用于翻棉袄棉裤与丝绵被所用，清水丝绵是极好的保暖填充物，有“千层万层，抵不来丝绵一层”之赞誉，制作清水丝绵的工艺目前尚还保留，但制作的农户极少，一般均从商店购买成品丝绵。

第三章 手工业

1949 年中华人民共和国成立以后，手工业者走上了社会主义合作化道路，并逐步走上了现代化轨道，手工业得到了振兴，机械化水平不断提高，民族优良传统得到发扬，并有创新。纤石村是手工业比较发达的村，史上传统手工业主要集中在上纤埠。村内手工业主要有家庭手工业、农村工匠、手工作坊等组成。泥水匠、木匠等从业人员发展快，人数多，有 34 人取得了“小额工匠”和“建筑工匠”证书。

第一节 家庭手工业

一、织布

村内有传统织布的历史，20 世纪 70 年代中期以前村内农户家家户户都织布(经老布)，80 年代逐渐减少，90 年代已无人织布，一般供自穿衣着之用。

织布先将棉花(自种或购买)用摇车纺成线，然后将线绕成大圈，用稀薄的面粉糊浆纱，浆好的纱再缠绕在“玉头”(土语)上。再将设计好的花色，用彩色纱编排，也有织成本色。根据纱的长度，决定布的长度。此时农妇在地上打好桩，来回拉纱，满足所织布的幅宽(布宽)。待纱整理好后，把纱上布机，缠在布机轴上，经穿筘(织布机上的主要机件，形状像梳子，有疏密之分)。确定经纱密度，保持经纱位置，再经分综，使经线上下可提，便于纬线穿梭，并把纬线用筘碰紧，使经纬纱交织成织物。

经纱整理完毕后，可开始织布。织布者用力踏脚踏板带动综将经纱上下互动，梭将纬线左右来回在经纱中穿动，每穿动一次用筘碰紧一次，待布织到 30 厘米左右时，放松上轴，把布卷在下轴上，如此反复。

织布为农家妇女的基本手艺，一般女孩 16 岁左右就会纺纱、织布。织布也是衡量女孩是否手巧的一个标准。

二、酿米酒

村内有酿米酒的历史。酿米酒也叫“搭白酒”，早期有搭糯米白酒的手艺者为数不少。一般农户均有冬季搭米酒的习俗，尤其是二十世纪六七十年代，每逢农历过年或婚娶喜庆，十有八九的农户都自己搭米酒，用来招待亲戚朋友。有的一户酿一缸，有的几户合起来酿一缸。自搭的米酒美味可口，至 2020 年村内仍有部分的农家有冬季搭米酒的习惯，但酿米酒的农户逐渐减少。

酿米酒工艺：糙糯米水里浸一昼夜后，淘干净捞起，上甄笼蒸饭(粢米饭)，蒸熟后将饭用扁担耽搁在缸上，慢慢地用凉水浇入烫饭中，直至缸内水温温热时，搬起甄笼，把缸内水倒空，将蒸饭倒入缸中，用捣细的酒药与蒸饭拌匀，并在缸内揿紧，中间挖一个洞，见缸底，挖起的饭放在周边压紧，用少量的热水浇在上面后，缸周围用稻草捂紧扎牢，顶上加米囤盖和稻草保温，过一昼夜后，见中间酒酿满溢时，用稍温的清水下水，1 斤(1 斤=0.5 公斤)米下 1.5 斤水，依旧盖好。过一星期后，用竹片打爬，连打几天，见酒糟下沉后，可以榨酒上坛，即可饮用。此种方法酿的酒不易保存太久，一般在常温下放置的酒清明前需喝完，否则天气炎热易变酸变质。

三、制烧酒

制烧酒现场(2022 年)　　沈农高 摄

村内制烧酒作坊不多。制酒原料主要是糯米、大麦等，采用蒸馏方法。制烧酒工艺：先淘洗糯米或大麦，点旺柴火上甄笼蒸熟，拌入酒药后放置缸里发酵一个半月左右。制烧酒使用下层铁锅、中层木桶和上层蜡壶(锡壶现为不锈钢)一体的器具制酒，形成蒸馏作用。下层铁锅放入发酵好的原料烧开，中层木桶真空产生蒸汽，上层蜡壶盛冷水冷却，蒸汽冷却后变成酒成品，最后灌坛储存。

现在仍有农户在传承这门传统工艺上门帮农户制烧酒。杭州及时雨植保防治服务专业合作社生产麦烧,量大;上纤埠张建明和周效国也具有一定的生产能力,年分别耗用1万—1.5万公斤不等的糯米制烧酒,除自饮外,大多销售给本地农户。为了减轻劳动强度,提高卫生环境,后将用柴火烧蒸逐步改进为使用煤气或电炉加热。

四、做豆酱

村内不少农家和店铺有手工做豆酱的传统,有的留家自食自用,有的用来销售。做豆酱工艺:先将黄豆蒸熟,放入匾中盖上稻草,待黄豆发酵出花时,将适量的盐和水倒入缸中搅匀浸入熟黄豆,发酵后放太阳下晒几个月,逐渐变黑,然后成酱。手工做的酱原料好,质量佳,香味浓,是极佳的佐料。至20世纪70年代后无人做豆酱。

五、做豆腐

豆腐是农家喜食和广泛食用的素肴,村内以上纤埠赵阿顺、姚阿借豆腐店为最早。20世纪80年代后陆续有其他三家豆腐作坊做豆制品。

1983年油车桥金巾浩开设豆腐摊,手工加工豆腐、千张。做豆腐先浸胖黄豆,冬天约6小时,夏天2.5—3小时,用小钢磨磨成豆浆放入缸中,再用铁锅将水烧开,通过上面蒸汽箱,蒸汽管道通入豆浆缸,豆浆烧滚时,等豆浆颜色变青后,用石膏点浆成豆浆成品。豆浆舀到木框板滤干时成胖豆腐,压紧一点变老豆腐;豆浆舀入箱圈用布包扎,一层一块板压紧做成豆腐干;搅匀豆浆适量舀入盒子,层层用纱布隔开稍轻压,到顶后滤干压紧,然后剥千张。2009年良渚片在污水治理中取缔了家庭豆腐作坊。

六、剥豆机

纤石村历来有做烘青豆的传统习俗,以手工剥青豆后再进行加工制作。手工剥豆速度慢,效率低。村内2组周跃法用机械原理研发了剥豆机,用机器来代替手工剥豆。在2004年3月申领了"周娟丽五金经营部"营业执照,以制造剥豆机为主攻项目,经过多次的实验终于在同年10月首台手摇剥豆机问世,从而提高了剥豆效率。

2017年3月10日,周跃法在人工手摇剥豆机的基础上,改进配装电动机,制造电动剥豆机。通过潜心研制,2017年3月第二代电动剥豆机改进成功,比手摇机大大提高了功效。产品销往四川、湖南及云南大理、西双版纳等地。

2004年以来连续生产经营,一般年份销量在500台左右,提高了经济效益。

周跃法之后申请了“实用型剥豆机”产品专利。在此基础上还研发出“七味咸茶”产品,弘扬纤石传统文化。

第二节 农村工匠

一、缝纫

中华人民共和国成立前,村民衣着均为中式服装,纯手工缝制。中华人民共和国成立后逐渐被新式衣服替代,制作工艺也逐渐由手工变成缝纫机缝制。村内最早的裁缝有赵阿金、赵元林2人。改革开放后,村民生活水平日益提高,村民直接购置服装的较为普遍,除少数年长者剪(买)布请裁缝做衣裤外,其他买布做服装者甚少。因此,个体裁缝业务逐渐减少,目前花园桥农贸市场仅沈锡英尚在营业。

赵阿金,清光绪三十四年(1908)在上纤埠开办缝纫铺,为上纤埠及周边村民做服装,是村内最早从事缝纫业的工匠,其手艺传授给儿子赵元林、赵元根。之后赵元林、赵元根两人先后在上纤埠开设缝纫铺。

赵元林,民国3年(1914)出生于上纤埠,民国14年(1925)11岁就跟其父亲学缝纫手艺,三年后开始出门做裁缝,以手工做大襟衣服、旗袍、连衣裙等软式的服饰为主。因做工精细,在南北窑坞、仁和、瓶窑镇及上纤埠周围等地业务量较大。20世纪60年代初改用缝纫机操作加工,替代了手工作业。1995年时年81岁的赵元林去世。

赵元林的大女儿赵建凤和小女儿赵建月先后跟随父亲学艺,从事裁缝行业。赵建凤,18岁开始跟父亲出门做裁缝。1983年起给杭州红太阳服装地摊市场定点加工服装,1999年歇业,带徒赵革英。赵建月,19岁跟父学艺,1984年到良渚开设布料销售和服装加工店,2001年转行。

赵元根,民国8年(1928)在上纤埠开设缝纫铺,从事服装加工,后改行弹棉花。

冯永高,民国3年(1914)出生于云会乡,民国15年(1926)到花园桥当学徒学习纯手工缝纫,擅长中式服装制作,纽扣纽襻都是用布条做成的。民国26年(1937)入赘冯家门成家取名冯永高,当地人称呼他马师傅,做起了百家活。因做工精细,村内或周边皆有名气,外出到瓶窑、獐山和云会等地,尤其是逢年过节,婚姻嫁娶时生意特别繁忙，上门做衣、裤、旗袍、裙子等服饰。20世纪50年代初，互助组建立后，手工缝纫集中到上纤埠一起作业，不久解散，马师傅又回家做起百家活。随着社会发展与村民生活水平的提高，缝纫机制衣应运而生，村内裁缝逐渐增加，并上门服务，后有一部分裁缝租店面专做服装，手工制作中式服装逐渐消失。

冯阿同民国15年（1926）出生于纤石村12组冯家门自然村。民国28年（1939），13岁的冯阿同开始拜师学手工裁缝，从事手工裁缝业，以后与下溪湾的赵姓师弟搭档上农户家做起中山装、大襟衣裳等款式的服饰。1967年，冯阿同个人出资90余元购置了一台新缝纫机，从此机械操作代替了原来的手工加工，提高了作业效率，服装更加美观。从此，周边村的业务明显增多，尤其是大塘坝村的业务量最为可观。1996年，冯阿同已年过七十，停止了外出手工，在家里做点来料加工，76岁那年歇业在家养老。冯阿同曾带过许多徒弟，传授技艺，其中有车家头的金炳仙、后河村的应连女、大塘坝的周庭仙，等等。2016年4月冯阿同过世，时年90岁。

做缝纫者还有1958年杭城落户8队的王迪春，人称“老李大妈”，也是较早从业的裁缝。她在家或上农户家做裁缝活，其手艺传授给女儿李松娥。

二、篾匠

篾匠屠常高，东阳人，民国24年（1935）只身到沈家门自然村做起篾匠手艺，不久向当地沈海元购买一间房屋，落脚常住，以后扩建一间住房，领子成家。

屠常高一手好技艺，能编织竹篮、笪、大小蚕匾、叶篰、晒领、圈领、畚箕、凉席等竹制品，因技术精湛，远近闻名，做遍纤石村、獐山、云会、界山头、武康等地的百家活。

三、木匠

吴德寿，文祥官木匠，父亲吴有喜，年轻时从东阳来到上纤埠做大小木工，婚后在上纤埠生下吴德寿。父亲擅长小木精雕细刻。20世纪初完成构思、设计和建造相公庙和相公庙戏台。吴德寿从小跟父亲学木工，因父亲过世早，17岁那年又跟陈家门木匠徐锦奎拜师学艺，民国34年（1945）入门文祥官沈家生活，改姓为沈德寿，从事大木手艺。大儿子沈宝金15岁就跟随父亲学木工，一直建造木结构房屋，现已退休。孙子沈柱国也传承了木工手艺，系第四代传人，以专做砖混结构房屋的壳子板装钉为主，随着科技发展，传统的手工操作已转化为电器化作业，减轻了劳动强度，提高了效率。

四、泥水匠

随着社会经济的发展，住房条件日新月异，农村家家户户都有过改建住房的经办。一直以来，经历了从草屋改建为木结构平房，从平房改建为普通楼房，从普通楼房改建为小别墅或预制式三层楼房的发展过程，材料和建筑工艺不断快速提升发展，村内泥工人数迅速增加。

建造房屋泥水工的工作量最大，质量要求高，掌握着结构搭配，材料合理使用等关键性的技术问题，其手艺决定着房屋是否坚固和居住舒适与否。

为了确保建筑安全，政府对泥水工匠的技术要求越来越高，分批次开展上岗培训，经考试合格后发放建筑工程"工匠证书"。农户需要改建住房时，需先落实好泥水工匠，凭"工匠证书"和"建房审批资料"报批建房手续，规范农村建房程序，也是保障建房安全与质量的有效措施。

村内泥工 34 人按规定申领到了"小额工匠"和"建筑工匠"证书。

纤石村小额工匠一览表

表 2-3-1

序号	姓名	证书名称	用户编号	证书编号
1	俞妙飞	工匠上岗基础课程	711077852	0571-B-0176
2	俞妙飞	小额工匠专项课程	711077852	YHXE-0176
3	沈建塘	工匠上岗基础课程	711078010	0571-B-0302
4	沈建塘	小额工匠专项课程	711078010	YHXE-0302
5	沈宝来	工匠上岗基础课程	711078017	0571-B-0325
6	沈宝来	小额工匠专项课程	711078017	YHXE-1500
7	沈黎明	工匠上岗基础课程	213526515	0571-B-0704
8	沈黎明	小额工匠专项课程	213526515	YHXE-0636
9	沈玉明	工匠上岗基础课程	251023583	0571-B-0654
10	沈玉明	小额工匠专项课程	251023583	YHXE-0654
11	叶苏奇	工匠上岗基础课程	411662455	0571-B-1287
12	叶苏奇	小额工匠专项课程	411662455	YHXE-1287
13	金耀权	工匠上岗基础课程	656853283	0571-B-0602
14	金耀权	小额工匠专项课程	656853183	YHXE-0602
15	沈水龙	工匠上岗基础课程	232436740	0571-B-0712
16	姚祥忠	工匠上岗基础课程	188201275	0571-B-0722
17	金德泉	工匠上岗基础课程	045622524	0571-B-0737

续表 2-3-1

序号	姓名	证书名称	用户编号	证书编号
18	姚祥忠	小额工匠专项课程	188301275	YHXE-0722
19	沈耀奎	工匠上岗基础课程	600414883	0571-B-0768
20	沈耀奎	小额工匠专项课程	600414883	YHXE-0768
21	沈国平	小额工程工匠	首次培训	0571-YHXE-1625
22	徐姝敏	小额工程工匠	首次培训	0571-YHXE-1627
23	徐姝敏	农村建筑工匠	首次培训	0571-B-2037
24	沈国平	农村建筑工匠	首次培训	0571-B-2168
25	沈欢连	农村建筑工匠	首次培训	0571-B-2640
26	杨光明	小额工程工匠	首次培训	0571-YHXE-2894
27	郭金龙	小额工程工匠	首次培训	0571-YHXE-3116
28	郭金龙	小额工程工匠	首次培训	0571-YHXE-3117
29	郭金龙	农村建筑工匠	首次培训	0571-B-2731
30	俞妙兴	农村建筑工匠	首次培训	0571-B-2805
31	沈晓燕	农村建筑工匠	首次培训	0571-B-2851
32	沈晓燕	小额工程工匠	首次培训	0571-YHXE-3398
33	郭子定	农村建筑工匠	首次培训	0571-B-2921
34	郭子定	小额工程工匠	首次培训	0571-YHXE-3537

五、牵砻

旧时使用“木砻”将稻谷去壳，俗称“牵砻”。木砻形状略似磨，有上下片接触面，接触面凿有小槽。牵砻时将稻谷倒入砻圈内，然后人力带动木砻上片旋转，通过上下片的摩擦，使稻谷外壳脱离。再用风箱扬去外壳“砻糠”，过筛，即为糙米。把糙米放入石臼里舂打，去除糠皮，遂成白米。

舂米石臼（2021 年） 徐美根 摄

20 世纪 60 年代中期，村内建有稻谷加工场，遂开始用机械碾米，牵砻舂米被淘汰。

六、厨师

冯子连，农家厨师。中华人民共和国成立后拜同村冯顺法为师，40岁开始担任农家宴的厨师。当时菜品不多，一般喜宴为6个菜，即红烧肉（东坡肉）、红烧鱼块、肉圆、炒鸡、炒大菜和粉皮。其红烧类菜色、香、味体现农家菜特色，手工剁肉做的肉圆堪称一流，肉末粗细适中，松而不散，味道一流，其手艺深得大家认可，生意较好。结婚新郎新娘拜堂时，还兼司仪。因年龄与身体原因到55岁，把这门手艺交给儿子冯金海掌勺，自己到良渚文物馆做专职厨师，直到退休。

冯金海，1981年开始随父到农家烧菜做厨师，承父亲之手艺，并发扬光大。20岁以后开始独立担任主厨，并由妻子等数人做帮厨，也擅长父辈相传的红烧类菜品。传统菜肴与新菜品相结合，适合大众口味，最多时一次烧70余桌。一般年份，到农户家烧菜80场左右，最多年份150场左右。

冯宏斌，系冯金海之子，第三代厨师传人。毕业于金华实验学校烹调专业。毕业后从事厨师工作，也随父到农家烧菜，已能独立担当主厨，其菜品和特色传承了本家祖传的特色。厨师专业知识与祖传厨艺相结合，所做菜品深得大家认可，使祖传厨艺得到提升和发扬光大。

第三节　手工作坊

一、箍桶店

1942年，应金才在上纤埠集市上开办箍桶店，加工各种大小木桶，有桶盘、水桶、粪桶、马桶、脚盆、饭桶，等等，其弟应有才进该店合伙作业，做棺材和小木加工。

1960年良渚管理区组织良渚和安溪片手工业集中加工，加工点在梁家村。1970年余杭县二轻局分别让良渚片手工业者回良渚二轻企业坐垫厂，安溪片回二轻企业安溪铁竹木综合厂作业，当时应有才担任铁竹木综合厂主任职务。

1979年余杭县收回安溪铁竹木综合厂，并入良渚坐垫厂，后原安溪铁竹木综合厂转为安溪公社社办企业。

二、弹棉花店

1956年钱岩康从温州到上纤埠开办棉花店，从事弹棉花生意，经营来料加工弹棉花胎,也加工旧棉絮(老棉花胎),重弹翻新。按照客户需要的尺寸和厚度进行加工,棉絮弹松后,层层搭成毛坯棉花胎,然后绷上棉纱线,用较重的木质压胎工具来回压实,做成棉花胎,完成棉花胎加工。棉花店除了做棉花胎外,还对纺纱棉花弹花,村内农户大多到棉花店弹棉花。

三、酒酱店

1905 年,金玉铨、金玉铜同胞兄弟在上纤埠开设金大昌酒酱店,经销酒酱生意,为前店后坊。

1930 年,为节约成本,增加经济收入,兄弟俩办起了糯米制烧酒和黄豆做酱作坊,按照传统的糯米制烧酒和黄豆做酱的工艺,生产白酒和豆酱。

1931 年又增加了大米生意,经营范围不断扩大。1949 年,中华人民共和国成立后,时年 68 岁的金玉铨和金玉铜相继去世,当年关闭了"金大昌酒酱店"。

四、银铁匠铺

20 世纪 40—50 年代,徐水根在上纤埠开办铁匠店,主打铁耙、锄头、刮子等农业生产用具,各类刀具及铁链铁箍等家用铁器。倪守仁在上纤埠开办银匠店,以打银戒指、银项链、银耳环、银镯子及儿童手足银器饰品为主。

五、白铁铺

1958 年由杭州市区迁至塘河村落户的李荣堂,系加工白铁的工匠,在上纤埠有店铺,加工各类白铁工艺之用品,手艺熟练,深得用户好评。在承接加工物件的同时,还招收本村徒弟,传授技艺。其学徒有 3 组管春山、4 组周勤华、13 组沈生泉、15 组梁文来等。后来李荣堂因年龄大,体力弱,白铁加工随之歇业。

六、制鞋铺

金雪林系 1958 年由杭州市区到沈家门落户的制鞋工匠,其人制鞋手艺十分精湛,村内村外颇有名气。20 世纪 60、70 年代,农村穿鞋靠家庭妇女闲暇时间制作,由于家庭人口多,需做的鞋就多,于是许多家庭主妇自己做好鞋底、鞋面,然后拿到金雪林鞋匠处缝制,也有缝好后拿去鞋楦、整烫。

无论是加工缝制或缝好后拿去装烫的鞋子,经金雪林之手后都焕然一新。通过适合尺码的楦头楦鞋子定型,然后在鞋底边涂上化在水中的白粉,再用烧烫的烙铁将粉烫干,待其全干燥定型后退出楦头,一双俨然像机制的鞋子就做好了。在当时做一双单鞋本生产队则给 2 分工分,外部收费根据鞋的大小和单鞋、棉鞋不同而定,一般成人单鞋在 0.2 元。其制鞋手艺传授给女儿金兔儿。金雪林后因年老体弱而歇业。

从民国时期开始，纤石村的手工业经济门类广、涉及范围大、从业人员众多。

纤石村手工从业人员一览表

表 2-3-2

姓名	性别	类别	从业时间	居住地	传人
金玉铨	男	酿酒做酱	清光绪三十一年（1905）	上纤埠	
金玉铜	男	酿酒做酱	清光绪三十一年（1905）	上纤埠	
张建明	男	制烧酒	2016 年	上纤埠	
周效国	男	制烧酒	2018 年	上纤埠	
姚阿借	男	做豆腐		上纤埠	
赵阿顺	男	做豆腐		上纤埠	
金巾浩	男	做豆腐	1983 年	油车桥	
冯同来	男	做豆腐	1977 年	冯家门	
林元安	男	做豆腐	1985 年	油车桥	
倪守仁	男	银匠	民国 15 年（1936）	上纤埠	
钱岩康	男	弹棉花	1956 年	上纤埠	
徐水根	男	铁匠		上纤埠	
徐锦顺	男	染坊		上纤埠	
应金才	男	箍桶	民国 31 年（1942）	上纤埠	
应有才	男	做棺材	民国 31 年（1942）	上纤埠	
周跃法	男	剥豆机	2004 年	万岁桥	注册专利
沈德寿	男	大木工	1922 年	文祥官	沈宝金
沈宝金	男	大木工	1958 年	文祥官	沈树国
沈柱国	男	大木工	1984 年	文祥官	
金掌年	男	小木工		后荆村	
金根根	男	木工		油车桥	
屠常高	男	篾匠	民国 24 年（1935）	沈家门	
裘鲁国	男	篾匠	1969 年	后荆村	
梁欢连	男	篾匠	1973 年	后荆村	
梁月强	男	篾匠	1973 年	后荆村	
赵阿金	男	裁缝	清光绪三十四年（1908）	上纤埠	赵元林、赵元根
赵元林	男	裁缝	民国 14 年（1925）	上纤埠	赵建风、赵建月

续表 2-3-2

姓名	性别	类别	开办时间	居住地	传人
赵元根	男	裁缝	民国 17 年(1928)	上纤埠	
赵建凤	女	裁缝	1960 年	上纤埠	赵革英
赵革英	女	裁缝	1991 年	上纤埠	
冯永高	男	裁缝	民国 36 年(1937)	冯家门	
冯阿同	男	裁缝	1945 年	冯家门	
金子义	男	裁缝	1964 年	油车桥	
沈梅根	男	裁缝	1964 年	祝家兜	
沈雪英	女	裁缝		沈家门	
梁红美	女	裁缝		万岁桥	
于小花	女	裁缝		后荆村	
于小秋	女	裁缝	1998 年	后荆村	
沈水仙	女	裁缝	1980 年	沈家门	
王迪春	女	裁缝	1958 年	马家桥	李松娥
李荣堂	男	白铁	1958 年	塘河村	
金雪林	男	制鞋	1958 年	沈家门	
杜家华	男	厨师	1988 年	上纤埠	
冯子连	男	厨师	1962 年	冯家门	冯金海
冯金海	男	厨师	1981 年	冯家门	冯宏斌
冯宏斌	男	厨师	2004 年	冯家门	

注:“小额工匠一览表”已列者,本表不再列。

第四章 工 业

1957 年,开办上纤埠砖瓦厂是村集体企业的雏形,但生产时间不长,形成规模较小,不久即停业。1968 年,开办了上纤埠农机修理厂。

中共十一届三中全会以后,国家实行改革开放政策,以经济建设为中心,大力发展经济。之后,村内个体户应运而生,逐渐兴办了 3 家集体企业。通过招商引资引进了股份企业、民营企业、独资企业等到村发展,系驻村企业。

1983 年 6 月花园桥村开办了安溪模油加工厂,1990 年改名为杭州余杭安溪皮革助剂厂。1989 年花园桥村开办了花园桥笔杆儿厂;1989 年 4 月上纤埠村创办余杭安溪接插件厂;1985 年沈家门村开办了杭安联营服装厂, 数年后企业相继关停。

1984 年始,村内个体企业逐渐增多,主要从事水泥预制件浇筑,供应建筑市场和农户建房。由于水泥预制构件的加工及生产给环境及周边村民带来企业污染和噪声,再则村民生活建房质量的提高,浇注预制构件的企业逐渐退出,直至 2016 年全部关停。

2000 年以后,杭州洁舒被服有限公司等一批企业相继落户到村内,良好的经营环境为企业发展提供了基本保证,各类企业有了长足发展。

到 2020 年村内共有各类驻村工业企业 13 家。

村内企业的发展也为纤石村带来经济利益, 同时解决了部分村民的就业与缴纳社会保险的问题。

第一节 个私企业

一、水泥预制品

1984 年开始,村内陆续有严耀生等 8 家个体预制场,从事水泥制品预制,主要有五孔板、过桥板等。五孔板规格一般为 3.60—3.80 米,也可按用户要求定制其他规格预制件。水泥预制件主要用于农户建房,曾经经营状况良好。

二、水泥制砖

2007 年,13 组沈建潮等人在潘家门办了水泥砖加工厂,生产“九五砖”等水泥制品供应市场,具有一定的生产能力。

由于水泥制品加工污染严重,影响环境,2016 年全部停止生产加工。

纤石村个体水泥制品构件工厂一览表

表 2-4-1

组别	户主	经营地点	经营面积(平方米)	员工数(人)	产品
3	严耀生	康家涧	300	6	水泥五孔板等
8	宋悦忠、沈永林	花园桥	350	6	水泥五孔板等
10	胡妙松	金边桥	350	6	水泥五孔板等
13	沈桂松	沈家门	250	6	水泥五孔板等
13	沈建潮	潘家门	400	6	水泥砖
13	朱振飞	沈家门	300	6	水泥五孔板等
14	沈欢来	大塘边	300	6	水泥五孔板等
15	梁金水	后荆村	300	6	水泥五孔板等
15	梁文伟	蒋家圩	300	6	水泥五孔板等

三、杭州余杭民用船舶修理厂

1984 年建厂,位于上纤埠村的西塘河边,初始属乡办企业,法定代表人为梁永林,有职工 38 人。1994 年乡镇企业转制时转给梁永林,人员尚未变动。企业性质为个私企业,名称不变。厂占地面积为 4.8 亩(0.32 公顷),产值从 1995 年起至 2002 年每年为 200 万元左右。因西塘河边水位不深,随着运输船只吨位的加大,已不适应船只的停靠,故后船舶修理停业。从 2003 年起生产矿山用牙板等金属产品及矿山零部件。由于矿山企业污染严重,矿山企业逐渐关停,影响了牙板等矿山机械配件的生产和销售,2017 年底停止生产矿山配件。2018 年将场地、厂房租给外单位。

为充分利用厂区的场地和空间,修理厂又在 2003 年度申领杭州余杭永丰机械配件厂营业执照,属私营企业,法定代表人为康建美。

四、上纤埠农机修理厂

创办于 1968 年 4 月,起初有职工 10 人,企业负责人先后有顾庆寿、陈志年和冯雪根,主要为胜利大队的农业生产服务。

当时,改造船型拖拉机数台,用于农田耕作,并为全大队农户修理各种农业用具,还利用塑料压机生产纺机上的粗纱托零部件,制造微型电动机,主要销往江西九江棉纺厂。

1983 年分上纤埠村、花园桥村、沈家门村时,该企业转给上纤埠村毛国强经营。

第二节 集体企业

一、杭州余杭安溪皮革助剂厂

1983 年 6 月,原胜利大队分村后,花园桥村经村班子的充分酝酿,获得广大村民的赞同,开始筹备安溪脱模油加工厂。地址在纤石村花园桥,占地面积 0.63 亩(0.042 公顷),法定代表人沈炳跃,职工人数 5 名,到 1990 年,改为杭州余杭安溪皮革助剂厂,性质为股份合作制,主要产品为软皮白油,用于造纸行业。聘请杭州油脂公司厂部技术员朱苗根为技术员,把关生产,年销售在 70 万元左右,少的年份在 10 多万元,至 2020 年时仍在生产经营。

二、余杭安溪接插件厂

创办于 1989 年,当时生产江苏省盐城市无线电三十二厂的品牌“燕舞”收录二用机的电子元件,有职工 8 人,每年产值在 10 万元左右。企业为残疾人的福利型村办企业,由于市场上的收录二用机逐年被大范围普及的电视机所代替,渐渐地被淘汰,产品销售困难,直至关停歇业。后企业改做生产二化硅、硅油的生产厂家,原料从当时改革开放的前沿城市深圳采购,属科技含量比较高的生产企业,生产出来的产品比较受当时使用单位的青睐。但是由于造成环境污染,后企业关停。到了 1996 年企业被振宇电器有限公司代替,迁至安溪经济开发区内,该公司逐步走上正常,生产规模逐步扩大,企业得到发展壮大,成了安溪镇的龙头企业。2001 年年销售值在 3000 万元左右,产品主销深圳。

三、杭安联营服装厂

系原安溪服装厂(前山驻地),后搬迁落户于沈家门村,该厂租用沈家门村的厂房,占地面积在 1 亩左右。服装厂在 1985 年下半年建成,原料来源于当时的杭州第二织布厂提供, 财务等方面主要由第二织布厂主管, 两位沈姓师傅指导生产。服装厂解决了 20 余名女工的就业问题。职工以计件制发工资,每位职工每月工资在 20—30 元。企业经营时间不长,后停业。

四、花园桥笔杆儿厂

初建于1989年,当时创办阶段聘请了师傅在厂教学,有员工20多人,都为本地村民。但经营时间不长,又调整产品做珠珠窗帘,派出村民到当时的仙居进行技术培训,学成归来,组织生产,质量过关,销售畅通。充分利用了本地的资源,到下溪村采购竹子,用作产品原料,但由于资金链不足,企业停业。之后创办了劳保用品手套厂,解决20余名农家妇女就业问题,月工资30元左右。后因手套厂作为劳动密集型企业被淘汰。

第三节　驻村企业

一、杭州梁山机械配件厂

杭州梁山机械配件厂(2021年)　　沈祥林 摄

成立于1998年12月17日,原厂址在勾庄镇行宫塘梁山码头,因杭州农副产品物流园区开发,故在2006年7月搬迁至纤石村木圩斗路8号。企业类型为个人独资企业,法定代表人吴锦才,有员工50人,注册资金50万元。主要经营范围为铸件、机械配件加工,属于金属制品门类下的黑色金属铸造行业。主要生产设备有中频炉、浇包砂处理设备、造型机射芯机、起重机械、叉车、空压机。产品为轮鼓、制动鼓、离心器壳。企业生产工艺包括中频炉熔炼、待铸模造型、金属液浇铸,清砂抛丸加工等,具备生产所需农业的各种设备轴。

二、杭州嘉兰印刷科技有限公司

杭州嘉兰印刷科技有限公司(2021年)　　沈祥林 摄

成立于2016年7月25日,地处纤石村陈家门20号一楼,法定代表人陈颜俊,注册资本100万元,公司性质为有限责任公司。主要生产经营印刷制品、不干胶底、胶黏制品、纸制品、塑料制品、包装装潢、日用百货、办公文化用品等。

2020年有职工48人。

三、杭州荣科电气设备有限公司

位于纤石村村委旁，法定代表人王东垒，企业性质为股份制公司，是一家专业研发、生产、销售高低压无功补偿装置，高低压有源无源滤波装置，电能质量优化设备，变频软启动柜，PVC柜的高新技术型企业，并代理艾默生、施耐德、ABB等品牌变频器与软启动器产品。公司技术力量颇为雄厚，其中拥有浙江大学在无功补偿及谐波治理领域中享有较高声誉的多名专家主持公司的技术研制工作，有强有力的技术研发能力，配套完备的实验手段，有力地保证了产品在行业中领先的技术地位。公司建立了适合现代化科技发展和高度竞争的管理体系及可靠的质量保证体系，并已通过ISO 9001质量体系认证，其产品已取得国家权威机构颁发的相关证书，如高低压无功补偿装置、高低压滤波成套装置、静止无功功率补偿装置、GTSVG静止无功功率发生器等。拥有固定资产955万元，有职工14人。

四、今典装饰有限公司

成立于2019年，法定代表人李庆煌，在2009年天皇玻璃有限公司成立，到2012年涉足成品移门加工行业，主要为产品衣柜移门、单玻璃推拉门，现有员工20人，参保人员9人。

今典装饰有限公司(2021年)　　沈祥林 摄

2014年，迁至1500平方米全新标准厂房，由李庆煌、郭海生带领研发中空玻璃推拉门、卫生间平开门等。到2016年产品注册品牌为“今典洛菲门窗”，逐年参加各种交流展销会，并与广州欧派克滑轮品牌合作。

2016年6月至2017年5月，公司成为南京移门行业协会会员单位。2017年度，被浙江省移门行业协会评为会员单位。

五、杭州新阳新材料科技有限公司

建于2013年3月11日，企业位于纤石村14组，法定代表人杜阳，共有职工15人。公司是一家专业从事改性工程塑料及高分子合金材料的研发与生产的科技型私营企业，是由资深改造型专业高级工程师创办，在原杭州科潮塑料厂的基础上建立起来的。公司具备国内最先进的双螺杆挤出机混配生产线，试验、测试设备配套齐全。企业创办以来，产品几经升级创新。目前，除生产通用的塑料填充改性产品外，重点创新研发新产品，应用于仪表仪器、工业管道、熔喷材料等领域。

杭州新阳新材料科技有限公司（2021 年） 沈祥林 摄

公司与国内有关科研院校建立了长期紧密的协作关系，可根据客户具体要求“量体裁衣”，提供所需的改性塑料产品，有职工 13 人。

六、杭州悦民家具有限公司

2002 年创建，前身为“杭州博亿家私有限公司”，2008 年良渚街道杜甫村搬迁至纤石村，法定代表人程移民，注册资金 100 万元，后改为 10 万元。企业性质为自然人投资或控股，现有职工 8 人，参保人员 7 人。主要从事经营家具及五金件、隔板加工安装。有市场品牌“博亿”，获评余杭区质量信誉产品。

七、杭州冠杭食品有限公司

建于 2011 年 12 月，法定代表人肖德强。主要经营食品，企业性质为有限责任公司（自然人投资或控股），注册资金 50 万元。有员工 36 人，参保人员 29 人。

八、杭州巍绿农业开发有限公司

创建于 2005 年 8 月 7 日，企业性质为有限责任制。负责人董洪波，公司有员工 38 人。主要从事预包装食品兼散装食品，销售鲜肉、禽蛋、鲜活水产品、水果、蔬菜以及初级农产品农业开发。公司从加工到销售配送有着一套完善的工作流程，满足各方面客户的不同需求，并建立种植基地。2016 年 G20 杭州峰会召开期间，巍绿农业为众多供应商之一，提供峰会所需农副产品。企业信用等级为 AAA 级，企业产品品牌为“巍绿农业，董小鲜”。2002 年，巍绿农业系超市小规模蔬菜供应商。2009 年，在山东建立蔬菜种植基地，成立寿光市裕农蔬菜专业合作社、寿光市嘉诺果蔬专业合作社、寿光市润业果蔬专业合作社。2015 年 8 月杭州巍绿农业开发有限公司正式成立,是一家集水果、蔬菜、海鲜、药材示范基地建设,果蔬精深加工,直销、配送、农业科技产品研发,科技成果孵化,生态观光休闲旅游为一体的生态农业龙头企业,年销售额超过2亿元。

杭州冠杭食品有限公司、杭州巍绿农业开发有限公司(2021年) 沈祥林 摄

企业曾获浙江省重质量守诚信双优单位、浙江省消费者满意品牌、浙江省产品质量十佳品牌、浙江省“3·15”承诺优秀单位、中国企业评估中心诚信经营示范单位等10多项荣誉和称号。

九、杭州龙达消防设备有限公司

2003年成立,公司主要从事防火卷帘门、挡烟垂壁等制作和安装。并承接各种建筑门窗及建筑配套设施工程。公司已通过ISO 9001质量管理体系、ISO 14001环境管理体系认证,成为中国建筑金属结构协会会员单位。公司坐落在纤石村13-1号,有职工20多名。曾获得优质和标志性项目有西溪银泰城、千岛湖银泰(广场店)、攀枝花银泰城等,企业信用等级为A级,法定代表人高六,年营业销售1000万元左右。

杭州龙达消防设备有限公司(2021年) 沈祥林 摄

十、杭州长相知家纺科技有限公司

2000年4月26日成立,位于纤石村5号,法定代表人徐圳,有职工105人,属民营(有限责任)企业,主要生产长相知、菲曼、艾美沃家纺产品,信用等级为守信用,重合同AA级企业,也是村内规模最大的企业。

杭州长相知家纺科技有限公司是一家专门注重于床上用品行业的家纺企业,具备产品研发、设计、规模化生产能力,具备科学的生产管理模式和严格的品质管理体系。拥有长相知、菲曼、艾美沃等家纺品牌。有蚕丝被、高级纤维被、枕芯、单件被套床单、纯棉组合套件、竹凉席、牛皮席、蚊帐、床护垫、儿童床上用品、毛毯、酒店用品等 12 个系列。

杭州长相知家纺科技有限公司(2021 年)　沈祥林 摄

公司现与解百、银泰、世纪联华、物美华润、大润发等多家大型连锁超市建立了长期的战略合作伙伴关系,销售网络遍布于浙江、江苏、上海、北京、福建、安徽、重庆、成都等地,并建立起专卖连锁加盟的销售模式。

在同行业率先通过了 ISO 9000 国际质量体系认证,CQC 生态纺织品安全认证以及 ISO 14000 环境管理体系认证。

企业曾获中国著名品牌、杭州名牌产品、杭州市诚信民营企业、浙江省科技型企业、杭州市龙头企业、杭州市高新技术产业、浙江省十大蚕丝被品牌、良渚街道先进党组织、杭州市 AAA 级信用企业,良渚街道安全生产先进单位、杭州市创建和谐劳动美企业等 43 项荣誉。

十一、杭州洁舒被服有限公司

1990 年在黑龙江省哈尔滨市,2000 年搬迁至村内康家涧,并于 2013 年 1 月 8 日在余杭区市场经市场监督管理局增加注册资本,从初始注册资金 800 万元,追加至 1500 万元。企业法人周春芳,企业性质为民营企业,有员工 6 人。

杭州洁舒被服有限公司(2021 年)　沈祥林 摄

公司主要经营生产加工棉被、棉服、农用保温被等,获得国家 CTC 质量管理体系、环境管理体系、职业健康安全管理体系认证,也是国家 AAA 级生产资质企业,还拥有12项发明专利,多项实用新型专利技术。公司还是缙云商会副会长企业。公司已申请国家高新技术企业。

公司从家庭作坊模式开始，到现在拥有自动化加工的无胶棉生产流水线全套设备、自动控制联合弹胎机全套设备、梳棉机、研磨机、四衔自动直线衔被机、高速单针花型衔缝机,大型切包一体机、大型打包机等专业、先进、齐全的生产设备,达到一定的自动化水平。

十二、杭州翼新机械制造有限公司

创办于2016年11月14日，地址在纤石村陈家门20号,法定代表人马松。经营面积1500平方米,注册资金为10万元。企业性质为民营企业,拥有资产313万元。主要经营范围为机械加工、机械制造。

杭州翼新机械制造有限公司(2021年) 沈祥林 摄

公司有职工28人,全部员工参加养老保险。

十三、浙江汇成光电仪器有限公司

2004年12月15日创办,位于纤石村沈家门45号,负责人申居濂。公司有30名员工,24人参保,经济性质为外国法人独资,主要产品为显微镜、望远镜、投影设备的光学元件,企业是一家透镜加工企业。产品研发涉及显微镜、望远镜、投影设备的设计、研发、技术咨询和加工,并与浙江大学、浙江工业大学等著名高校保持良好的技术课题,有着合作关系,协助完成多个课题实验。

第五章 集市商贸

上纤埠自清代以来就有集市，是安溪两大集市之一，民国时期形成了规模。

早期的上纤埠由大石桥——大会长桥跨越西塘河两岸，贯通于东西两边。地理条件及水路码头的优势，给上纤埠集市带来了生机。20世纪30年代至中华人民共和国成立前，云会、獐山均无集市，无商业贸易。北隔东苕溪至德清南窑坞、北窑坞、杨坟、八字桥均无市，要通过摆渡至上纤埠赶集上市，故上纤埠乡脚广，市场大，商店多，门类全，店面交错开设，井井有条，迎八方来客。旧时人称“小上海”。

1956年后，上纤埠陆续开设了供销社、合作商店、信用社，加上原有的一些商店，集市依旧繁华。

1999年，花园桥农贸市场投入使用，市场位于村域中心，给村民购物带来便利。是集食品批发、零售、肉类、水产、蔬菜和五金、服装、饮食等生活服务于一体的综合市场，涵盖生活所需。从此，上纤埠集市逐渐退出商贸圈。

1975年7月，安溪镇商会成立，纤石村徐美根、梁文伟分别任会长、副秘书长，至2001年7月。

第一节 集 市

一、上纤埠集市

上纤埠集市，地处纤石村东北隅东苕溪南岸，上纤埠船闸南面，为西塘河与獐山港交汇处南端，是历史上的古集市。南北向的西塘河将古集市分成东西两半，集市中心原有石拱桥大会长桥相连。古集市沿西塘河两岸设街，河一边建有多座水阁楼，河两岸设有许多石河埠，供平时停泊船只运货之用。

在上纤埠船闸未建成之前，东苕溪与西塘河需经奉口陡门沟通连接，但因到上纤埠后，西塘河近乎呈一条直线直通杭州，两边均是平坦宽阔的堤塘，故由东

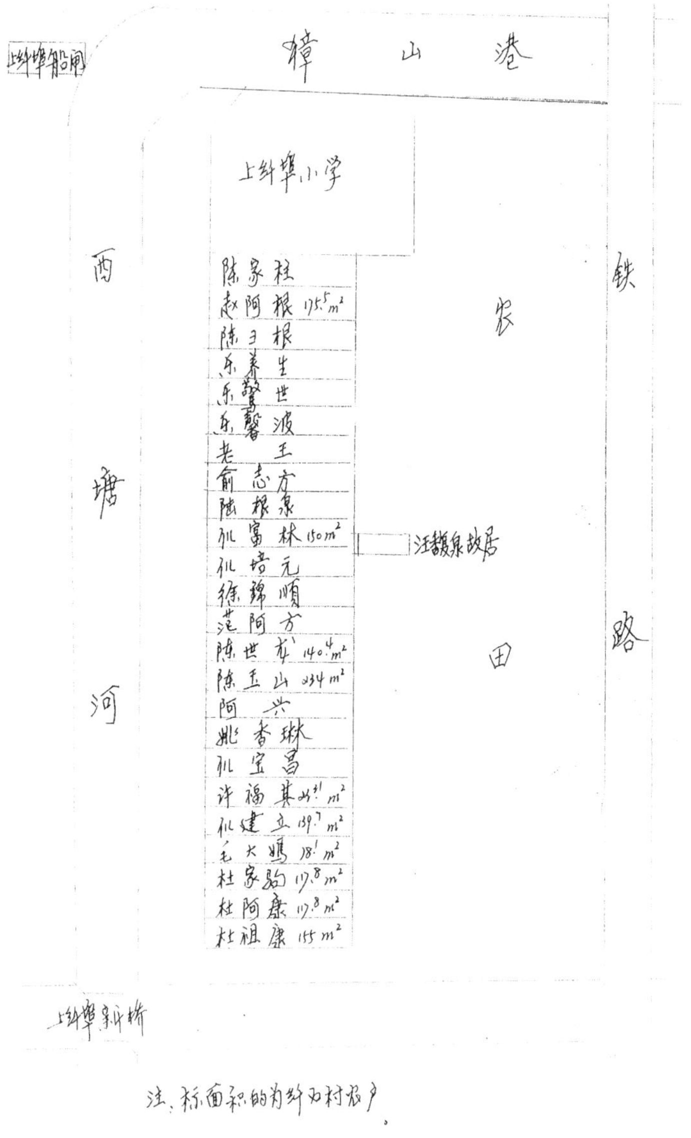

上纤埠西塘河东侧纤石村农户示意图　　　　周世伟供稿

苕溪进入西塘河的船只都在这里上索拉纤行船，故把此地称为“上纤埠”。

上纤埠西临东苕溪，上行可至安溪、瓶窑、余杭，下行至塘栖、德清、湖州。东连獐山港，可至獐山、东塘、塘栖，远至桐乡、海宁。南走西塘河，则直通良渚、勾庄、祥符桥，直至杭州湖墅和武林门。上纤埠水上交通如此便利，自然成为独具一派的江南水乡集市。由于南宋时期东苕溪进入西塘河漕运的官府船队均要在此地吃饭饮茶、购物歇息，集市日趋繁荣，到晚清民国时期，已是杭州北部一个重要的商贸集市和水运码头，也是杭县历史上有名的鱼米之乡与蚕桑之地。

南北贯穿上纤埠集市的西塘河是一条人工运河，其主要功能则是方便朝廷从东苕溪至杭州的漕运。西塘河原先河流窄小，经南宋淳祐年间(1241—1252)临安府尹赵与筹和清雍正年间(1723—1735)浙江巡抚李卫两次疏浚，成为一条人工大运河，从苕溪进奉口陡门后，可直达杭州，成为朝廷漕运要道。作为上索拉纤起点的上纤埠自然得益最先最大。

晚清时期，西塘河也是一条地域分界河，河东属仁和县，河西属钱塘县，但两边街市还是一个整体，均归属安溪镇，即河东住民，属仁和县，但户籍与行政管辖均为钱塘县。

20 世纪 30 年代至中华人民共和国成立前，上纤埠市井繁华，声名远扬，人称“小上海”，当时冠盖良渚、安溪和瓶窑，与塘栖媲美，但市面比塘栖繁华得多。其主要原因有两个。一是抗日战争爆发，杭州、瓶窑、良渚等地成了沦陷区，而上纤埠成为大后方相对安全，水上交通便利。原先到瓶窑做生意的桐乡、大麻、新市等农副产品船只都改到上纤埠交易。二是当时周边的獐山、云会等都还是村子，无商业集市。于是到上纤埠上街的乡脚十分大，塘栖以西，石桥以北，严家桥以东，再加上东苕溪北半个武康县都是到上纤埠赶集上街交易，热闹非凡。当时一些所谓“逃命”的上海、杭州商贩也在此设摊行商度日，所以上纤埠的小摊贩要以百相计。

当时上纤埠集市上有汪、周、乐、杜四大望族，都是家大业大，风光一时。汪家总店号叫“汪长兴”，集市上有一半店面市房是汪家的，所以人称“汪半镇”，有人要开店，即向汪家租房。汪家不但田地多，还是书香门第，后人汪馥泉是日本留学生，曾任复旦大学教授，与郭沫若相交甚好，与郑秀松、夏衍、孙敬文同为浙江五四运动的中心人物，还与张闻天合译王尔德的《狱中记》，给上纤埠增添了一抹文化色彩。

周家的店号总名叫“春和里”，经营的有南北货店，药店名为“长春堂”，除卖药和补品外，每天均有坐堂郎中到店为病人把脉、开方、诊治、撮药。此外，周家还有酿造坊，自己生产产品。周家族人的住房是上纤埠当时最豪华的砖木结构走马楼。

上纤埠当时有名的店号还有药店“乐大森”“永乐堂”，绸布店有“杜长泰”“德康”“久康”“王元康”，酿造坊有“金大昌”，染坊有“义大”，茶馆有“梧灵”“新叶”，餐馆有“红樱”“聚缘堂”等，这些老字号恪守信用，货真价实，有长期的消费群，生意兴隆。

上纤埠集市旧景　　摘自《苕溪明珠》康烈华

民国时期，西

塘河中到上纤埠做生意的桐乡、大麻农副产品船只几乎歇满河中，且过夜的较多，集市的夜市是当时上纤埠的一大特色，每当夜晚，大的商店都点起汽油灯，一般店家都是美孚灯，河中船家在船头上挂起了桅灯（马灯），将西塘河水染成彩色，夜市继续延续至晚上10点，商铺才陆续打烊。

20世纪30年代的上纤埠还是一个有名的蚕茧产区，家家户户植桑养蚕，蚕茧产量可观。集镇开设有南北两家茧行，北茧行为塘栖丝绸厂所开，南茧行为杭州福华丝绸公司经营。此外，上海、苏州、杭州的其他丝绸厂老板均慕名而来上纤埠收购茧农自缫之白丝，有的长住于集市上，挨村串户收购，与农户打得火热，成为朋友。

早期的上纤埠还有水上航船客运业务，有两条水上运输线，一条经西塘河开往杭州卖鱼桥，分别在良渚、勾庄停靠；另一条开往塘栖镇。杭州航船以敲锣为号，塘栖航船以鸣喇叭为号，两条航线都承担客货运。航船双橹加双纤，速度较快，老百姓称之为“快班航船”。此外，西塘河中还歇有较多的“小渔船”，也用于载客，船舱可坐可躺，十分舒适，外出办事，十分方便。

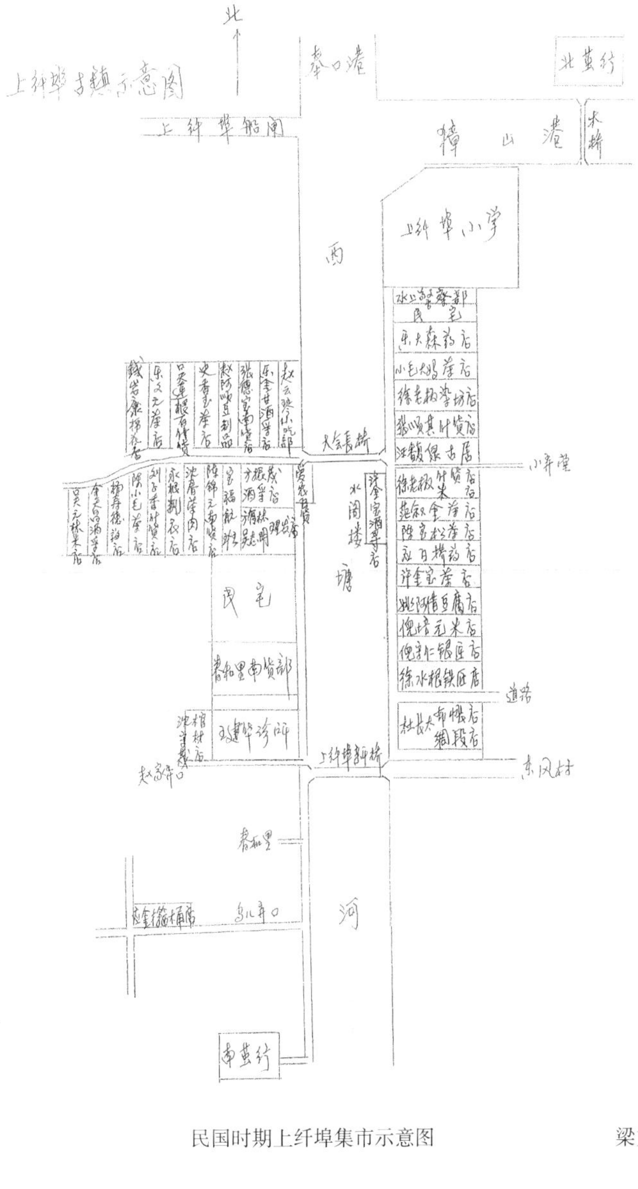

民国时期上纤埠集市示意图　　梁文伟绘

当时上纤埠的兴起引起了太湖里强盗的注意，经常驾快船经东苕溪南下，因此上纤埠集市商家未雨而绸缪，在乐家财主乐伯龄提议倡导下，众商家出钱出力在集镇周围筑起了围栏,建造了南、北、西三对栅门,晚上定时关闭,并由更夫值守,这在当时其他小镇是少有的。后来,县里对上纤埠治安问题引起了重视,派了一个班的保安队驻在上纤埠,班长就是王志忠,所以镇上有治安所,西塘河中有巡逻船,治安工作一度较好。但保安队实力不强,枪支很少,其时还是被太湖强盗抢劫了一次,一家银器店损失殆尽,一名保安队员殉职。

抗战胜利后,外地逃难来这里的客商相继回去。中华人民共和国成立后,獐山由一个小村变成了集镇,东南的西南山建立云会乡,也成了集镇,溪北的杨坟和八字桥也建成集镇,上纤埠的乡脚一再缩小,市面也越来越小,上纤埠归安溪管辖,供销社、商店、医院、信用社都是安溪的分部。上街的人越来越少,名义上是个集市,但实际上已向村庄变迁。政治、经济、文化的中心都在安溪,上纤埠街市逐渐衰落。随着陆上交通的发展,水路运输日渐萎缩,西塘河中已较少见到货运船只。

1998 年,在改革开放的形势下,花园桥新辟了一个综合市场,替代了上纤埠集市,供销社、信用社、商店、医院全部外撤,居民也都向良渚、安溪等地外迁。于是昔日热闹繁华的小镇完全变成了一个宁静淡泊的西塘河畔的村庄——如今的纤石村四组上纤埠自然村。

民国时期上纤埠集市商号情况表

表 2-5-1

店　名	店　主	备注
乐大森药店	乐声波	字号:乐大森
小毛大妈药店	姚小毛	
锦顺老板染坊店	徐锦顺	字号:锦顺染坊
张顺其什货店	张顺其	
许金宝酒酱店	许金宝	
锦顺米店、杂货店	徐锦顺	字号:锦顺杂货店
范叙金茶店	范叙金	
陈宝松茶店	陈宝松	
应百桥药店	应百桥	
许金宝茶店	许金宝	
姚阿借豆腐店	姚阿借	
倪培元米店	倪培元	
倪守仁银匠店	倪守仁	

续表 2-5-1

店　名	店　主	备注
陈水根铁匠店	陈水根	
杜长泰布庄店(绸缎)	杜顺林	
赵云琴小吃部	赵云琴	
乐金甘酒酱店	乐金甘	
张德宝南货店	张德宝	
赵阿顺豆制品店	赵阿顺	
史香玉茶店	史香玉	
吴连根百什货店	吴连根	
乐文元茶店	乐文元	
钱岩康棉花店	钱岩康	
沈守茂棺材店	沈守茂	
应金才箍桶店	应金才	
南茧行	杭州福华丝绸厂	
北茧行	塘栖丝绸厂	
吴元林米店	吴元林	
金大昌酒酱店	金阿泉	字号:金大昌
杨寿德药店	杨寿德	
陈小毛药店	陈小毛	
刘子香杂货店	刘子香	
永根制衣店	永根	
沈春荣肉店	沈春荣	
陈锦元南货店	陈锦元	
宝福老板航班室	宝福	
方增茂酒酱店	方增茂	字号:方斗门
吴志明、方有林理发店	吴志明	
春和里南货店	春和里	
王建华医务室	王建华	
乐爱农小百货店	乐爱农	

史上上纤埠集市中商店众多,门类齐全,集百货、食品、生活服务于一体。东西两街有国药店 4 家,布店及丝绸庄 5 家,南货店 4 家,酿槽坊 2 家,鲜肉店 1 家,染坊 1 家,饭菜馆 2 家,茶馆 6 家,棉花加工店 1 家,箍桶店 1 家,棺材铺 1 家,米店 2 家,杂货店 1 家,制衣店 1 家,豆腐店 2 家,理发店 1 家,航班室 1 家,

上纤埠供销社(2021年)　　沈祥林 摄

等等,还有一些小摊小贩,所卖有三家村藕粉、塘栖枇杷和冬瓜、小林葱姜等农产品。据民国35年(1946)统计,集市上有商号103家。

中华人民共和国成立后,上纤埠又增加了供销社、合作商店、信用社等。其商业格局,商品门类,经商模式,商贸繁华传承至20世纪80年代。

二、花园桥农贸市场

花园桥农贸市场位于花园桥自然村南,安上线与良安线交汇处东北,即在纤石村的中心位置。建于1998年8月,1999年年中投入使用,市场占地面积4283平方米,建筑面积2228平方米。花园桥农贸市场一带常住居民密集,地理位置优越,瓶窑至地铁良渚站的489路和至良渚公交中心站的2575路公交车在这里停靠,陆路通畅,商品的进出运输和村民上市交易极为便利,已成为综合性的农贸市场。

随着上纤埠集市的消失,花园桥农贸市场给当地村民就近上市交易购物提供了方便。纤石村周边的梁家村、四署方、大塘坝、严家桥、葛步桥、何家村等村民都来花园桥市场赶集交易和购物。市场上商品种类齐全,有餐饮店4家,副食品批发部3家,五金建材供应2家,服装店2家,农资供应1家,杂货、畜禽、水产、瓜果、蔬菜供应店齐全,另有理发店4家、茶室4家。此外,还有摩托车修理配件店等,共有店56家,市场继承了赶早市的传统,早市时间人流量大,市场热闹。市场虽然规模还不大,基本形成了一个综合性的贸易市场,能满足周边人们的一般生活需求。

花园桥农贸市场被安上线公路分为两部分,北部由村民沈德根(8组)、沈雪坤(11组)等人以股份制的形式发起投资,通过各项审批手续开始筹建,并投入使用。市场运行日渐规范,每年盈利可观。市场现有专职管理人员负责市场运行管理与服务,秩序良好。

安上线南部以村委原办公楼底层为基础,开有几家门店,有餐饮、汽车维修

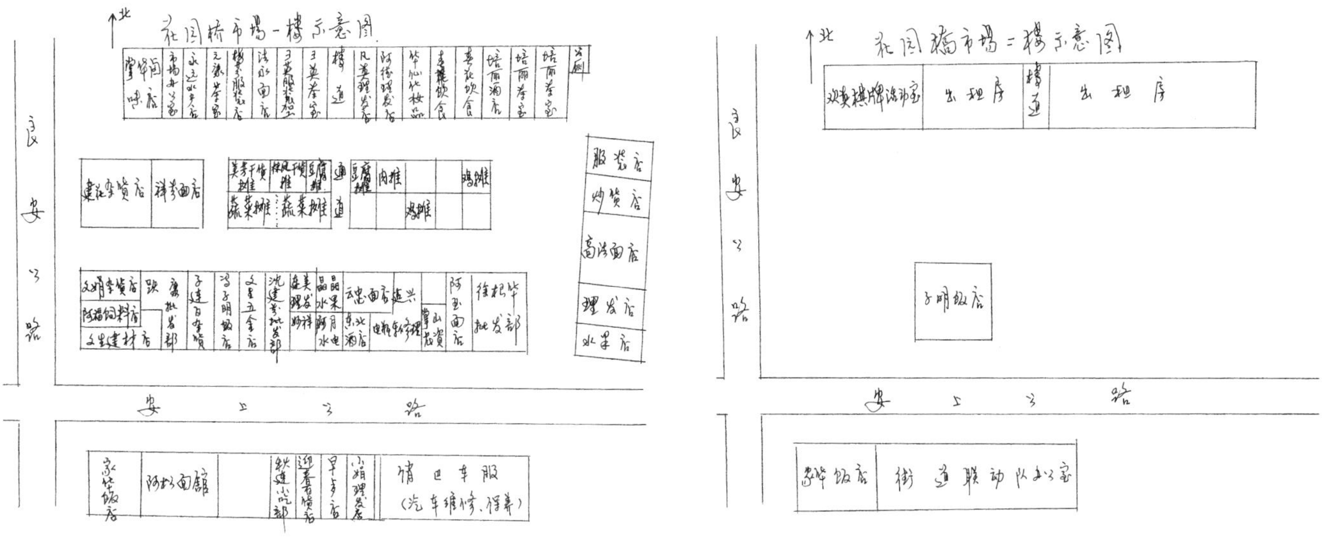

花园桥农贸市场平面示意图　　梁文伟绘

服务等。其中,"家华饭店"是市场最早开办的农家饭店,以家常菜为特色,吸引不少顾客。南北两部分组成完整的花园桥农贸市场,扩大了规模。市场以西自建起草里坝新苑后,居民一下多了起来,于是又新开了数家农家乐。其中,有"品惠鲜农家菜""钱塘人家""阿山饭店"等,农家特色菜吸引着当地和周边顾客。

第二节　供销合作社

1951 年建社初期,各供销社陆续建立计划、统计、信息、财务、会计、资金、费用、物价、仓储、安全及票证等一系列的管理制度和各方面的管理人员。

1958—1960 年,良渚人民公社成立,下辖 6 个管理区,供销合作社形成,原安溪供销社(上纤埠分部)均为良渚供销社分部。1961 年,良渚供销社又分别成立良渚、安溪、大陆 3 个供销社,同时划归于所在公社管辖,其中安溪供销社管辖上纤埠分部。

一、股金投入与分红

入股　1951 年,供销社创建初期,发动农民自愿入股,采用的办法是"先认后缴,实物计价"(如大米、贵重物资抵交)的办法吸收股金。当时可以缴纳 1 万或 2 万(1 万元相当于现今的 1 元)为 1 股,或用大米 5 升至 1 斗为 1 股等方法作为入股的股金,投股金的额数不受限。农户当时的心态为观望态度,当时入股者少,总量不大。后来因社员购货凭社员证得到很大的优惠,得到实惠后,才逐渐吸引众多农户参与入股,农户的增多使得供销社资金不断地发展和壮大。1961 年,上纤埠分部响应总社的指示，各供销社分社开展清股的同时，再一次扩股发展社员。1966年“文化大革命”开始后停止发展社员入股，直到1983年，供销社的体制改革，本着“入股自愿，退股自由”的原则，通过清股入股，落实好股权的归属事宜。供销社职工、公社（乡）干部以及生产队农户作为个人入股，其时纤石村内的农户参加入股农户均达90%以上，每股统一规定为人民币4元，每户最多不得超过10股，股权属社员本户所有，入股社员死亡可转给法定继承人享受股金分红。

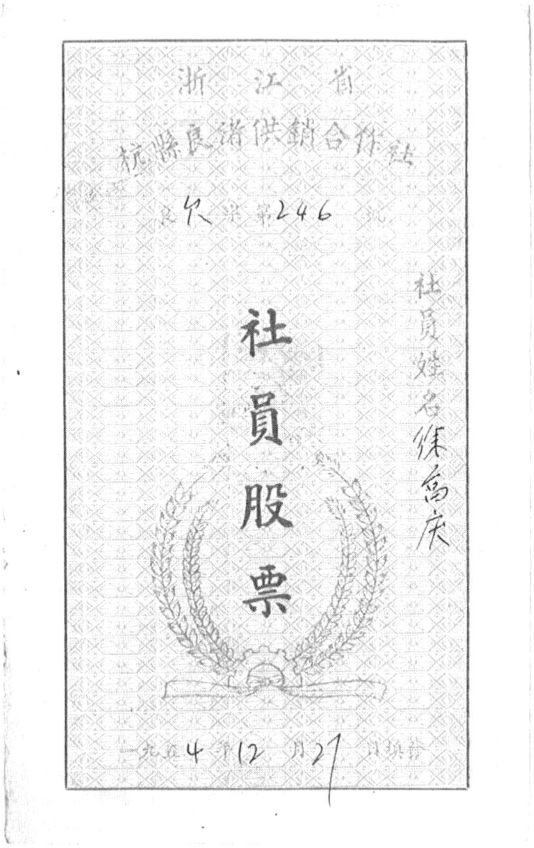

浙江省杭县良渚供销合作社社员股票　　徐美根供稿

建社初期分红　入股社员享受商品优惠价格和商品分配制度，配售商品的价格要比市场上的价格低20%—30%，从而使社员得到了实惠。1955年起取消这个商品配售制度，实行分红，分红时必须根据经营好坏，利润高低，同时股金缴纳在80%以上的，按20%分红；80%—40%的，按15%分红；40%以下的，按10%分红。分红比例不是一刀切，一个样。1966年“文化大革命”开始，股金分红一度停顿。到1983年，结合清股，落实股权后，统一为4元1股。股份开始分红，分配基础不得超过10%，最高不多于社员股份的15%，最低不少于按银行一年定期存款利率。同时，还组织一批化肥、肥皂、卷烟等物资实行优惠价供应社员，直到1999年，根据国务院5号文件精神，由供销社落实资金，连本带利，10元为一股组织人员，各村各户上门清退股金，发放现金，到1999年底农户股金全部清退归结。

二、商品购销

民国时期，农副产品通过自产自销，附近就市交易。1949年中华人民共和国成立后，贸易事业日新月异，发展迅猛。安溪供销合作社上纤埠供销合作分部设生产资料部、生活资料部和收购站三大部门。

生产资料部　农业生产资料经营是供销社传统的主导业务，也是供销社为农服务的主要工作。为健全农用物资的分配管理,方便群众监督,增强透明度,促进农业生产发展。1990 年 5 月,安溪乡制定了农用物资分配制度,规定粮油挂钩化肥、柴油的票证,由粮食部门及供销社直接分配到农户。计划内的平价碳铵、柴油按县计划面积分配到各村,由村分配到户。计划内的地膜、农药、补助尿素、钾肥等按分配数量,根据面积分配到各村,由村分配到农户。到市场的化肥、农药、钾肥、农膜等根据数量多少以及农户需求量多少,给予分配或敞开供应。对计划内的化肥,农药、地膜、钾肥、尿素的分配由领导人签字,乡农办备案。农办定期公布,并督促村定期公布。计划经济时代,供销社统一经营农资商品。上纤埠供销社设立了农资经销部(生产资料部),统一经营农资物品,其商品有化肥、农药、农具、铁耙、锄头、打稻机、铁锹、钉子、麻绳、喷雾器、水桶、粪桶、铁桶、镰刀、柴刀、领圈、晒领、筛子、谷箩、羊草篰、叶篰、捻杆竹等。商品涵盖了农业生产所需,除化肥、农药类需凭票供应,其他基本满足农业生产需要。改革开放后,农资商品也逐渐退出计划供应,直至取消计划供应。

上纤埠收购站 主要收购农副产品、畜产品、水产品、废品四大类。农副产品收购有竹笋、茶叶、荸荠、柿子、毛竹、小竹、木材、柴薪、蚕茧、茉莉花、桑刁皮、柳条、芦苇、扫把丝等。畜产品收购生猪、兔子、兔毛、羊毛、羊皮、羊肠、兽皮、禽蛋、鸡等。水产品收购草鱼、花鲢、大头鱼、鲤鱼等。20 世纪 50—60 年代,鲢鱼的收购价 2 斤(1 斤=0.5 公斤)以上 0.29 元/斤,2 斤以下 0.25 元/斤,花鲢 0.34 元/斤,其他鱼类价格各不相同,随价就市交易。废品收购废铜烂铁等金属类及羽毛、废纸、肉骨头等。

1956 年,向农民收购自产自销的带泥荸荠或毛荸荠,销往杭城及上海等地。村内也是种桑养蚕主产区,有饲养历史和技术,是农家的主要经济产业,每家多者饲养 2—4 张蚕种,剥桑枝皮也是每家每户的传统农活和经济收入,剥下的桑皮晾干晒好,由收购部收购,按每斤 0.2 元的价格收购,作为造纸的好原料,运至杭州华丰造纸厂等地。此外,收购站还收购羊皮,特别是羔羊皮,在冬季尚收一些像黄鼠狼小动物的兽皮。

生活资料部 民国及中华人民共和国成立初期,食用油供应为酒酱店兼营,也有零星挑卖的小贩。1950 年各供销合作社开始食用油供应。1954 年 6 月起,城镇食用油供应由营油脂公司统一管理,委托基层供销社代销,直到 1984 年 10 月取消食用油统销。

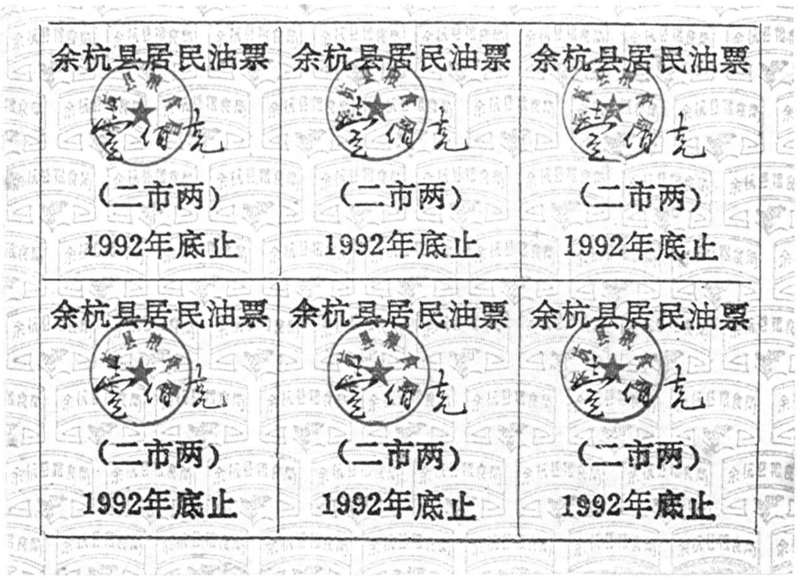

余杭县居民油票　陈家柱供稿

1954 年 6 月起，上纤埠供销合作分部食用油属于统销配购物资，只供应城镇居民，其时每人每月平均为 6 两（16 两制）。1956 年增至为 8 两，非计划人口供应每人每月 4 两。到 1958 年取消购油证，改为凭票购买。1959 年 10 月城镇和农村中的机关、学校、企事业单位人员食用油减少至人均每月 5 两。1962 年 1 月两次减少每人每月 1 两(10 两制)。到 1965 年 10 月起,定量增到为每人每月 4 两,全部在供销合作社购买。1964 年,国庆节、春节国家计划供应指标内人口每人补助供应 3 两。1965 年起增加到 5 两每人。1967 年降至 2 两。1980 年春节,食用油补助增加至每人 1 斤。

商品粮人口补助食用油情况，每人补助统销价食用油票 2 斤。1980 年 10 月,城乡居民可用 6 斤定额粮票换 1 斤食用油票,到 1985 年取消。1981 年 3 季度,按统销价补助供应每人食用油 2 斤,同年 9 月,按调拨价再次补助每人每月食用油 5 斤。1982 年，先后按统销价调拨价补助计划供应人口食用油 3 斤或 5 斤。1983 年起,每年均按统销价每人补助食用油 3 斤,10 月起,按调拨价每人每月补助食用油半斤,到 1985 年底取消。

农村食用油供应　先完成国家统购任务,其余部分向粮站换取农村油票,农村产油的余油户(生产队)强调吃完余油后再由国家适度供应。

1955 年,农村人口每人每季度定量为 10.5 两(按 16 两制),由县油脂公司委托各级镇供销社代销。1955 年第四季度,农村人口每人每季度食用油量提高到 13 两。1958 年 2 月,食用油实行凭票供应,农村人口定量为每人每月 3 两,后调整为 4 两,下半年取消定量。1959 年 10 月,恢复每人每月 3 两。以后各乡镇因均为产油区先留后购,只购不销。农村计划供应的人口定量食用油每人每月 1.5 两(10 两制)。1964 年 6 月 1 日起,增加到 2 两。

1993年1月1日,国家宣布取消粮票、油票,粮油开放于市。1993—2020年,居民均从市场按需购油,也有自种菜籽的农民均到小作坊加工成油后,自家食用。市场购入的油类有菜油、豆油、花生油、茶油、葵花油、橄榄油、米糠油,等等。

第三节 合作商店

一、商店

1954年7月,安溪和其他乡镇一样,均建立起私营商业社会主义改造领导小组。1956年4月前,上纤埠综合商店由原先的个私经营店沈阿花、赵应琴、赵阿祥、乐金钧、余小毛、方友林、徐锦顺、陈锦元、徐富生、乐爱农、张德保、张金富、乐馨波等经营的百货、南货、饮食、药店、油酱、茶店等组织起来,建成安溪综合商店上纤埠分店。到4月后,私营商业社会主义改造完成,各私营经济均改编为合作化,统一称为合作商店。之后,又增加陈祯跃、沈瑞松、沈建潮、金贵跃、戴元潮、潘建芬等人经营的商店。

安溪合作商店上纤埠分店在相当一段时间内,深受社会的青睐、村民的赞扬,经济发展一度也很斐然。安溪合作商店上纤埠分店分别在纤石片的万岁桥、花园桥、严家桥开设了三处分店。三处分店分别由陆习强、乐爱农和沈建潮负责开设于农户家中。因当时农村落后,农户经济条件差,在相当一段时间里,尚用鸡鸭蛋去小店中置换烟、酒、盐、酱、牙膏之类等物。商店既回收了农副产品,又方便了群众,一举两得。

二、村店

1976年之前,安溪合作商店上纤埠分店在村内花园桥自然村等地设立村店3家,使合作商店形成商业网络,方便村民购物。村店既供应村民生活用品,又收购禽蛋等农副产品。农村抢收抢种(双抢)期间,是最繁忙最辛苦的季节。每年的“双抢”临近,在上级领导和组织的精心布置下,上纤埠合作商店分店组织专门人员挑担送货下乡,奔走各村,支援“双抢”,当时肩挑货担下乡的有沈瑞松、戴元潮、金贵耀等人,他们挑着货担到田头,曾一度成为乡村道路上的一道亮丽风景线,送货下乡一直持续到1995年。

第四节 统购统销

统购统销是中国计划经济时期实行的一项重要的经济政策。从1951年起，国家逐步对棉纱、粮食、油料等主要生活消费品有计划地进行统一的收购和销售。凡是统购统销的物资，除了国家委托的企业有权经营外，其他任何企业和个人都不准经营。1953年10月16日，中共中央发出《关于实行粮食的计划收购与计划供应的决议》，"计划收购"被称为"统购"，"计划供应"被称为"统销"。到20世纪80年代中期之后，该项政策逐步取消。

一、粮食购销

民国时期上纤埠集市有米行、粮油店号、米摊等大小粮店，每逢春粮、秋粮登场，私商大量收购稻谷、豆类、六谷(玉米)、小麦等。若遇本地粮食歉收，则从外地采购，其时也有政府收购粮食。政府积粮也有摊派，募集两种。

1949年5月至1950年6月村内的粮食收购仍以私营粮商为主。其时上级人民政府对私商进行宣传，多数商家在收购粮食时能做到按质议价，守法经营。国家所掌握的粮食主要是征收公粮及在市场上收购部分粮食。在政策上则是发挥了国家牌价在市场上的主导作用。1950年5—6月，杭县供销总社开始经营粮食业务。1953年起粮食收购由县粮食局统一收购。

1953年11月，党中央作出决定，实行粮食计划收购与计划供应。粮食统一由粮食部门收购，并由国家直接控制粮油市场，严禁私商自由经营粮食。其时乡政府下村下组大张旗鼓地宣传政策，村内各家各户分配统购任务。先按田定产，按级别计算亩产，再将全家总产按全家人口分摊得出征购类别，核定每人平均产量的多少，按100公斤差额为一个单位，分五类征购率进行统购，其时粮食购销完全纳入国家计划经济规模。在收购环节上一年为三季：春季收购大、小麦、油菜籽；夏季收购早稻谷；晚季收购粳、糯谷。收购对象以生产队集体为单位，将粮食交售到指定的安溪、唐港圩、油车桥粮仓。国家规定统一价格，公粮按实物征收(用稻谷抵农业税)。统购粮食计价后，以信用社支票交易，分别转入各生产队账户。

1955年8月，农村粮食购销，实行定产、定购、定销。定产以粮食为单位，根据土地的土地自然条件和种植实际面积，以1953年、1954年两年实际产量为依据，确定单位面积产量与总产值，所定产量三年不变。订购是在定产基础上扣除应交公粮、口粮、种子粮、饲料粮，仍有余粮数，按 85%—95%计算为定购数量。定销就是供应，对农村口粮不足的农户，售给一定数量的粮食。1956 年，以高级农业合作社为单位粮食统购，以社定产，划分紧缺。

销售城镇居民户口（包括乡干部、农村小学教师）以及非粮食生产单位等的粮食和食用油的供应销售。按体力劳动强度与行业工种特点，由粮食部的指定供应数量，发给供应卡和粮票、油票，居民凭票向指定粮站购买，主要为大米、面粉、菜油，粮站按国家牌价供应。村内居民一般到安溪粮站购买。

1958 年中央发布 1 号文件，取消粮食统购政策，改为合同定购。1993 年起，经国务院批准，全面放开粮食购销与价格，改粮食定购任务为指导性计划收购。实行国家与村内农户签订收购合同，由政府定价，并给予价外优惠补助金，以保护农户的种粮积极性，争取粮源。在取消粮食统购政策的同时，取消粮票、粮食价格取消双轨制，改为由市场行情调节收购和供应。

1998 年，国务院颁布《粮食收购条例》，决定全面部署粮食流通体制改革工作，为粮食购销市场化奠定了基础。

2001 年起，放开粮食购销市场、购销价格，粮食生产取消定购任务，改由通过订单形式向农户收购粮食。由政府确定基准价，并给予价外补贴，对其中的种粮大户再给予一定额度的预购订金。

2006 年起，国家取消农业税，结束了自 1953 年开始代征农业税的历史。

2008 年，种粮大户出现，粮食储应公司与其签订粮食收购订单，确保国家粮食调控市场的需求。是年底，良渚粮食收储公司在街道集镇设立粮食应急供应点，应对突发事件发生。

二、生猪购销

1956 年杭县设食品公司，其生猪、羊、鲜鱼、家禽、禽蛋收购和猪肉、鲜鱼、禽蛋的供应销售均归食品公司经营。

1961 年 4 月，三墩食品中心站安溪经营组（购销站），“文化大革命”期间并入供销社，上纤埠设收购站分站。肉类经营组由俞富生、沈春荣、丁寿林经营。

1978 年各食品经营组（购销站）又从供销社划出，划归三墩食品中心站管理。各集镇经营组又下设肉类销售点，村内有上纤埠销售点。

20 世纪 60 年代末，食品经营组开始向农户收购生猪。上纤埠收购生猪的日子为每月逢3、6、9号。农户将投售的生猪运到上纤埠街上，由生猪收购验收员陈东林估算白肉，判定级别定价。生猪白肉达到70市斤（1市斤=0.5公斤）为及格线，准予收购。春冬季早上6时开始收购，夏秋季提早到早上4点开始收购。

生猪收购验收员有较专业的评估技能，评估时为一看、二摸、三定级。最高为1级，最低为9级。9级猪每百市斤为42元，每上升一个级别，提价1.5元，最高1级为54元。上纤埠水路运输方便，生猪收购后放入船内，由水路运至卖鱼桥肉联仓库。

1960—1980年生猪级别与收购价格一览表

表2-5-2

级别	价格（元）	百斤毛猪肉量（市斤）	级别	价格（元）	百斤毛猪肉量（市斤）
1	54	70—71.9	6	46.5	60—61.9
2	52.5	68—69.9	7	45	58—59.9
3	51	66—67.9	8	43.5	56—57.9
4	49.5	64—65.9	9	42	54—55.9
5	48	62—63.9	—	—	—

农户每出售一头标准合格生猪（70斤白肉以上），国家奖励化肥票30市斤，布票2尺，饲料票50斤，并按白肉分量奖10%的肉票。

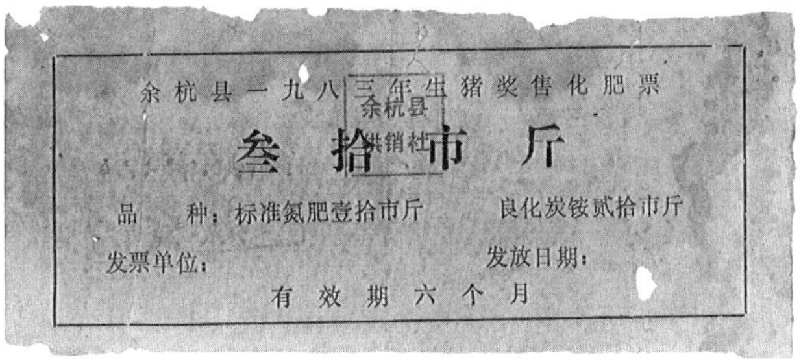

余杭县1983年生猪奖售化肥票　沈农高供稿

食品经销站凭票供应猪肉，其时猪肉不分肥瘦价格为每市斤0.73元，板油同价。1959—1961年国家三年困难时期农户过年每人供应2两“白市肉”。1983年市场开放，取消猪肉凭票供应。

三、票证

在计划供应时代，票证作为一种特殊产物，对各种商品有调控和杠杆作用。票证包括棉布票、肥皂票、煤油票、香烟票、调料票、化肥票等，农户则凭票购买。

粮票　村民粮食自种自食，不发粮票。但需要外出必须带粮票时，由大队出具证明到当地粮站用大米换粮票。出省则换取“全国通用粮票”，省内出县则用浙江省粮票。

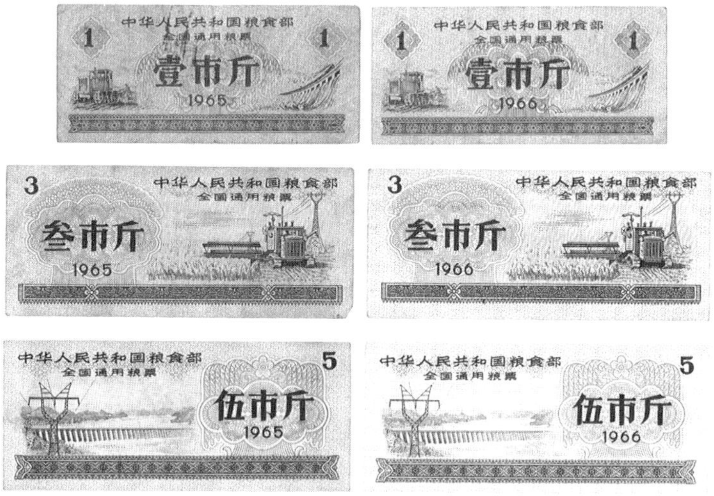

全国通用粮票　　沈农高供稿

浙江省定额粮票　　陈家柱供稿

全国通用粮票 1955—1966 年发行，面额有伍市斤、叁市斤、壹市斤、半市斤、贰两 5 种，供临时性出省流动使用。

浙江省定额粮票 1962—1992 年发行，面额有拾市斤、叁市斤、壹市斤、伍两、贰两半、壹两 6 种，发给城乡居民定量人口和国家统销供应的单位和农村人口的口粮粮票。

浙江省奖售粮票 1962—1983 年发行，面额有拾市斤、伍市斤、叁市斤、半市斤 4 种，专供收购农副产品奖售粮食时发放的粮票，只能在本县使用。

浙江省粮票 1955—1976 年发行，面额有伍市斤、叁市斤、壹市斤、伍两、贰两、壹两、半两 7 种，专供城乡居民在本省临时使用。

浙江省农村粮票 1985 年发行，面额有拾市斤、伍市斤、壹市斤，发给统销农户。

饲料票　1956—1983 年发行，面额有伍拾市斤、贰拾市斤、伍市斤、壹市斤 4 种，是生猪等收购奖励，用于购买饲料。

菜油票　农村以菜籽换油票，1963—1985 年发行，面额有叁市斤、壹市斤、半市斤、壹市两、半市两 5 种，是农户以菜籽向国家换油获得的票证。居民则发给余杭县居民油票。

棉布票　1954 年 9 月，棉布实行凭票供应，杭县农业人口每年发放 7 尺，非农业人口 38 尺。1961 年，国家困难时期不分城镇农村，每人每年定量 18 尺。

1973—1983年，全县每人每年定量15.5尺。自1984年1月1日起，各种棉布以及其他针织品免收布票，敞开供应。

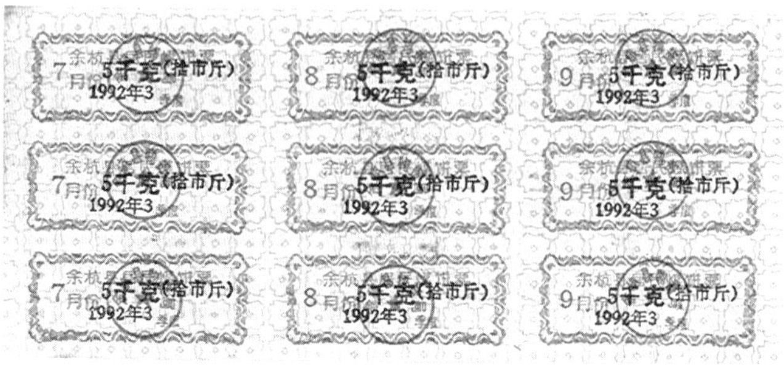

煤饼票　　陈家柱供稿

计划供应时代，除上述票证外，还有肥皂票、自行车票、手表票、卷烟票、火柴票等，有的商品临时发放票证，凭票供应。

第五节　个体经营

一、个体商户

改革开放后，个体经济迅速发展，村民开始进城经商，最早由15组3户农户进城经商，在杭城红太阳广场（武林广场）设摊，后在龙翔桥大厦设固定摊位经营，时有5个摊位。

1984年，村内有32户个体经营户，逐渐发展至2020年有证个体经商户59户。主要从事食品批发零售、餐饮业、五金加工、机械维修、建材、家政、图文设计、园林绿化等十几个行业。

1994年纤石村杭州红太阳地摊户情况表

表2-5-3

组别	个体户姓名	经营地	商场	经营面积（平方米）	员工数（人）	备注
15	梁有坤	杭州红太阳	地摊	2—3	1	1万元
2	吴维先	杭州红太阳	地摊	2—3	1	1万元
2	吴鹤珍	杭州红太阳	地摊	2—3	1	1万元

1998年纤石村龙翔大厦摊位情况表

表2-5-4

组别	个体户姓名	经营地	商场	经营面积（平方米）	员工数（人）	备注
15	梁文生	龙翔大厦	室内摊位	6	1	年交摊位费3万—4万元
15	金兴年	龙翔大厦	室内摊位	6	1	
15	梁建明	龙翔大厦	室内摊位	6	1	
15	梁建浩	龙翔大厦	室内摊位	6	1	
15	俞妙红、梁红美	龙翔大厦	室内摊位	6	1	

1984 年纤石村个体户一览表

表 2-5-5

组别	个体户姓名	经营地	商场	经营面积（平方米）	员工数（人）
1	俞福英	1 组天神桥边	商业	20	1
1	宋阿根	1 组宋家里	商业	20	1
2	施德金	2 组俞家兜	商业	20	1
2	陆建强	2 组俞家兜	商业	20	1
2	周彐高	2 组俞家兜	商业	20	1
3	韩水芬	前后桥边	商业	20	1
3	韩水庭	前后桥	商业	20	1
4	陈掌根	上纤埠街	商业	20	1
4	马金美	上纤埠	商业	20	1
5	曹彐珍	上纤埠	商业	20	1
5	吴华卫	上纤埠	商业	20	1
5	俞小毛	韩曹村	商业	20	1
5	林文娟	韩曹村	商业	20	1
6	金子香	油车桥	商业	20	1
6	金贵建	油车桥	商业	20	1
7	金子年	油车桥	商业	20	1
7	金有坤	油车桥	商业	20	1
8	金春娥	陈家门	商业	20	1
8	陈建忠	陈家门	商业	20	1
9	沈建潮	花园桥		20	1
9	李梅春	马家桥旁	商业	20	1
9	沈连根	花园桥	商业	20	1
10	韩友林	韩家门	商业	20	1
11	沈福根	文祥官	商业	20	1
11	沈文良	文祥官	商业	20	1
12	冯金宝	冯家门	商业	20	1
13	沈寿松	沈家门	商业	20	1
13	沈国庆、叶素夫妇	沈家门	商业	20	1
13	沈阿华、沈洪根	沈家门	商业	20	1
14	沈欢连	高明桥	商业	20	1
15	梁百鸣	后荆村	商业	20	1
15	梁金水	后荆村	商业	20	1
15	梁寿鹏	后荆村	商业	20	1

2020年纤石村个体户一览表

表 2-5-6

序号	业主姓名	名称	地址
1	姜祖立	姜祖立健康咨询服务部	4组
2	张雪山	伟山饭店	9组花园桥48号
3	黄春花	黄春花餐馆	农贸市场24号
4	梁金水	梁国农超市	15组后荆村10号
5	沈元康	康宇五金经营部	9组花园桥9号
6	王锦培	民强家政服务部	4组
7	周水文	文岚挖掘机租赁	花园桥农贸市场二楼201
8	赵林珠	赵林珠副食品店	15组后荆村25号
9	沈冠斌	翠宇图文设计工作室	5组韩曹村15号
10	王万芳	康芳电梯经销服务部	13组北草圩2号
11	周娟丽	周娟丽五金经营部	2组27号
12	金中强	金中强经营部	6组油车桥
13	金国良	良渚建材经营部	6组油车桥
14	沈卫民	良安建材经营部	9组花园桥48号
15	赵建月	蜀国图文设计工作室	4组
16	张强	清书便利店	4组自然村42号
17	董秋莲	董秋莲小店	纤石村村委19号
18	陈凯	陈凯农家乐	2组万岁桥47号
19	何慈平	慈平机械设备租赁服务部	7组油车桥82号
20	沈珍美	名锐百货经营部	9组花园桥10号
21	宋红英	睿美建材商行	6组油车桥42号
22	金雪梅	雪梅办公设备租赁服务部	花园桥农贸市场1号
23	俞其鹏	启华商贸商行	花园桥农贸市场37号
24	宋颖	乐品便利店	花园桥农贸市场14号
25	沈璐钦	璐钦副食品店	花园桥农贸市场18号
26	杜家华	杜家华餐馆	花园桥农贸市场29号
27	周根南	周根南餐馆	花园桥农贸市场34号
28	屠利亚	屠利亚餐馆	纤石村村委4号
29	徐信荣	信荣建筑材料经营部	5组韩曹村

续表 2-5-6

序号	业主姓名	名称	地址
30	王雪丽	宏恩灯饰商行	2 组俞家兜 47 号
31	沈冠斌	新轮百贸经营部	5 组韩曹村 15 号
32	宋月伟	品鲜餐饮店	1 组草里坝新苑 1 号
33	韩水定	安溪水庭食品	3 组本人家中
34	梁树云	树云园林绿园	上纤埠
35	梁树云	树云石料加工厂	5 组韩曹村
36	金连英	金连英点心店	安溪农贸市场
37	金雪娥	雪娥五金店	安溪桥南村
38	陆建强	陆建强小店	2 组俞家兜家中
39	邵雪珍	雪珍副食品店	5 组上纤埠
40	俞福英	福英小店	1 组草里坝新苑
41	俞小毛	俞小毛小店	5 组韩曹村
42	金顺才	金顺才小吃	纤石村村委 11 号
43	郭忠良	品惠鲜农家乐	1 组草里坝新苑 26 号
44	金标	钱塘人家	1 组草里坝新苑 11 号
45	马静静	马逗逗批发超市	9 组花园桥 17 号
46	沈文良	沈文良副食品店	11 组文祥官 25 号
47	周雪高	雪高副食品店	2 组俞家兜 92 号
48	金风子	金风子副食品店	7 组油车桥 62 号
49	廖俊富	俊富副食品店	9 组花园桥 12 号
50	叶建旺	叶建旺副食品店	1 组草里坝新苑 4 号
51	徐根华	徐根华副食品店	花园桥农贸市场 1 号
52	沈文建	沈文建水果店	7 组油车桥 36 号
53	金掌子	掌子副食品店	1 组草里坝新苑 36 号
54	吴高法	吴高法餐馆	花园桥农贸市场 10 号
55	应德勇	应德勇餐馆	纤石村村委 2 号
56	姚祥芬	姚祥芬小吃店	花园桥农贸市场 6—1
57	罗风珠	何炳松(罗风珠)餐馆	花园桥农贸市场 3 号
58	陈幸建	陈幸建农机维修部	15 组后荆村

二、食品配送

杭州远强食品有限公司 成立于2007年2月，坐落于纤石村2组万岁桥62号,法定代表人周水文,有职工6人。企业主要是专业配送学校早餐。产品有知味观包子、嘉兴红船粽子、佑康包子、五丰包子、牛奶、点心等产品。公司注重产品质量第一,立足市场,旨在做“优质、高效、拼搏、敬业、诚信”的企业,规范企业管理。公司年经营额500万元。2020年,由于新冠肺炎疫情,年销售收入大幅下降,销售额仍达335万元,8名员工全部缴纳养老保险。

第六章　金融　税务

中华人民共和国成立后，在上纤埠上开设了纤石信用社，是村内第一家也是唯一的一家存贷业务的金融单位。信用社以股份形式，每股股金为2元，股数不限，参与入股农户占当时村域内全部农户的90.1%。信用社成立后，采用多种办法鼓励农户踊跃参股，摒弃中华人民共和国成立前金融秩序中高利贷等不正当的剥削行径，为新经济秩序营造了良好的经济环境，为农业生产发展和村民生活提供了良好的经济支柱。存贷款业务不断扩大，信用社得到了发展。

第一节　信用合作社

一、纤石信用社

1954年，成立纤石信用社，开设在上纤埠集市上，在纤石一带各村开展业务，当时参加农户占总农户的90.1%。沈雪庆任专职工作人员（会计），主任均由原乡镇长、副乡镇长兼任。

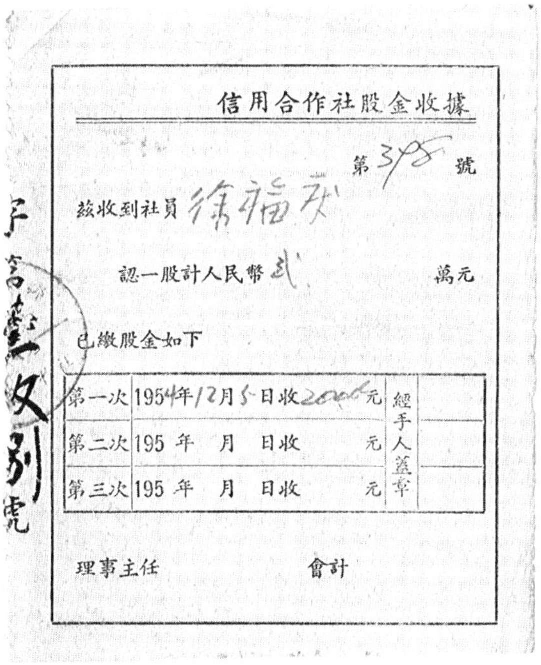
信用合作社股金收據

第　號

茲收到社員

認一股計人民幣　萬元

已繳股金如下

第一次	1954年12月5日收　元	經手人蓋章	
第二次	195　年　月　日收　元		
第三次	195　年　月　日收　元		

理事主任　　會計

信用合作社股金收据　　徐美根供稿

建社初期，农民以股金形式入股参与，每股2元，参股后即为信用合作社社员身份，每年分红一次，以火柴、肥皂、毛巾之类的日常用品货物分红。到1958年后按利益所得四六分成，60%提取公益金，作扩大生产之用，40%为股金分红。在开展本社的存款、贷款的业务之中，信用社设立了理事会、监事会。理事会由各村选一位社员为理事，监事会由3—5名社员组成。负责监督信用社的各项金融业务工作，尤其是存款、贷款的业务事项。

由于行政区域的调整，信用社合并，1956年安溪、纤石信用社合并为安溪乡信用社，地址位于安溪集镇前街上。在1958年公社化时期，信用社与国家银行营业合并，称安溪公社信用部，下设分部，即信用社。1961年恢复公社信用社。到1969年农村信用社由贫下中农管理，建立贫下中农管理委员会。1984年恢复乡镇建制，设立乡镇信用社，纤石信用社照常营业，展开存贷款业务。1988年1月9日，余杭县成立县农村信用合作联合社，各乡镇信用社归余杭县农村信用合作联合社管辖，设良渚镇中心信用社，安溪信用合作社、纤石信用社照常营业。在1994年信用机构稍作调整，安溪信用社不变，纤石点不再营业。2001年，安溪合并为良渚农村信用合作社，总部位于勾庄路51号。

杭县安溪乡信用合作社社员证　徐美根供稿

二、存贷业务

存款　中华人民共和国成立后，新的社会主义银行信贷制度产生，具有为民办实事的统一性、计划性和生产性的三大特点。存款种类有活期、定期等多种形式。

农业贷款　始于中华人民共和国成立初期。对农民以实物形式发放春耕种子、肥料贷款，副业贷款，小型农田水利建设贷款，手工业生产贷款，生产农具、耕畜贷款，农民生活贷款等。1952年，实物贷款停办至今，转为以货币发放。在国民经济恢复时期，发放农业贷款以帮助农民解决生产、生活上的困难为主，“一五”建设中，农业贷款重点用于支持互助合作、农田水利基本建设。1954年，农村信用合作社成立初，贷款就用于集体购买耕牛、农用船。个人贷款用于购买口粮、肥料、小农具及猪、羊、小鸡、小鸭等。“大跃进”调整时期，农业贷款以适用群众，讲究实效，有借有还，按期归还为基本原则。中

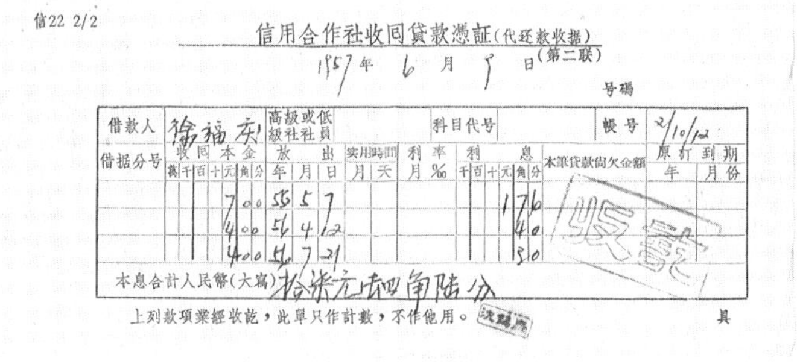
信22 2/2

信用合作社收回貸款憑証(代还款收据)

1957年 6月 7日(第二联)

号碼

借款人	徐福东	高级或低级社社員		科目代号		帳号	2/10/12
借据分号	收回本金	放出（年 月 日）	实用時間（月 天）	利率（月 ‰）	利息	本筆貸款尚欠金額	原訂到期（年 月份）
	7.00	55 5 7			1.76		
	4.00	56 4 12			.40		
	4.00	56 7 21			.30		
本息合計人民幣(大寫)	拾柒元陆角陆分						

上列款項業經收訖，此單只作計數，不作他用。　具

信用合作社收回贷款凭证　徐美根供稿

共十一届三中全会后,改革开放的步伐迅猛和快速,农业贷款支持重点开始从集体农业生产转型到支持乡(镇)、村企业发展和家庭联产承包户、专业户的模式之中。2000年,信用社牢固树立为"三农"服务的宗旨。

工商贷款　以供销合作社和私营工商业为主要扶助对象,支持工商业的发展。从1992年起按照"抓大放小"的方针,支持"强强联合",扩大企业规模,推动企业向上稳步前进。1996年,确定对具备"龙头""苗头""拳头"的"三头"企业予以重点支持和推广。

农副产品预购定金贷款　始于1975年,境内农副产品预购定金贷款项目包括蚕桑、茶叶、粮油、生猪等,是一种特别贷款,对农业生产和村民生活水平,起到了一定的促进作用。

乡镇企业贷款　是信用社为发展社队、乡镇企业,给予支持互助的一种贷款。1958年贷款主要对象是农具制造厂、土化肥厂、生产大队碾米加工厂。1986年,实行"多存多贷"原则,支持企业引进新技术、开发挖掘新产品、技术改造等。

农业政策性贷款　信用社筹措农业政策性信贷资金,办理农副产品的储备、收购、调错、批发、加工、扶贫贴息、综合开发、农林的水利基本建设及技术改造贷款;办理中央和省级政府的财政支农资金的拨款。围绕"按保护价敞开收购农民余粮,粮食收储企业实行顺价销售,农业发展银行收购资金封闭运作"三大政策贯彻执行。

第二节　民间借贷

一、借款

自古以来民间就有借贷活动,以亲帮亲、以邻帮邻的形式居多。清末有私营典当及钱庄,形成商贾、绅士或官家参与的以营利为目的,并带有高利贷剥削性质的专营借贷。直到中华人民共和国成立后,民间借贷形式经历了从提倡、限制、代替到保护的过程,今依然存在。

二、兜会

民国期间以前,民间以兜会、高利贷等借贷为主,兜会(俗称"做会")以按期出资和轮流收回为特点,参加者均为亲朋好友,以帮助发起人(称"头会")为主,以解决临时困难为目的,具有互助性质。每一次做会为10人左右,金额根据与会者的能力和发起人的需要而定,有结息的,也有不计息的。以解决会员婚丧、疾病、口粮、修房等困难为主,金额一般每人出一斗至五斗米之值,数目不等。

三、高利贷

以利息特别高为特点,并告诉贷款人可以抵押房产、田契等财产。民国时期发放高利贷者多为地主、乡绅、富贾商人,也有惯以为生的放高利贷者。此时一般农民每逢青黄不接、灾难、疾病、修建房屋之际,债主凭高利贷剥削农户,借款期限一般是春借秋还,利息很高一般为2—3分。高的还有“对合利”(加倍利)、“出门利”(利息先扣)、“利滚利”(利上加利的复息计算)。中华人民共和国成立前,高利贷有三种盘剥形式,一是“白吊米”,是将不成熟的稻谷押解放贷。二是出卖“白吊蚕桑”,即将未育的蚕和桑作为抵押借贷。三是所谓的借“印子钱”,其实是放高利贷的一种俗称。借印子钱的农户是生活所迫,没有任何取代之路可走,万般无奈才迈出的一步,因为印子钱的利息很高很高,一般来说承受不住。

中华人民共和国成立初期,农民家庭底子薄,银行信用社机制不尽完善,资金链上不充裕,农民群众遇到经济困难之时,仍然需要求助于民间借贷,春借秋还一般利息在20%—40%。20世纪60年代初,银行信用社贷款主要是集体生产贷款,对生活上的贷款控制很严,高利贷有所抬头。1963年10月,中共中央、国务院批转中国人民银行总行《关于整顿信用社打击高利贷的报告》,至1964年1月,中共中央批转邓子恢所作的《关于城乡高利贷活动情况和取缔办法的报告》,报告中指明:“一切借贷活动月息超过1分5厘,视为高利贷。月息不超过1分5厘的视为正常民间借贷。”从此,民间借贷是否为高利贷有法律依据,政策上有了着落。

四、典当质押贷款

南北朝时已有,南宋时规模较大的寺庙,以殷实、富庶的庙宇储藏钱财,供人质借,并且盛盈不减,典当营业对象为一般农民、小生产者。营业范围较任何经营抵押放贷的金融机构都大,抵押物为衣饰、器皿、金属制品及珠宝翠玉均可,为期一般为18个月,此期限内随时可以赎,逾期两个月的称“绝当”,典当之物自由处理。金银及人造丝织物等期限为12个月。

五、钱庄放款

钱庄是专门办理存款、放贷、汇款的商办金融机构,营业对象以工商业为主,同时还办理个人存款、放款,分短放、长放、同上拆放、往来走支等多种形式。

一般来说,凡存、放、汇各项业务的数额、期限、利率等事项,均可以面谈,当时拍板,效率极高。

第三节 农业税

一、田赋

田赋为最早的农业赋税,俗称皇粮,又称钱粮,是以土地的收益为课征标准,按年定期征收的一种土地税。

赋税之名,自古有之。田赋起源于夏代,有“分田赋税,十一而赋”的规定,以后各朝或沿旧制,或做变革,出现田赋、田粮、徭役、征课、厘金、捐税等名称。田赋一直为主要税种,清朝后期商品经济发展,工商税收增多,“关商贾钱,置局设卡、征收厘金”。民国元年(1912)改田赋为地丁和抵补金(系将原征之漕南米改征银两之称),嗣后改为上、下期田赋,又改征实物。

中华人民共和国成立后,田赋及公粮合并,统称为农业税,实行评产计征。同时开展农村特产农业税、契税,征收范围和税率时有变动。1978年改革开放后,城乡出现多种经济成分,多种经营方式。20世纪90年代农业有四种税种。2001年起停止征收农业特产税、屠宰税。2005年12月29日,中共十届全国人大常委会第十九次会议决定,从2006年1月1日起正式废止《中华人民共和国农业税条例》。2006年村内全面取消农业税,结束了几千年来农民种地需交“皇粮国税”的历史。农业税的取消,极大地调动了农民积极性,又一次解放了农村生产力。

二、查田定产

1949年冬至1952年冬,中国各地结合征收公粮、土地改革、颁发土地证,开展清查纳税田地面积和评定田地常年产量(当时称“常年应产量”)的群众性运动,这是征收农业税前的一项基础工作。常年产量是指各种田地的自然条件和当地一般经营条件及种植习惯,在平常年景下全年所应收获的产量。

查田 采用“群众自报互查,辅以简易丈量”的方法,即广泛发动农民群众结合征粮、土改、发证,开展群众性自极和互查,同时根据当地情况,进行一些必要和可能的简易丈量,开展反瞒田斗争,对所有田地清查核对,对面积不清的进行实地丈量。

定产 采用“群众评议,政府核定”的方法,农民群众代表组成评议委员会,评出各种田地定产的初步意见,政府根据群众意见进行比较、协商、调整并核定。查田定产后,为贯彻执行新的1951年中央人民政府财政部公布《农业税查田定产工作实施纲要》,详细规定了查田定产的步骤和方法。村内按相关精神,实施开展此项工作。为农业税制度打下良好的基础,也是鼓励农民积极生产的重要措施。

三、农业税率

中华人民共和国成立后征收的农业税、农业物产税、耕地占用税、契税简称“农业四税”,也称“财政四税”,是财政部门直接征收的税种。取之于民,用之于民,同旧中国的田赋、田粮有本质的区别。

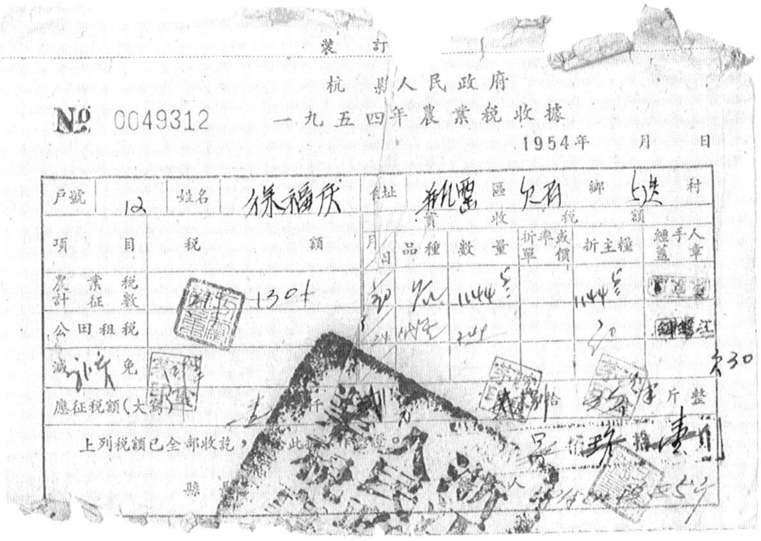
装订
杭县人民政府
№ 0049312 一九五四年農業稅收據
1954年 月 日

戶號	12	姓名	徐福庆	住址	區	鄉	村
項目	稅額	實收稅額					
		月日	品種	數量	折率或價單	折主糧	經手人蓋章
農業稅計征數							
公田租稅							
減免							
應征稅額(大寫)							

上列稅額已全部收訖
縣

杭县人民政府1954年农业税收据 徐美根供稿

中华人民共和国成立后,按《浙江征收农业税暂行办法》,将公粮、田赋、公柴及各种附加负担合并,统一征收农业税。按农户田亩等级和占有土地多少,分等16级简易累进计征。1950年9月实行40级全额累进税制,以户为单位,按农业人口计算,人均全年农业收入累进计征。人均75公斤以下者免征;超过75公斤计征,税率3%—42%,地方附加按征税15%计征,正附税并串征收。1953年改为有起点的24级全额累进税制,税率7%—30%。1995年,《浙江省农业税实行细则》颁布,规定以户为单位,按农业人口计算,人均常年产量在225公斤以上者,农业税地方附加减为5%,正附税并串征收;不满225公斤者免征附加。

四、以粮代税

农业税是中华人民共和国成立后农业税种之一,是由财政部门直接征收的税种。农业税以粮食征收为主。以粮代税即农民按税负向国家缴纳粮食——交公粮,完成征税。

1988年农业税实行“实物征收,货币结算”的方法。代金的价格,按稻谷国家统一收购价折算。

1989 年农业税征收实行“双道价”,10 月底以前入库的按早稻谷定购价每 50 公斤 22.2 元计征;11 月 1 日以后按晚稻谷定购价每 50 公斤 26.8 元计征。

1993 年计税代金价每 50 公斤 28.7 元。

1994 年调整为 44 元。

1967 年各大队农业税任务落实一览表

表 2-6-1

大队	1966 年农业税完成						1967 年农业税任务					
	税额数（斤）	计税产量（斤）	正税率（%）	正税（斤）	附加（斤）	合计（斤）	正税（斤）	附加（斤）	合计（斤）	现粮（斤）	代金 数量（斤）	代金 金额（元）
前进	67563	587363		58736	8809	67454	58736	8809	67454	67454		
新联	90451	786531		78634	11795	90429	78634	11795	90429	90429		
中心	41023	356723		35672	5351	41023	35672	5351	41023	41023		
建新	53276	463260		46326	6950	53276	46326	6950	53276	53276		
渔种场	4068	33054	10.7	3357	531	4068	3537	531	4068		4068	374.26

注:1 斤=0.5 公斤。

五、取消农业税

2005 年 12 月 29 日,第十届全国人民代表大会第十九次会议通过关于废止《中华人民共和国农业税条例》的决定,自 2006 年 1 月 1 日开始,废止了农民缴纳农业税的规定。浙江省于 2005 年 1 月 1 日全面取消农业税。这一举措属于解决“三农”问题的措施之一,减轻了农民负担,体现了中国以工业发展来带动保障农业发展的政策,也是中国政策开放转型新时期的全体系。这意味着中国沿袭两千年之久的这项传统税收的终结。停止征收农业税不仅减少了农民负担,增加了农民的公民权利,体现了现代税收中的“公平”原则,同时还符合“工业反哺农业”的趋势。

第三编

政　　治

纤石村委办公楼　　沈农高 摄

第一章 党派群团组织

中华人民共和国成立后,纤石村中国共产党的组织开始形成,并设2个党支部。四村、五村为东片党支部,徐福庆任书记;六村、七村为西片党支部,沈永金任书记,但资料甚少。之后村内党组织逐渐健全。随着村行政建制的变化,及时调整村级党组织。历届党的组织在纤石村的土地改革、人民公社、家庭联产承包和新农村建设发展等历次重大运动中发挥着巨大的作用。

随着党员的发展,组织的壮大,村级党组织从党支部发展到党总支和党委。2008年设立村党委,作为基层党组织,带领党员不忘初心、牢记使命,奋力前行,发挥战斗堡垒和政治核心作用。

中国共产主义青年团是中国共产党领导的先进青年的群团组织,是广大青年在实践中学习中国特色社会主义和共产主义的学校,是中国共产党的助手和后备军。

村级团组织在村党组织的领导下,根据《中国共产主义青年团章程》和村的实际开展工作。健全团的组织,在村的经济建设中发挥了积极的作用。

妇联是妇女的群众组织,是中国共产党领导下的人民团体。纤石村妇女联合会围绕各时期工作中心,开展工作。在新时代以服务大局为工作主线,以联系和服务妇女为根本任务,以代表和维护妇女权益、促进男女平等和妇女全面发展为基本职能。纤石村妇女联合会坚持改革创新,在开展妇女权益保护,创"文明家庭",创"美丽庭院",指导垃圾分类,调解邻里纠纷等活动中发挥重要作用。

第一节 中共基层组织

一、村级中共组织

纤石村党员和党组织从无到有,从小到大。1949年5月,纤石村解放,当时仅有几名党员,徐福庆、沈永金系村内最早加入中国共产党的党员。之后村民积

村党委换届选举大会(2008 年) 宋悦忠供稿

极加入中国共产党,党员人数逐渐增多,1953 年建立村党支部,从初级社—高级社—大队—村组织建设中不断提升和完善。2003 年 9 月村党支部改设党总支部,2008 年 4 月改设党委,下设网格支部,并根据生产工作及时调整网格支部。2020 年有网格支部 4 个,党员 166 名,其中 50 年以上党龄党员 28 人。

从初级社、高级社、人民公社到改革开放各个时期,村级党组织健全完善,党员队伍不断发展壮大。

纤石村历任党组织及组成人员一览表

表 3–1–1

大队(村)	党组织	书记	委员	任职时间
中心合作社	党支部	黄子来		1953—1954 年
新联合作社	党支部	朱耀根		
高明合作社	党支部	梁永梅		
油车桥合作社	党支部	沈士林		
中心高级社	党支部	黄子来		1954—1958 年
联合高级社	党支部	沈玉生		
新联大队	党支部	梁永桥		1958—1961 年
中心大队	党支部	黄子来		
油车桥大队	党支部	沈士林		1961—1967 年
草里坝大队	党支部	章阿寿		
沈家门大队	党支部	沈玉生		
后荆村大队	党支部	梁永梅		
上纤埠大队	党支部	陈玉根		
花园桥大队	党支部	朱耀根		

续表 3-1-1

大队(村)	党组织	书记	委员	任职时间
建新大队	党支部	章阿寿		1967—1968 年
中心大队	党支部	周阿德		
新联大队	党支部	朱耀根		
前进大队	党支部	梁永梅		
胜利大队	党支部	朱耀根		1968—1971 年
		章阿寿		1971—1977 年
		周雪洪		1977—1983 年
上纤埠村	党支部	金东根　郭炳荣(副)	施德金　周雪华	1983 年 4 月—1987 年
		周志法	严耀生　施德金	1987—1991 年
		严耀生		1992—2003 年
花园桥村	党支部	沈炳耀		1983—1998 年
		沈子根		1998—2001 年
		沈永林		2001—2003 年
沈家门村	党支部	梁有连		1983—1992 年
		陈雪连		1992—2003 年
纤石村	党总支部	严耀生		2003 年 9 月—2008 年 4 月
	党委	严耀生		2008 年 4 月—2011 年 6 月
		陈国忠		2011 年 6 月—2012 年 5 月
		沈德强		2012 年 5 月—2020 年 7 月
		王祖龙(第一书记)		2020 年 4 月—
		苏文海		2020 年 7 月—

纤石村历任党组织负责人简介

黄子来(1927—1995),1953 年加入中国共产党。1953—1961 年任中心初级社、高级社、中心大队党支部书记。

沈士林(1921—1991),1953 年加入中国共产党。1953—1954 年任油车桥初级社党支部书记,1961—1967 年任油车桥大队党支部书记。

朱耀根(1927—2004),1950 年 6 月加入中国共产党。1953—1954 年任新联初级社党支部书记,1961—1971 年任花园桥大队、新联大队、胜利大队党支部书记。

沈玉生(1929—2012),1954年加入中国共产党。1954—1958年任联合高级社党支部书记,1961—1967年任沈家门大队党支部书记。

金东根,1936年9月生。1966年10月加入中国共产党。1983—1987年任上纤埠村党支部书记。

周子法,1946年7月生。1985年10月加入中国共产党。1987—1991年任上纤埠村党支部书记。

严耀生,1959年10月生。1987年12月加入中国共产党。1992—2011年任上纤埠村党支部书记、纤石村党总支部书记、党委书记。

沈炳耀,1943年6月生。1966年9月加入中国共产党。1983—1998年任花园桥村党支部书记。

沈子根,1945年9月生。1986年12月加入中国共产党。1998—2001年任花园桥村党支部书记。

沈永林,1960年11月生。1992年6月加入中国共产党。2001—2003年任花园桥村党支部书记。

梁永梅(1931—2018),1953年4月加入中国共产党。1953—1954年任高明初级社党支部书记,1961—1968年任后荆村大队、前进村大队党支部书记。

梁永桥(1926—2012),1956年加入中国共产党。1958—1961年任新联大队党支部书记。

章阿寿(1930—2013)，1956年12月加入中国共产党。1961—1968年任草里坝大队、建新大队党支部书记，1971—1977年任胜利大队党支部书记。

陈玉根(1933—1998)，1957年加入中国共产党。1961—1967年任上纤埠大队党支部书记。

周阿德(1934—2003)，1966年加入中国共产党。1967—1968年任中心大队党支部书记。

周雪洪(1939—1992)，1974年加入中国共产党。1977—1983年任胜利大队党支部书记。

梁有连，1949年2月生。1970年2月加入中国共产党。1983—1992年任沈家门村党支部书记。

陈雪连，1957年8月生。1979年5月加入中国共产党。1992—2003年任沈家门村党支部书记。

陈国忠，1974年3月生。1998年7月加入中国共产党。2011—2012年任纤石村党委书记。

沈德强，1962年4月生。1992年12月加入中国共产党。2012—2020年7月任纤石村党委书记。

苏文海，1978年10月生。2000年7月加入中国共产党。2020年7月起任纤石村党委书记。

二、网格支部

网格党支部，是新时代社会治理背景下，党组织最基础的“神经末梢”，也是党建引领基层治理的有效途径。支部建在网格上，服务群众零距离，是深入开展基层党建改革实践，创新基层党务工作方式方法，探索以标准化、规范化提升网格党支部的战斗堡垒作用的新路子。

网格党支部承担着网格党的建设、网格建设、民主政治建设、精神文明建设等方面的重要工作任务，是网格各类组织和各项工作的核心。其主要职责是：1.宣传党的路线、方针、政策和国家的法律法规，执行上级党组织的决议，领导本网格的建设、管理和服务。2.认真贯彻民主集中制原则，讨论决定本网格党建、服务等工作。3.领导网格工、青、妇等群众组织，协调网络内村民之间的关系。4.协调组织党员参与网格建设和网格服务工作，协助有关单位党组织对在职党员进行监督。5.密切联系群众，倾听群众呼声，反映群众的意见和要求。加强网格精神文明建设，做好思想政治工作。6.加强网格党组织的自身建设，搞好党员教育、管理和监督，督促党员履行义务，严格执行党的纪律，保障党员民主权利，做好入党积极分子教育培养和预备党员转正工作。

村内网格党支部根据村的中心工作任务适时进行了调整。2014—2017 年根据村民小组设置网格支部，即设 15 个网格支部，2017 年至 2020 年 8 月改设 4 个网格支部。2020 年 8 月以后改设 6 个网格支部。

2014—2020 年纤石村网格支部设置一览表

表 3-1-2

时间	网格支部名称	书记	委员	所辖党员范围
2014 年至 2016 年	第一网络支部	宋水根		1 组
	第二网络支部	周子法		2 组
	第三网络支部	严耀生		3 组
	第四网络支部	杜家华		4 组
	第五网络支部	沈建明		5 组
	第六网络支部	金永庭		6 组
	第七网络支部	金凤兴		7 组
	第八网络支部	沈祥根		8 组
	第九网络支部	沈元康		9 组
	第十网络支部	沈水元		10 组
	第十一网络支部	沈元国		11 组

续表 3-1-2

时间	网格支部名称	书记	委员	所辖党员范围
2014 年至 2016 年	第十二网络支部	冯金松		12 组
	第十三网络支部	沈国强		13 组
	第十四网络支部	王　垒		14 组
	第十五网络支部	陈如庆		15 组
2017 年至 2020 年 8 月	上纤埠网格支部	黄伟芳		2、3、4、5 组
	花园桥第一网格支部	金国超		6、7、8、9 组
	花园桥第二网格支部	苏文海 周能豪		1、10、11、12 组
	沈家门网格支部	沈生根		13、14、15 组
2020 年 8 月至今	上纤埠第一网格支部	梁　波	周杭家、严耀生	2、3 组
	上纤埠第二网格支部	黄伟芳	杜家华、沈建明	4、5 组
	花园桥第一网格支部	沈　斌	金永庭、金凤兴	6、7、8 组
	花园桥第二网格支部	宋红丽	沈水元、沈建潮	1、9、10 组
	沈家门第一网格支部	陈如庆	冯　英、沈元国	11、12、15 组
	沈家门第二网格支部	沈生根	王　垒、沈国强	13、14 组

表 3-1-3

纤石村党员一览表

序号	姓名	性别	出生年月	工作单位	入党年月	所属支部
1	周雪根	男	1933 年 12 月	退休	1956 年 12 月	上纤埠
2	周锦明	男	1947 年 7 月	退休	1968 年 2 月	上纤埠
3	陆元坤	男	1934 年 5 月	退休	1971 年 9 月	上纤埠
4	俞德有	男	1948 年 11 月	退休	1979 年 4 月	上纤埠
5	周志法	男	1946 年 7 月	退休	1985 年 10 月	上纤埠
6	俞云龙	男	1990 年 10 月	优行供应链管理有限公司	2010 年 8 月	上纤埠
7	王林琴	女	1990 年 5 月	自由职业	2012 年 12 月	上纤埠
8	周杭家	男	1993 年 7 月	杭州鲲腾建设有限公司	2012 年 12 月	上纤埠
9	周水洪	男	1944 年 9 月	退休	1966 年 9 月	上纤埠
10	周水文	男	1959 年 10 月	经商	2013 年 10 月	上纤埠
11	陆凯琳	女	1992 年 11 月	个体	2014 年 7 月	上纤埠
12	韩炎根	男	1950 年 3 月	退休	1971 年 3 月	上纤埠
13	周锡华	男	1947 年 12 月	退休	1974 年 11 月	上纤埠
14	孙根耀	男	1957 年 1 月	退休	1977 年 10 月	上纤埠

续表 3-1-3

序号	姓名	性别	出生年月	工作单位	入党年月	所属支部
15	俞建祖	男	1966 年 3 月	个体	1986 年 11 月	上纤埠
16	严耀生	男	1959 年 10 月	退休	1987 年 12 月	上纤埠
17	曹文龙	男	1954 年 7 月	退休	1991 年 6 月	上纤埠
18	金东根	男	1936 年 9 月	退休	1966 年 9 月	上纤埠
19	金根火	男	1949 年 1 月	退休	1970 年 1 月	上纤埠
20	陈世龙	男	1951 年 10 月	退休	1997 年 11 月	上纤埠
21	陈建忠	男	1957 年 11 月	退休	1980 年 6 月	上纤埠
22	陈志义	男	1949 年 3 月	退休	1991 年 6 月	上纤埠
23	周勤华	男	1962 年 6 月	南方泵业股份有限公司	1991 年 7 月	上纤埠
24	杜家华	男	1964 年 9 月	个体	2005 年 6 月	上纤埠
25	赵玲虹	女	1988 年 10 月	纤石村委	2009 年 6 月	上纤埠
26	金　彪	男	1974 年 12 月	个体	2018 年 11 月	上纤埠
27	周倩雯	女	1997 年 11 月	仁和街道东风小学(代课老师)	2019 年 12 月	上纤埠
28	俞生梅	男	1935 年 2 月	退休	1966 年 9 月	上纤埠
29	沈建明	男	1973 年 10 月	杭州比亚迪汽车工业园	1997 年 3 月	上纤埠
30	沈伟平	男	1960 年 4 月	退休	1998 年 6 月	上纤埠
31	黄伟芳	女	1975 年 3 月	纤石村委	1999 年 11 月	上纤埠
32	陈建忠	男	1974 年 12 月	个体	2008 年 10 月	上纤埠
33	陈　俊	男	1983 年 3 月	衢州物产中大医养服务有限公司	2008 年 2 月	上纤埠
34	陈晓燕	女	1996 年 8 月	自由职业	2010 年 4 月	上纤埠
35	沈韬杰	男	1990 年 6 月	杭州优看科技有限公司	2011 年 11 月	上纤埠
36	毛晓俊	男	1982 年 6 月	洋俊汽车生活馆	2011 年 10 月	上纤埠
37	乐碧云	女	1994 年 5 月	杭州柏菲伦定制家居有限公司	2015 年 5 月	花园桥(第一)
38	周晨露	女	1999 年 9 月	自由职业	2019 年 6 月	花园桥(第一)
39	金寿林	男	1943 年 12 月	退休	1965 年 12 月	花园桥(第一)
40	金文林	男	1942 年 1 月	退休	1966 年 8 月	花园桥(第一)
41	金雪年	男	1939 年 2 月	退休	1979 年 4 月	花园桥(第一)
42	金贵州	男	1965 年 2 月	桐庐矿场	1994 年 7 月	花园桥(第一)
43	金欢娣	女	1972 年 11 月	钱塘人家餐饮店	1995 年 12 月	花园桥(第一)
44	金建德	男	1962 年 6 月	自由职业	1998 年 6 月	花园桥(第一)
45	金永庭	男	1969 年 11 月	自由职业	2010 年 8 月	花园桥(第一)

续表 3-1-3

序号	姓名	性别	出生年月	工作单位	入党年月	所属支部
46	金杭艳	女	1995 年 1 月	北京京视健康科技有限公司杭州分公司	2016 年 5 月	花园桥(第一)
47	金佳蓉	女	1994 年 11 月	北部软件园公司	2017 年 5 月	花园桥(第一)
48	金霞萍	女	1998 年 4 月	良渚二小(代课老师)	2019 年 12 月	花园桥(第一)
49	金子浩	男	1944 年 10 月	退休	1964 年 11 月	花园桥(第一)
50	金子惠	男	1942 年 10 月	退休	1966 年 4 月	花园桥(第一)
51	钱子英	女	1946 年 10 月	退休	1966 年 9 月	花园桥(第一)
52	赵凤金	女	1947 年 9 月	退休	1966 年 9 月	花园桥(第一)
53	金志昌	男	1946 年 1 月	退休	1968 年 11 月	花园桥(第一)
54	金子水	男	1946 年 11 月	退休	1968 年 5 月	花园桥(第一)
55	金子香	男	1951 年 11 月	退休	1976 年 1 月	花园桥(第一)
56	金凤兴	男	1965 年 10 月	自由职业	1994 年 7 月	花园桥(第一)
57	金国超	男	1983 年 12 月	中国电信公司(良渚分公司)	2005 年 9 月	花园桥(第一)
58	金　操	男	1992 年 10 月	自由职业	2012 年 6 月	花园桥(第一)
59	金春霞	女	1986 年 2 月	自由职业	2014 年 12 月	花园桥(第一)
60	金泽杭	男	1994 年 8 月	平安银行股份有限公司杭州分行	2016 年 11 月	花园桥(第一)
61	金小红	女	1979 年 3 月	浙江万盛人才信息服务有限公司	2019 年 6 月	花园桥(第一)
62	陈宝林	男	1937 年 10 月	退休	1966 年 9 月	花园桥(第一)
63	徐子泉	男	1938 年 5 月	退休	1966 年 9 月	花园桥(第一)
64	梁宝林	男	1949 年 11 月	退休	1970 年 12 月	花园桥(第一)
65	沈志兴	男	1952 年 2 月	退休	1972 年 11 月	花园桥(第一)
66	沈子潮	男	1951 年 5 月	退休	1976 年 5 月	花园桥(第一)
67	徐美根	男	1952 年 5 月	退休	1979 年 3 月	花园桥(第一)
68	沈文根	男	1948 年 7 月	退休	1970 年 7 月	花园桥(第一)
69	沈建华	男	1961 年 1 月	退休	1987 年 7 月	花园桥(第一)
70	沈永林	男	1960 年 11 月	退休	1992 年 6 月	花园桥(第一)
71	徐卫平	男	1972 年 12 月	个体	1995 年 12 月	花园桥(第一)
72	沈建塘	男	1977 年 3 月	自由职业	2001 年 4 月	花园桥(第一)
73	占俊洋	男	1980 年 2 月	社会治理联动大队城管中队	2003 年 12 月	花园桥(第一)
74	朱　锋	男	1981 年 10 月	浙江金恒德控股集团有限公司	2003 年 12 月	花园桥(第一)
75	沈祥根	男	1959 年 1 月	退休	2004 年 6 月	花园桥(第一)
76	沈　斌	男	1987 年 8 月	纤石村委	2008 年 5 月	花园桥(第一)

续表 3-1-3

序号	姓名	性别	出生年月	工作单位	入党年月	所属支部
77	章玲玲	女	1988 年 11 月	中国太平洋保险(集团)股份有限公司	2009 年 5 月	花园桥(第一)
78	沈霞丽	女	1990 年 2 月	杭州西子卫生消毒药械有限公司	2010 年 1 月	花园桥(第一)
79	沈晓飞	男	1993 年 6 月	自由职业	2016 年 10 月	花园桥(第一)
80	沈炳祥	男	1930 年 12 月	退休	1956 年 9 月	花园桥(第一)
81	沈阿文	男	1946 年 12 月	退休	1966 年 3 月	花园桥(第一)
82	沈炳耀	男	1943 年 6 月	退休	1966 年 9 月	花园桥(第一)
83	林元昌	男	1951 年 12 月	退休	1970 年 11 月	花园桥(第一)
84	沈有庆	男	1949 年 9 月	退休	1973 年 9 月	花园桥(第一)
85	沈元康	男	1955 年 4 月	退休	1978 年 2 月	花园桥(第一)
86	沈建潮	男	1962 年 5 月	杭州市星光电器有限公司	1986 年 3 月	花园桥(第一)
87	沈雪平	男	1955 年 8 月	退休	2003 年 12 月	花园桥(第一)
88	沈红国	男	1971 年 12 月	贝因美股份有限公司	2012 年 11 月	花园桥(第一)
89	金晓红	女	1973 年 9 月	贝因美股份有限公司	2012 年 11 月	花园桥(第一)
90	章连明	男	1956 年 12 月	退休	1978 年 3 月	花园桥(第二)
91	郭永庭	男	1957 年 7 月	杭州巍绿农业开发有限公司	1979 年 3 月	花园桥(第二)
92	宋悦忠	男	1963 年 8 月	纤石村委	1996 年 11 月	花园桥(第二)
93	宋水根	男	1957 年 7 月	退休	2002 年 12 月	花园桥(第二)
94	宋连根	男	1961 年 3 月	退休	2007 年 7 月	花园桥(第二)
95	郭　明	男	1972 年 6 月	个体	2010 年 2 月	花园桥(第二)
96	丁楚楚	女	1988 年 11 月	浙江焦点一线文化传媒公司	2010 年 6 月	花园桥(第二)
97	宋红丽	女	1991 年 2 月	纤石村委	2011 年 4 月	花园桥(第二)
98	赵彩生	男	1952 年 4 月	退休	1973 年 11 月	花园桥(第二)
99	王子良	男	1953 年 10 月	退休	1974 年 4 月	花园桥(第二)
100	韩有法	男	1955 年 2 月	退休	1979 年 1 月	花园桥(第二)
101	梁国荣	男	1957 年 2 月	退休	1979 年 12 月	花园桥(第二)
102	韩国新	男	1959 年 6 月	退休	1982 年 7 月	花园桥(第二)
103	王金华	男	1964 年 6 月	浙江保通服务有限公司	1988 年 1 月	花园桥(第二)
104	沈水元	男	1961 年 5 月	杭州奕涵环境服务有限公司	1995 年 12 月	花园桥(第二)
105	韩国强	男	1985 年 10 月	浙江华普永明智慧光电股份有限公司杭州分公司	2006 年 1 月	花园桥(第二)
106	金明敏	男	1988 年 8 月	杭州山立净化设备股份有限公司	2011 年 4 月	花园桥(第二)

续表 3-1-3

序号	姓名	性别	出生年月	工作单位	入党年月	所属支部
107	黄小根	男	1973 年 8 月		2011 年 5 月	花园桥(第二)
108	沈香子	女	1949 年 6 月	退休	1968 年 9 月	花园桥(第二)
109	沈雪龙	男	1957 年 10 月	退休	1978 年 8 月	花园桥(第二)
110	沈子根	男	1945 年 9 月	退休	1986 年 12 月	花园桥(第二)
111	沈元国	男	1965 年 1 月	浙江西雅普康大制革有限公司	1986 年 6 月	花园桥(第二)
112	沈玉庆	男	1972 年 12 月	浙江西雅普康大制革有限公司	2000 年 4 月	花园桥(第二)
113	沈良丽	女	1988 年 4 月	杭州丹苇贸易有限公司	2010 年 1 月	花园桥(第二)
114	沈伟儿	女	1980 年 11 月	杭州风林火山文化传播有限公司	2012 年 11 月	花园桥(第二)
115	沈璐钦	女	1990 年 7 月	浙江省创业投资协会	2012 年 6 月	花园桥(第二)
116	沈敏雅	女	1994 年 7 月	华夏人寿保险公司浙江分公司	2015 年 11 月	花园桥(第二)
117	沈 沛	男	1992 年 1 月	浙江安沃律师事务所	2018 年 11 月	花园桥(第二)
118	冯秀林	男	1939 年 1 月	退休	1966 年 10 月	花园桥(第二)
119	冯雪根	男	1951 年 6 月	退休	1970 年 2 月	花园桥(第二)
120	冯阿水	男	1947 年 8 月	退休	1971 年 7 月	花园桥(第二)
121	冯金松	男	1955 年 8 月	退休	1978 年 11 月	花园桥(第二)
122	冯水林	男	1955 年 8 月	退休	1978 年 10 月	花园桥(第二)
123	冯 建	男	1981 年 11 月	滴滴公司	2004 年 9 月	花园桥(第二)
124	冯 赢	女	1983 年 3 月	杭州大陆铸造厂	2008 年 1 月	花园桥(第二)
125	冯 英	女	1978 年 9 月	杭州嘉岚印刷科技有限公司	2012 年 11 月	花园桥(第二)
126	冯杭飞	男	1983 年 1 月	公交公司	2015 年 10 月	花园桥(第二)
127	孙良永	男	1983 年 12 月	杭州鸿星电子有限公司	2017 年 11 月	花园桥(第二)
128	沈金猫	男	1943 年 10 月	退休	1966 年 10 月	沈家门
129	沈水林	男	1934 年 7 月	退休	1982 年 10 月	沈家门
130	沈农高	男	1956 年 9 月	退休	1985 年 9 月	沈家门
131	沈金莲	女	1949 年 11 月	退休	1986 年 11 月	沈家门
132	沈德强	男	1962 年 4 月	纤石村委	1992 年 12 月	沈家门
133	朱振飞	男	1960 年 8 月	退休	1998 年 8 月	沈家门
134	沈文连	女	1971 年 4 月	务农	2002 年 6 月	沈家门
135	沈国强	男	1978 年 12 月	绿城物业	2005 年 7 月	沈家门
136	裴有铭	男	1988 年 12 月	杭州交联电气有限公司	2009 年 12 月	沈家门
137	潘 良	男	1981 年 9 月	良渚街道平安建设办(综治线)	2012 年 11 月	沈家门

续表 3–1–3

序号	姓名	性别	出生年月	工作单位	入党年月	所属支部
138	梁有连	男	1949 年 2 月	退休	1970 年 2 月	沈家门
139	金根来	男	1959 年 1 月	退休	1978 年 12 月	沈家门
140	沈生根	男	1974 年 10 月	纤石村委	1995 年 6 月	沈家门
141	陈祯连	男	1958 年 4 月	退休	1997 年 11 月	沈家门
142	苏文海	男	1978 年 10 月	纤石村委	2000 年 10 月	沈家门
143	沈中敏	男	1982 年 8 月	虎哥回收	2005 年 7 月	沈家门
144	王　垒	男	1981 年 8 月	杭州奥声物业有限公司	2006 年 6 月	沈家门
145	金晓飞	女	1989 年 1 月	浙江华夏工程管理有限公司建德分公司	2008 年 6 月	沈家门
146	姚丽君	女	1987 年 6 月	自由职业	2008 年 5 月	沈家门
147	王保民	男	1975 年 8 月	拱墅区市政园林养护所	2012 年 11 月	沈家门
148	吴水芝	女	1939 年 8 月	退休	1959 年 12 月	沈家门
149	梁顺林	男	1946 年 9 月	退休	1969 年 3 月	沈家门
150	梁金海	男	1953 年 8 月	退休	1975 年 10 月	沈家门
151	沈秋娣	女	1972 年 2 月	贝因美股份有限公司	2005 年 6 月	沈家门
152	梁宝奎	男	1953 年 10 月	退休	1978 年 1 月	沈家门
153	陈雪连	男	1957 年 8 月	退休	1979 年 5 月	沈家门
154	梁文农	男	1962 年 5 月	自由职业	1984 年 12 月	沈家门
155	梁永林	男	1954 年 6 月	退休	1984 年 12 月	沈家门
156	陈幸建	男	1963 年 5 月	个体	1985 年 9 月	沈家门
157	梁文伟	男	1959 年 6 月	退休	1991 年 6 月	沈家门
158	梁洪文	男	1972 年 10 月	个体	1992 年 10 月	沈家门
159	梁苏伟	男	1957 年 9 月	退休	1996 年 7 月	沈家门
160	梁欢泉	男	1955 年 8 月	退休	1996 年 11 月	沈家门
161	沈云娣	女	1965 年 2 月	退休	1998 年 6 月	沈家门
162	梁红霞	女	1981 年 10 月	谷峰医疗器械有限公司	2010 年 11 月	沈家门
163	梁　波	男	1986 年 7 月	纤石村委	2010 年 11 月	沈家门
164	陈如庆	男	1969 年 3 月	自由职业	2012 年 4 月	沈家门
165	梁哲华	男	1990 年 3 月	社会治理联动大队良渚网格中队	2012 年 3 月	沈家门
166	沈丹丹	女	1989 年 10 月	杭州力奥科技有限公司	2019 年 6 月	沈家门

已故党员名单

1组:章阿寿、张子来、陈子羊、郭炳荣、顾庆寿

2组:周阿庭、周农根、施德金、周水洪、周金德、俞法梅

3组:俞雪有、周雪洪

4组:陈玉根、陆小毛、陈掌根、陈祖良、沈有子、周阿德、周法浩、徐阿楚

5组:陈叙水、沈有根、黄子来、陈祥年

6组:金锡顺

7组:金有才、金寿云

8组:徐福庆、朱耀根、沈锦元、陈炳荣、沈锡根、陈宝根、陈雪庆

9组:沈有梅、沈子荣、沈永金

10组:沈士林、韩阿女

11组:俞有富

12组:冯金梅

13组:沈玉生、沈春林、金子泉、沈福来

14组:金宝泉、金锦泉、金荣宝、沈子洪

15组:梁永锡、梁永梅、梁永桥、梁永根、陈绥鸿、陈吉高、梁寿福、陈岳春、沈雪荣

三、党费收缴

交纳党费是每个党员的义务,无论正式党员还是预备党员,都应交纳党费,新入党的党员从批准为预备党员的当月开始交纳党费。

村内各时期,党员交纳党费比例和数量不同,有变化。20世纪50年代,党费缴纳比例按收入的0.05%,60—70年代,按0.1%缴纳。1976年起按0.2%缴纳。90年代按0.5%缴纳。由于固定收入难以计算,一般统一为村级党员领导50元/年·人,党员10或20元/年·人。2005年后,党员干部100元/年·人,党员10—20元/年·人,在单位上班党员60元/年·人。

中共中央组织部下发《关于中国共产党党费收缴、使用和管理的规定》,从2008年4月1日起,农民党员交纳党费0.2—1元,村内党员交纳党费符合上述规定。

2019年起，按党员干部20元/月交纳，党员按15元/月交纳。党员在交纳党费中充分体现了“自觉、按时、足额”的基本要求。

2008年汶川大地震，村内党员积极主动交纳“特殊党费”。有些经济困难的党员，平时省吃俭用，大灾面前依然交纳“特殊党费”。2020年为支持新冠肺炎防控工作，党员自愿捐款，共有124名党员捐款，收到捐款22400元。捐款最多者为沈家门网格支部陈如庆，捐款7000元。徐美根、梁文伟、梁苏伟、沈伟平等在原工作单位捐款。在大灾大难前，彰显纤石村共产党人的先进性，体现了广大党员的特殊的形象，特殊的责任和特殊的情怀。

党费严格按党费使用范围使用，主要用于党员活动，作为党员教育经费的补充，并坚持“统筹安排，量入为出，收支平衡，略有结余”的原则。具体使用在以下方面：一是培训党员；二是订阅或购买用于开展党员教育的报刊、资料、音像制品和设备；三是表彰先进基层党组织、优秀共产党员和优秀党务工作者；四是补助生活困难的党员；五是补助遭受严重自然灾害的党员和修缮因灾受损的基层党员教育设施。

党费管理按照以下原则和要求：1.统一管理；2.专人负责；3.建立会计专账；4.单独立户存放；5.建立健全管理制度。

四、党员活动

村党委安排党员活动着重在以下几个方面：1.学习活动；2.专题教育活动；3.美丽乡村建设公益活动；4.抗击新冠肺炎志愿者服务活动。

学习活动 根据一个时期党的中心工作任务，结合村的实际组织党员学习，以分散学习、集中学习讨论相结合。学习内容：以学习习近平新时代中国特色社会主义思想、学习党章和上党课为主题，重温入党誓词。不忘初心、牢记使命，全心全意为人民服务，为纤石村的经济发展做表率，做贡献。集中学习以党员固定日学习为主，规定每个月15日为党员固定学习日。

2017年11月24日，村党委组织全体党员到革命圣地，党的第一大会址——嘉兴南湖接受红色教育。

主题教育 2004年11月7日，中共中央发布《关于在全党开展以实践“三个代表”重要思想为主要内容的保持共产党员先进性教育活动的意见》，决定从2005年1月开始，用一年半左右的时间，分3批在全党开展以实践“三个代表”重要思想为主要内容的保持共产党员先进性教育。村党委作为第三批开展教育

(2006年1月至7月)。全体党员普遍受到了一次党内集中教育,活动取得了显著成效。

2013年5月9日,中共中央发布《关于在全党深入开展党的群众路线教育实践活动的意见》,决定在全党自上而下分批开展党的群众路线教育实践活动。按照中央的指示和上级党委的要求,村党委组织全体党员开展并完成此项教育任务。

2016年2月28日,中共中央办公厅印发《关于在全体党员中学党章党规,学系列讲话,做合格党员的学习教育方案》,村党委组织全体党员积极认真开展此项工作,取得较好学习教育成果。

2019年5月31日,"不忘初心、牢记使命"主题教育工作会议在京召开,决定从6月开始,在全党开展主题教育村党委按"守初心,担使命,找差距,抓落实"的总要求,扎实开展此项工作,引导全体党员和领导干部牢牢把握深入学习贯彻习近平新时代中国特色社会主义思想。

主题教育对于党员来说是最好的思想教育。中共十八大以来,一系列主题教育不断开展,让很多党员干部在政治思想觉悟、政治信仰方面得到了很大提升,党的理论水平也有了很大提高,党的思想信念更加坚定,全心全意为人民服务的思想更加牢固。加强对党员干部的教育引导,才能永葆党的先进性和纯洁性,为实现中华民族的伟大复兴提供源源不断的动力。

五、党建工作

党建工作不仅包括党务工作,还包括党的政治建设、思想建设、组织建设、作风建设、纪律建设和制度建设。

村党委始终保持与人民群众的密切联系,实现维护发展好人民群众的根本利益,凝聚群众共同奋斗作为基层党建工作的创新核心,以党建工作引领村经济工作,加快农村的发展。并体现在以下几个方面:

服务基层　首先从基层和农村的工作实际出发制定工作目标与计划,千方百计解决实际困难,保证党的路线、方针、政策和上级的决定决议在村贯彻落实。

服务群众　健全群众利益表达和利益协调机制,制定群众民主议事制度,用心服务村民,使党群关系更加融洽,赢得村民群众支持。

服务中心　正确处理党务工作与村务工作关系,把党务工作融合于中心工作,做到思想上同心,目标上同向,任务上同担。

新时期党委党建工作的主要内容：

组织建设 完善组织系统，根据村工作重心，合理设置网格支部；建立党员名册、入党申请人名册以及教育培养档案。制定发展党员工作流程。按照《中国共产党党员发展工作细则》，坚持控制总量，优化结构，提高质量，发挥作用的总要求。坚持入党自愿原则，个别吸收原则，成熟一个，发展一个。加强村"新时代文明实践站""党员应急救援先锋队"建设和作用。

思想建设 加强党建理论的学习，制定党员学习制度，完善党员活动中心和党员风采专栏展示。坚持"三会一课"制度。

作风建设 制定作风建设规定。建立党员活动制度，党员行为规范制度，党员联系群众制度，党员监督制度，流动党员管理制度，党员谈话诫勉制度。

1982年3月16日，胜利大队党支部就学习贯彻《关于党内政治生活若干准则》制定学习条例，下发至各党小组。从领导做起，层层带头，一级抓一级。要求做到：1.认真学习马克思列宁主义、毛泽东思想，努力改造世界观，继续学习贯彻《关于党内政治生活若干准则》，同党内各种歪风邪气作斗争。2.坚决贯彻执行党的路线、方针、政策，坚决同党中央保持一致，抓好两个文明建设。3.支部一班人团结一致，思想上统一，工作上协调，生活上体贴。做到实事求是，开诚布公。4.充分发扬民主，增强集体领导观念，凡是涉及党的方针政策、社队招工、人事调动等，集体讨论决定。5.做到拒腐，永不沾，刹住吃喝风，不收礼，不搞特殊化。6.加强支委自身建设，坚持支委成员每月学习，每季召开组织生活会。每月28日晚上召开党小组学习生活会。每季度上一次党课。7.坚持原则，开展批评与自我批评。提倡"五讲四美"，树立社会主义新风尚，帮助生产队解决实际问题。

村党委成立党员志愿者队伍，在新冠病毒感染防疫工作中冲在前，做在先。党员在村的发展中发挥先锋模范作用，成为群众的表率，取得了优异成绩，获得各级荣誉。

1981年，胜利大队党支部获余杭县三墩区先进党支部称号。

六、纪检工作

随着改革开放的深入，社会主义经济体制逐步完善，纪检工作尤为重要，也是新形势下开展党风廉政建设的迫切需要。

村党委面对新形势、新问题和新任务，从实际出发，与时俱进，加强纪检工作，以适应党风廉政建设的要求。

2003年开始,村党委由一名党委副书记分管纪检工作,并由党委委员协助做好纪检工作。

2014年起,设村“纪律检查委员会”,设书记、委员。

历届负责人:

沈永林 2003—2014年,任村党委副书记,分管纪检工作。

黄伟芳 2003—2014年,协助党委副书记做纪检工作。

宋悦忠 2014—2017年,党委委员,分管纪检工作。

2017—2020年,任村纪律检查委员会书记。

沈 斌 2020年8月,任村纪律检查委员会书记,杜家华、沈祥根任委员。

第二节 中国共产主义青年团

中国共产主义青年团是中国共产党领导的先进青年的群团组织,是广大青年在实践中学习中国特色社会主义和共产主义的学校,是中国共产党的助手和预备军。

一、组织

根据基层团组织的要求,村自1961年起开始建立团的组织——团支部,设书记。

1961—1967年,时村内有6个大队,除后荆村大队尚无资料查实,其他5个大队均设团支部。

1967—1968年,划分4个大队后设4个团支部。

1968—1983年,合并胜利大队后有4任团组织成员,设支部书记和支委,支委5—6人组成。

1983年4月至2003年9月,胜利大队分3个行政村后,上纤埠村、花园桥村、沈家门村均设团支部,设书记。

2003年9月,合并纤石村后,设团支部,至今有5任团支部书记任职。

二、团支部活动

中华人民共和国成立后,共青团在社会建设的各个历史时期中,协助党组织积极做好工作,尤其在抗美援朝、互助合作化、“大跃进”、农业学大寨等各个时期,在政治宣传、农业生产、文化学习、文化活动中发挥了团组织突击队的带头作用,成为党的助手。

在社会主义现代化建设中,组织青年开展“学雷锋,树新风”“五讲四美”等活动,拓展了思想教育阵地。提高青年思想道德素质和科学文化素质,培养有理想、有道德、有文化、有纪律的“四有”青年。

广大团员争当“新长征突击手”,以“青年文明号”“青年文明岗”“青年岗位能手”“青年志愿”等活动载体,推动村两个文明建设的不断进步。

青年突击队 胜利大队从1975年开始,在每年的冬天与次年的春天大搞农田基本建设和农业学大寨活动,并组建了大队“团员青年突击队”,人员40余人,并由团支部书记徐美根兼突击队队长。在填港平荡、填兜运动中,青年突击队勇挑重担,发挥了重要作用。突击队组织军事化,行动战斗化,同吃同住同劳动。口号是:小雪不停工,白天加晚上。在康家涧防洪堤塘加高、韩曹村—施家兜的基耕路施工木圩—油车桥的基耕路建设、唐家渡—金边桥的良安公路基础建设、康家涧排涝机埠的配套工程——开挖新港工作中,在任务重、时间紧的情况下,青年突击队吃苦在前,战斗当先,青年突击队的旗帜在工地上迎风飘扬。在木圩平地造田运动中,田中央有一块名叫“徐介园”的杂草地,安溪公社下达胜利大队15天内完成全部土方清运任务,15天后安溪公社要在此召开造田现场会。大队党支部把这个任务交给青年突击队,接到任务后,突击队苦干加巧干,白天加夜干,并在14组金春喜家布置了广播室、高音喇叭,及时表扬工地好人好事。晚上毛泽东思想宣传队到工地演出,鼓舞士气。在全体突击队员的共同努力下,仅用13天(提前2天)出色地完成党支部交给的任务,安溪公社造田现场会在此顺利召开。

青年突击队的精神推动了全公社农田改造的热潮,徐美根被评为余杭县新长征突击手。

表3-1-4

纤石村历任团支部组成人员一览表

村(大队)	任职时间	书记	委员
草里坝	1961—1967年	周雪洪	
上纤埠		黄水英	
油车桥		金寿雪	
花园桥		陈士兴	
沈家门		沈香林	
后荆村			

续表 3-1-4

村（大队）	任职时间	书记	委员
建新大队	1967—1968 年	周雪洪	
中心大队		陈子连	
新联大队		林水根	
前进大队		沈香林	
胜利大队	1969—1973 年	林水根	王锦培、徐美根、俞福跃、沈子年、金阿毛
	1973—1974 年	王锦培	徐美根、俞福根、沈子年、金阿毛
	1974—1979 年	徐美根	沈伟平、梁文伟、严林子、沈桂法、王子良
	1979—1983 年	沈伟平	陆云忠、冯金龙、沈祥林、沈金跃
沈家门村	1983 年 4 月至 1990 年 5 月	冯金龙	
	1990 年 5 月至 1993 年 5 月	沈桂松	
	1993 年 5 月至 1995 年 5 月	沈桂松	
	1995 年 8 月至 1998 年 5 月	沈秋娣	
	1998 年 5 月至 2001 年 5 月	沈生根	
	2001 年 5 月至 2003 年 9 月	沈生根	
花园桥村	1983—1993 年	沈永林	
	1993—2003 年	陈伟丽	
上纤埠村	1986—1990 年	陆云忠	
	1990—1993 年	金　彪	
	1993—1995 年	管建永	
	1995—2003 年	黄伟芳	
纤石村	2003 年 9 月至 2008 年 4 月	沈生根	
	2008 年 4 月至 2013 年 6 月	杨其峰	
	2013 年 6 月至 2019 年 5 月	周能豪	
	2019 年 5 月至 2020 年 12 月	宋红丽	
	2020 年 12 月—	梁　波	

第三节 妇女组织

一、村级妇女组织

1949 年 5 月 3 日，杭州、杭县解放，纤石村妇女翻身得解放。

1950 年初，在杭县县委派驻各乡各村的土改工作队指导下，纤石乡四、五、六、七村各村在产生农民协会的同时，亦设有村妇女主任一职，协助农会主任与村长开展各项工作，妇女主任专管妇女工作。

1961—1966 年，纤石村内为 6 个建制村，分别建立妇女联合会。

1961—1966 年各大队妇女主任一览表

表 3-1-5

项目 村名	姓名	所辖自然村
草里坝大队	施阿娥	草里坝、施家门、万岁桥、前后桥
上纤埠大队	沈有珠	上纤埠、韩曹村
油车桥大队	冯秀娥	油车桥(东、西)、祝家兜
花园桥大队	韩阿女	陈家门、马家桥、韩家门、塘河村、花园桥
沈家门大队	沈福女	冯家门、沈家门、高明桥

1967—1968 年，纤石村内为 4 个大队，分别建立妇联组织。

1967—1968 年各大队妇女主任一览表

表 3-1-6

项目 村名	姓名	所辖自然村
建新大队	施阿娥	草里坝、万岁桥、前后桥
中心大队	沈有珠	上纤埠、韩曹村
新联大队	韩阿女	油车桥、祝家兜、韩家门、陈家门、马家桥、花园桥、文祥官
前进大队	吴水芝	塘河村、高明桥、冯家门、沈家门、后荆村

1968 年 4 个村合并为胜利大队，前后有两届妇联组织。

1968—1983 年胜利大队妇联会人员一览表

表 3-1-7

年份	主任	副主任	委员
1968 年至 1982 年 7 月	韩阿女	钱子英、沈志南	吴水芝、黄水英、沈金连、沈有珠、周宝珠
1982 年 8 月至 1983 年	沈子南	赵凤金、韩阿女	吴水芝、陆秀子、沈香子、马连子、沈新娥、沈金连

1983 年，胜利大队分为 3 个大队(村)，分别建立妇联。

1983—2013 年各大队(村)妇女主任一览表

表 3-1-8

项目 村名	姓名	任职年限	所辖自然村
上纤埠大队(村)	黄建娣	1983—1993	草里坝、万岁桥、前后桥、上纤埠、韩曹村
上纤埠大队(村)	黄伟芳	1993—2003	
花园桥大队(村)	赵凤金	1983—1998	油车桥(东、西)、陈家门、马家桥、韩家门、祝家兜、花园桥、文祥官
花园桥大队(村)	陈雪英	1998—2003	
沈家门大队(村)	沈金连	1983—2001	冯家门、沈家门、塘河村、高明桥、后荆村、北草圩
沈家门大队(村)	沈文连	2001—2003	

2003 年起,纤石村健全妇联组织,妇联设主席、副主席和委员若干。

2003—2020 年纤石村妇联组织一览表

表 3-1-9

任职年限	主任 (主席)	副主任 (副主席)	委员
2003 年 9 月	黄伟芳		
2008 年 5 月	黄伟芳		沈文莲、陈雪英、黄伟芳
2005 年至 2013 年 11 月	黄伟芳	陈雪英	冯建月、沈文莲、陈雪英、黄伟芳、管建珠
2013 年 12 月至 2017 年 4 月	黄伟芳	陈雪英	沈文莲、陈雪英、黄伟芳
2017 年 5 月至 2020 年 11 月	黄伟芳	陈雪英 沈文莲	冯建月、沈文莲、陈雪英、金欢娣、赵玲虹、黄伟芳、梁红霞
2020 年 12 月起	黄伟芳	宋红丽 赵玲虹	沈文莲、宋红丽、金欢娣、赵玲虹、黄伟芳、梁红霞、韩晓莲

二、妇女工作

秧歌队宣传政策　1949 年 6 月至 10 月 1 日，在杭县县委土改工作人员领导下,为迎接中华人民共和国成立以及宣传工作需要,村内妇女及时组织了腰鼓队、秧歌队、莲湘队,学唱《解放区的天》《三大纪律八项注意》《东方红》等革命歌曲,在农民协会开会时和下自然村表演时进行宣传。1949 年 10 月 1 日,良渚大广场举行瓶窑区庆祝中华人民共和国成立万人大会，纤石村妇女宣传队和群众每人高举小红旗一路歌唱,参加万人大会。此后,纤石村妇女秧歌队积极配合形势和政策,在各种场合积极宣传土改和肃清阶级敌人的各种宣传演出,直到人民政权的建立和巩固。在配合土地改革中,广大妇女上台控诉地主阶级的残酷剥削和欺压群众的罪行,以生动事例向反动地主阶级清算,站到了土改运动第一线,使土改运动胜利完成。

冬学民校学文化　1950 年冬季开始,政府号召翻身农民上冬学夜校学习文化、扫除文盲,纤石妇女特别是青年妇女都积极参加,通过刻苦学习,大多都脱了盲,认识了不少字。冬学夜校使纤石翻身妇女识了字,有了文化,增长了知识,提高了自身觉悟,改变了自身的形象。

站岗放哨查路条 中华人民共和国成立后,建立人民政权实行土地改革,分田分地。1950 年 10 月起,又开展了镇压反革命运动。为了防止敌特逃窜和破坏,上级布置每个村组织妇女在重要路段和关口值班站岗、对可疑行人实行查路条,无证明者到村委待查。纤石村在通良渚的金边桥、大塘边的大云寺湾、上纤埠南北两端及通安溪的路口共设五个查哨点,每个点由 3—5 名青年妇女站岗,不让一个坏人进入纤石村,大大保证了翻身农民的安全。妇女站岗查路条至 1951 年底结束。

捐献军鞋 区、乡分派各村为志愿军战士做军鞋,每户妇女至少为志愿军做一单一棉两双鞋子。为了保家卫国,各家各户都积极行动起来,以最快的速度,最好的原料,提早完成军鞋制作任务。纤石村妇女们为赶时间,都起早贪黑缝鞋底、做鞋子以实际行动支援抗美援朝。

捐献资金造飞机大炮 1950 年 10 月,抗美援朝战争开始,当时中华人民共和国刚成立,国力还不强,但战场上需要军火与物资,上级政府号召全国人民“有人出人,有力出力,有钱出钱”,支援国家和志愿军。号召大家捐钱,让国家制造飞机与大炮。纤石村村民踊跃响应,每家每户都以不同的数目,省吃俭用,拿出一定的钱,捐献给国家,村里收钱后,逐级上交,当时称“捐献飞机大炮”。纤石村妇女们觉悟很高,卖鸡蛋、纺棉纱换了钱都捐给国家,在捐献中积极带头,用实际行动来“保家卫国”。

宣传新婚姻法 1950 年 4 月 30 日,中央公布了第一部《中华人民共和国婚姻法》,5 月 1 日起就开始执行。这是公布的第一部法律,意义重大,所以全国立即掀起了宣传热潮。全国人民特别是各级妇联都积极地响应。纤石村妇联在上级党委领导下,召开妇女大会等各种会议,特别是村妇联多次召开大小会议宣传讨论新婚姻法。会议上,妇女们用村内的例子,揭露了封建婚姻的罪恶,对废除童养媳拍双手赞成,大家对寡妇不能改嫁、女子守节、强制包办婚姻、女子地位低微,漠视女子利益等封建婚姻制度进行了强烈的批判。与此同时,村内有多对童养媳解除了婚约,童养媳获得了自由。多年的寡妇也开始找对象,此后,纤石村内均实行了男女婚姻自主,并实行男女平等的一夫一妻制婚姻,封建婚姻在纤石村就此终结。

响应“爱国增产节约”运动 1951年10月至1952年,国家为了加快经济建设和工业建设,中央号召全国人民实行“爱国增产节约”,提高各行各业的生产效率,节约生产成本,增加经济收入,支援国家建设,并发行了国家公债。纤石村妇联领导全村妇女热烈响应。一是多养家禽家畜,特别是多养鸡鸭,生蛋后卖给国家,将钱购买公债。二是多种棉花,纺纱织布,投售土布卖给国家,将钱购买公债。纤石村全体妇女在“爱国增产节约”运动中,用自己的行动购买公债,支援了国家的建设。

参加田间劳动,同工同酬 1953年,纤石村内建立了中心、新联、高明桥、油车桥共4个初级农业合作社,1954年又组成了中心、联合两个高级农业合作社。在此期间,纤石村妇女开始田间生产劳动,与男社员一起干农活,除车水、掘田等农活外,种田、割稻、打稻、掘地、削地等农活和男社员一样劳动,除定额包工外,都和男劳力一样同工同酬,男劳力十分底分一天,年轻妇女最高可评七分底分一天。从此打破了历来妇女不下农田的老皇历,成了农业劳动生产中的生力军。此外,纤石村蚕桑生产发达,妇女为主力军,成为共育室养蚕的技术骨干力量和基本队伍,为集体经济发展作出了巨大贡献。

“农业学大寨”平地造田 1964—1976年,全国掀起“农业学大寨”运动,纤石村全村范围主要是搞平整土地、造田运动。全村妇女当时每人一根扁担,一双土笪,早晨4点到工地,天黑才收工,将高墩高地的泥土挑到河滨兜,又将田畈中桑树埂挑平,千方百计扩大耕田面积,造出了大寨田500余亩。在平地造田运动中,村内出现了多支“妇女突击队”。

打造好家风 从2015年开始,纤石村两委结合美丽新农村建设,在抓好“物的新农村建设”的同时,也大力抓好精神文明建设。主要是抓好“三风”建设,即“家风建设”“村风建设”“民风建设”。“三风”建设是环环相扣的,根本是家风建设。根据上级指示精神,在村妇联带领下,召开多次多种会议,学习习近平总书记有关家风建设的指示,让全体村民知晓明白家风建设的重要性、必要性。在此基础上,以组为单位由组长、村民代表会同各户主对照自己的家庭特点、家风传统特色,制订符合社会主义核心价值观的新家训,确定每个农户家风建设的努力方向,并将家训要点制作成标牌,装订于庭院大门框上,时刻提醒遵守和努力的方向。村妇联率先在9组花园桥、14组高明桥、15组后荆村进行试点示范,然后在全村推广。新家训制定后,全村家风建设迈出新的一步,家风建设明显提升了各农户的综合素质水平,在爱党爱国、遵纪守法、睦邻友好、尊老爱幼、崇学向善、体贫恤弱等各方面都收到了良好的成效,为创建好村风、好民风开了一个好头。

创文明家庭 2003年,上纤埠村、花园桥村和沈家门村三村合一后,纤石村妇联充分发挥15个小组的妇女组长、党小组长及巾帼志愿者的作用,组织妇女代表利用妇女圆桌会议及外出参观取经等方式,积极宣传,发动村内全体妇女,有序开展创文明家庭一系列社会活动。

妇女圆桌会(2017年) 村委供稿

在创文明家庭活动中,村内首先掀起"传承好家风,创文明家庭"的一系列宣讲教育,多次召开会议,号召全村人们自觉争做爱国守法,热心公益,爱岗敬业,尊老爱幼,勤俭持家,维护环境的先锋。

1996年,花园桥村沈子根、沈家门村沈寿松两个家庭获评安溪镇"十佳双文明户";上纤埠村韩爱珠获安溪镇"十佳贤内助"称号;上纤埠村2组陈莲英、花园桥村5组韩来娥获安溪镇"敬老好儿女"称号;2020年6组林元安获良渚街道办事处"敬老好儿女"金榜奖。起到了"学有榜样、干有方向、争做先进"的良好作用,推动了全村争创先锋的新风尚、新高潮。在活动中,村妇联抓好先进典型、召开妇女代表大会及全村妇女大会、听典型介绍、参观宣传展栏,以生动的例子教育大家。在提高全村妇女认识觉悟的基础上,使创文明家庭活动向纵深推进,全村村民大受教育,综合素质大大提高。

"三户"评定复审情况表

表3-1-10 单位:户

村	1989年					1990年				
	双文明户	五好家庭	遵纪守法	缓评户	合计	双文明户	五好家庭	遵纪守法	缓评户	合计
上纤埠	4	63	280	2	349	4	70	283	2	359
花园桥	4	55	249	2	310	4	61	242	3	310
沈家门	6	50	155	9	220	6	58	155	10	229

创美丽庭院　村妇联多次组织妇女代表及志愿者去外地先进单位参观学习，吸取先进经验。在村内反复利用圆桌会、美丽庭院专题讲座，提高村民对美丽庭院创建工作的认知率、支持率和参与度，在全村掀起了家家争创美丽庭院的新热潮。

开展“最美庭院”检查活动，引领广大农村妇女和家庭积极参与到活动中，建设整洁、美丽、卫生的家庭居住环境，为村容村貌的改观和提高村民生活质量作出努力。

指导检查垃圾分类　村妇联在全村垃圾分类工作中，充分发挥妇女组长、妇女代表、党小组长及巾帼志愿者队伍的力量和作用，全面指导和推进垃圾分类工作。先后多次召开村全体妇女大会、妇女组长及妇女代表大会以及巾帼志愿者大会，宣传垃圾分类的重要性与工作流程，同时分别深入生产队，到各农户家中查看垃圾分类实况，现场指导，肯定成绩，指出问题，明确改进方向，并由村委统一为各农户配备垃圾箱，置于各户大门口。在农户家内，分设各类垃圾桶，以备随时分别类收集垃圾。

检查垃圾分类(2017 年)　村委供稿

在全村各组悬挂宣传横幅，大力宣传垃圾分类，指导村民严格按照“可回收垃圾、易腐垃圾、有害垃圾及其他垃圾”进行分类，由垃圾收集员负责日常监督，村妇联组织相关人员开展定期和不定期的检查和抽查，对所发现的问题，及时反馈妇女户主，要求做好精细分类工作，通过长期的宣传指导和检查，垃圾分类基本进入规范化运作。

村妇联建立了垃圾分类日常机制，经常清洗垃圾桶污渍，及时更换破损垃圾桶，确保卫生设施整洁完好，将垃圾分类工作制度化、常态化、正常化。

保护妇女儿童权益　村妇联认真学习贯彻《中华人民共和国民法典》《中华人民共和国妇女权益保障法》等有关法律，保护全村妇女和儿童们的合法权益。《中华人民共和国民法典》来源于人民的生活，也用之于人民的生活。村妇联多次组织妇女组长、妇女代表及妇女积极分子参加《中华人民共和国民法典》的学习，在熟悉《中华人民共和国民法典》的基础上，指导和解决一些家庭、邻居、夫妻、父子间的矛盾，较好地维护了村民和谐的生活，保障了全村的平安稳定。

宣传预防和制止家庭暴力，建立平等、和睦、文明的家庭关系，深化“平安家庭”创建工作，保护妇女儿童的权益。妇联通过举办法制讲座、设宣传栏、挂横幅标语、发宣传单等多种形式，大力开展反家暴宣传教育，让教育进家庭、进村庄、进学校等，在全村不留死角，广泛宣传反家暴及预防措施，使广大村民认识到家暴的危害性，促使广大村民远离家暴，创建和谐美好家庭。

引导家长对未成年人进行思想道德及社会主义核心价值观的教育，家长是孩子最好的、最重要的老师，家长以良好行为给孩子树立榜样，让孩子学习好的习惯，要把孩子当成朋友，放到一个同等的位置，让他们感受到尊重。平时给孩子多讲一些正面的例子，多讲一点名人故事，让他们从小养成积极进取的心灵。

利用宣传橱窗的形式，以“关爱生命，文明出行”“关爱老人和孤儿”“遵守交通规则，注意出行安全”等为主题进行宣传教育。

救助贫困妇女儿童，向贫困儿童赠送学习用品，帮助其缓解就学压力，完成学业。

调解家庭及邻里纠纷 为了化解家庭和邻里间的矛盾纠纷，村成立了“老娘舅”调解队伍与规范化调解室，并选派女同志参与调解队伍。在运作过程中，制定了“五个度”，即将心比心有温度，以法为尺有尺度，相互尊重有风度，多方联动有广度，层层剖析有进度，有序地开展全村的纠纷调解工作，做好村内“小事儿便民服务”和法律咨询等工作，促进了家庭和社会的和谐与稳定。

尊老爱幼行动 尊老爱幼是中华民族的传统美德，一直以来，村妇联认真开展形式多样的宣传教育，大力弘扬尊老爱幼的新风尚，每逢节日，组织妇女代表对老人和儿童进行慰问，关心他们的生活、身体和儿童的学习及成长情况。每年度的重阳节村里开展特定的敬老活动，为老人拍摄金婚纪念照，分送慰问金和米、油等慰问品，召开老年茶话会，听取老年人的诉求，切实解决他们的合理要求，让老年人感到党和政府的关怀以及社会主义制度的优越，让他们能切实享受幸福的晚年。

第四节 农民组织

农民组织其代表是农民协会和贫下中农协会,简称“农协”“农会”“贫协”。

一、农民协会

1950年7月14日政务院第41次政务会议通过,并于次日公布了《农民协会组织通则》,对农会的组织、会员、任务、经费等作了政务性规定。

1950年,根据《农民协会组织通则》,纤石乡第四、五、六、七村分别建立了农民协会。

性质 农民协会是中国共产党领导下的农民群众组织,又称“农协”“农会”,是农民阶级自愿组成的具有互助、合作性质的群众组织。20世纪中国农会制度大体上,可以分为四个阶段:清末民国初整理农业之枢纽的农会;大革命农民运动时期行使国家政权的农民协会;国民政府整治社会秩序的农会;中华人民共和国成立初期进行土地改革的农会和“文化大革命”时期进行阶级的贫下中农协会。

根据中华人民共和国土地改革法,农民协会是农村中改革土地制度的合法执行机关。

1927年7月20日,中共中央发出了农字第9号通告称:“农民协会已经不是一种职业组织,而是以贫苦农民为主干的乡村的政治联盟。”“所以农民协会在现时就是乡村中的贫苦农民和其他资产阶级的革命的政治联盟、农民政权。”这是农村政权的一个正确形式,在“一切权力归农会”的口号下,农民协会成了新的政权形式。

中华人民共和国成立后,纤石第四、五、六、七村分别建立了农民协会组织,并且在土改运动中担负着重要作用。

组成 农民协会以贫雇农中的积极分子为领导核心,以雇农、贫农、中农、农村手工业工人、贫苦知识分子为主要成员。凡自愿入会者,经乡农民协会委员会批准后,即可成为农民协会会员。凡被派到农村中从事农民运动的工作人员,均得加入农民协会,加入时须取得当地农民大会或农民代表大会通过。

1927年7月20日,中共中央发布了农字第9号通告,对农民协会组织的性质做了明确规定。

农民协会的基层组织是乡(或相当于乡的行政权)农民协会,乡以下设村农会主任。农会主任的选举多样化,有举手法、投豆法(将豆子投入赞成者的容器内)和不记名法,以得票高者当选。

1949年5月,余杭解放,当时村为纤石乡第四、五、六、七村(包括何家村),同时建立农民协会,简称“农会”。各村设村长和农会主任各1人,这是纤石村第一届村一级行政组织。

表3-1-11 各村第一任农民协会主任一览表

村别	姓名	职务	任期	村范围
4	钱德胜	农会主任	1950—1953年	草里坝、施家门、万岁桥、前后桥、上纤埠、韩曹村
5	徐福庆	农会主任	1950—1953年	陈家门、马家桥、花园桥、文祥官、韩家门、塘河村
6	陈炳荣	农会主任	1950—1953年	油车桥、祝家兜
7	何阿叙	农会主任	1950—1953年	高明桥、沈家门、冯家门、后荆村、何家村

作用 各村农民协会在中国共产党领导下,组织农民进行反帝反封建的斗争,成为农村中改革专政的权力机关。农民协会的任务是:团结雇农、贫农、中农以及农村中的一切反封建的分子,遵照人民政府的政策法令,废除国民政府的一切活动,进行土地改革、评成分、分田地和减租息工作,有步骤地实行反封建的社会改革,保护农民利益;组织农民生产,举办农村合作社,发展农业和副业,改善农民生活;保障农民政治权利,提高农民的政治和文化水平,参加人民民主政权的建设工作。

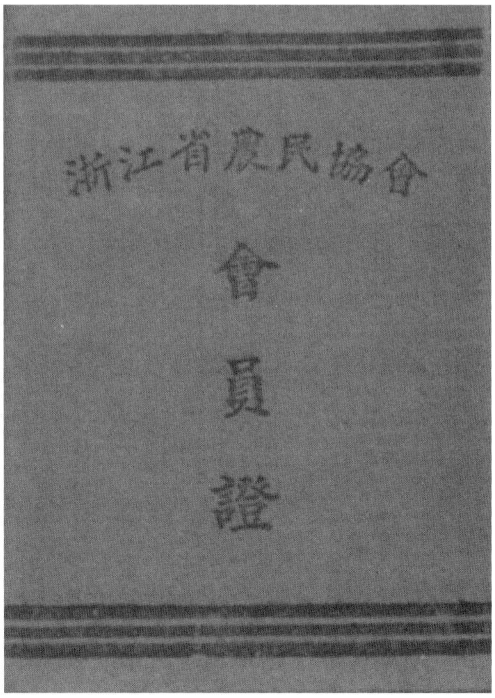

浙江省农民协会会员证

中华人民共和国成立初期,村内农民协会组织贫下中农积极参加土地改革运动。组建互助组,开展革命工作。

二、贫下中农协会

1968年,胜利大队建立贫下中农协会,各小队设贫协小组,持续到1979年。

1978年,中共十一届三中全会以后,各级贫下中农协会组织逐渐消失,到了1982年后,全国各地贫下中农协会组织基本上消失,村内“贫协”组织也停止活动。

性质 1964年5月召开的中共中央工作会议,制定了《中华人民共和国贫下中农协会组织条例(草案)》,同年6月印发全国。其中,规定贫下中农协会是在中国共产党领导下,由贫下中农自愿组成的革命的群众性的阶级组织。贫下中农协会是共和国历史上存续时间最长的一个农民群众组织。

组成 1963年制定的《中共中央关于目前农村工作中若干问题的解决(草案)》,要求重新组织阶级队伍。各县开始建立贫下中农组织,成立贫下中农协会,召开贫下中农代表大会。接着区、公社、大队、生产队都建立了相应的协会组织。胜利大队于1968年建立贫协组织,15个生产队相继建立贫协小组。大队设立贫协会主任,自1968年到1979年,均由陈绥鸿任大队贫协会主任,小队设贫协组长。贫协小组长中贫农14人,占全部组长的93%,下中贫农1人,占7%。中共党员5人,占33%。

1973年6月胜利大队各生产队贫协组长一览表

表3-1-12

生产队	姓名	性别	成分	是否党团员
1	陈子羊	男	贫农	中共党员
2	周阿庭	男	贫农	中共党员
3	钱德胜	男	贫农	
4	沈有珠	女	贫农	中共党员
5	沈有根	男	贫农	中共党员
6	金方林	男	贫农	
7	金有泉	男	下中农	
8	张福根	男	贫农	
9	沈新娥	女	贫农	
10	方雪堂	男	贫农	
11	沈阿洪	男	贫农	
12	冯根梅	男	贫农	
13	沈水泉	男	贫农	
14	张阿有	男	贫农	
15	梁永锡	男	贫农	中共党员

作用 在农村中,依靠贫下中农,是党一直实行的阶级路线。中华人民共和

国成立前与土地改革时就有农会，起到了不小的作用。成立贫下中农协会，即“贫协”，把贫下中农组织到一起，开展“文化大革命”运动。

“贫协会”成立后，各级先后召开贫下中农代表大会，并把贫下中农协会深入教育文化及医疗卫生领域，提出贫下中农管理学校，派贫协代表进驻学校进行教育革命。合作医疗站也有贫协代表进驻。在当时贫下中农协会深入各行各业，管理一切。

1973 年 6 月，安溪公社召开贫下中农代表大会，胜利大队由 65 名代表出席了本次大会。

1973 年 6 月胜利大队出席安溪公社贫下中农代表大会代表一览表

表 3-1-13

生产队	代表名称	性别	成分	是否党团员	备注
一队	宋阿仙	男	贫农	团员	
	张连琴	女	贫农		
	宋雪有	男	贫农		
	陈子羊	男	贫农	中共党员	贫协组长
二队	周雪根	男	贫农	中共党员	
	周锦明	男	贫农	中共党员	
	施连桂	男	贫农		
	周阿庭	男	贫农	中共党员	贫协组长
	周阿莲	女	贫农		
	周水洪	男	贫农	中共党员	
三队	周雪洪	男	贫农	中共党员	
	韩雪有	男	贫农	中共党员	
	钱德胜	男	贫农		贫协组长
四队	沈有珠	女	贫农	中共党员	贫协组长
	陈来珠	女	贫农		
	金有泉	男	贫农		
	金东法	男	贫农		
	金有叙	男	贫农		
	赵建龙	男	贫农		
五队	陈叙华	男	贫农		
	沈有根	男	贫农	中共党员	贫协组长
	陈阿英	男	贫农	团员	
	王水元	男	贫农		

续表 3-1-13

生产队	代表名称	性别	成分	是否党团员	备注
六队	金宝华	男	贫农		
	金方林	男	贫农		贫协组长
	金寿松	男	贫农		
	金阿毛	女	贫农	团员	
七队	金有泉	男	下中农		
	钱子英	女	贫农	中共党员	
	金祥林	男	贫农		
	金海洪	男	贫农		
八队	张福根	男	贫农		贫协组长
	沈广生	男	贫农		
	陈锦华	男	贫农		
	徐梅琴	女	贫农	团员	
九队	沈新娥	女	贫农		贫协组长
	林水根	男	中农	中共党员	
	林叙奎	男	贫农		
	胡金福	男	下中农		
十队	沈子寿	男	贫农		
	方雪堂	男	贫农		贫协组长
	韩香琴	女	贫农		
	韩有林	男	贫农		
	韩有松	男	贫农		
十一队	沈根山	男	贫农		
	沈元初	男	下中农		
	沈　子	女	贫农		
	沈阿洪	男	贫农		贫协组长
十二队	冯根梅	男	贫农		贫协组长
	沈阿贵	男	贫农		
	张春琴	女	贫农	团员	
十三队	沈寿贞	男	贫农		
	沈水泉	男	贫农		贫协组长
	沈荣儿	女	贫农		
十四队	张阿有	男	贫下农		贫协组长
	陈子梅	男	贫农		
	沈子荣	男	贫农		
	沈福娣	女	贫农		

续表 3-1-13

生产队	代表名称	性别	成分	是否党团员	备注
十五队	梁永雪	男	贫农	中共党员	贫协组长
	梁有根	男	贫农		
	梁宝妹	女	贫农		
	梁来英	女	贫农		
	梁岳林	男	贫农		
	梁昌林	男	贫农		
	梁永梅	男	贫农	中共党员	

胜利大队出席安溪公社贫下中农代表大会 65 名代表中贫农代表 61 人,占全部代表的 94%;下中农 4 人,占全部代表的 6%。无论是贫协组长还是贫下中农代表均以贫农为主要组成成员,贫农是贫下中农协会的主要代表。

第二章 村民自治组织

1949年5月3日杭县解放,是月建立了纤石乡。当时为纤石乡第四、五、六、七村,除第七村有现新港村何家村在内,其余均为现今的纤石村范围。

1953年后,村级组织不断变更,初始建新联合作社、高明桥合作社、油车桥合作社、中心合作社4个初级农业合作社,设社长。1954年转为中心、联合2个高级农业合作社,设社长。1956年又将2个高级社转为新联、中心2个生产大队,设大队长,下设生产小队,设小队长。1958年建立良渚公社欠石管理区。1961年又分设6个大队,设大队长,下设生产小队,设小队长。1967年改设建新、中心、新联、前进4个大队。1968年4个大队合并为胜利大队,建立大队革命领导小组设组长,下设生产小队,设小队长和政治队长。1982年2月更名为花园桥大队。1983年9月,花园桥大队分设上纤埠、花园桥、沈家门3个大队,设大队长,下设生产小队,设小队长。1984年1月3个大队改为建制村,设主任,下设村民小组,设组长。2003年9月3个建制村合并为纤石村,设村民委员会,下设15个村民小组,设组长。

《中华人民共和国村民委员会组织法》由第九届全国人民代表大会常务委员会第五次会议于1998年11月4日修订通过,自1998年11月4日开始施行。2018年12月29日,第十三届全国人民代表常务委员会通过关于修改《中华人民共和国村民委员会组织法》的决定。

村民委员会依照《中华人民共和国村民委员会组织法》,保障农村村民实行自治,由村民群众依法办理自己的事情,发展农村基层民主,促进农村社会主义物质文明和精神文明。坚持自我管理、自我教育、自我服务,实行民主选举、民主决策、民主管理、民主监督。

村民委员会从长远发展、持续发展为出发点和落脚点,大力发展农业生产,实行家庭联产承包、土地流转,建立高产示范方,不断增加村民经济收入。开展美丽乡村建设。根据《浙江省农村集体资产管理条例》《杭州市余杭区村(社区)集体

“三资”管理制度》,履行村级财务管理。履行治安保卫工作职责,制定《村规民约》,提高村民自我管理、自我教育、自我服务的能力。

1996年,上纤埠、花园桥、沈家门3个村都建立村经联社,以生产为纽带、股东为成员的综合性农村集体经济组织。

纤石村设村民委员会下设15个村民小组。村民小组在村委会的领导下开展工作。村民小组设组长。村民委员会主任、组长和村民代表由村民选举产生。

第一节　村级组织

一、历届组织

纤石村名是2003年由上纤埠、花园桥、沈家门三个建制村合并时沿用解放初乡名。

民国22年(1933)9月为杭县,为纤石乡四、五、六、七保,直至1949年4月。

1949年5月3日杭州解放,是月建立了纤石乡第四村、五村、六村、七村,除第七村包含了现今新港村何家村,其余均为现纤石村区域范围。各村设村长。四村陆元坤,五村张福根,六村方雪堂,七村梁慈祥、梁永寿。

1953年村域内建立4个初级农业合作社,分别为:中心初级社,社长章阿寿;油车桥初级社,社长金有才;新联初级社,社长沈锦元;高明桥初级社,社长梁永根。

1954年由当时的4个初级农业合作社转为2个高级社,分别为中心高级社,社长章阿寿;联合高级社,社长为梁永桥。

1958年将两个高级社改为中心大队(现今的1—5组)和新联大队(现今的6—15组)。中心大队大队长为章阿寿、施连贵,新联大队大队长为沈玉生。大队下设生产队。

1959年改为欠石管理区。其中,新联大队行政负责人沈玉生,中心大队行政负责人施连贵、章阿寿。

1961年良渚人民公社分解,纤石为三墩区安溪公社辖区,纤石区域设6个大队,分别为草里坝、上纤埠、油车桥、花园桥、沈家门、后荆村大队。大队长分别为周雪根、陈叙水、金有才、沈锦元、沈春林、梁永锡,直至1967年,下辖生产队。

1967年由原六小大队改为四大队,队名为建新大队,大队长陆元坤;中心大队，大队长陈叙水；新联大队，大队长沈锦元；前进大队，大队长梁永锡，直到1968年，下辖生产队。

1968年四个大队合并为胜利大队到1982年，大队长分别为章阿寿、沈士林、陆元坤。下辖生产队。1982年2月，更名为花园桥大队至1983年9月。

1950—2020年纤石村历任行政负责人任职情况表

表3-2-1

变更年月及村名		行政负责人		
		职务	姓名	时间
1949年5月为纤石乡4个村	纤石乡四村	村长	陆元坤	1950—1953年
		农会主任	钱德胜	
	纤石乡五村	村长	张福根	
		农会主任	徐福庆	
	纤石乡六村	村长	方雪堂	
		农会主任	陈炳荣	
	纤石乡七村	村长	梁慈祥 梁永寿	
		农会主任	何阿叙	
1953年建4个初级合作社	中心初级社	社长	章阿寿	1953—1954年
	新联初级社		沈锦元	
	高明初级社		梁永根	
	油车桥初级社		金有才	
1954年建2个高级社	中心高级社		章阿寿	1954—1958年
	联合高级社		梁永桥	
1958年改为2个大队 （1959年1月改管理区）	新联大队	大队长	沈玉生	1958—1961年
	中心大队		章阿寿 施连贵	
1961年分为6个大队	草里坝大队		周雪根	1961—1967年
	上纤埠大队		陈叙水	
	油车桥大队		金有才	
	花园桥大队		沈锦元	
	沈家门大队		沈春林	
	后荆村大队		梁永锡	
1967年合并成4个大队	建新大队		陆元坤	1967—1968年
	中心大队		陈叙水	
	新联大队		沈锦元	
	前进大队		梁永锡	

续表 3-2-1

变更年月及村名		行政负责人		
		职务	姓名	时间
1968 年 4 个大队合并建胜利大队 1982 年更名为花园桥大队		大队长	章阿寿	1968—1971 年
			沈士林	1971—1974 年
			陆元坤	1974—1983 年
1983 年分为 3 个大队(村)	上纤埠	主任	郭炳荣	1983—1986 年
			严耀生	1986—1995 年
			俞德有	1995—1998 年
			宋悦忠	1998—2001 年
			严耀生(兼)	2001—2003 年
	花园桥	主任	金文林	1983—1990 年
			沈子根	1990—1998 年
			沈永林	1998—2001 年
			沈雪平	2001—2003 年
	沈家门	主任	沈玉生	1983—1985 年
			沈水林	1985—1995 年
			沈德强	1995—2003 年
2003 年 9 月,上纤埠、花园桥、沈家门合并为纤石村		主任	沈德强	2003—2011 年
		主任	沈德强	2011—2013 年
		主任	苏文海	2013—2020 年
		主任	苏文海	2020—

1974—1978 年胜利大队各生产队队长一览表

表 3-2-2

队别	政治队长	生产队长	妇女队长	备注
1	章阿寿(兼)	郭炳荣	马丽珠	章阿寿时为大队干部
2	陆元坤(兼)	俞法梅	施阿娥	陆元坤时为大队干部
3	周雪洪(兼)	周雪华	严林子　管建芳	周雪洪时为大队干部　管建芳接严林子
4	余有叙	金东根	陈来子	
5	俞生梅	沈法根	陈有珠	
6	金文林(兼)	金雪年	金子梅	金文林时为大队干部
7	金有才	金寿海	冯秀娥	
8	陈宝林	陈雪庆	陈仙玉	
9	沈炳耀(兼)	沈茂生　沈才根	沈新娥	沈炳耀时为大队干部　沈才根接沈茂生
10	余永泉	沈子来	俞玉香	
11	沈宝金	沈阿生　沈子根	沈香子	沈子根接沈阿生
12	冯金梅	冯秀林	沈福女	
13	沈香林	金子泉	沈金连	
14	金锦泉	金荣宝	陈美凤	
15	梁永锡	梁永根	吴水芝	

1983 年 9 月，建上纤埠、花园桥、沈家门 3 个大队，下设生产队。

1984 年 1 月，分别将花园桥、上纤埠、沈家门 3 个大队改为 3 个行政村，辖村民小组。

1983—2003 年上纤埠村历任领导班子成员一览表

表 3-2-3

<table>
<tr><th>年份</th><th>书记</th><th>委员</th><th>大队长
（主任）</th><th>委员</th></tr>
<tr><td>1983—1987</td><td>金东根</td><td>郭炳荣(副书记)、周志法
施德金、周雪华</td><td>郭炳荣</td><td>施德金、黄建娣</td></tr>
<tr><td>1987—1990</td><td rowspan="3">周志法</td><td>严耀生、施德金</td><td rowspan="3">严耀生</td><td>黄建娣、陆云忠</td></tr>
<tr><td>1990—1993</td><td>严耀生、俞德有</td><td rowspan="2">俞德有、黄建娣、黄伟芳</td></tr>
<tr><td>1993—1995</td><td>俞德有、严耀生</td></tr>
<tr><td>1995—1998</td><td rowspan="3">严耀生</td><td>俞德有、宋悦忠</td><td>俞德有</td><td>宋悦忠、黄伟芳</td></tr>
<tr><td>1998—2001</td><td>宋悦忠、黄伟芳</td><td>宋悦忠</td><td>陈世龙、黄伟芳</td></tr>
<tr><td>2001—2003</td><td>陈世龙、宋悦忠</td><td>严耀生</td><td>黄伟芳、宋悦忠</td></tr>
</table>

1983—2003 年花园桥村历任领导班子成员一览表

表 3-2-4

<table>
<tr><th>年份</th><th>书记</th><th>委员</th><th>大队长（主任）</th><th>委员</th></tr>
<tr><td>1983—1987</td><td rowspan="5">沈炳耀</td><td>金文林(副书记)
赵凤金</td><td rowspan="2">金文林</td><td>沈子根、沈永林</td></tr>
<tr><td>1987—1990</td><td>沈永林、金文林</td><td>赵凤金、沈云潮</td></tr>
<tr><td>1990—1993</td><td rowspan="3">沈子根、沈永林</td><td rowspan="3">沈子根</td><td rowspan="2">沈永林、赵凤金</td></tr>
<tr><td>1993—1995</td></tr>
<tr><td>1995—1998</td><td>沈永林、赵凤金</td></tr>
<tr><td>1998—2001</td><td>沈子根</td><td>沈永林、金建德</td><td>沈永林</td><td rowspan="2">金建德、陈雪英</td></tr>
<tr><td>2001—2003</td><td>沈永林</td><td>金建德</td><td>沈雪平</td></tr>
</table>

1983—2003 年沈家门村历任领导班子及相关组织负责人一览表

表 3-2-5

<table>
<tr><th>年份</th><th>书记</th><th>委员</th><th>大队长
（主任）</th><th>妇女
主任</th><th>团支书</th><th>民兵
连长</th><th>会计</th></tr>
<tr><td>1983—1984</td><td rowspan="3">梁有连</td><td>沈玉生、沈水林</td><td>沈玉生</td><td rowspan="5">沈金莲</td><td rowspan="2">冯金龙</td><td rowspan="2">冯金龙</td><td rowspan="7">梁永芳</td></tr>
<tr><td>1984—1990</td><td>沈水林、梁宝奎</td><td rowspan="3">沈水林</td></tr>
<tr><td>1990—1993</td><td>沈水林、陈雪连</td><td rowspan="2">沈桂松</td><td rowspan="2">梁宝奎</td></tr>
<tr><td>1993—1995</td><td rowspan="4">陈雪连</td><td>沈水林、沈德强</td></tr>
<tr><td>1995—1998</td><td rowspan="3">沈德强、金根来</td><td rowspan="3">沈德强</td><td>沈秋娣</td><td rowspan="3">沈德强</td></tr>
<tr><td>1998—2001</td><td rowspan="2">沈文连</td><td rowspan="2">沈生根</td></tr>
<tr><td>2001—2003</td></tr>
</table>

2003 年 9 月，由原花园桥、沈家门、上纤埠行政村合并为纤石村至今，设村民委员会，辖 15 个村民小组，22 个自然村，即草里坝村、施家门村、俞家兜村、万岁桥、前后桥、韩曹村、上纤埠、油车桥、陈家门、潘家门、马家桥、花园桥、林家里、祝家兜、韩家门、文祥官、冯家门、沈家门、虾儿兜、塘河村、高明桥、后荆村。村主任先后为沈德强、苏文海。

二、村民委员会

纤石村村民委员会遵照《中华人民共和国村民委员会组织法》，在党委的直接领导下，保证村务各项工作依法、规范、有序运行。村民委员会根据工作，下设相应的管理部门。制定自治章程，确保各项工作有章可依。

村领导班子成员研究工作（2022 年）　　沈祥林 摄

第二节　村务工作

一、村务分工

落实村党委、村委会、股份经济合作社三副班子人员的责任，强化工作职责，分工明确，责任到人，内容到岗，提高每个人的工作效率。及时和上级政府、各级部门保持畅通的工作渠道。方便村民办事，努力提高服务水平。2020 年 11 月党委班子换届，12 月村委班子换届选举。党委和村委对工作人员作了具体分工。

2020 年纤石村“两委”班子成员分工情况表

表 3-2-6

姓名	性别	出生年月	文化程度	职务	分工情况
苏文海	男	1978.10	本科	党委书记、村委主任、股份经济合作社社长	负责全面工作
沈生根	男	1974.10	大专	党委副书记	负责行政管理、公共卫生、五水共治、交通、通讯、工会、财务审核、协助美丽乡村工作
黄伟芳	女	1975.3	大专	党委委员、村委委员	负责妇女计生、教育、医疗卫生、垃圾分类、美丽庭院、老年协会、协助美丽乡村工作

续表 3-2-6

姓名	性别	出生年月	文化程度	职务	分工情况
梁　波	男	1986.7	本科	党委委员	负责组织、党建、网格支部、民政劳保、团支部、文体宣传、老干部工作、商会、协助美丽乡村工作
沈　斌	男	1987.8	大专	党委委员、纪委书记、社监会社长、村监会主任	负责纪检、村务监督、农村建房、防违防控、农业服务(机、电、水、防灾)、协助美丽乡村工作
梁　凯	男	1985.5	大专	村委副主任、社管会成员	负责安全生产、食品安全、综治信访、民兵、退役军人、负责美丽乡村工作、工程建设与线上配合

纤石村 2003 年后历届班子成员及部门工作人员一览表

表 3-2-7

时间	党组织	村委	团组织	妇联	民兵	会计
2003.9—2005.6	党总支书记:严耀生 委员:沈德强　沈永林 陈雪连　宋悦忠	村务工作组长: 沈德强 成员:黄伟芳　沈雪平	团支部书记: 黄伟芳	妇女主任: 黄伟芳	连长: 宋悦忠	沈雪良
2005.6—2008.4	党总支书记:严耀生 副书记:沈德强 委员:沈永林　陈雪连 宋悦忠	村委会主任:沈德强 委员:黄伟芳　沈雪平	团支部书记: 杨其峰	妇女主任: 黄伟芳	连长: 宋悦忠	沈雪良
2008.4—2011.4	党委书记:严耀生 副书记:沈德强 委员:沈永林　宋悦忠 黄伟芳	村委会主任:沈德强 副主任:沈生根　沈雪平	团支部书记: 杨其峰	妇女主任: 黄伟芳	连长: 宋悦忠	沈雪良
2011.4—2013.12	党委书记: 陈国忠(2011.4—2012.5) 沈德强(2012.5—2013.5) 委员:苏文海　沈永林 宋悦忠	村民主任:沈德强 委员:沈生根　黄伟芳	团支部书记: 沈生根	妇女主任: 黄伟芳	连长: 苏文海	沈雪良
2013.12—2017.5	党委书记:沈德强 副书记:苏文海 委员:宋悦总　沈生根 沈永林	村民主任:苏文海 委员:沈生根　黄伟芳	团支部书记: 周能豪	妇女主任: 黄伟芳	连长: 沈生根	沈雪良
2017.5—2020.11	党委第一书记: 王祖龙(2020.4—) 党委书记: 沈德强(—2020.7) 副书记:苏文海(2020.7) 委员:沈生根　金国超 宋悦总	村民主任:苏文海 委员:黄伟芳　周能豪	团支部书记: 周能豪 宋红丽	妇女主任: 黄伟芳	连长: 沈生根	沈雪良
2020.11—	党委第一书记:王祖龙 党委书记:苏文海 副书记:沈生根 委员:沈　斌　梁　波 黄伟芳	村民主任:苏文海 副主任:梁　凯 委员:黄伟芳	团支部书记: 梁　波	妇女主任: 黄伟芳	连长: 梁　凯	宋红丽

二、村民议事

村务工作涉及重大事项决策实行“五议两公开”制度,即党员群众建议、村党组织提议、村务联席会议商议、党员大会审议、村民(代表)决议、表决结果公开、实施情况公开。

党员群众建议 村党组织积极发挥党员联系服务群众作用，广泛听取党员群众的意见建议。

村党组织提议 根据群众意见建议，村党组织研究提出议案，议案内容应当符合有关法律法规和政策要求，符合本村经济社会发展实际和群众意愿。

村务联席会议商议 召开村务联席会议，对议案进行充分讨论和论证，形成商议意见。

党员大会审议 村党组织通过民主恳谈会（听证会）、说事会等途径，充分了解和征求群众和政府有关部门对议案的意见，在此基础上，召开党员大会进行审议，提出修订完善意见。

村民（代表）决议 党员大会审议通过后，在村党委的领导下，召开村民（代表）会议，讨论表决审议事项。对涉及村集体经济事项的，召开股东（代表）会议，讨论表决审议事项。村务监督委员会成员列席会议。

表决结果 经村民（代表）会议或股东（代表）会议表决通过的事项，形成书面决议，并通过村务公开栏和其他公开方式进行公告。

实施情况公开 决议事项在村党委的领导下，由村民委员会或村股份经济合作社组织实施，实施过程由村务监督委员会全程监督，实施结果及时向全体村民（股东）公开，公开内容要真实、准确、全面。

民主议事厅 规定议事模式、议事流程、议事公示几个环节。“建设美丽乡村”“农居点市政配套项目实施”“村规民约完善”采用民主议事方式决策。“妇女圆桌会”也是民主议事的有效途径与方式。

三、村务公开

村务公开是村委会建设的重要内容，是构建和谐农村的基础工作。村情公开、党务公开、政务公开、财务公开、服务公开是村务公开的主要内容。

村务公开坚持标准、规范操作，注重实效、取信于民。一是规范公开内容。根据规定公开的内容，结合本地实际，针对群众关心的“热点”问题，把着力点放在财务公开上，让群众见实情、见实底。二是规范公开程序。公开内容真实可靠，防止弄虚作假和随意性，以保证村务公开的质量。建立党委书记负责总的工作班子和分管纪检的党委委员为组长的监督小组，健全村民（代表）会议制度，并在公开栏设置公开箱。村务公开由工作班子组织实施，监督小组负责对公开内容的审核和村务公开工作的监督。设监督小组人员2人。三是规范公开形式。村务公开的形式主要选择在人员聚集和活动较多的地方设置公开栏,以及其他有效形式。

四、村级财务工作

机构 村级财务工作设专门的管理机构——财务室，负责村的财务工作和运行。由党委副书记分管此项工作。

成员 村财务室设会计助理及出纳各 1 人，协助街道财务部门做好本村的财务工作和日常运行。

1968—1983 年胜利大队财务人员变动一览表

表 3-2-8

会计	出纳	统计	备 注
陈宝根	沈子洪	梁永方	—
沈子洪	严金梅	梁永方	沈子洪接替陈宝根 严金梅接替沈子洪
严金梅	钱子英	梁永方	严金梅接替沈子洪 钱子英接替严金梅

制度 根据《浙江省农村集体资产管理条例》《杭州市余杭区村(社区)集体“三资”管理制度》,按照村实际情况,执行相应的“三资”管理财务管理办法。

五、治安保卫

治安保卫组织是中国群众性的治安保卫组织，在基层人民政府和公安机关领导下进行工作。以村民委员会为单位建立相应机构。1974 年从胜利大队开始建立了治安保卫组织。其主要任务:密切联系村民群众,经常开展遵守宪法、法律和防特、防火、防止其他治安灾害事故的宣传教育,以提高村民群众的政治警惕性,协助政府、公安机关检举揭发违法行为,修订和执行治安保卫制度,维护社会治安。

村治保组织担负着村治安保安工作的重任，在维护村的内部治安和工作生活秩序方面发挥着积极作用,完善治安保卫工作制度是做好治保工作的基础。

村级建制发生了多次变化,治安保卫工作始终作为村的重要工作,从组织制度、管理制度入手,开创治保工作新局面。

组织制度 村建立治安保卫工作机构,落实人员,明确分工,村班子中一名主要领导负责此项工作。明确治保组织的责任与工作方法,保证改革开放顺利进行,不断提高村的经济发展,使治安保卫工作为村的各项工作的有序进行发挥积极作用。

工作制度 建立相应的治保工作制度，是做好治保工作的前提，使工作有章可依。建立工作制度,使治保工作制度化、规范化,贯彻“谁主管,谁负责”的原则,层层落实治安保卫工作责任制,严格奖惩制度。

防范制度　加强重要部位的安全保卫,制定专项制度,明确工作内容与责任,做到“人、技、物”防三落实。重要节日、重要活动、防洪防灾期间开展巡查,落实防范措施,发现隐患及时处置或上报。

治安保卫工作依据法律、法规和规章制度开展工作,同时通过村规民约的约束,把做好村的治安保卫工作,作为干部村民的自觉行动。及时调解、化解矛盾纠纷,创造和谐环境。

措施　认真落实“谁主管、谁负责”的原则,村主要负责人为内部治安保卫工作和安全防范工作第一负责人,并落实以下措施:

1.村级办公场所、公共区域和重要部位及村主要道路口安装监控,影像记录并保存一段时间,用于备查。

2.村级办公场所重要部位以及有保险柜和重要物品的部门必须安装防盗门、铁护栏、报警器。严格按照有关规定存放现金或其他有价证券,并设专人管理。管理人员下班前,应将保险柜及门、窗锁好,有报警装置的应将报警器开启。

3.工作人员不得将公、私款及有价证券和其他贵重物品放在办公室内。

4.离开办公室应随手锁门,下班前关好门、窗,关闭灯具和不使用的电源。

5.非工作需要,下班后任何人不得在办公室(楼)内滞留。确因工作需要的,应事先向值班人员报告。

6.值班人员要按时到岗,严禁空岗、缺岗。加强责任性,对周围环境进行巡查,发现问题,及时处理。

2005年成立良渚街道平安巡防大队纤石分队,分队长潘良,队员有梁洪文、沈建塘、郭师杭3人,开展村域内夜间巡查,2008年12月结束。

1974年后纤石村治保调解组织负责人一览表

表3-2-9

村(大队)	任职时间	负责人	委员
胜利大队	1974—1978年	陈玉根	金文林、钱子英、徐美根、陈宝根
上纤埠村	1983—1993年	沈小荣	
	1993—2003年	陈世龙	

续表 3-2-9

村(大队)	任职时间	负责人	委员
花园桥村	1983—1990 年	韩有林	
	1990—1998 年	沈永林	
	1998—2003 年	沈雪平	
沈家门村	1983—1986 年	冯金龙	
	1986—1990 年	梁宝奎	
	1990—1993 年	陈雪连	
	1993—2003 年	沈德强	
纤石村	2003—2005 年	沈德强	
	2005—2008 年	陈雪连	
	2008—2020 年	沈生根	

六、村规民约

随着乡村振兴战略的实施,村规民约作为村民自我管理、自我约束、自我服务的有效手段,在夯实党的执政基础、推进政府治理方式转变、增强群众法治意识,提升群众文明素质等方面发挥了重要作用,有效提升了农村社会治理成效。

2020 年,村对以前制定的村规民约做了修订,使村规民约更切合当前实际,并配以村规民约三字歌,朗朗上口,增强记忆和理解。

第三节　村经联社

自 1996 年起各村均设立村经济联合社,即上纤埠村经济联合社、花园桥村经济联合社、沈家门村经济联合社。各社的社长分别是上纤埠村经济联合社社长严耀生,副社长俞德有、郭炳荣;花园桥村经济联合社社长沈炳耀,副社长沈子根、沈雪良;沈家门经济联合社社长陈雪连,副社长沈德强、梁永芳。2003 年 9 月三村合并以后,设经联社董事会、监事会。

纤石村历届经联社组成一览表

表 3-2-10

时间	董事会	监事会
2003.9—2005.6	董事长:严耀生 董　事:沈德强、陈雪平	会　长:宋悦忠 成　员:周志法、沈国强
2005.6—2008.4	董事长:严耀生 董　事:沈德强、沈雪良	会　长:宋悦忠 成　员:周志法、沈国强

续表 3-2-10

时间	董事会	监事会
2008.4—2011.6	董事长:严耀生 董　事:沈德强、沈雪良	会　长:宋悦忠 成　员:周志法、沈国强
2011.6—2012.5	董事长:陈国忠 董　事:沈德强、苏文海、沈永林	会　长:宋悦忠 成　员:金永庆、陈如庆
2012.5—2013.5	会　长:沈德强 董　事:苏文海、沈永林	会　长:宋悦忠 成　员:金永庭、陈如庆
2013.5—2020.12	会　长:沈德强 董　事:苏文海、金国超	会　长:宋悦忠 成　员:金永庆、陈如庆
2020.12—	社　长:苏文海 社　员:梁　凯、宋红丽	会　长:沈　斌 成　员:沈祥根、杜家华

一、村经联社性质

由乡镇(街道)原村经济合作社根据社员大会(社员代表大会)讨论决定,将集体经营性净资产折股量化改制而成, 是以资产为纽带、股东为成员的综合性(社区性)农村集体经济组织。村股份经济合作社坚持社会主义集体所有制,执行有关法律法规和政策,实行自主经营、独立核算、自负盈亏、民主管理、风险共担、按股分红。依法属于村股份经济合作社集体所有的各项资产(经营性资产、资源性资产和公益性资产等),均属于村股份经济合作社全体股东共同所有。村股份经济合作社受上级党委、政府和农村集体资产主管部门的指导和监督,并在法律法规和政策范围内开展经营活动。

二、村经联社组成

村股份经济合作社设股东(代表)大会、董事会、监理会等机构。村股份经济合作社股东(代表)大会是本社的最高权力机构。董事会是本社常设的执行机构和日常工作机构,由股东(代表)大会选举产生,并对本社股东(代表)大会负责。董事会实行股东(代表)大会领导下的董事长负责制。董事会必须严格执行股东(代表)大会通过的决议,向股东(代表)大会报告工作,接受监事会和本社股东的监督。监事会是本社常设的监督机构,由股东(代表)大会选举产生,对本社股东(代表)大会负责。监事会必须严格执行股东(代表)大会通过的决议,向股东(代表)大会报告工作。

三、村经联社作用

董事会以效益为中心,以资产的保值增值为目标,加强对村经济合作社资产的经营管理。董事会可依照国家有关法律、法规、政策以及本章程规定的职权和程序，采取独资经营、股份合作、租赁、拍卖、兼并等办法，进行资产经营活动，确保资产保值增值。董事会在资产发包、租赁时，应依法签订承包、租赁合同，按合同约定及时向承包人、承租人收取承包、租赁金。重大工程项目的承包、租赁应进行公开招投标。董事会对村经济合作社负有资产保值增值的责任，未经股东代表大会（或股东大会）讨论通过，不得将集体资金出借给任何单位和个人。严禁为其他单位和个人作经济担保。

村经联社在上级党委、政府和农村集体资产主管部门的指导和监管下，依法依规在政策范围内负责经联社的运行和管理，促进本社经济发展，维护和保障股东的权益，建立健全村集体资产管理法制和集体经济组织治理机制，切合实际制定管理办法。

各组土地承包与人口情况表

表 3-2-11

组别	土地耕地面积（亩）	人口（人）	男（人）	女（人）	户数
余杭区良渚街道纤石村股份经济合作社 1 组	150.884	292	146	146	69
余杭区良渚街道纤石村股份经济合作社 2 组	295.921	364	174	190	88
余杭区良渚街道纤石村股份经济合作社 3 组	200.704	232	115	117	53
余杭区良渚街道纤石村股份经济合作社 4 组	258.668	333	157	176	89
余杭区良渚街道纤石村股份经济合作社 5 组	249.183	317	149	168	81
余杭区良渚街道纤石村股份经济合作社 6 组	181.448	288	135	153	66
余杭区良渚街道纤石村股份经济合作社 7 组	170.119	241	124	117	56
余杭区良渚街道纤石村股份经济合作社 8 组	150.353	239	115	124	56
余杭区良渚街道纤石村股份经济合作社 9 组	88.277	245	118	127	55
余杭区良渚街道纤石村股份经济合作社 10 组	208.317	210	104	106	51
余杭区良渚街道纤石村股份经济合作社 11 组	168.78	225	114	111	53
余杭区良渚街道纤石村股份经济合作社 12 组	156.358	199	108	91	42
余杭区良渚街道纤石村股份经济合作社 13 组	187.408	241	116	125	56
余杭区良渚街道纤石村股份经济合作社 14 组	148.197	202	94	108	48
余杭区良渚街道纤石村股份经济合作社 15 组	254.185	447	217	230	109
合计	2868.802	4075	1986	2089	973

第四节 村民小组

一、村民小组概况

1983 年前，村以大队建制时下设生产队，1983 年花园桥大队分设上纤埠、花园桥、沈家门 3 个大队后，仍设生产队，1994 年大队改村后生产小队同时改为村民小组。2003 年 9 月合并为纤石村以后，根据原有村民小组设置仍保留 15 个村民小组。各组包含自然村分别为：

1 组：草里坝　2 组：万岁桥、俞家兜、施家门

3 组：前后桥　4 组：上纤埠

5 组：韩朝村　6 组：油车桥（桥东）

7 组：油车桥（桥西）　8 组：陈家门、马家桥

9 组：花园桥、林家里　10 组：韩家门、祝家兜

11 组：文祥官　12 组：冯家门

13 组：沈家门、北亩圩、北草圩、潘家门

14 组：高明桥、塘河村　15 组：后荆村

由于 5、10、14 组实际情况，组又分小组，一个组同时有几个组长，全村实际组长有 20 人。

1996 年度，上纤埠村 2 组赵根玉、花园桥 5 组韩水元、沈家门 4 组梁掌权被安溪镇评为优秀村民组长。

2020 年后纤石村组长一览表

表 3-2-12　单位：户

序号	组长	性别	组别	组内自然村	户数(户)
1	郭金华	男	1 组	草里坝	69
2	周建勇	男	2 组	万岁桥、俞家兜	88
3	俞建成	男	3 组	前后桥	53
4	张建明	男	4 组	上纤埠	89
5	陈雪有	男	5 组	韩曹村	81
6	陈建平	男	5 组	韩曹村	
7	沈伟农	男	5 组	上纤埠	
8	俞海明	男	5 组	韩曹村	
9	金永庭	男	6 组	油车桥	66
10	金子庆	男	7 组	油车桥	56
11	张建伟	男	8 组	马家桥、陈家门	56
12	沈卫民	男	9 组	花园桥、林家里	55
13	沈水元	男	10 组	祝家兜	29
14	韩水根	男	10 组	韩家门	22
15	沈文良	男	11 组	文祥官	53
16	冯金康	男	12 组	冯家门	42
17	沈勇伟	男	13 组	沈家门、北草圩、北亩圩	56
18	沈欢连	男	14 组	高明桥	17
19	陈元潮	男	14 组	塘河村	31
20	梁永潮	男	15 组	后荆村	109

二、村民代表

纤石村按选举办法的要求选举产生村民代表。2020年,在村内民主推荐出村民代表76人,以组为单位每15户村民选举一名代表为标准,落实到组一并选举出村民代表。村民直接参加投票,村民代表与组长同时推选,选举得票多者任组长。其中,组长有20人。代表中党员代表43人,占56%;妇女代表29人,占38%;大学以上学历19人,占25%。

2020年村各组选民汇总一览表

表 3-2-13　　单位:人

组别	选民总计	其中		组别	选民总计	其中	
		男	女			男	女
1	241	113	128	9	202	94	108
2	292	140	152	10	178	87	91
3	183	88	95	11	190	93	97
4	281	130	151	12	159	85	74
5	262	127	135	13	198	94	104
6	237	108	129	14	167	75	82
7	202	99	113	15	368	176	192
8	192	90	102	总计	3352	1599	1753

注:2020年12月13日为选举日。

2020年纤石村村民代表名额分配一览表

表 3-2-14

组别	户数(户)	本组村民代表数(人)	其中		组别	户数(户)	本组村民代表数(人)	其中	
			女性代表数(人)	党员代表数(人)				女性代表数(人)	党员代表数(人)
1组	69	5	1	2	10组(祝)★	22	2	1	1
2组	88	5	2	2	10组(韩)★	29	2	1	1
3组	53	4	1	2	11组	53	4	1	2
4组	89	5	2	2	12组	42	4	1	2
5组	81	5	2	2	13组	56	4	1	2
6组	66	4	1	2	14组(高)★	17	1	0	0
7组	56	4	1	2	14组(塘)★	31	3	1	1
8组	56	4	2	2	15组	109	6	2	3
9组	53	4	1	2	总计	970	66	21	30

注:★祝指祝家兜;韩指韩家门;高指高明桥;塘指塘河村。

2020 年纤石村村民代表一览表

表 3-2-15

组别	姓名	性别	出生年月	学历	政治面貌	职务	是否连任
1 组	郭金华	男	1962.12	初中	群众	组长、代表	是
1 组	宋水根	男	1957.7	高中	党员	代表	是
1 组	章连忠	男	1961.12	小学	群众	代表	是
1 组	宋红丽	女	1991.2	大学	党员	妇女组长、代表	否
1 组	郭永庭	男	1957.7	初中	党员	代表	否
1 组	沈元琴	女	1957.8	小学	群众	代表	是
2 组	周建永	男	1964.12	初中	群众	组长、代表	是
2 组	周水文	男	1959.10	高中	党员	代表	否
2 组	俞云龙	男	1990.10	大学	党员	代表	否
2 组	王林琴	女	1990.5	大学	党员	妇女组长、代表	否
2 组	赵根玉	男	1955.10	初中	群众	代表	否
2 组	周仙月	女	1964.12	高中	群众	代表	是
3 组	俞建成	男	1962.2	初中	群众	组长、代表	否
3 组	孙根耀	男	1957.1	初中	党员	代表	否
3 组	曹鹏飞	男	1979.3	初中	群众	代表	否
3 组	管建珠	女	1957.6	初中	群众	妇女组长、代表	是
3 组	俞建祖	男	1966.3	高中	党员	代表	否
4 组	张建明	男	1966.8	高中	群众	组长、代表	是
4 组	杜家华	男	1964.9	高中	党员	代表	否
4 组	周法浩	男	1954.9	高中	党员	代表	否
4 组	陈忠华	男	1962.2	小学	群众	代表	是
4 组	赵玲虹	女	1988.10	大学	党员	妇女组长、代表	否
4 组	赵　莹	女	1986.9	大学	党员	代表	否
5 组	陈雪有	男	1960.1	初中	群众	组长、代表	是
5 组	沈伟农	男	1963.12	小学	群众	组长、代表	是
5 组	俞海明	男	1972.11	小学	群众	组长、代表	是
5 组	黄　郦	女	1988.3	大学	党员	妇女组长、代表	否
5 组	陈晓燕	女	1996.8	大学	党员	代表	否
5 组	黄伟芳	女	1975.3	大学	党员	妇女组长、代表	否
6 组	金永庭	男	1969.11	初中	党员	组长、代表	是
6 组	金建德	男	1962.6	高中	党员	代表	是

续表 3-2-15

组别	姓名	性别	出生年月	学历	政治面貌	职务	是否连任
6组	金欢娣	女	1972.11	高中	党员	妇女组长、代表	是
6组	金文浩	男	1966.2	小学	群众	代表	是
6组	张云秋	女	1957.9	小学	群众	代表	否
7组	金子庆	男	1960.6	初中	群众	组长、代表	是
7组	金月国	男	1966.3	初中	群众	代表	是
7组	金寿农	男	1968.2	初中	群众	代表	是
7组	金国超	男	1983.12	高中	党员	代表	否
7组	金春霞	女	1986.2	大学	党员	代表	否
7组	金小红	女	1979.3	高中	群众	妇女组长、代表	是
8组	张建伟	男	1970.8	初中	群众	组长、代表	否
8组	沈祥根	男	1959.1	小学	群众	代表	否
8组	徐卫平	男	1972.12	高中	党员	代表	否
8组	徐卫锋	男	1982.7	大学	群众	代表	否
8组	陈建民	男	1965.10	小学	群众	代表	是
8组	沈霞丽	女	1990.2	大学	党员	妇女组长、代表	是
8组	陈雪英	女	1959.10	小学	群众	代表	否
9组	沈正良	男	1961.9	初中	群众	组长、代表	否
9组	梁彩女	女	1970.10	初中	群众	代表	否
9组	沈元康	男	1955.4	初中	党员	代表	否
9组	沈碧君	女	1992.6	大学	党员	妇女组长、代表	否
9组	沈雪平	男	1957.9	小学	党员	代表	是
9组	沈国林	男	1965.2	小学	群众	代表	否
10组	沈水元	男	1961.5	高中	党员	组长、代表	是
10组	沈李平	男	1970.2	高中	群众	代表	否
10组	郭培英	女	1971.9	高中	群众	妇女组长、代表	是
10组	韩水根	男	1968.11	初中	群众	组长、代表	是
10组	马小华	男	1964.5	初中	群众	代表	是
10组	韩晓莲	女	1978.10	高中	群众	妇女组长、代表	是
11组	沈文良	男	1967.11	初中	群众	组长、代表	是
11组	沈良丽	女	1988.4	大学	党员	妇女组长、代表	是
11组	沈玉庆	男	1972.12	高中	党员	代表	否

续表 3-2-15

组别	姓名	性别	出生年月	学历	政治面貌	职务	是否连任
11 组	沈建芬	女	1969.5	小学	群众	妇女组长、代表	是
12 组	冯金康	男	1966.1	初中	群众	组长、代表	是
12 组	冯杭飞	男	1983.1	高中	党员	代表	是
12 组	冯子年	男	1964.1	高中	群众	代表	是
12 组	冯　英	女	1978.9	高中	党员	代表	否
12 组	冯建月	女	1965.3	初中	群众	妇女组长、代表	是
13 组	沈建生	男	1966.9	初中	群众	组长、代表	是
13 组	沈国强	男	1978.12	高中	党员	代表	是
13 组	潘　良	男	1981.9	大学	党员	代表	是
13 组	沈德强	男	1962.4	大学	党员	代表	是
13 组	沈文连	女	1971.4	高中	党员	妇女组长、代表	是
13 组	沈金莲	女	1949.11	小学	党员	代表	是
14 组	王　垒	男	1981.8	中专	党员	组长、代表	是
14 组	苏文海	男	1978.10	大学	党员	代表	是
14 组	沈生根	男	1974.10	大学	党员	代表	是
14 组	沈中敏	男	1982.8	高中	党员	代表	是
14 组	沈锡梅	男	1959.12	小学	群众	代表	是
14 组	陈元潮	男	1963.12	高中	群众	组长、代表	是
14 组	姚贵法	男	1963.1	初中	群众	代表	是
14 组	金晓飞	女	1989.1	高中	党员	妇女组长、代表	是
14 组	沈红萍	女	1974.12	初中	群众	妇女组长、代表	是
15 组	梁中平	男	1982.9	大学	群众	组长、代表	否
15 组	陈如庆	男	1969.3	初中	党员	代表	否
15 组	梁哲华	男	1990.3	大学	党员	代表	否
15 组	梁　波	男	1986.7	大学	群众	代表	否
15 组	梁　军	男	1982.8	大学	群众	代表	否
15 组	梁　政	男	1982.7	大学	群众	代表	否
15 组	梁红霞	女	1981.10	中专	党员	妇女组长、代表	是

1993 年，上纤埠村、花园桥村、沈家门村共有出席安溪乡村民代表会议代表 66 名，其中男性代表 51 人、女性代表 15 人。

1993年1月出席安溪乡村民代表会议代表情况表

表 3-2-16

综合情况 村	代表名额(人)	平均年龄(岁)	男性(人)	女性(人)	中共党员(人)	团员(人)	群众(人)	大专以上	高中(人)	初中(人)	小学(人)	文盲(人)	组长(人)
上纤埠	20	45.3	16	4	5	2	13	0	1	3	13	3	5
花园桥	22	47.2	16	6	5	3	13	0	2	4	14	2	6
沈家门	24	46.8	19	5	5	2	17	0	1	4	19	—	5
合计	66	46.43	51	15	15	7	43	0	4	11	46	5	16

附：

村级荣誉称号

1. 2003 年度区级十佳经济强村
2. 2004 年度区级新型生育文化建设示范村
3. 2005 年度区级十佳经济强村
4. 2005 年度区级平安创建和社会治安综合治理先进单位
5. 2006 年度区级基层平安创建十佳平安村
6. 2008 年度区级基层平安创建工作十佳平安示范村
7. 2010 年度“清洁绿化余杭”先进单位
8. 2010 年度浙江省卫生村
9. 2011 年度余杭区庭院整治示范村
10. 2011 年度区级“五好”村党组织
11. 2012 年度杭州市气象防灾减灾示范村
12. 2012 年度区级充分就业示范村
13. 2013 年度区级庭院整治示范村
14. 2016 年度 G20 杭州峰会服务保障先进单位
15. 2018 年度余杭区健康村
16. 2019 年度区级文明村
17. 2019 年度区级民主法治村

纤石村历任行政负责人简介

陆元坤，1934年生，1971年9月加入中国共产党，1950—1953年任纤石乡第四村村长，1967—1968年任建新大队大队长，1974—1983年胜利大队大队长。

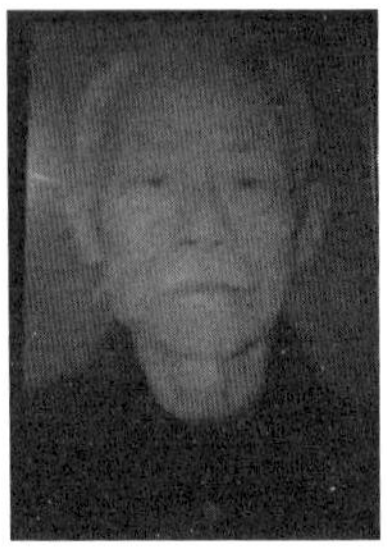

张福根（1924—2008），入党时间不详，1950—1953年任纤石乡第五村村长。

徐福庆（1901—1965），入党时间不详。1950—1953年任纤石乡第五村农会主任。

陈炳荣（1920—1995），1953年加入中国共产党，1950—1953年任纤石乡第六村农会主任。

梁慈祥（1921—1994），1950—1952年任纤石乡第七村村长。

章阿寿（1930—2013），1956年12月加入中国共产党。1953—1960年任中心初级社、高级社社长任中心大队大队长，1968—1971年任胜利大队大队长。

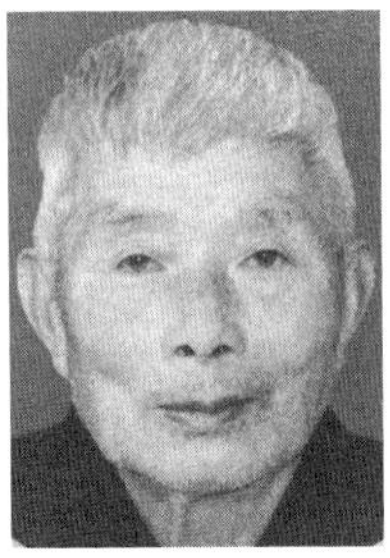

周雪根，1933年12月生，1956年12月加入中国共产党。1961—1967年任草里坝大队大队长。

梁永根（1932—2004），1956年加入中国共产党。1953—1954年任高明初级社社长。

梁永桥（1926—2002），1956年加入中国共产党，1954—1958年任联合高级社社长。

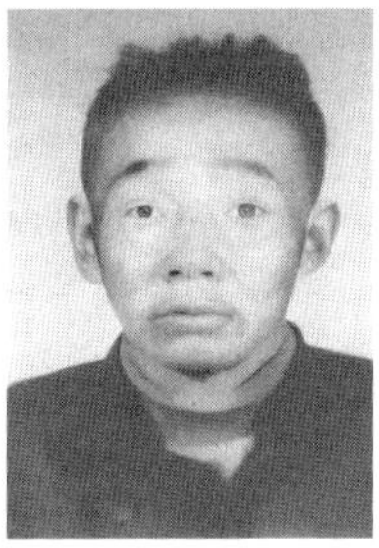

陈叙水(1924—1991),1964年加入中国共产党。1961—1968年任上纤埠大队、中心大队大队长。

沈春林(1929—2013),1964年6月参加中国共产党。1961—1967年任沈家门大队大队长。

梁永锡(1933—2017),1956年加入中国共产党。1961—1968年任后荆村大队、前进大队大队长。

严耀生,1959年10月1日生,1987年12月加入中国共产党。1986—1995年任上纤埠村村长,2001—2003年任上纤埠村村长。

俞德有,1948年11月生,1979年加入中国共产党。1995—1998年任上纤埠村村长。

宋悦忠,1963年8月1日生,1996年11月加入中国共产党。1998—2001年任上纤埠村村长。

金文林,1942年1月6日生,1966年8月加入中国共产党。1983—1990年任花园桥村村长。

沈子根,1945年9月23日生,1986年12月加入中国共产党。1990—1998年任花园桥村村长。

沈永林,1960年11月3日生,1992年6月加入中国共产党。1998—2001年任花园桥村村长。

沈雪平，1956年8月13日生，2003年12月加入中国共产党。2001—2003年任花园桥村村长。

沈玉生（1929—2012），1954年3月加入中国共产党。1958—1961年任新联大队大队长，1983—1985年任沈家门大队大队长。

沈水林，1934年7月6日生，1982年10月加入中国共产党。1985—1995年任沈家门村村长。

沈德强，1962年4月12日生，1992年12月加入中国共产党。1995—2013年任沈家门村村长、纤石村村委会主任。

苏文海，1978年10月4日生，2000年10月加入中国共产党。2013年任纤石村村委会主任。

钱德胜（1909—1980年）。入党时间不详，1950—1953年任纤石乡第四村农会主任。

方雪堂（1919—1989年）入党时间不详。1950—1953年任纤石乡第六村村长。

梁永寿（1925—1995），1952—1953年任纤石乡第七村村长。

何阿叙，出生年月不详，何家村人（现新港村）。1950—1953年任纤石乡第七村农会主任。

金有才（1923—2008），1953年加入中国共产党。1953—1954年任油车桥初级社社长，1961—1967年任油车桥大队大队长。

沈锦元（1924—1973），1953年加入中国共产党。1953—1954年任新联初级社社长，1961—1968年任花园桥大队大队长、新联大队大队长。

施连贵（1930—1990），1960—1961年任中心大队大队长。

沈士林（1925—1992），1953年加入中国共产党。1971—1974年任胜利大队大队长。

郭炳荣（1940—2018），1960年加入中国共产党。1983—1986年任上纤埠村村长。

第三章　人民武装

1949年5月杭县解放后,民兵协助驻县人民解放军开展大规模剿匪反霸斗争,巩固新生的人民政权。嗣后,在土地改革、合作化等运动和发展生产中起到带头作用。

村内自1961年始,民兵组织不断健全完善,在社会主义建设和新时期中国特色社会主义建设中发挥重要作用。担负国防教育、征兵、抗洪救灾、新冠肺炎防疫等工作责任。

村内在民兵组织基础上,实施民兵制度与预备役制度,民兵和预备役工作得到加强。

第一节　民兵　预备役

一、组织

杭县解放初期,为了消灭国民党残余势力,建立和巩固人民政权,大力发展民兵组织。农村自卫队自1950年改成民兵,村内逐步建立和加强民兵队伍。

1961年开始,草里坝大队、上纤埠大队、油车桥大队、花园桥大队、沈家门大队、后荆村大队都分别建立了民兵组织,设民兵连和连长。

1967年,大队重新划分后,建新大队、中心大队、新联大队、前进大队均保留民兵连建制,设连长。

1968年至1983年4月,4个大队合并为胜利大队,仍设民兵连。根据当时思想政治工作的需要,民兵连设连长外,还设有指导员。

1983年4月以后,胜利大队分为3个建制村,即上纤埠村、花园桥村、沈家门村分别设民兵机构为民兵连,设连长。2003年9月,上纤埠村、花园桥村、沈家门村合并纤石村,随着村级建制的变动和调整,民兵组织一直同村的行政组织同时配备设置。

在民兵的基础上,又增设预备役人员。

二、参与活动

参战支前　1949 年 9—10 月,杭县普遍开展民主反霸斗争,民兵深入群众,发动群众,揭发、控诉恶霸地主。

1950 年 10 月以后,村内民兵积极投入“抗美援朝,保家卫国”运动,广大民兵踊跃报名参加中国人民志愿军。时花园桥村在民兵的带领下,全村 170 多户农户,捐献废铜 300 多公斤。村内梁寿鹏、冯雪梅等青年踊跃报名参加中国人民志愿军并参加集训。

抢险救灾　村民兵担负着抗洪救灾的任务。1956 年 8 月 1 日村内遇特大强台风,灾后杭县紧急动员修复西险大塘,同时开展村内抗台救灾任务。

1996 年 6 月 30 日,连续大雨,东苕溪水位猛涨,农田受淹,纤石村民兵参加抗洪抢险工作。

1999 年 6 月 30 日,东苕溪洪水急剧上升,村内民兵迅速行动,担任西险大塘的巡查任务,力保西险大塘安全。

新冠防疫　2020 年新冠疫情期间,纤石村民兵走在一线,参与村域内的值班工作。

组织征兵　在村民中开展征兵动员,开展国防教育宣传。调查摸底应征适龄青年人数,协助征兵机关体检、政审等工作。

第二节　教育　训练

一、政治教育

中华人民共和国成立后,民兵政治教育作为民兵工作的一项重要任务,紧紧围绕党、国家和军队各时期的中心任务,以及民兵的思想实际进行。

解放初期对广大民兵进行阶段教育,爱国主义和革命英雄主义教育,提高民兵保卫胜利成果的自觉性。在抗美援朝运动中,加强民兵保家卫国教育,激发民兵爱国主义和参加志愿军的热情。1952 年党在过渡时期总路线是民兵政治教育的主要内容。1953 年,实行普遍民兵制,组织民兵学习《中华人民共和国民兵组织暂行条例》,以提高加强对人民武装的认识。

1958 年,在“大办民兵师”热潮中,广泛进行人民战争的思想教育,教育民兵树立和平建设时期为战争作准备,居安思危。在生产中均以连、排等民兵建制。

1977年,余杭县民兵普通进行“六个坚持、六个反对”的政治教育,从而拨正了民兵建设方向,民兵工作的优良传统得以恢复和发扬。

1978年12月,中共十一届三中全会重新确立“解放思想,实事求是”的思想路线,作出改革开放的重大决策,党和国家的工作重点转移到社会主义现代化建设上来,民兵的政治教育内容有了全新的变化。

二、军事训练

1950年起,民兵利用农闲季节、生产空隙和业余时间,采取就地、分散、小型的方法开展群众性练武活动。要求会步枪射击、投掷手榴弹和站岗放哨等。1951年,对民兵进行较正规的军事训练,开展为期7—10天集中训练,以乡为单位,早出晚归。1953年起,各区集中民兵中队长和每村2—3名民兵骨干,脱产训练7—10天。

1958年,“大办民兵师”后,掀起第一次群众性练武高潮。民兵训练中不切实际,甚至弄虚作假,形式主义偏向也一度出现。1960年,实行劳武结合以劳为主的民兵军政训练。1961年,民兵训练因地制宜进行,训练内容,方法以小型、就地、分散为主。

1964年在民兵中推广郭兴法教学法,掀起大练兵活动。民兵干部分批分期集训7—10天。

“文化大革命”期间,民兵军事训练一度中止。1969年,民兵训练开始恢复。1971年,贯彻劳武结合的原则,组织民兵开展小型、就地、分散的军事训练。

1981年起,对民兵实行每两年30天的周期训练。训练达到规定时间并取得合格以上者,发给训练合格证书。

中共十一届三中全会后,进行民兵军事训练调整和改革。1984年后,实行规范化训练,坚持民兵训练基地集中施训,确保民兵训练效果。

第四编

基础设施和新农村建设

浓家门自然村　　沈农高 摄

第一章　供电　水利

纤石村的基础设施从无到有，从小到大。中华人民共和国成立前村内不通电、不通车。通往集市和镇上的路都是泥泞小路。农田灌溉靠人力水车取水，各家各户车水灌田，无灌溉渠道。稻谷靠牵砻脱壳，然后用石臼舂米，所有农活几乎都是原始劳作。

中华人民共和国成立后，村内逐渐开始开展基础设施建设，从灌溉排涝入手，先后建灌排水机埠18个，建设三面光渠道7700米，确保粮食旱涝保收。1961年上纤埠一带先行通电后，各自然村相继通电，到1973年所有自然村全面通电，煤油灯、汽油灯时代一去不复返。

1965年，首先在油车桥安装了变压器，供生产、生活所用。2020年全村有变压器25个，其中专用变压器11个，照明变压器14个，高压线路绕长14千米，低压线路绕长30千米。电力经多次改造，完全满足生产生活需求。

1974年建成康家涧排涝机埠，2002年又进行改造，改造后装机3200瓦，排涝泵4台，分别为出水口径1000毫米的2台，出水口径500毫米的2台，配有315千伏安的变压器1台，100千伏安变压器1台。每小时排水量43200立方米，受益面积8190亩。加大对西险大塘等水利设施的保护力度。

1987年6月建成上纤埠船闸，沟通东苕溪与西塘河。上纤埠船闸建成后，解决了西塘河两岸近5万亩农田的灌溉和杭州拱墅一带工业、农业灌溉用水，缩短东苕溪往来于沪的航程60千米。

第一节　电力设施

一、变压器

1961年，村内韩曹村、上纤埠首先通照明电，为东塘线输送供电。主要用于生活用电，其时一般农户用电量小且十分节约，大多使用15支光(15瓦)、25支光(25 瓦)灯泡照明。1965 年,油车桥设置第一只变压器,位于陈家门同油车桥交界处并投入使用,供大会堂、油车桥一带变电使用,之后随着用电量的增加,变压器逐渐增多。2020 年,全村有变压器 25 个,其中专用变压器 11 个,照明变压器 14 个,普遍安装触电保护器。

二、高压线路

1962 年村内通高压电，由 10 千伏农田输入。由良渚镇经响山畈（现荀山村)、杨村(现荀山村)、朱家塘(现石桥村)、上纤埠、祝家兜输入。主要为农用电,用于各类加工厂、电耕犁、灌溉机埠、排涝机埠等用电。20 世纪 60 年代中期起,农村用电从单一的照明发展到农田灌溉农副产品加工以及小规模工业用电。早期电力设施简陋,电线一般为铝制裸线,高架线电杆也是从竹竿、木杆到水泥杆,并逐步提升电杆高度,后经多次改造,电线的材质得到了很大改变,为优质绝缘线材,部分高架线转入地下埋线,全村各自然村均有高压电输入,田间也通高压电供农用,高压线路线长 14 千米,用电十分方便。

三、低压线路

村内各自然村最早输入的低压电为韩曹村,供农户照明之用,至 1973 年,全村各自然村都通低压电。初始低压电,无论是线材还是架线均比较简单,毛竹为电杆,后经多次电力改造,输电用电逐步规范。从集体电表,到一户一表。开始,每户电表只能安装 1 安培,不允许大功率电表。后来,每户扩容,单独计算用电量并收费。2020 年,有低压线路线长 30 千米,用电得到保证。

四、照明设施

20 世纪 60 年代后期,村内逐渐通电后,农户用上了电灯,限于当时的经济状况,一般农户都使用小功率灯泡,且用于室内主要地方,一般家庭使用 15 瓦白炽灯泡,个别家庭有 25 瓦的灯泡,后逐渐有了日光灯,并十分注意节约用电。20 世纪初农户建房一并考虑安装照明设施,所有房间都有安装照明灯饰,选择各类灯具,大多使用既明亮又节能的 LED 灯具。吊灯、壁灯、廊灯、镜灯、学习灯一应俱全用,用灯光美化房间,灯具变灯饰。

五、用电价格

农业生产电价 1956 年余杭电厂农业生产电价 0.28 元/千瓦时。1963 年省政府核实农业生产电价为:电力排涝 0.042 元/千瓦时,农副产品加工 0.06 元/千瓦时。1987 年 12 月,取消农副产品加工电价,执行非工业普通工业电价。嗣后,农业生产电价多次调整,2004年农业生产电价不足1千伏的0.40元/千瓦时,1—10千伏为0.38元/千瓦时。

居民用电电价　1963年为0.15元/千瓦时,1993年调整为0.25元/千瓦时,1996年为0.3元/千瓦时,1965年农村生活用电(照明电)0.46元/千瓦时,由于各生产队集体装表,生产耗电和其他费用,需摊派,农村实际照明用电在0.65—0.90元/千瓦时。2001年11月,实行城乡生活照明国网供电,城镇居民电价从原来的0.67元/千瓦时降低到0.53元/千瓦时。2000年,农村居民为0.46元/千瓦时;2004年起,采用额定阶梯电价三级阶梯,超量时,适当加价;2005年,为避开用电高峰,实行峰谷电制度,晚间10点至次日上午6点为谷电,电价为0.288元/千瓦时,其余时间为峰电,电价为0.568元/千瓦时,不使用峰谷电的用户照明电价统一为0.538元/千瓦时。

第二节　水利设施

一、堤塘

西险大塘　据《余杭通志》载,西险大塘是一项古代重要的水利工程,始建年代不详。苕溪自古建有堤塘,相传初为大禹所建,“大禹筑塘,名西海险塘”(陈善《南湖序》)。而有明确记载的是在东汉熹平年间(172—178),余杭县令陈浑于东苕溪南岸筑塘,设陡门、塘堤、堰坎数十处,俾蓄泄以时,旱涝无患。

西险大塘起于余杭石门桥,止于獐山劳家徒门。村域内流经2.8千米,后即入獐山、德清县境。据《余杭县地名志》,清潘瑗《南湖水利记》曰:“余杭非临海地,胡为乎苕溪之塘,而有四海塘之名哉?善苕溪上承天目万山之水,淫雨滂沱,溪量难容,攻堤决岸,下游杭嘉湖三郡俱遭漂泊,是以苕溪三塘,其险要利害,并埒于海塘边。”西险大塘之名源于此,实为杭州市及杭嘉湖地区之屏障。

西险大塘历代屡有修建,因汛屡圮屡建,称为险塘。旧时塘身较低,经常出现险情和坍塘的情况,塘路路面3尺至1丈不等,均为泥土筑成。

南宋淳熙六年(1179)东苕溪分段组成黄塘、烂泥湾塘、北湾塘、羊山塘、压沙塘、上陵林塘、下陵林塘、北陵林塘、唐家渡塘、大云寺湾塘十塘。其中,村境内有唐家渡塘、大云寺湾塘2处。

西险大塘历史上为东西南北来往之要道,民国26年(1937)大塘上栽有大松树,旧称塘松,可供行人乘凉,后被侵华日军盗伐。

西险大塘在大云寺湾塘东侧上纤埠与西塘河之西岸塘路相通，从上纤埠过大会长桥属仁和街道,从上纤埠往北 1.4 千米至奉口陡门,折向东北至獐山,北可达德清。从上纤埠向西过安溪可至瓶窑。

西险大塘历史上记载曾多次出险,其中村境内堤塘出险情 2 次。清道光二十九年(1849)大云寺湾塘大崩。道光三十年(1850)八月十五日冲坍唐家渡塘。

中华人民共和国成立后,对西险大塘治理采取“防重于抗和流域综合治理”的方针,即建立岁修制度,并建立堤塘管理机构,每年冬春发动群众修大塘。据 1956 年 3 月 2 日瓶窑区修西险大塘工程工作总结，全区 4446 名民工 (炊事员 248 名)上塘报到,其中党员 75 人,团员 253 人,妇女 19 人,经过 13 天修塘,完成 1821.50 米修塘任务,估计完成挑土 9000 立方米。纤石乡出工全天 1492 工,半天 310 天。筑塘民工退掉电影票,晚上挑土,推进工程进程。早期历年有外地来村域内修筑西险大塘的民工。村民对外地来本村区域固塘护堤的人员提供许多便利,让房让灶给修塘人员,由此可见百姓对治理加固西险大塘的积极性。

1951—1952，为中华人民共和国成立后第一次改造西险大塘，上纤埠用地 15 亩。

1949—1987 年的 39 年中，大塘堤面加宽 6—8 米，塘身加高平均 2.7 米。1987 年在上纤埠建成船闸,船闸净宽 7 米,通东苕溪、西塘河、运河水网。采取多种措施保护西险大塘,如今沿塘南基建成护塘公路,为确保西险大塘安全,塘面禁止机动车通行。

1982 年 7 月 3 日苕溪禁止挖沙。违规挖沙每条农船罚 50 元。

1984 年 5 月 31 日余杭县人民政府发布布告,加强西险大塘的管理和养护,长期以来,各级政府加强西险大塘管理,采取多种有效措施,保护大塘安全。

1995 年进行标准塘建设,西险大塘被列为太湖流域综合治理十大骨干工程之一。至 2001 年 6 月竣工,达到百年一遇防洪标准,工程符合国家 2 级堤坝标准。

2019 年西险大塘村内路段进行美化，是村民休闲步行和健身的好去处,也是村内一个亮点。西险大塘经受多次特大洪水考验,现今已是百年一遇金汤之堤。

西塘河堤 西塘河又名下塘河、宦塘河,是大运河支流。西塘河堤塘自杭州北新桥之运河起，自拱墅区祥符桥、金家渡、勾庄、东塘河村、西塘河村、宦塘、上纤埠止。全长10.3千米，两岸筑有堤塘。

西险大塘(2021年)　　沈农高 摄

南宋淳祐七年(1247)夏大旱，按抚赵与筹，自北新桥至勾庄、良渚、奉口分段开挖，将挖出之泥培筑堤塘。赵是台州人，而以杭州乡宦捐资得以筑此塘，故亦名宦塘。清雍正七年(1729)，因四年水灾，仁和县无力修理，巡抚李卫经奉口见河道淤浅谕令拨银一千二百八十两三钱开浚河道。

中华人民共和国成立以后，沿河两岸圩堤多次进行加高加固，险要地段砌石护岸。至1985年，已砌石4.53千米，加强堤塘保护。

二、排涝机埠

康家涧排涝站　纤石村处在安溪一片的东部，地势相对低洼，只要连续数天下雨，河流的水都汇向这里，造成庄稼被淹，道路水淹断行，甚至村民房屋进水，草里坝尤甚。“草里坝，草里坝，三天落雨草里爬”这句顺口溜说明了草里坝及周边村地势低洼易受水淹的真实写照。村民几乎每年都要受洪灾之扰，水淹之苦，甚至造成洪灾损失，影响生活。

这种情况，得到了政府的重视。为改变这种状况，确保人民生命财产安全和农业生产不受损失，在20世纪70年代初决定在上纤埠以南之康家涧兴建康家涧排涝机埠——康家涧防洪工程。

康家涧防洪工程于1972年开工修建，1974年3月完成。共投工2000余工，当时投资120万元，2002年又进行了维修改造，又投资60万元。改造后装机为360千瓦排涝机4台，分别为出水管口径1000毫米的2台，500毫米的2台。现有315千伏安的变压器1台，100千伏安变压器1台，每小时排水量为43200立方米(每秒12立方米)。受益范围新港村、港南村、杜城村、下溪村以及仁和镇九龙村等村，受益面积8190亩(546公顷)，并配有专职管理员。2000年，被余杭区农业综合开发办公室和安溪镇人民政府确定为国家农业综合开发排涝站。

油车桥排涝机埠 油车桥排涝机埠位于油车桥自然村，建于1962年，专门用于祝家兜一片洪涝时期的排水，后由于失去排涝作用而停用，现仅存遗痕。

康家涧排涝站排水(2020年) 宋悦忠 摄

三官堂排涝机埠 三官堂排涝机埠位于原胜利大队队部之“大会堂”，建于1965年，担负三官堂以西之三官堂港、油车桥港部分水域排涝。闸门用木板相拼截水，遇闸门漏水则采取局部堵漏，排涝机埠完成向外部排水。康家涧排涝机埠建成后，三官堂排涝机埠停用。

三、灌溉机埠

村内灌溉机埠源于祝家兜机埠，当时为船机，即水泵安装在船上，以柴油机为动力，属长命桥抽水机站管理，对各生产队农田实行轮换灌溉供水。后改建为固定机埠，灌水范围之广，西经韩家门、文祥官，过涵管到港北冯家门、何家村东边(13组田)，东经油车桥、陈家门到木圩里，灌溉面积之大。

1965年后荆村整片农田灌溉渠道不通，添置了一台船机用于流动抽水，抗旱灌溉。

20世纪60年代以后逐步增建了灌溉机埠，全村共18个灌溉机埠。

祝家兜机埠 建于1955年，由金寿坤等人负责机埠抽水，徐雪娥为修理工，还有长命抽水机站1人管理机埠。初建时为船机，在祝家兜港抽水，后改为固定机埠，船机停用。1964年机埠发生故障，当时长命抽水机站立即调派船机临时替代抽水，后停用。1992年重建新机埠，配有一台12千瓦的电动机为动力，配有三面光渠道500米。水泵最高扬程为2.5米，最小扬程为1.9米，变压器采用容量为

320 千伏安，水田面积受益为 200 亩左右。

施家兜机埠 建于 1963 年，为抗旱排涝两用，最高扬程为 4 米，最小为 2.9 米，占地面积为 25 平方米，变压器容量为 120 千伏安，灌溉三面光渠道 1200 米，受益面积为 350 亩农田，配有 12 千瓦电动抽水机 1 台和 30 千瓦的排涝水泵 1 台，拥有 12 档线杆。

前后桥机埠（2021 年） 徐美根 摄

前后桥新桥后机埠 建于 2019 年 9 月，配有 1 台 320 千伏安容量的变压器，用于灌溉三面光渠道 700 米。水泵 2 个，8 千瓦电动机，水田受益面积为 200 亩，水泵扬程为 2.5 米，最小扬程为 1.9 米。

俞石桥机埠 初建于 1996 年，在老俞石桥边上，为 8 进 8 出水泵 1 台，8 千瓦电动机 1 台，灌溉水田 50 亩，水泵的最高扬程为 2 米，最小为 1.2 米，配有 1 个 50 千伏安变压机。但现不能满足需要，故停止使用，现移他地。

康家洞机埠（2021 年） 徐美根 摄

康家涧机埠 位于村最东端农户韩锦年家前东侧，建于 1974 年，配有 8 英寸水泵 1 台，最高扬程为 2.5 米，最小扬程为 1.9 米，三面光渠道 150 米，有 230 千伏安变压器 1 个，水稻受益面积为 300 亩左右。

木圩兜机埠 位于村 5 组内，建于 1990 年，有 12 千瓦水泵 1 台，配有 230 千伏安变压器 1 个，最大扬程为 2.5 米，最小扬程为 1.9 米，灌溉用三面光渠道 800 米，电档线 22 根，受用水面积田为 250 亩，水泵电动机为 12 千瓦。

上纤埠乌儿洞口机埠 位于村最东端，西塘河旁，建于1965年，有10千瓦电动机1台，最大扬程为3米，最小扬程为1.5米，灌溉三面光渠道1500米左右，受益水稻面积为250亩，配有容量230千伏的变压器1个，电杆12根。

上纤埠乌儿洞口机埠（2021年） 徐美根 摄

慈姑圩机埠 位于村最北端，建于1995年，配有1台10千瓦电动机，最高扬程为2.5米，最小扬程为1.5米，有灌溉用的三面光渠道70米，80亩水稻田收益。在改良平整良田之中，填平了原先的荒塘，承包给了专业种植户搞绿化种植，配有一个230千伏的变压器，电杆10档，每档45米左右。

慈姑圩机埠（2021年） 徐美根 摄

万岁桥后头圩机埠 建造于1995年，位于康家涧港的西面200米左右，拥有8千瓦电动机1台及水泵，最高扬程为2.5米，最小扬程为1.9米，灌溉受益水田70亩。

木圩漾口机埠 木圩漾口机埠在6组的农田区块之中，建于1996年，拥有1台，12千瓦的电动机，最高扬程6米，最小扬程2米，有三面光渠道1700米，水田受益面积350亩。

张家兜机埠 张家兜机埠位于西险大塘南侧，纤石村与新港村交界处。机埠建于2018年，配有6千瓦电动机1台，水泵1台，灌溉蒋家圩35亩农田，现为果园。有320千伏安变压器1个，电杆10档，以三面光渠道供水。

蒋家漾机埠 位于村15组，建于2010年，配有12千瓦水泵电动机1台，三面光渠道1000米左右，扬程最大为2.5米，最小为1.9米，配用变压器为320千伏安，农田受益面积为150亩。

塘步湾机埠（2021年） 徐美根 摄

高明桥机埠 建于1992年，配有8千瓦8英寸水泵1台，有三面光渠道70米，泵的最高扬程为2.5米，最小扬程为1.9米，配有32千伏安变压器1个，电杆10档，农田受益70亩。

塘步湾机埠 位于村14组北端，建于2018年，机埠内有8英寸水泵和8千瓦电动机1套，配有320千伏安变压器1个，农田受益面积50亩，还供给龙荷农庄所需用水。

木角桥机埠 建于1968年，机埠配有12英寸水泵，12千瓦电动机各1台，配有50千伏安的变压器1个，农田受益面积45亩。现已停用。

虾儿兜机埠 建于2020年，机埠配拥有6英寸水泵和6千瓦电动机各1台，配有32千伏安的变压器，三面光渠道300米，为新改造的21亩水田提供灌溉服务。

虾儿兜机埠（2021年） 徐美根 摄

文祥官夏家桥边机埠 建于1992年，配有8英寸水泵和8千瓦电动机各1台，有三面光渠道200米，水泵最高扬程为2.5米，最小扬程为1.5米，受益农田面积为200亩。

祝家兜东机埠 建于1990年，机房配有8英寸水泵和8千瓦电动抽水机各1台，通过三面光渠道供给养河虾10亩池塘用水。水泵最高扬程为2.5米，最小扬程为1.2米，配有320千伏安变压机一座，供给水田面积40亩。

纤石村灌溉机埠一览表

表4-1-1

序号	机埠地点	建造时间	出水口径	使用情况	备注
1	施家兜	1963年	12英寸	在用	2组阿高后
2	前后桥新桥后	2019年	8英寸	在用	
3	俞石桥	1996年	6英寸	停用	
4	康家涧	1974年	8英寸	在用	韩锦年家边
5	木圩兜	1990年	10英寸	在用	
6	上纤埠乌洞口	1965年	10英寸	在用	老荣家边
7	慈姑圩	1995年	10英寸	停用	
8	万岁桥后头圩	1995年	8英寸	在用	
9	木圩漾口	1996年	12英寸	在用	建于1955年，1992年改建
10	祝家兜	1992年	10英寸	在用	
11	虾儿兜	2020年	6英寸	在用	沈家门改造田
12	蒋家漾	2010年	12英寸	在用	
13	张家兜	2020年	4英寸	在用	改造田
14	塘步湾	2018年	8英寸	在用	改造田
15	木角桥	1968年	12英寸	停用	
16	高明桥	1992年	6英寸	在用	
17	文祥官夏家桥边	1992年	8英寸	在用	
18	祝家兜东	1990年	8英寸	在用	

四、三面光渠道

三面光渠道是灌溉机埠与农田的连接灌水通道。农田灌溉渠道历来为泥土垒筑的土渠，渠边易生杂草，易阻水，流水不畅。土渠易渗漏水，浪费水源。1993年在蒋家圩开始对灌溉渠进行改造，将灌水渠道建成三面光渠道。初始方法用砖

三面光渠道（2021年） 沈农高 摄

砌,水泥糊面,后改为五孔板砌,勾缝,之后又使用“U”形水泥预制件放入水沟勾缝,防止漏水。现今用钢筋和水泥钉好壳子板混土浇筑,流水更畅,质量更佳,渠道美观。

纤石村三面光渠道一览表

表 4-1-2　　单位:米

组别	长度	所在位置	备注
1	800	草里坝	按目测
2	400	俞家兜—草里坝	按目测
3	500	新桥—乌龟洋口	按目测
4	1000	乌洞口机埠—百亩圩五组	按目测
5	800	青滕圩内木圩	按目测
6	300	木圩区块内	按目测
7	200	俞石桥区块内	按目测
8	300	祝家兜—陈家门	按目测
9	100	韩家门旁	按目测
10	500	祝家兜—韩家门边	按目测
11	400	文祥官前圩	按目测
12	500	冯家门前、后	按目测
13	300	虾儿兜圩内	按目测
14	400	塘河村、高明桥	按目测
15	1200	蒋家圩内	按目测
合计	7700		

五、上纤埠船闸

20 世纪 80 年代初,为改善工农业生产和广大人民生活用水的需要,也为沟通东苕溪和运河航线,杭州市城乡建设委员会、杭州航运管理处、余杭县村业水利局三方联合建设“上纤埠饮水航行综合工程”——上纤埠船闸。1982 年 9 月,杭州市城乡建设委员会主持召开上纤埠船闸选址重建会议,经水利厅水管处批复后开工建设,并由余杭县水利水电局勘察设计,由苕溪堤防管理所组织下沙桥梁工程队承建。工程自 1984 年 1 月动工,1987 年 6 月建成。

上纤埠船闸在上纤埠自然村北端,东苕溪直冲之大云寺湾转角处,奉口陡门南 300 余米,原为旱地,由此开挖。闸西是东苕溪,闸东为西塘河,开通后东苕溪正对獐山港,从东苕溪进闸往东便通獐山港,直达运河,往南拐则是西塘河,地理位置佳。

工程为二级永久性建筑物，堤防高度按历史最高洪水水位7.48米再超高2米，桥梁为4级公路桥，通航为100吨级的6级航道，闸孔净宽7米，高9米，闸室长100米，宽18米，水深2.2米，上下闸槛及闸室底板高程为0米，最高通航水位上游5米，下游4.25米，通航净孔高4米，上闸长13米，反拱底板13米×15米。上下闸门为上下扉工肩上提式钢筋混凝土梁板闸门，用2台QPQ2×16吨双吊卷物机启闭。闸室底宽3.3米，墙高6.7米，混凝土透水底板。下闸长10米，10米×15米沉井基础。石门墩高程0.8米，钢丝网混凝土电动启闭人字闸门。完成工程量：土方8.9万立方米，干砌块石1068立方米，浆砌块石7828立方米，混凝土5018立方米，征用土地14.5亩，投资173.09万元。其中，船闸工程116.49万元，上下引游船航道埠头56.6万元。1996年3月，对船闸进行了改造，总投资8万元，使用钢材8吨，水泥200吨。

上纤埠船闸（2021年） 沈祥林 摄

上纤埠船闸建成后，使沿西塘河两岸近5万亩农田的灌溉和杭州拱墅一带工业、农用水源大增。由东苕溪上游往来于沪的船舶不必绕道德清航行，缩短迂回航程60千米。船闸的兴建除弊兴利，一举多得，造福子孙，造福社会。

第二章　交通通信

中华人民共和国成立前,村内无公路相通,只有几条古道通往上纤埠、安溪、良渚街市。虽是主要通道但路面狭窄,仅供行人行走而已。出行去瓶窑、杭州等地,在良渚镇未通公交车前基本靠步行或水上船行,交通十分不便。

中华人民共和国成立后村级道路建设逐步加强,从完善机耕路开始,有规划地建设村级道路,早期的道路也仅满足拖拉机等农机通行。20 世纪 60 年代,各生产队均有水泥农船通过水路用于货运。

1978 年,安溪公社开挖新港,同时沿新港筑起了土基公路,经村内到康家涧,后公路铺设沥青路面,成为区级道路。

1978 年,由村到良渚新拓简易公路,缩短了到良渚的距离,方便了出行,与康红公路相连。

东西、南北两条主要道路贯通后,运输业也应运而生。先后可供钢丝车(双轮推车)、拖拉机、三卡、面包车、卡车、轿车通行。

水路运输从中华人民共和国成立前后的航船(小木船)运输,到 20 世纪 70 年代的水泥船、挂浆机运输。客运有瓶窑—德清城关和良渚—塘栖的客轮航班,后停运。

1999 年起村内有个体运营。2010 年起,先后有 2 条公交车线路运行,并在村域内设多个停靠站。

中华人民共和国成立前村内无邮政通信。1950 年初良渚镇开办了邮政代办所。1962 年良渚—上纤埠邮路开通,投递员步行投递,后使用自行车投递邮件。2008 年,使用摩托车投递,并且一直保留此条邮路。

1990 年村内有了第一部固定电话,之后逐步铺开,家家装了固定电话。1992 年有了第一部移动电话。

20 世纪 90 年代前,村民有重要事项都需到良渚邮政所通过电报传输,外部发来电报良渚邮政所接收后,再由每日邮路投递员送达收件人。

20世纪90年代,计算机网络通信开始应用和推广普及,村民逐步应用互联网,年轻人一般均有QQ号和博客,微信更是普遍使用。快递数量迅速发展。

第一节　道路　桥梁

一、村道

村内有村道6条,早期均为泥路,21世纪初开始逐渐浇筑水泥路面,后又改筑沥青路面,并且拓宽为村级公路。有些村道区间有间断,直接与公路连接。由于后期的改变,现有村道与原貌略有差异。

1. 后荆村出村与良安公路连接,可通向村内各自然村。
2. 后荆村经高明桥、塘河村、三官堂到油车桥。
3. 冯家门村经沈家门、花园桥、马家桥、陈家门到油车桥。
4. 冯家门村向南经冯家门新桥连接康安公路。
5. 上纤埠经西塘河西堤到施家门村、草里坝。
6. 上纤埠经韩曹村、前后桥到康安公路。

二、机耕路

村内早期有机耕路12条,均为土基路面,用于农耕机械通行。后局部有所改变加宽,部分路段从土基路到水泥路,可供机动车通行。

村境内机耕路一览表

表4-2-1　　单位:米

机耕路名称	路面	路宽
西险大塘—施家门	土基	3
三官堂—西险大塘	土基	
文祥官—万岁桥	土基	
唐家渡—金边桥	土基	
万岁桥—九龙	土基	
后荆村—冯家门	土基—水泥	5
田畈里—何家村	土基	
蒋家圩—杨湾里	土基	
沈家门—冯家门	土基—水泥	5
文祥官—阿六圩	土基	
油车桥—宗观桥	土基	
木圩兜—上纤埠	土基	

三、公路

村内有良安线、康安线(新港公路)和西险大塘防汛公路3条。

良安线　起自良渚街道玉琮路，穿过东西大道往北经良渚村、石桥村、纤石村(花园桥市场)北至西险大塘与西险大塘公路相连，全长5千米，路宽7米，双车道，沥青路面，系三级公路。2001年浇筑沥青路面，跨县桥、石桥、金边桥3桥，系区级公路。

康安公路(2022年)　　沈祥林 摄

康安线　东起康家涧，西至安溪(杜城桥)，长4千米，宽7米沥青路面，原为新港公路。1999年8月更名为康安路，系区级公路。

西险大塘防汛公路　2005年建成。沥青路面宽5米，村境内2.8千米，系区级公路。

四、桥梁

纤石村从出行、运输等生活实际需求出发，先后建造了8座桥梁，其中6座可通汽车，缩短行程为出行带来便利。其中，上纤埠大会长桥，系原大会长桥移位重建，为公路桥，与东边仁和街道连接；冯家门新桥，系冯家门通往康安公路的桥梁；塘河村新桥，由塘河村通往三官塘，公路桥；油车桥新桥，位于油车桥，系康安公路上的桥梁，公路桥；万岁桥新桥，位于油车桥与前后桥交界油车桥港，公路桥。

油车桥公路桥(2021年)　　沈祥林 摄

纤石村新建、改建桥梁一览表

表 4–2–2 单位：米

桥名	地理位置	竣工年份	所在港	结构				备注
				类型	孔数	长	宽	
大会长桥	上纤埠	2009	西塘河	公路桥	单	60	6	原大会长桥重建
冯家门新桥	马步漾	1998	油车桥港	公路桥	单	3.2	6	
塘河村新桥	塘河村	2007	三官堂港	公路桥	单	4.8	4.6	
油车桥新桥	油车桥	2002	油车桥港	公路桥	单	4.3	5.3	
油车桥公路桥	油车桥	1992	油车桥港	公路桥	单	18	10	
万岁桥新桥	油车桥东	2002	油车桥港	公路桥	单	41	8	
丁家桥	文祥官	2006	油车桥港	人行	单	3.5	3	老桥改建
四好公路桥	三官堂	2007	三官堂港	公路桥	单	3.0	5	三官堂三桥
新天神桥	草里坝	2000	草里坝港	公路桥	单	10	6	

第二节 陆路运输

公交站牌（2021 年） 沈农高 摄

中华人民共和国成立前村内无公路相通，陆路运输通过乡间小道肩挑背扛完成。20 世纪 60 年代后逐渐修建机耕路和简易公路。1978 年沿新港初步建成简易公路，可通拖拉机，缩短了到安溪镇的距离。70 年代末村到良渚的简易公路建成，均为土基公路，可通拖拉机、汽车，但无固定的客货运输线路与单位。

一、个体营运

20 世纪 80 年代末，村内有三卡不定时地运送去良渚、安溪的乘客，几个人一车或一个人一车，车费 2—3 元/人，包车视路程远近而定。

1999 年，金月尧等 2 人，各人分别购置 1 辆中巴车，办理了运营证，开启了良渚—花园桥农贸市场的客运。班次不定时，灵活发车，有几位乘客上车即开车,这是村内陆路客运的先河,但客流量不多。

二、公交车

2010 年后,余杭公交公司先后开通了瓶窑公交南站—良渚站的 489 路和瓶窑汽车南站—良渚公交站的 2575 路公交车。

地铁 2 号线通良渚后,2017 年 12 月 489 路公交车改由瓶窑南站开往地铁良渚站,与 2 号线接驳,村内有文祥官、纤石村、韩家门 3 个停靠站。起点站发车时间 6:00—19:00,票价 3 元,各类 IC 卡、移动支付通用。

2575 路公交车由瓶窑南站开往良渚公交中心站。村内停靠唐家渡、上纤埠、韩曹村、万岁桥、油车桥、纤石村、韩家门 7 个停靠站。起点站发车时间 6:40—16:40,票价 2 元,各类 IC 卡、移动支付通用。

第三节　水路运输

村内水路运输航道有东苕溪和西塘河,货运客运以此水系为主。村内船只出三官堂港和油车桥港可通东苕溪和西塘河。通过东苕溪可通往余杭镇、德清、上海等地货物运输。20 世纪 70 年代前,在缺少陆路运输的年代,基本靠水运,村民建房用石料通过东苕溪、西塘河进入内港运输。

东苕溪通航能力强,可通航百吨以上大型船队。

西塘河通过上纤埠船闸(早期过奉口陡门)可通东苕溪,形成水上运输体系,村民行船出康家涧即到西塘河。西塘河可通往塘栖、杭州等地。中华人民共和国成立前有航船(小木船)担负客货运输,有快班、慢班航船之分。20 世纪 60 年代始,东苕溪和西塘河有客轮航班。东苕溪上还有 2 个渡口,通过摆渡可达对岸德清县境内。

改革开放后,个体运输业兴起,村内有多只货船从事水上运输,大多运输建筑石料。

一、小航船

民国时期,村内有航船 2 艘。船主分别为沈家门沈有林(沈农高祖父);文祥官沈礼嘉、沈礼广、沈礼红(沈勤初父亲)三兄弟。在当时,航船担负着村民的客货运输,生意淡季时两家约定行船日子,逢单逢双或逢几号由谁家行船,互相约定,生意兼顾,既保证村民出行需要又有运输秩序,也可以按村民要求包船到目的

航船使用的螺号(2021 年沈勤初提供实物)　　沈农高 摄

地。接新娘子的航船还要把船进行清洁、美化。

沈有林家的行船系木船,载重不足 1 吨,客货两用。若载人时搭好棚盖,里面供人乘坐;若运货物多时可拆卸篷盖,方便货物放置,其航程近至安溪等附近地区,远者到塘栖、杭州,采用双人双桨,行驶速度快、安全。

航船出行前以吹羊角或海螺为信号,告知村民船即将开行,若要乘船抓紧上船。沈有林的航船以羊角为号,沈礼红三兄弟的航船则以海螺为号,此螺号保存完好。

二、轮船

瓶窑—德清客轮　1966 年 10 月成立余杭县瓶窑航运公司,并开通瓶窑—德清客轮。1981 年延伸至塘栖,全长 43.5 千米,沿途共设 16 个码头,其中村内停靠码头一个,即上纤埠大云寺湾码头。航班上午由瓶窑发船,下午从德清返回瓶窑,每日一班,后航班停运。

良渚—塘栖客轮　由良渚开往塘栖镇,途经上纤埠并设停靠码头,每日一班,朝去午返。

三、机帆船

20 世纪 70 年代后期,水泥机帆船投入运输,用于运送生产资料。机帆船也称挂桨机,一般载重 3—5 吨,大多为 5 吨。

四、渡口

唐家渡渡口　位于村北西险大塘之唐家渡,是通往德清县的主要渡口,行人翻越西险大塘到东苕溪滩摆渡至对岸即德清境内。渡船为木质平底橹摇船,由德清县管理和安排人员专人担任船工,摆渡费无固定价格,行人一般一次付摆渡费 2 分/人,有重物者则需多付摆渡费。遇洪水或极端恶劣天气则停止摆渡。1990 年后停止摆渡,渡口同时废除。

南窑坞渡口　位于上纤埠大云寺湾北,对岸为德清县南窑坞,是村东部一片通往德清的主要渡口,由德清县管理和安排专人担任船工,是村民去对岸上班干活的必经之路。摆渡费无标准,随意付给。一旦东苕溪涨洪水和恶劣天气则停止摆渡。1990 年后停止摆渡,渡口同时废除。

第四节　运输工具

一、陆路

20 世纪 80 年代前村内无大型运输工具,运输工具简单,双轮车、手扶拖拉机是主要的运输工具。改革开放后,个体运输逐渐兴起,陆路运输迅速发展,运输工具得到了提升。

人力双轮车（钢丝车） 人力双轮车是村内普遍使用的运输工具。实行家庭联产承包后，大多数农户均有双轮车，用于收割和其他生活之用。早期双轮车可通往周边城镇，远者可达杭州市区内,购煤球、煤饼,到祥符桥杭州华丰造纸厂卖麦草、稻草,均用双轮车运输,还有的到余杭镇、德清城关镇等地卖荸荠等农产品也用双轮车。手扶拖拉机等其他运输工具兴起,双轮车被逐渐淘汰。

人力双轮车(2000 年)　　沈祥林 摄

手扶拖拉机　20 世纪 70 年代,手扶拖拉机除了农田耕作使用外,还担负货物运输,主要用于运输石块等建筑材料,也有到附近城镇购物运输之用,农户可与机主约定地点与价格。之后拖拉机被逐渐淘汰,现村内无保存完好的手扶拖拉机。其时,胜利大队还有 1 辆小四轮拖拉机。之后手扶拖拉机被农用货车替代,农用货车载重量大,速度快。村内有手扶拖拉机驾驶员 24 名。

三轮车(三卡)　三卡主要用于个体载人运输。20 世纪 80 年代末有村民用三卡接送客人,一般为村内至良渚,随到随开,有特殊需要的可与车主约定,单独叫车,送到目的地,也可等候同返回来,价格根据路程协商。目前,村内还有为数不多的三卡在运行。

客车　1999 年 11 月,7 组金月尧首先购入第一辆 17 座中巴车，到 2000 年更换了一辆19座客车，办理了运营证、路线证，承接良渚—安溪的客运，不定时班次，客满即走。2006年开始使用企业接送班车（花园桥—云会）至2016年。之后又置换了一辆49座大客车，主要用于包车业务，运行日常。

轿车 随着生活水平的提高，轿车的发展势头很快，农户陆续购买轿车。有些家庭已作了更新，有的家庭拥有几辆轿车，个别家庭甚至拥有4辆轿车。家庭轿车的发展与普及给出行带来了极大的方便。轿车品牌逐渐走向高端，电动汽车正在兴起。

二、水路

小航船 也称航船，木头制作，用于客货运输。上有遮阳挡雨篷，可拆卸，载客时盖上，载货时卸下，载重在500公斤左右，双人双桨划行。

水泥船（2021年） 沈祥林 摄

木船 一般作运输用，均为小型船只。20世纪80年代前各生产队均有数只木船，用于运货或捻河泥等水上劳作之用。

水泥船 20世纪60年代末水泥船开始使用。水泥船系用钢丝编成船型，再用水泥浇筑成船。由造船厂生产，一般农用水泥船吨位在3—5吨。每个生产队均有水泥船，用于运输氨水及其他农业生产之用。

货轮 20世纪80年代，村内有10—25吨机帆船25只，以柴油机为动力，主要用于货运。之后一部分船主更新船机，为落舱机，系货运轮船，装载量大，载重在500—800吨，用于远途货运，目前均在运行。

纤石村大吨位运输户情况表

表4-2-3 单位:吨位

组别	船主姓名	载重	机型	主要运输地
3	韩水庭	600	落舱机	湖州地区
4	张洪亮	800	落舱机	上海地区
9	沈新荣	500	落舱机	湖州地区

第五节　邮电通信

一、邮递

据《良渚镇志》记载，春秋时期周敬开辟的越国间道，秦汉时期的钱塘县樟亭驿，到南宋时增设急递铺，其中有奉口铺(今上纤埠)，为古代传递诏书、军报、公文的邮路和邮政机构。

投递　中华人民共和国成立后，纤石村通了邮路，14组塘河村金锦泉曾担任邮递员，步行投递。1957年后陆续配备自行车，用于农村邮路投递。1958年，各村均有村店成为邮政点，除包裹单、汇款单等重要函件外，报刊信件等都送至村店，由村店转送或自取。

20世纪70年代，设良渚—上纤埠邮路，使用自行车投递。

1989年，良渚—上纤埠有农村投递线路，委办，单程长27.7千米，每周6班。

2008年，良渚镇邮路调整，良渚—上纤埠仍设邮路，并开始用摩托车投递。投递工作实行投递承包考核制。

邮资　1955年3月1日本埠4分，外部8分；1990年7月31日首次调整本埠0.10元，外部0.20元；1996年12月1日第二次调整本埠0.20元，外部0.50元；1999年3月1日第三次调整本埠0.60元，外部0.80元。挂号邮件由1990年的0.30元调整至1元，1999年调整为2元，2004年调整为3元。

2020年6月1日调整本埠0.80元，外部1.20元，挂号邮件在上述资费上加3元。

1985年实行邮政编码，村内邮政编码为311113。

快递　随着网上购物兴起，快递业务量也快速增加。早期由于网购者少，快递业务少，基本以中国邮政为主，不是挨家送达，而是把附近的一些快件集中放在某处，收件人前去自取。早期的快递业务(信函、包裹)均由中国邮政承运投送。随着网购业务量增加，快递公司也逐渐增多，除了中国邮政外，还有中通、圆通、申通、韵达、顺丰、极兔等快递公司，并将快件送达到各家各户。

二、电话

民国时期，村内上纤埠设立了电话所，可通过电话与外部联系沟通。

中华人民共和国成立后，为确保西险大塘安全，唐家渡防洪站设有防洪专用电话。

20 世纪 90 年代前，村民打长途电话必须到良渚邮电所拨打。

1990 年，村内开始安装固定电话，第一部固定电话用户为 8 组徐美根，由下溪湾总线接通安溪总机然后专线接入。到 2005 年村内普及固定电话。

1992 年，村内 8 组徐美根拥有第一部蜂窝式移动电话（俗称“大哥大”），之后手机用户不断增加。中国移动、中国电信等运营商在村内设基站，通信质量不断提高。2007 年，村内普及手机用户，许多用户不断更新换代。手机功能不断提高和完善，内存容量大。从大哥大到功能机再到智能机，实现手机支付，为生活带来便捷。

通信基站（2022 年） 沈祥林 摄

三、电报

20 世纪 90 年代前，村民都到良渚邮电所发电报，收电报一般由邮电所接收，然后由邮政投递员随邮路班次投送到收报人。电话和手机等通信工具兴起并发展，电报业务逐渐萎缩。

第三章　新农村建设

纤石村于2000年开始组级道路硬化,将各组自然村浇筑水泥道路,至2008年全面完成。2017年,对水泥道路铺设沥青路面。

2007年,村内开展河岸美化,将部分主要河道河岸砌石、绿化、河道清淤。

2010年,对小微水体逐步进行治理改造,形成新的水体景观。

2018年,首先在13组北草圩、14组高明桥开展美丽乡村建设,至2020年村内8个组开展美丽乡村建设,各组各显形式,展示乡村特色。

村内宜林道路周边实现绿化,绿化覆盖率达96.4%。2006年,余杭区绿化委员会和余杭区林业水利局列入区级绿化村。2007年,杭州市绿化委员会和杭州市林业水利局列入杭州市级园林绿化村。

第一节　环境整治

一、饮水改革

20世纪80年代前村民以河水或池塘水等地表水作为生活用水。清晨早起用担桶(水桶)先挑好生活用水,积水于水缸里,供烧开水、煮饭等生活之用。一旦遇大雨水质不好时,用明矾过滤澄清再使用。

20世纪60年代末,先后有生产队集体打井,但由于井浅,水质不佳,使用井水者甚少。到80年代后,陆续有农户自建水井取水,到2000年基本达到一户一井,供生活用水。有的用水桶吊水,有的用手动压力抽水,到后期用小水泵抽水,储于大桶内,再分流到水龙头。

2003年村内开始装自来水,到2005年后,全村安装自来水完毕,由良渚水厂供水。2015年有的家庭将自来水过滤后饮用,有的家庭饮用桶(瓶)装水,生活用水从根本上得到了改善。

二、水源保洁

村内水系以河港、小微水体(池塘)为主,水源基本来自天然降水,这些水体担负着蓄水功能。受天然降水量的影响，水体容易受污染。雨量大时,水体周边污染物会直接进入水体，甚至有漂浮物。降水少时,水位则低,特别是池塘与外部疏通能力差，加上使用化学洗涤剂的影响，水质易滋生绿藻等微生物，水质易变差。2010年开始,村内水体做了整治,整治周边环境，水面种植水生植物,建造微循环系统,建立人工打捞队伍等措施提升水质，保护水体,保洁水源。2019年开始由杭州良渚环卫服务有限公司承包,后改为杭州天畅物业管理有限公司承包,招聘本村村民担任保洁员。

工作人员水源保洁(2020年)　　宋悦忠供稿

三、污水治理

雨污分流从农户开始,20世纪末农户建房在审批建房时,明确要求建造化粪池，即建房同时要建化粪池,与雨水分开。污水得到有效处理，环境卫生得到有效改善。

污水处理站(2022年)　　沈农高 摄

2014年村内污水开始治理,到2019年10月结束。将农户的污水集中整治处理。将农户化粪池用PVC管连接到污水处理点。从农户开始分别用直径200毫米、300毫米、400毫米管径顺流到污水处理点。全村共有污水处理泵站7个,总投资1535万元。全村污水得到了有效处理。

纤石村污水纳管工程一览表

表4-3-1　单位:元

工程名称	工程造价	开工时间	竣工时间
冯家门区块	746803	2016年5月26日	2016年8月
上纤埠区块	1699687	2015年8月15日	2015年11月
后荆村区块	1700036	2015年11月20日	2016年2月19日
韩曹村区块	1465042	2015年8月15日	201年11月
韩家门区块	626797	2015年1月1日	2015年5月
花园桥、陈家门、马家门区块	1304634	2014年9月15日	2014年12月
文祥官区块	1134167	2017年6月28日	2019年10月9日
前后桥、万岁桥区块	2431867	2014年7月28日	2015年8月3日
油车桥区块	2125600	2015年7月	2016年8月25日
塘河桥、北草圩、沈家门、高明桥区块	2113816	2015年8月15日	2015年11月14日

注:1. 工程自2014年7月开始到2019年10月结束;
2. 建泵站7个(韩曹村、文祥官、万岁桥、冯家门、花园桥、后荆村、沈家门);
3. 工程总造价1535万元。

四、小微水体治理

2010年村内对小微水体逐步进行治理改造。全村共有31处小微水体进行了整治，总面积达165.20亩。

高明桥小微水体改造(2022年)　沈祥林 摄

村内小微水体整治后,部分池塘做了改造，形成新的水体景观。水体周边砌石围栏,修筑步行道。水体中种植水性植物、花卉,美化水体景色,水体环境良好。

纤石村小微水体改造一览表

表4-3-2

组别	水体名称	面积(亩)	组别	水体名称	面积(亩)
3	前后桥荡	1.5	5	陈家荡	3.2
3	前后桥荡2	1	5	黄家荡	3
11	文祥官荡	1.8	5	黄家荡	4

续表 4-3-2

组别	水体名称	面积(亩)	组别	水体名称	面积(亩)
13、14	龙荷农庄边	25	3	沈家荡前	0.9
13	梦向池	5	2	万岁桥杨家兜	12
8	陈家门	0.6	6	油车桥	1
8	陈家门	2.5	7	油车桥	0.8
7	大路边	0.7	9	花园桥	3
7	油车桥荡	0.8	9	花园桥	1.5
	大塘右边	25	14	塘河村	1.1
	大塘左边	18	14	塘河村	1.5
5	大塘边	8	10	祝家兜	7
4	大塘边	12	10	祝家兜	2.5
4	上纤埠	3.5	10	韩家门兜	7
4	上纤埠南荡	6.1	15	后荆村	2.2
5	陈家塘	3			

第二节　村庄建设

一、村庄建设

2018年,在13组北草圩、14组高明桥开展美丽乡村建设试点。统一规划,统一施工,拆除围墙,种植绿化,美化环境,在主要路口安装电子监控,完善配套设施。共有27户农户得到美丽乡村建设环境改造,村容焕然一新。

草里坝新苑(2020年)　村委供稿

2020年,村内8个组开展美丽乡村建设,各组各具形式。有的组统一拆除围墙,统一设计砌文化石,白墙黛瓦显示乡村特色。有的组在原有的围墙上统一加盖瓦片，围墙墙脚上贴文化石，白色外墙涂料涂刷，也具有农家特色。建造停车场，统一制作门牌，门牌上各家可选一句文明用语，体现社会文明和家庭和谐。此后，其他组也陆续开展美丽乡村建设。

2006年余杭区创建“园林绿化村”，纤石村被余杭区绿化委员会和余杭区林业水利局列入区级绿化村，并授予奖牌和通报表扬。2007年，被杭州市绿化委员会和杭州市林业水利局列入杭州市级“园林绿化村”，并获奖牌和通报表扬。

二、路边绿化

村内宜林道路周边实现绿化，绿化覆盖率达96.4%。村内绿地面积6400平方米，村民人均绿地面积16平方米。绿化树种混交模式5个，实现四季常绿。村内有乔木11种，绿化的主要树种有杜英、水杉、桂花、香樟、茶花、枇杷树、榉树、黄山栾树等。村内还有2棵古树，位于草里坝、后荆村自然村。村庄绿化整齐、美观，无严重病虫害，并有专人养护。

路边绿化（2020年）

余杭区良渚街道纤石村古树名木一览表

表4-3-3

调查号	古树标号	树名	小地名	树龄（年）	等级	胸围（厘米）	经度	纬度	备注
1000039	011031000039	樟树	后荆村	100	3	120	120.04676565	30.418686	新增
1000040	011031000040	樟树	草里坝	100	3	180	120.04679823	30.617665	新增

（良渚街道资料）

随着社会经济的发展，城市与农村之间的差距越来越小，缩小差距首先是确保农村公路畅通，实施公路交通经济建设可持续发展战略，农村公路既可通车、服务社会，又要坚持公路建设养护与绿化，加速农村公路绿色生态经济通道建设，实现农村公路生态环境保护。村内各级道路均完成了路边绿化工作，公路绿化村民也是直接的受益者。

三、河岸美化

三官堂港景观(2021 年) 沈祥林 摄

2007 年,村内三官堂港和油车桥港由政府出资整治。三官堂港属镇级河道,运河水系。三官堂港西起冯家门,东到康介涧,入西塘河。实行“河长制”管理。河道两边部分地段已砌石,种植树木,建有“巾帼林”等。村内河道沟渠长度 3000 米,绿化长度 2860 米,绿化率 95.3%。以上河道还进行砌石,分别为油车桥港 600 米,三官堂港 1700 米。河道清淤 3000 米。

河岸美化提升了整体环境的美化,展现了河岸两侧的旖旎风光。

四、村道硬化

道路水泥路面浇筑施工(2008 年) 宋悦忠供稿

村级道硬化由村组织,各组自筹资金。从 2000 年开始,15 组(后荆村)首先开始浇筑水泥路面,以后逐年以组为单位进行,经过几年的努力,到 2008 年,以 4 组(上纤埠)为最后,历时 7 年,全面完成全村的组级道路的浇筑任务。改变了“晴天一身灰,雨天一身泥”的状况,告别了砂石泥路的历史。全村共浇筑水泥路面 82641 平方米,总投资 330.56 万元。2017 年,对原有水泥路面铺设沥青路面。

纤石村组级道路硬化一览表

表 4-3-4

组别	浇筑面积(平方米)	投入资金(元,按每平方米 40 元计)
1	6076	243040.00
2	8285	331400.00
3	6922	276880.00
4	1994	79760.00
5	4103	164120.00
6	5526	221040.00
7	5650	226000.00
8	4650	186000.00
9	3530	141200.00
10	4627	185080.00
11	3600	144000.00
12	5600	224000.00
13	4500	180000.00
14	6759	270360.00
15	10819	432760.00
合计	82641	3305640.00

五、路灯照明

村内道路硬化后,逐渐安装了路灯,灯具从白炽灯到 LED 灯,从主道到村道到组级道路全覆盖,全村组级道路装灯 373 盏,村级道路装灯 194 盏,村内公路装灯 200 盏,共计 767 盏。夜间有路灯照明,村民出行方便,同时也增加了安全感,增加了夜间的色彩。

纤石村路灯分布情况表

表 4-3-5　　单位:盏

路灯安装区域	数量		
	组级	村级	其他
2 组	30	20	
3 组	25		
4 组	48	12	
6 组	23		
7 组	40		

续表 4-3-5

路灯安装区域	数量		
	组级	村级	其他
8 组	38	10	
9 组	20		
10 组	23		
11 组	12		
12 组	21		
13 组	22		
14 组	32		
15 组	39		
康庄路		31	
康庄路四好公路		21	
大会堂四好公路		28	
农居点		68	
村委		4	
万岁桥—新港村			46
西险大塘—金边桥			34
西险大塘防汛公路			120
小计	373	194	200

六、庭院美化

纤石村庭院美化包括单位庭院和农户住宅庭院的美化。单位庭院都有一定的空间用于内部美化，种植花木、花卉，保障庭院有一定面积的绿化，打造美丽企业。农户也越来越重视庭院美化，家家户户都种一些果木、花木、花草，美化庭院。新建房更是从美化环境入手，在建房时一并考虑庭院美化，建花坛、造喷水池，打造美丽庭院。两者宜林绿化率达 75%。美丽庭院建设开始以来，全村农户积

农户庭院景观（2020 年）　村委供稿

极响应，整理自家庭院，既美化了环境，又改进了人居环境的思想观念，美丽庭院成就了美丽生活。

七、休闲景观

公园　村内有 2 处公园，供村民休闲。

高明桥公园建于 2019 年，位于高明桥自然村东，塘河村自然村西，属 13、14 组地界。园内种植各种花木、草坪，建有小径、小池。园内四季常绿，花卉常开，也是美丽乡村建设一角。公园面积 7.5 亩，种植草坪 662.88 平方米，主要种植树种有双杆香泡、丛生紫薇、铁杆海棠，沿边草 44.89 平方米、毛鹃 21.39 平方米、麦冬 103.20 平方米、细叶麦冬 469.39 平方米、金边美人蕉 136.90 平方米、美人蕉 34.13 平方米、金钟花 89.45 平方米、景观池塘 1 个，是村民休闲的好去处。

高明桥公园平面设计图

韩家门公园(农民公园)位于韩家门,良安路东侧,建于2005年,是村内第一个农民公园,占地面积3.5亩。公园内建凉亭1个、池塘1个,绿化面积2125平方米。种植草坪、树木,有香樟、桂花、红枫、杨柳、广玉兰等,并配有灌木树种,供村民休闲。

龙荷农庄水上长廊(2017年)　　沈农高 摄

廊　2002年龙荷农庄创办后,依水建立餐饮休闲服务,同时在水上建设通道,通道连接水中亭阁,池塘南边还建有长廊,供行人休息观光。2019年1月在农庄整治中拆除。

韩家门公园亭台(2021年)　　沈祥林 摄

2005年生绿缘农庄建成后,总体为回廊亭榭型建筑,主房边有一船形造型的二层建筑,三面环水,一面连岸,既用餐,又观景。还有依水而建的长廊,长约150米,供休闲垂钓。水池之间连接有水上通道,中间有宽敞的水泥砌成的墩子,形成回廊亭榭的风格。2019年1月,因经营调整,长廊等一些建筑相继拆除。

亭　韩家门自然村东农民公园内建有休闲亭1个。亭为六角形,水泥柱子,上盖琉璃瓦片,显示古色古香韵味,供村民休闲小憩。

第五编

教育　卫生　文化　体育

土圆仓（谷仓群）　　村委供稿

第一章 教 育

纤石村是田园之村，也是文化之乡。据《良渚镇志》记载，民国初期村内上纤埠就有合格的塾师3人。此外，花园桥也有塾师2人，教农家子弟习文练字。

民国时期建有上纤埠小学，担任小学1—4年级的教学，校长乐养身。学校以招收学校附近的学生为主，也有少数较远的学生。民国37年(1948)第一学期有学生85人，其中男生60人、女生25人。民国35年(1946)6月陈家门也办有一所国民学校，校长乐养身。

1928—1932年，以成人教育为对象的民众学校相继建立，从事民众的文化启蒙教育、民众体育和农业推广。民国17年(1928)11月办起了杭县第十九民众学校，学校建于上纤埠国民学校内。

中华人民共和国成立后，上纤埠小学为六年制高级小学。1950年政府又在沈家门、后荆村办起了小学，即石墩小学和后荆村小学，均是低年级复式班教学，待高年级时进入上纤埠小学就读。其他自然村也有短暂的办学。

20世纪60年代后期，学龄儿童增多，仅有的学校已解决不了学生就学问题。当时胜利大队在相公庙建造了一所小学——新联小学，从知识青年和回乡青年中选拔教师，担任教学工作。随着生源的快速增长，大队又在油车桥、花园桥、冯家门、陈家门、施家门、万岁桥等6个自然村办教学点，设施因陋就简，就近解决学生入学问题。师资队伍也不断扩充，教师有公办、民办、代课之分。民办老师和代课老师均拿工分。

1976年后一些大中专师范毕业生来村学校任教。1982年，教师队伍整顿，经过考试考核一批民办教师转为公办教师并晋升职称，师资队伍力量明显改善和增强。

1994年创办相公庙小学幼儿班。2006年9月，良渚云华幼儿园在相公庙小学的校址上建立了石桥分园新星教学点，并以此为基础不断扩大规模。

上纤埠小学在20世纪80年代后搬迁至西塘河西重新选址建造。相公庙小学于 1996 年重新移址建新校园,1998 年启用,从此村内有 2 所完全小学。

2013 年教育规划调整,上纤埠小学和相公庙小学划入良渚三小,此后村内无小学。

纤石村历来重视文化教育事业发展,村民重视教育,崇尚文化,蔚然成风。农家子弟在村内小学阶段学习后升学到外地学习,涌现一大批莘莘学子。至 2020 年全村有本科以上毕业生 194 人,其中,博士 1 人,硕士 3 人(不含在读生)。村民的文化结构发生巨大变化,文化水平得到提升。

第一节 学前教育

一、相公庙小学幼儿班

相公庙小学幼儿班,创办于 1994 年,为相公庙小学所办。招收 1 个班,约 40 人,开办至 2006 年 8 月。幼儿班先后由金艳蓉、沈艳华、沈燕敏任教师,负责人沈洪潮。

安溪幼儿园新星园区 幼儿园 提供

二、安溪幼儿园新星园区

余杭区安溪幼儿园新星园区,原为良渚云华幼儿园石桥分院新星教学点,创办于 2006 年 9 月,在原相公庙小学的校址上建园,承担村内与周边村的幼儿学前教育工作。有小班 7 个,中班 4 个,大班 4 个。有教师 36 人,保育及员工 27 人,已培育幼儿总数 600 人。园区占地面积 9476.9 平方米。

安溪幼儿园新星园区园名及负责人变动一览表

表 5-1-1

时间	园 名	负责人
2006.9—2012.8	良渚云华幼儿园石桥分院新星教学点	卜如娟
2012.9—2015.8	良渚云华幼儿园石桥分院新星教学点	周仙凤
2015.9—	安溪幼儿园新星教学点	俞建娣

第二节 小学教育

一、上纤埠小学

据档案记载,民国 2 年(1913)2 月,创办上纤埠小学。因校舍所在地处于本乡边区,地势险要,近山滨水,为游击志士们的根据地,常受敌伪“扫荡”威胁,被破坏数次, 原有校舍、校具全部焚毁, 无再办, 就此暂告停顿。到民国 33 年(1944)春,由地方热心教育者筹款再度兴学,重建于万岁桥,改称为第五保校。抗战胜利后,翌年改称上纤埠国民学校。历任校长:乐养身、骆飞财、何雷声、沈兰润、章文华、郑继迪。先后有教员:陈世英、李贞英、陈策、沈益芳、梅子健、丁德蕴、俞雪友、汪志清、周志仁、钟士琴、申屠英等。

民国 36 年(1947)有学生 78 人。其中一年级(上)9 人,一年级(下)20 人;二年级(上)10 人,二年级(下)15 人;三年级(上)10 人;四年级(上)14 人。

民国 37 年(1948)第一学期有学生 85 人。其中,男生 60 人,女生 25 人。分别为上纤埠 59 人,万岁桥 19 人,天神桥 2 人,永泰乡 4 人,云会乡 1 人。

据余杭区档案馆资料,学校设施、设备、教具、用具有:礼堂 1 个、办公室 1 间、农场 1 个、寝室 3 间、厨房 1 间、教室 3 个、厕所 2 个,办公桌 1 张、写字台 2 张、黑板 3 块、黑板架 3 个、书架 1 个、大珠算盘 1 个、钢板 1 块、铁笔 1 只、米达尺 1 只、砚池 4 个、订书机 1 只、印泥 1 盒、新生活牌 1 个、篮球铁圈 2 个、乒乓台面 2 个、课凳 10 个、时钟 1 个、大圆桌 1 张、积木教具 1 套、挂图 20 幅(套)、生活挂图 1 套、课程标准 1 套、中国地图 1 张、浙江地图 1 张,还有锄头、水缸、柴刀、菜桌等生活用具等。

民国 17 年—21 年 (1928 至 1932), 以成人为教学对象的民众学校相继建立,从事民众的文化启蒙教育、民众体育和农业推广。据《余杭通志》记载,杭县第十九民众学校于民国 17 年(1928)11 月 22 日建于上纤埠国民小学内。

中华人民共和国成立后,上纤埠小学由李亦华任校长。1998 年学校由原址搬迁至河(西塘河)西重新建校,学校教室、办公室设施齐全,是村内最早的一所小学。

二、陈家门国民学校

民国 35 年(1946)6 月建有杭县纤石乡陈家门国民学校,时任校长乐养身。

学校开设于陈家门陈锦章家,学生少,教师 1 人由乐养身兼任,学校办学时间不长,后停办。

三、石墩小学

1950 年,村内办起了石墩小学,学校地址位于沈家门自然村,是一所初级小学。起初有王春良任老师,王春良调至瓶窑任教后先后由杨承立、周道一来校任教。"文化大革命"后学校略有短暂停课,后派陈岫云到校任教,并设高年级。学校师资不足,采用复式班教学。石墩小学是一所公办学校,先后有王春良、杨承立、周道一、陈岫云、邹惠芬、夏振宇、王梓澄、沈志南、梁文伟等教师任教。

石墩小学学校有木结构、砖瓦结构平房 3 间,中间为厅,东西两侧为教室。中厅后为天井。天井左右两侧为教师宿舍,后学校停办,加之年久失修,于 1984 年拆除,并入相公庙小学。

四、相公庙小学

其前身为新联小学,建于 20 世纪 60 年代末,为土坯泥墙、人字架结构房屋,东西两侧各有一小间房屋用于教师办公和宿舍兼办公,后改为"相公庙小学"。1996 年拆除移位重建新的小学。1998 年启用,改为"新星小学"。校舍为砖混结构,设施齐全,时有 6 个班,先后由沈洪朝、祝炬勇任校长。后教育规划调整,新星小学于 2013 年归入良渚第三小学(安溪)。学校停办后校址由安溪幼儿园新星园区使用。

五、后荆村小学

学校校址在后荆村自然村内,是中华人民共和国成立后创办的一所小学,20 世纪 70 年代初期停办。

纤石村学校教师由上级教育部门分配来学校任教的称公办教师。20 世纪 70 年代初,仅公办教师犹如杯水车薪,满足不了教师的需求。当时大队就地解决教师缺少的问题,选一些知识青年、回乡青年或有一定文化的村民任教师,即民办教师。公办教师由上级按月发给工资,短时间内也采用过工分加补贴,由生产队发给粮食等食物,按工分计酬,年终结算,工分不足则用现金补齐,俗称"工分加补贴"。民办教师则以工分计酬。

1982 年教师队伍整顿,经考核一部分民办教师被录用为公办教师,未录用的通过各种途径安置,离开教师岗位。此后,无民办教师。1976 年后,一些大中专师范类毕业生到学校任教,师资力量得到明显提升,一些教师获得相应职称。

中华人民共和国成立后各小学历任教师(民办、代课)一览表

表 5-1-2

学校	历任教师(排名不代表先后)
上纤埠小学	李亦华、王良奎、钱惠英、严蔚、韩子英、马金娥、周宝珠、杨仁洪、宋连根、余萍萍
新联小学(相公庙小学)	王良奎、方仲春、陆金荣、卢航、沈农高、沈金珠、李镇云、沈洪潮、毛巧连、丁仁花、冯幼英、沈永浩、梁文伟、郭素月、祝炬勇、沈康仙
石墩小学	王春良、杨承立、朱寿来、周道一、陈岫云、夏振宇、沈志南、吴庆丽、邹惠芬、梁文伟、周荫浓、王学火、王梓澄、冯启珠、徐桂斌
后荆村小学	许老师(名不详)、朱寿来、朱娟英、林桂女、邹惠芬

第三节 初中教育

一、欠石"五七"中学

20 世纪 60 年代末，村内一批小学毕业学生的升学是一大难题，为就学方便,适合农村特点,时安溪公社在相公庙开办了一所中学——欠石"五七"中学,实行半学半农制,属戴帽初中。教师有周荫浓、叶化钦、蔡忠健和王良奎等。学生来自村内和当时东方红大队一部分。其课程有政治、语文、农业、工业等,教师从小学老师中抽调,毕业学生 40 余人,后停办。

二、欠石中学

1972 年,欠石"五七"中学停办后,重设安溪欠石中学,地址选在相公庙,重置教室。招收初中学生 1 个班 42 人,生源主要来自胜利大队、东方红大队的学生。开始只有 2 名教师,王良奎和方仲春,王良奎任校长。第二年发展到了 3 个班,最多时达到 4 个班。1982 年,撤销欠石中学并入安溪中学,村内小学升初中的学生均在安溪中学就学。安溪中学停办以后即划入良渚中学学习。

在欠石中学担任过教师的有 16 人,分别是王良奎、方仲春、陈岫云、俞祥林、周荫浓、王兆雄、陈碧君、徐金梅、梁苏伟、黄帅雍、梁兴华、钱良芝、徐燕华、何建仁、祝丽珍、沈洪潮。

第四节 成人教育

一、冬学夜校

据《余杭教育志》，中华人民共和国成立后，1949 年 12 月，杭县建立了县冬学委员会。1950 年 12 月，余杭县冬学委员会成立，其时纤石也开办了冬学夜校，许多村民在此学习文化。

据档案资料，1956 年 1 月，瓶窑区各乡民校开展情况统计，纤石乡开办民校 6 个班，入学人数 238 人。其中，男性 164 人，女性 74 人。

二、突击扫盲

1952 年 5 月 24 日，中国开展大规模扫盲运动。1952 年 6 月杭县成立了县速成识字法推行委员会，同年 11 月杭县成立扫除文盲委员会，此时村内办起了速成识字班。

1956 年 3 月，国务院发布《关于扫除文盲的决定》，提出用 5—7 年的时间基本扫除文盲，并成立了由陈毅任会长的全国扫除文盲协会。1956 年 12 月，杭县成立了扫除文盲协会，村内办起了扫盲班，扫盲运动的高潮一直持续到 50 年代末，村内许多村民在此期间学到了文化，脱掉了文盲的帽子。

20 世纪 70 年代初期，安溪公社也开展了扫盲活动，并办了夜校，由村民办教师兼任夜校教师，有一部分年轻人脱盲。

第五节 村民文化结构

中华人民共和国成立前村内学校少，村民经济条件差，大多农家子弟无能力上学，村民文化程度普遍很低，大多数人为文盲，初级小学文化程度算是很有文化的人，高级小学文化程度则是文化较高的人了。

中华人民共和国成立后，党和国家十分重视文化教育，开展突击扫盲，通过冬学办夜校等举措提高村民文化水平。此时村民通过扫盲、速成识字等措施后文化水平有所提高。之后，村内又陆续办起了小学，农家子弟可以就近上学读书学习。同时，村民文化意识提高，重视文化知识的学习，文化结构不断在提升。

1959 年，村内仅有 3 名高中毕业生：后荆村梁文潮、沈家门沈欢毛与韩曹村周世惠。梁文潮毕业后参加中国人民解放军,后转业至浙江省省直部门工作。沈欢毛在江西802地质队从事短期工作,后精简回乡务农。周世惠回村务农。

1970年,高等学校招生"实行群众推荐,领导批准和学校复审相结合的办法"招收工农兵学员,村内有沈金珠、沈农高两名回乡青年分别于1974年、1975年被推荐为工农兵学员,就读于杭州师范学校和浙江燃料化学工业学校。毕业后,沈金珠分配在安溪中学任教,沈农高分配在浙江省化工地质大队从事技术和管理工作。

工农兵上大学期间推荐学员一览表

表5–1–3

姓名	性别	入学前从事工作	入学时间	就读学校	专业	毕业时间	分配工作单位
沈金珠	女	民办教师	1974年9月	杭州师范学校	数理	1976年7月	安溪中学
沈农高	男	民办教师	1975年10月	浙江燃料化学工业学校	地质勘探	1977年7月	浙江省化工地质大队

村民文化结构对比一览表

表5–1–4

文化程度 / 时间	文盲	小学	初中	高中	大学	研究生
2000年后				部分	部分	少数
20世纪90年代			部分	部分	小部分	极少数
20世纪80年代			大部分	部分	少数	
20世纪70年代		小部分	大部分	小部分		
20世纪60年代	小部分	大部分	极少数			
20世纪50年代	部分	少部分	极少数	极少数		
中华人民共和国成立前	大部分	极少数				

全村从扫除文盲到普及高中,念上大学,村民文化结构有了明显改善,每年有不少农家子弟考上大学或重点大学、名牌大学。到2020年全村全日制本科以上毕业生195人,基本涵盖了文理各专业。不少村民积极参加成人教育学习,提升专业知识和学历层次。

纤石村本科以上大学毕业生一览表

表 5-1-5

序号	组别	学生姓名	性别	毕业院校	专业	毕业时间
1	1	章　丽	女	西南大学	师范类	2013.2
2		章健美	女	杭州师范大学	师范类	2014.6
3		叶苏奇	男	浙江中医药大学	中医学	2006.6
4		郭毅超	男	浙江越秀外国语学院	工商管理学	2019.6
5		郭超强	男	浙江师范大学求真学院	社会体育管理与指导	2018.6
6		宋凯燕	女	浙江农林大学	外贸	2013.6
7		宋婷婷	女	浙江财经大学东方学院	教育	2013.6
8		宋学琛	男	南京林业大学	金融工程	2020.7
9		郭陈潇	男	嘉兴学院	网络工程	2019.6
10		宋良丹	女	浙江万里学院	广告	2016.6
11		宋竹君	女	嘉兴学院	汉语言文学	2020.6
12		郭叶虹	女	浙江工业大学之江学院	金融工程	2018.6
13		郭肖璐	女	浙江大学城市学院	药学	2019.6
14	2	赵佳隆	男	浙江理工大学	电子信息工程	2013.7
15		周　芬	女	浙江宁波大学	师范类	
16		俞佳佳	女	浙江大学城市学院	地铁	2018.6
17		周　莹	女	温州医科大学	心理学	2019.6
18		周丽娜	女	浙江科技学院	印刷	2010.6
19		严妃妃	女	浙江工业大学	公益事业管理	2019.6
20		周晓亮	男	浙江科技学院	国际经济与贸易	2012.6
21		陆凯琳	女	绍兴外国语学院	编辑出版学	2015.6
22		陆敏敏	男	杭州师范大学钱江学院	师范类	2011.7
23		李　曼	女	湖北咸宁学院	历史	2019.6
24		俞振华	男	浙江警察学院	刑侦	2013.6
25		俞云龙	男	浙江树人大学	电子商务	2012.6
26		周晓芬	女	华北水利水电大学	商贸营销	2015.12
27		陆苏萍	女	上海财经大学浙江学院	工商管理	2015.6
28		罗　军	男	浙江大学	地理信息	2009.6
29		施泽奇	男	南京农业大学	工商管理	2013.7

续表 5-1-5

序号	组别	学生姓名	性别	毕业院校	专业	毕业时间
30	3	周晨宇	女	浙江大学宁波理工学院	经济学	2010.6
31		何　京	女	南京邮电大学	通信工程	2010.6
32		金　雅	女	浙江师范大学	教育学（硕士）	2017.6
33		郭晓春	女	浙江财经大学东方学院	经济贸易	2013.6
34		韩　佳	女	杭州师范大学	体育	2010.6
35	4	缪赵娜	女	浙江警察学院	刑侦学	2012.6
36		杜　鹃	女	浙江农林大学	金融管理	2012.6
37		赵方雄	男	浙江科技大学	土木	2016.6
38		徐　珍	女	浙江工业大学	会计学	2012.6
39		陈　斌	男	浙江大学城市学院	计算机	2005.6
40		周倩雯	女	浙江万向大学柳州商学院	会计学	2020.6
41		陈惠萍	女	台州师范学院	师范	2014.6
42		章国飞	男	杭州电子科技大学	电子	2005.6
43		金春燕	女	浙江师范大学	中文	2011.6
44		金琦贤	男	浙江警察学院	法学治安	2012.6
45		余　力	男	浙江警察学院	法学	2009.6
46		陈姝妮	女	宁波大红鹰学院	动漫	2015.6
47	5	项仙弟	男	浙江大学	化工机械	1994.6
48		冯　娜	女	宁波大学	财务会计教育	2010.6
49		黄　郦	女	浙江师范大学	英语	2010.6
50		徐盼昀	女	中国计量大学	生物	2016.6
51		沈韬杰	男	浙江万里学院	计算机	2013.6
52		徐　杰	男	台州工商学院	工商管理	2019.6
53		金　铭	女	浙江师范大学	师范	2020.6
54		王忠强	男	南京大学	工商管理	2012.6
55		沈丽萍	女	厦门大学	金融	2020.6
56		张艳娟	女	浙江师范大学	音乐	2008.6
57	6	金杭丽	女	浙江工商大学	会计学	2016.7
58		金杭杰	男	浙江大学宁波理工学院	建筑学	2018.7
59		方　翔	女	杭州护士学院	护理学	2017.7

续表 5-1-5

序号	组别	学生姓名	性别	毕业院校	专业	毕业时间
60	6	金文雅	女	浙江理工大学	经济学	2013.7
61		金燕明	男	浙江理工大学	艺术类	2010.7
62		金晓聪	男	嘉兴学院	服务	2011.7
63		金晓月	女	浙江师范大学	师范类	2014.7
64		金霞萍	女	宁波财经学院	会计学	2020.7
65		金云燕	女	嘉兴学院	国际经济贸易外贸	2012.7
66		金佳蓉	女	浙江大学城市学院	设计	2017.6
67		金　洁	女	湖州师范求真学院	教育	2020.7
68		郭昌义	男	浙江大学	公共关系	1987.6
69		郭德政	男	美国马凯特大学	新媒体	2016.1
70		金加加	男	丽水学院	体育	2021.6
71		周建萍	女	杭州师范大学	口腔医学	2013.6
72		金杭炜	男	浙江师范大学	数控	2013.6
73		金雅莉	女	宁波大学科学技术学院	广告	2020.7
74		金莹莹	女	杭州电子科技大学	会计	2018.7
75		金伟燕	女	杭州师范大学	幼师	2018.7
76		韩禹兵	男	首都师范大学	旅游服务	2011.6
77	7	金尔威	女	浙江大学	人文科学实验班	2020.6
78		金昱雯	女	温州医科大学	西医学临床	2017.6
79		金　操	男	浙江师范大学	艺术设计	2016.6
80		金莎莎	女	杭州师范大学	师范	2018.7
81		金宇飞	男	中国计量学院现代科技学院	机械	2015.6
82		金　睫	男	浙江大学	艺术系	2009.6
83		徐　弯	女	浙江财经大学	汉语学文学	2012.6
84		金泽杭	男	浙江工商大学杭州商学院	金融	2017.6
85		金携飞	男	浙江海洋大学	土木工程	2012.6
86		陆霁君	女	浙江师范大学	旅游服务	2012.6
87	8	沈晓波	男	丽水学院	电子信息工程	2009.6
88		陈　佳	男	浙江大学	电气工程	2011.6
89		陈芸芸	女	温州医科大学	临床医学	2013.6

续表 5-1-5

序号	组别	学生姓名	性别	毕业院校	专业	毕业时间
90	8	张晓杭	男	浙江财经大学	工商管理	2013.6
91		章玲玲	女	浙江财经大学	电子商务	2013.6
92		潘弘历	男	浙江农林大学	应用化学	2013.6
93		沈　悦	女	上海外国语大学	翻译	2014.6
94		管　豪	男	浙江大学工程技术学院	土木工程	2017.6
95	9	沈元伟	男	东北工业大学	风轮机	1986.7
96		沈碧君	女	绍兴文理学院	英语	2014.6
97		沈立翰	男	浙江理工大学	电气工程及自动化	2013.6
98		徐佳雯	女	英国杜林大学（本科）、英国华威大学（研究生）	工商管理（硕士）	2017.6
99		沈瑜佳	女	浙江水利水电学院	土木工程	2019.6
100		沈煜铭	男	浙江农林大学	会计学	2020.6
101	10	金明敏	男	杭州师范大学	机械设计	2011.6
102		赵庆峰	男	宁波工程学院	化学工程与工艺	2012.6
103		朱云峰	男	江西师范大学	数学教育	2001.6
104		沈慧斐	男	浙江工业大学	信息与计算科学	2014.6
105		沈　强	男	浙江师范大学	生命科学	2011.6
106		方　俊	男	浙江工业大学	计算机科学与技术	2008.7
107		胡韩文	男	浙江工业大学	分析研究员	2007.6
108		江　艳	女	浙江理工大学	生物化学与分子生物学	2010.3
109		胡韩辉	男	浙江师范大学	财务管理	2010.6
110		胡鹤鸣	男	浙江理工大学	自动化管理	2011.6
111		沈晓俊	男	浙江大学机械工程学院	机械工程	2021.3
112		沈晓艺	女	宁波大学	旅游管理与服务教育（师范）	2015.6
113		巴磊明	男	浙江师范大学	数学与应用数学	2010.6
114		洪吉先	男	河南科技大学	会计	2010.7
115		韩择笑	女	绍兴文理学院元培学院	环境设计	2017.6
116		韩国强	男	浙江大学继续教育学院分院	电气工程及自动化	2009

续表 5–1–5

序号	组别	学生姓名	性别	毕业院校	专业	毕业时间
117	10	韩玲玲	女	温州大学城市学院	经济学	2015
118		韩　阳	男	南京航空航天大学	科学与材料工程 核医学	2017.6
119	11	沈如意	女	浙江大学	英语语言文学	2012.3
120		陈森林	男	浙江师范大学	有机化学	2012.3
121		沈伟叶	女	浙江工业大学之江学院	日语	2009.6
122		沈敏娟	女	浙江大学	医学	研究生在读
123		沈　杭	男	浙江工业大学	医学	2020.6
124		沈　靖	男	浙江大学	化学工程与工艺	2014.6
125		沈律明	男	浙江大学	化工	2005.3
126	12	张　莹	女	武汉大学	英语	2011.6
127		冯　月	女	杭州师范大学	小学教育	2003.7
128		冯霞娟	女	温州大学	英语翻译	2020.6
129		冯潇琪	男	温州医科大学仁济学院	英语	2015.6
130		高天柱	女	温州医科大学仁济学院	英语	2015.6
131		冯雅彬	女	杭州师范大学钱江学院	英语	2018
132		占位典	男	武汉工业学院	英语	2004
133		冯顺飞	男	浙江理工大学	土木工程	2010.6
134		冯哲平	男	浙江万里学院	通信工程	2014.6
135	13	沈晓军	男	上海财经大学浙江学院	注册会计学	2020.6
136		沈孟军	女	浙江越秀外国语学院	英语	2014.6
137		沈莉莉	女	杭州师范大学	商务	2007.7
138		陈江峰	男	南昌大学	美术	2002.7
139		潘弘扬	女	浙江科技学院	化学工程与工艺	2014.6
140		沈莉芳	女	浙江大学城市学院	英语	2011.6
141		沈丽燕	女	浙江师范大学	学前教育	2012.6
142		李良传	男	河北地质大学	资源勘查工程	2011.6
143		沈瑜敏	女	湖州师范学院求真学院	行政管理	2019.6
144		沈邱雅	女	杭州师范大学	社会工作	2017.6

续表 5-1-5

序号	组别	学生姓名	性别	毕业院校	专业	毕业时间
145	13	郭黎强	男	湖州师范大学	体育	2021.6
146		潘嘉平	男	重庆师范大学	经济学	2016.7
147		沈 琪	男	温州大学	通讯工程	2015.6
148		沈伟杰	男	浙江师范大学	思想政治教育	2011.7
149		沈 洋	男	东华大学	信息安全	2011.6
150		沈 京	女	宁波大学	信息技术	2012.6
151		郑慧顺	男	浙江师范大学	财务会计教育	2014.6
152		沈美玲	女	浙江师范大学行知学院	电子信息工程	2011.6
153		沈益平	男	嘉兴学院	生物工程	2010.6
154		姜素珍	女	湖南涉外经济学院	汉语言文学	2015.6
155		沈利阳	男	浙江师范大学	车辆工程	2016.6
156		谷旺国	男	中南财经政法大学	法律	2006.7
157		沈莉丹	女	上海财经大学浙江学院	会计学	2014.6
158		潘国风	女	中国中医科学院	中西医结合（博士）	2005.6
159		丰明明	女	浙江师范大学	思想政治教育	2011.7
160		马奇勇	男	浙江工业大学	财会	2008.6
161	14	陈惠芳	女	澳门大学	法学（硕士）	2018.4
162		沈兴杰	男	浙江越秀外国语学院	教师	2018.6
163		沈芳芳	女	杭州电子科技大学	会计	2011.6
164		陈杭花	女	浙江财经大学	财经	2016.6
165		金伟忠	男	中国计量学院	自动化工程	2010.6
166		陈露萍	女	浙江理工大学	财会	2015.6
167		金惠玲	女	浙江农林大学暨阳学院	食品安全	2021.6
168		胡永波	男	郑州大学	社会工作	2008.6
169		姚丽君	女	浙江中医药大学	生物科技	2009.7
170	15	梁利强	男	浙江工业大学之江学院	自动化	2009.6
171		梁 建	男	丽水学院	物理学	2009.6

续表 5-1-5

序号	组别	学生姓名	性别	毕业院校	专业	毕业时间
172	15	梁哲华	男	浙江农林大学天目学院	机械设计制造及自动化	2012.6
173		沈金梅	男	杭州师范大学	化学	1986.7
174		沈丹妮	女	衢州学院	学前教育	2019.7
175		陈燕华	女	温州医科大学仁济学院	药学	2015.6
176		梁泽豪	男	南昌大学	运动训练	2019.6
177		梁　丽	女	杭州师范大学	小学教育	2010.7
178		梁宇振	男	杭州电子科技大学	会计学	2011.6
179		钱利娜	女	浙江工商大学	旅游管理	2011.6
180		沈晓玲	女	宁波大学	国际经济与贸易	2015.6
181		梁露斐	女	浙江中医药大学	市场营销	2016.6
182		沈世航	男	丽水师范学院	物理学	2014.6
183		李建明	男	北京化工大学	化工机械	1996.6
184		蒋学范	男	郑州大学	耳鼻咽喉头颈外科	2003.7
185		郎忠琴	女	浙江师范大学	汉语言文学	2007.1
186		陈小君	女	温州医科大学	生物医学工程	2011.5
187		喻　放	男	武汉科技大学	化学工程	2012.5
188		沈颂庆	女	温州医科大学	眼科	2020.6
189		梁　杰	男	中国计量学院	机械设计制造及其自动化	2017.6
190		沈丹丹	女	浙江财经大学	会计学	2011.6
191		魏远辉	男	浙江中医药大学	市场营销	2012.6
192		于　玲	女	杭州师范大学钱江学院	英语	2009.7
193		梁艳芳	女	浙江工业大学杭州商学院	信息管理与信息系统	2010.6
194		沈靖屹	男	利物浦约翰摩尔斯大学	工商管理	2018.7

2007 年，杭州大庄玻璃有限公司对当年安溪片高考取得优异成绩的文理科前 5 名考生予以奖励，每人 3000 元，村内有 13 组沈洋、8 组沈悦两名优秀考生分别获得奖励。这是企业首次出资奖励优秀考生，之后良渚街道也对中考、高考优秀考生予以奖励。

2014—2020 年纤石村高考获得奖励考生一览表

表 5–1–6

时间	考生姓名	性别	组别	录取学校
2014 年	沈晓俊	男	11	太原理工大学
	金丽虹	女	7	浙江大学城市学院
2015 年	沈颂庆	女	15	温州医科大学
	金伟杰	男	7	温州大学
2016 年	金尔威	女	7	浙江大学
	沈敏娟	女	11	浙江大学
	沈冬杭	男	11	浙江工业大学
	俞宵兰	女	2	重庆大学
2017 年	金　铭	女	5	浙江师范大学
	沈企亚	女	11	中国计量大学
	宋学琛	男	1	南京林业大学
	金加加	男	6	丽水学院
2018 年	梁振奇	男	15	中国传媒大学
	沈秋宇	女	9	杭州师范大学
	陈　静	女	14	重庆大学
2019 年	梁璐琦	女	15	浙江师范大学
	施晨昀	女	2	浙江大学城市学院
	金宇佳	男	7	中国计量大学
2020 年	金佳雨	女	6	浙江师范大学

第二章 医疗卫生

中华人民共和国成立前纤石村医疗卫生水平很低，缺医少药，村民一旦得病，很难得到及时治疗，一般采用民间土办法治疗，听天由命。

中华人民共和国成立后医疗卫生水平迅速提高。1965年6月26日毛泽东主席发出了“把医疗卫生工作的重点放到农村去”的指示，有力地推动了农村巡回医疗的深入开展和合作医疗的推广与普及，极大地改善了农村医疗卫生状况，切实地解决了长期以来的农村缺医少药问题。

消灭血吸虫是村自中华人民共和国成立以来以最快速度完成的第一次卫生革命，其时村域也是血吸虫病疫区，通过血吸虫病防治宣传、灭钉螺，村内消灭了血吸虫病。

20世纪60年代创办合作医疗站，方便了村民问病配药。合作医疗站还种植草药，上山挖草药，就地取材。推广中草药治病，减少村民的配药费用。

在合作医疗的基础上，创建社区卫生服务站，解决了村民一般配药、化验问题。大多数村民从参加合作医疗到参加“新农合”医保，就医有了保障并大大减轻了看病配药的经济负担。

在提高医疗服务的同时，村内积极开展卫生防疫工作，通过消灭四害、厕所改革、饮水改善、环境整治、疫苗注射等一系列措施，改善卫生条件，提高疾病预防水平。

1989年，安溪乡按“安溪乡〔89〕第10号文”要求成立村级“初级卫生保健委员会”，从组织上对村卫生保健工作予以保证。上纤埠村主任严耀生，副主任郭成根、黄建娣；花园桥村主任沈志根，副主任金寿林、赵风金；沈家门村主任沈水林，副主任沈志年、沈金莲分别担任各村初级卫生保健委员会主任、副主任职务。

2020年新冠疫情期间，村加强防疫，做好宣传，发动志愿者设卡点，积极应对，做好防范，无一人感染。

第一节 民间治疗

一、扭痧刮痧

刮痧与扭痧的原理基本相同，不同处在于刮痧是通过特别的刮痧器和相应的手法，蘸取一定介质，在体表反复刮动、摩擦，达到活血透痧的作用，因其简、便、廉、效的特点，适合医疗及家庭保健，还可配合针灸、拔罐、削经、放血等疗法使用，加强活血化瘀、驱邪排毒的效果。扭痧和刮痧一直在民间流传，至今还有一些年长者在采用。

二、外伤止血

村民在劳作中很容易受伤。早期人们对于浅表性的外伤不甚重视，一般自行简单止血处理，用"香灰"或"门挡灰"止血，也有用桑叶汁或湿泥止血。这种止血方法容易引起感染。如今医疗条件较好，受伤后人们到卫生院(所)治疗。医疗机构视外伤情况用包扎止血、指压法止血或止血带止血等方法，使外伤及时得到止血处理及治疗。

三、疱疹治疗

疱疹是由疱疹病毒引起的疾病，其中带状疱疹(俗称"蛇子")发病较多。村内对带状疱疹有治疗土方法，俗称"掐蛇子"，"掐蛇子"时口中默默念咒语，左手拿香，右手食指指向疱疹头("蛇子头")做手势，再对"蛇子"来回掐3次，防止疱疹蔓延。疱疹发病于腰、背居多，十分疼痛。如今患疱疹后人们都去医院治疗，但也有年长者采用"掐蛇子"方法治疗。村内会"掐蛇子"者早期有沈家门沈寿松之母，现今还有文祥官沈法子，后荆村梁彩珍等。

四、毒蛇咬伤

夏天，蛇经常出没于田间地头、沟边路旁、杂草丛生地带，村民劳作时偶尔会被毒蛇咬伤。对毒蛇咬伤的处理，早期人们采用中草药土法扎带或清除伤口周围血等方法治疗，面临很大的风险。如今医疗条件提高，被毒蛇咬伤后人们都到医院注射蛇毒血清或中药治疗。

五、民间接生

王建华，女，上纤埠人，接生兼疾病诊疗，上纤埠有诊室，既看病又接生。农户有需要，提供上门接生服务。服务范围除本村外，还有良渚、云会、东塘、德清县界山头、杨坟等地。

沈友宁，女，10组祝家兜人，私人接生，为村内分娩妇女接生，上门服务，直至20世纪60年代，接生范围基本在本村。

赵凤金，女，7组油车桥人，为合作医疗站工作人员。经培训后为本村分娩妇女接生，上门服务，接生范围基本在村域内。

俞福子，女，5组韩曹村人，早期为村内妇女分娩接生，接生范围为本村域内，着重在村东一片。

第二节　中医药

一、中医

1952年，上纤埠成立联合诊所，诊所位于上纤埠集市王建华医师家中，有医生4人。

王建华，女，上纤埠人，是民国时期湖州福音学校第一批毕业的助产医师，擅长中医治疗和接生，在村内及周边有一定知名度。

何雷声，男，良渚舍田湾人，现为良渚街道荀山村，自学中医，擅长中医治疗，具有一定的医疗技术水平。

沈谋新，男，纤石村花园桥人，擅长中医外科、骨伤科治疗，有一定知名度。

李金林，男，现为良渚街道石桥村人，主治中医内科。

诊所由上述医务人员带入药品、医疗器械、药橱、桌椅等作为投资。诊所实行民主管理，自负盈亏，按劳取酬。诊所还担负多项疾病防治和血防任务。

联合诊所成立后，采用坐诊与出诊相结合的办法，上午在诊所接诊，为到诊所求医患者把脉开药，随到随看。若有年迈或行动不便者需要诊疗，则其家人可到诊所告知家庭地址和病人姓名，下午诊室医师就到病人家中出诊，把脉看病，随叫随出，风雨无阻。诊所实行24小时值班，一般不休息，只要有需求，晚上也出诊，即使搞运输的江北船上有患者也会出诊，服务大众。

二、中草药

村合作医疗站成立后，用中草药治病，节省费用，人们开始上山采草药。采草药人员有沈水泉、梁其林、金洪法、郭成根、王子良、陆建林、金寿林等，先是在德清县杨坟一带采药，后到太平公社采药，基本每年以春、冬两季为主。1971年，安溪公社卫生院大力推广中草药种植。1973 年,胜利大队在西险大塘南边选地 10 多亩,用于种植草药,人员有大队社员和知识青年,后经安溪公社批准,以解决知青用地审批增加草药种植面积,扩大种植。种植草药品种有红花、苍耳子、泽泻、元胡、孩儿参、丹参、黄芪、麦冬、地锦草、川芎、银花、大青叶、当归、板蓝根、党参、米仁、白术等,达到了合作医疗“一把草、一根针”的基本用药要求,其草药基地后续增加了人员,一些知识青年参与其中。中草药基地由金寿林负责,金春喜负责种植管理,各生产队派一人出工种植中草药。

第三节 医疗单位

一、合作医疗站

1969 年春,胜利大队合作医疗站成立,医生以赤脚医生为主。1974 年增加了人员。合作医疗站负责人为陈绥鸿;医管会代表为沈水泉,会计为梁永芳。

合作医疗站以中草药治疗为主,辅以西药,同时还有针灸、拔罐等治疗。1977 年以后,以西药治疗为主,中草药退出到以小村为片的卫生室服务。当时收挂号费 0.05 元,免费配药,之后个人负担 10%。

合作医疗站在负担村民疾病治疗的基础上,还开展公共卫生、预防保健、血防指导及合作医疗政策宣传、费用收缴等服务。

合作医疗站人员一览表

表 5–2–1

姓名	性别	职务或岗位	姓名	性别	职务或岗位
陈绥鸿	男	负责人	沈志年	男	赤脚医生
沈水泉	男	医管会代表	郭成根	男	赤脚医生
金寿林	男	赤脚医生	沈雪坤	男	赤脚医生
陈掌云	女	赤脚医生	沈元标	男	赤脚医生
赵风金	女	赤脚医生	章连春	男	赤脚医生
沈玲娣	女	赤脚医生	周水洪	男	赤脚医生
梁永芳	男	会计			

二、村卫生室

在合作医疗室的基础上,分设了门诊医疗点。1971 年,金寿林、陈掌云到上纤埠打水机埠开设医疗室,运行 3 年后搬至大会堂。

余杭区良渚街道社区卫生服务中心纤石村服务站(2021 年) 沈祥林 摄

1975 年，大队在大会堂成立村卫生室，医生均为赤脚医生。医生及工作人员有金寿林、沈志年、赵风金、陈掌云。1980 年，增加周水洪、郭成根、沈雪坤、沈元标、章连春等。1977 年后卫生室解散，分片设立卫生室，为村民服务。沈志年在 13 组梦向池边开了诊所，方便村民就医。

1979 年与三合村(现新港村一部分)在相公庙成立花园桥门诊部，与安溪卫生院合办，属股份制。乡村医生投股各 1.5 万元，基本工资 500 元/月，其余按股份分红。1991 年，安溪乡人民政府发文(安政发〔1991〕第 35 号)规定了合格卫生村的必备条件。房屋设置：甲级卫生室医疗用房 3 间(35 平方米)，分别设诊疗室、处置室、药房(或处置室)；乙级卫生室医疗用房 2 间(25 平方米)，分别设诊疗室、药房(或处置室)；丙级卫生室医疗用房不少于 1 间(15 平方米)，要求医疗用房和生活用房分开，环境符合医疗卫生要求。1.医疗设备：配备出行箱、听诊器、体温表、血压表、压舌板和消毒用具，甲级卫生室设观察床，同时配备高压消毒用具。开展妇科检查的配备妇科检查器械。2.药品配备：甲级卫生室药品种类在 100 种以上，乙级在 50 种以上，丙级在 20 种以上。3.人员配备：1000 人以下的行政村配 1 名乡村医生，1000 人以上的至少配 2 名乡村医生，并有 1 名女乡村医生。村卫生室符合甲级卫生室标准，并不断完善。2010 年股份制到期后，退还股份，转资给毛忠德承包。2006 年由良渚镇收回，由镇管理，医护人员作为门诊部工作人员。

2011 年门诊部改名良渚街道社区卫生院花园桥服务部，先后由郭成根、赵云斌任负责人。门诊部建筑面积 380 平方米，设全科，常规药品基本齐全。2019 年，门诊服务部又进行了改装，设施更完善齐全，功能更完善，医护人员更专业，同时设立了检验室，能承担生化、血常规、尿常规、血糖、血脂、肝、肾功能化验检验。每周有上级医院呼吸内科、中医科专家来服务部坐诊。现有医生 2 人、护士 2

人,与省、市医保联网,满足村民一般诊疗配药需求。

2020年新冠疫情期间,村门诊部在接诊过程中,严格遵照国家卫健委基层司的村医接诊十须知的要求。熟练掌握疫情防控相关预案操作流程;每日定时对门诊室通风和环境消毒;在规范自身的防控行为的同时,要求就诊人员佩戴口罩,同时测体温,查验健康码,做好信息登记,保持1米线距离,详细询问症状和相关情况;查旅居以及接触史,落实信息责任和强化首诊责任,接触发热或可疑患者后,严格进行终末消毒。新冠疫情期间,全力做好疫情防控,措施得当,防控有序,村域内无一例疑似病例。

三、赤脚医生

1965年6月26日,毛泽东主席发出了“把医疗卫生工作的重点放到农村去”的指示。1969年3月和9月,胜利大队分两批派出金寿林、沈志年等到杭州市第三医院“红医班”培训学习,培训结束后成为大队赤脚医生。

1969年7月,大队创办了合作医疗室,金寿林、沈志年、陈掌云、赵风金、沈玲娣(属安溪卫生院派出)、郭成根等先后到合作医疗室任赤脚医生。1974年又增加了沈雪坤、沈元标、周水洪、章连春(属安溪卫生院派出)等人。

赤脚医生一边在诊室为村民治病开药,一边在各自然村巡检,特别是在农忙时节(双抢)背起药箱在田间地头开展巡诊,及时处理村民劳作时意外划伤或天热中暑,服务社员,极大地发挥了赤脚医生的作用。后赤脚医生经培训考试成为乡村医生。

第四节 卫生防疫

一、消灭四害

1958年2月12日,中共中央、国务院发出《关于除四害讲卫生的指示》,提出要在10年或更短的时间内完成消灭苍蝇、蚊子、老鼠、麻雀的任务,逐渐地麻雀被“平反”,由臭虫代替。之后,又由于社会生活的变化,臭虫被蟑螂取代。因此,最终“四害”被定为苍蝇、蚊子、老鼠、蟑螂。

除“四害”运动是“大跃进”时期的第一场运动,早期众人在田坂用高分贝的声音不停地驱逐麻雀,使麻雀疲劳,不能驻足,不能吃庄稼,待疲惫后可捉。除“四害”也是纤石村一项长期坚持开展的活动。

2001 年,良渚镇对集镇卫生工作实行规范化管理,大力开展春秋两季的灭蝇、灭蟑,灭蚊、灭鼠除“四害”工作。街道“创卫办”对各村(社区)、学校、卫生院、农贸市场、副食品店、饭店、旅馆及相关企业的卫生员进行培训,布置除“四害”任务与要求。辅导灭鼠投放诱饵,在投放诱饵前后,以布放滑石粉粉块进行鼠密度监测的培训工作,通过灭前和灭后的监测,掌握每次是否达到预期效果。

2003 年起,村由宋悦忠负责此项工作。经过长期不懈的除“四害”和改善环境,村域内“四害”的数量明显减少。

二、消灭钉螺

1956 年,村内开始消灭钉螺,由陈掌云、韩有林、沈谋新等负责查钉螺、灭钉螺。从人工查找钉螺到用药物杀灭钉螺。药物灭杀以五氯酚酸钠喷杀为主,历经 20 年村域内彻底消灭了钉螺。1965 年 3 月安溪公社发出通知,要求在 3 月 15 日至 25 日全面普查钉螺,村内随即开展大规模查灭钉螺工作。在钉螺易生长的河港、池塘水边杂草丛生之处查找钉螺,一旦发现钉螺予以灭杀。

三、血防

20 世纪 60 年代末至 70 年代初, 以验大便为主要方法检验血吸虫病患者,一旦检查出患有血吸虫病,对患者免费服药治疗。还有一种血丝虫病,检查血丝虫病一般在晚上 9 时后(当人入睡后),耳部抽血。1987 年村内经上级验收达到了消灭血吸虫标准。

四、厕所改革

早期村内农户几乎家家使用室外茅坑(露天茅坑),严重影响环境与蚊蝇滋生。

20 世纪 70 年代村内对露天茅坑加盖并集中管理。露天茅坑加盖,主要是为了消灭血吸虫病而实行的举措, 通过茅坑加盖杀死血吸虫卵, 是行之有效的方法。待虫卵杀灭后再将粪便分给农户用于蔬菜等作物施肥。茅坑加盖另一好处是有专人管理,对保护周边环境和水源保护也有积极的意义。

根据安溪乡《关于在我乡农村推广家庭卫生厕所的通知》,村内随即开展厕所改革,其做法是:将露天茅坑或草棚茅房提升改造为加顶的房屋,要求在农村推广家庭厕所,有利于改变村容村貌及生活环境,加强农村的文明建设,有利于降低传染病的发病率,提高村民健康水平。

2008 年,纤石村在开展“清洁余杭,美化家园”活动中,取缔农村简易棚厕和露天茅坑,改建为"三格式"无害化厕所,统一标准,安装好冲水设备。

2016年,村内实施截污纳管工程,家庭厕所污水直接纳入污水管道处理。

五、环境清理

2018年12月29日,中央农办、农业农村部、国家发改委、科技部、财政部等18个部门印发《农村人居环境整治村庄清洁行动方案》,在全国范围内集中组织开展农村人居环境整治村庄清洁行动,带动和推进村容村貌提升。

村以影响村民人居环境的突出问题为重点,动员广大党员干部、村民群众广泛参与,集中整治,着力解决村庄环境"脏、乱、差"的问题,要求垃圾不乱堆乱放、杂物堆放整齐、房前屋后干净整洁、村庄环境优美,通过乡规民约规范村民行为。

村多次组织党员和村民开展集中整治环境的公益活动,投入了一定经费,对农户家庭废弃物及垃圾进行集中清理。2018年高明桥、北草圩开展美丽乡村建设。2020年,村内又有部分组开展美丽乡村建设,村容村貌焕然一新。

六、免疫接种

中华人民共和国成立前无疫苗接种, 中华人民共和国成立后疫苗种类逐渐增多。1952年后,何雷声医师以接种牛痘苗为主。20世纪70年代初接种卡介苗,后逐步实现疫苗接种制度。1979年,对0—15周岁的儿童进行5项疫苗接种,并建立档案。

儿童免疫常种疫苗分为一类、二类。

七、新冠抗疫

2020年新冠疫情期间, 纤石村在上级的部署下积极开展疫情防控工作。全村动员,人人参与,严防严控, 实时掌握疫情动态。根据卫生防疫部门及疾控中心的安排, 村民自愿到东吴医院等疫苗接种室接受新冠疫苗的注射, 接种比例高达90%以上。

抗疫值班人员(2020年) 沈农高 摄

在新冠病毒预防中，大力做好宣传工作，建议村民居家少外出，在家多通风，勤洗手，出门戴口罩，不聚会，不聚餐，不去人员密集的地方，申请健康码。

在村门诊部就诊，村医接诊做到十须知，即莫大意、遵程序、勤通风、重防护、量体温、问症状、查旅居、录信息、快报告、严消毒。

党员干部、村民积极参加抗疫工作，全村无一人感染。有的企业慰问值班人员，也有党员无偿为值班点提供口罩等物品。

第三章 文化 体育

纤石村历史上文化体育活动频繁，民俗风情浓郁。民国时期村内有国术团(拳灯)队伍，团员30余人，系表演十八般武艺。国术团兵器齐全，技艺高强，远近闻名。其中，“七排楼”节目(人体叠加造型)是国术团拿手节目，其难度大、要求高，造型技术精湛，曾到塘栖、德清等地表演，轰动一时，得到大众的赞颂。

中华人民共和国成立前村中每年出庙会，有“三官会”“相公庙会”“鹤庙庙会”。三官会始于清初，流行了300余年，历史悠久，规模盛大，由良渚地区24个自然村轮办。1954年轮到纤石村草里坝自然村主办，后因大风大雨恶劣天气停办，之后就再也没有举办。相公庙会为每年三月初六，即相公菩萨生日这一天举行，庙会这一天热闹非凡。鹤庙庙会为每年三月初一举行，其场面也十分壮观。

1971年，时值“文化大革命”时期，胜利大队成立了“毛泽东思想文艺宣传队”，从村民中的男女青年和知识青年当中挑选文艺宣传队员。文艺宣传队坚持自编自演一些村民喜爱的文艺节目为大家演出，也排练演出当时流行的现代京剧样板戏。文艺宣传队演出的全本现代京剧样板戏《红灯记》，可以与专业团队比高下，得到村民的欢迎和称赞，当时知名度很高，经常受邀到村外各地演出。

2019年建立村文化礼堂，成为村民文化娱乐与阅读学习的场所，还经常邀请文化团队到村为村民演出。建立阅览室，提供两千多册书籍供村民阅览。每年端午节开展有纤石村特色的“端午连心粽”活动，传承传统节日文化，并将重阳节赋予新的内涵，成为敬老节。弘扬纤石村文化，编写作曲纤石村村歌《纤石》，在村民中传唱。

2008年起，村陆续为每个组(自然村)建立健身场，为村民提供健身场所。村民在镇、区开展的一些体育赛事中多次获奖。

第一节 群众文化

一、传统庙会

纤石村历史上曾有多个庙会，即相公庙会、鹤庙庙会和三官会，这些庙会都以规模大、观看者多、商贩齐全而吸引四方百姓，成为每年举行的文化娱乐盛事。

相公庙会 相公庙位于村内林家里自然村中央。相传相公菩萨是一位县太爷，为官清廉，死后被封为土地。农历三月初六是其诞辰，百姓以相公庙会形式来纪念他，故一直流行下来。直到1946年，民国政府害怕农民集合会闹事端，危及其统治政权，故强令第二年起不准操办，故1947年起停止了该庙会。

每年三月初六的相公庙会，照例有祭祀仪式，先由主持人供奉猪头三牲及素菜、糕点、荸荠、果品，装香点烛，众人行跪拜礼。然后由男弟子们将菩萨木雕像沐浴更换新衣，再将其坐上特制木椅，由八个轿夫抬着巡游全村，是谓出会。

出会开始，杠夫抬着菩萨，其仪仗队阵容壮大，先是唢呐吹奏领队，接着是两面狂锣，大小鼓钹，吹吹打打，间或还有4只火药铳轮流鸣放。然后是菩萨座驾，菩萨后即是善男信女、香客群众，队伍浩浩荡荡按设定路线行走。一条先往东北转向西南的路线经花园桥、陈家门、韩曹村、上纤埠、前后桥、万岁桥、草里坝；另一条往东南转向北的路线经祝家兜、韩家门、文祥官、冯家门、沈家门、高明桥、后荆村等共14个自然村，然后回到庙中。所到各村均建坛设点，备茶水及香烛，村民焚香点烛，顶礼膜拜，念经保佑。随驾的各文艺团队即在膜拜过程中开始各自的表演，吸引观众观看。

参加庙会的有韩家门高跷队、文祥官的十样景、花园桥村的国术团。此外，还有各处前来参会的龙灯、花灯及十光棍、十寡妇等表演队伍，蔚为壮观。此外还有“扎肉灯”与“拜香会”的表演，真是人山人海，热闹异常。

庙会期间，相公庙还演三天社戏，请蒋村一个京剧班子演出太平天国戏《三本铁公鸡》，附近各村男女老少都来看戏，庙会更显热闹。一些商贩借此机会来此做生意，商品琳琅满目。届时纤石村村民家庭都要招待外地来看戏的亲戚朋友食宿过夜，整个纤石村显得像不夜村一样。

鹤庙庙会 每年农历三月初一是上纤埠大云寺湾鹤庙庙会日。鹤庙在大云寺湾塘下，上纤埠集市之北，这天上纤埠街上看会者人山人海，摩肩接踵，非常热闹。各地乡客百姓通过水路来上纤埠赶会，香船挤满苕溪和西塘河，各地商贩的货摊从上纤埠集市摆到大云寺湾塘下，香客烧香后争相购买所需要的商品，真的是满载而归。这一天，拳灯国术团也大显身手，外来的马戏班子、耍杂、木偶戏、皮影戏、拉洋片等都来做生意，让大家大开眼界，吃上文化大餐。

鹤庙庙会到1953年后就停止举办，再也没有恢复。

三官会　“三官”原指天官、地官和水官，分别是管天（风调雨顺）、管地（庄稼丰收）和管水（旱涝保收）。三官会始于清顺治年间（1644—1661），止于1954年，共流行300余年。

“三官菩萨”无固定场所，由原良渚、安溪两镇24个村子轮流供奉和祭祀。轮流范围为良渚水乡4个坝为界，即东至山西坝，南至南大塘坝，西至黄墩坝，北至草里坝。坝内24个村分别为仰家塘、干家埭、蒜墩塘、谢安舍、北大塘坝、丁家桥、蒋介塘、朱家荡、罗家荡、东坝桥头、梁家村、尖兜里、小桥村、钱家兜、石桥头、赵家塘（含四署方）、大房桥、舍田湾、马家角、黄墩坝、木勺兜、殷家桥（含阮家弄堂）、塘港圩、草里坝。

三官会有一整套完善的举办顺序，举行仪式和各种用品、规章条约、组织班子等。一到农历十月，负责交接的两个村子就商议和准备工作。十月初十开始庙会，十五日举行三官菩萨交接仪式，即由境内举办的村子将菩萨移交到下一个举办的村子，并闭会。

庙会期间，除远近四乡看客来进香外，各地商贾前来设摊营业，商贾来自远到桐乡、海宁、嘉兴、湖州、长兴、宁波、绍兴、舟山、温州，更远的还有来自徽州、赣州、福州等地。轮到的村子一般都用几十亩收割后的稻田辟为商场，并用芦扉、篾领等隔成摊位供商家租用。当时，各地各种文艺娱乐班子也来演出，河港中的客船延绵几里路，水泄不通。

1954年刚好轮到草里坝举办三官会，草里坝村老早做好了准备，预备了场子以便迎接前来烧香念佛拜菩萨的善男信女，以及各地来此交易的商贩。但临近庙会前，突然一场台风降临，连续十几昼夜大风大雨不止，草里坝自然村地势低洼，已成汪洋一片，无奈三官会宣告停办。此后，良渚三官会再也没有举行。

二、业余戏班

民国期间，村内韩曹村村民陈叙堂组成了一个业余戏班子。陈叙堂本来是一个鼓手，带着一班人，专为民众婚庆当吹鼓手，随轿吹唢呐，结烛和见礼时用笛子伴奏，席间唱戏等。他培养了弟子多人，其子陈雪根(1932年出生)从13岁开始为维持生计，跟随父亲学会了小唱艺术，会唱小生、会吹笛子和唢呐等。每当人家举办婚庆，就随父亲组织的鼓手小唱剧队伍去吹打、演唱。戏班子从迎亲到拜堂一路助兴，席间为宾客们演唱京剧选段，一般演唱时间为一天。演唱剧目有《渭湖水》《打龙袍》《草桥关》《钓金龟》等。此外聚唱中还有赛唱，气氛十分浓厚，深受百姓们的欢迎和好评，一时知名度高，生意兴隆，红遍安溪和良渚一带，一过8月简直是没有了空闲日子。

中华人民共和国成立后，婚庆时废除了花轿，仪式也逐步革新，戏班子生意逐渐清淡，互助合作后就完全停止演出。1971年后陈雪根在胜利大队毛泽东思想文艺宣传队曾一度担任器乐伴奏和演出指导工作。

三、电影放映

纤石村内无电影放映队。1949年中华人民共和国成立后，即由原杭县文化馆的电影放映队用船只前来村里放映电影。1958年起，良渚公社有了电影放映队，也是用船只发电来纤石村放映电影。1961年，安溪公社建立了电影放映队，即在全公社各大队轮流放映露天电影。早期的电影放映主要集中在上纤埠，系露天放映，购票入场观看。当时放电影是稀奇的事情，群众十分喜爱，纷纷在之前就奔走相告，不论寒暑，总是人山人海，这是民众祈盼的文艺生活。每逢有电影放映，村民扶老携幼，成群结队前去观看，且早早做好准备，摆上椅子凳子，生怕没有了位置，整个广场上是黑压压的一片观众。20世纪60年代，高明桥、陈家门等自然村也开始组织放电影，也是购票入场。高明桥曾放映电影《上甘岭》，这部电影使广大村民获得了巨大的正能量，激发了村民们极大的爱国热情。

1961年后，开始轮流在各大队免费放映电影，轮到胜利大队放映时，即在大会堂广场上露天放映，全村村民踊跃前往观看。当时文化生活比较单调，特别是青年男女对看电影有一种特别的爱好，也是结交朋友的好机会，所以习惯结对到附近大队去观看电影，甚至会步行至安溪、良渚去看电影，成为一道文化风景线。

“文化大革命”结束后，开始放映彩色电影《红楼梦》与《追鱼》，当时的情况说万人空巷一点都不为过，大多家庭家中不留一人，由锁把门。有的观众看了多次还不过瘾，这两部电影是场场爆满，盛况空前。

电影下村，不定期放映露天电影一直保持至今。村内放映地点设在花园桥农贸市场，即村委原办公楼北侧，露天放映电影深受村民欢迎。但因家庭电视的普及,先前那种人山人海的场面已是不再了。

四、文艺队伍

文艺宣传队 1971年,胜利大队成立了“毛泽东思想文艺宣传队”,以多种形式,自编自演节目为主,在各种场合大力宣传毛泽东思想。

文艺宣传队,突出政治思想,按照文艺形式,采用说唱方式,借用民间小调曲子说说唱唱,也演出戏剧段子,为群众喜闻乐见。其最高形式是学演现代京剧样板戏剧目。村文艺宣传队不断提高队员的政治思想水平和业务演出水平。在演技上精益求精,严格要求,队员的演技水平不断提高,最后向演出现代京剧样板戏攀登。其代表节目有现代京剧样板戏《红灯记》,该节目经排练后连续演出数年,经久不衰。

2017年村文艺宣传队部分成员合影(左起:徐美根、金妙昌、沈志南、王建忠、严林芝、徐秋萍、周子法、陆金荣、陆佩) 徐美根供稿

纤石村文艺宣传队共有队员21人,由陆金荣任负责人,其他20人分别担任编剧、演员、乐器伴奏、道具灯光等角色,分工非常明确,配合十分密切。其中演员12人,编剧兼伴奏2人,乐器演奏5人,报幕1人,所有队员均来自本村村民及知识青年。在当时,这支文艺宣传队颇有名气,在舞台、灯光、音响条件较差的情况下,竟能演出全本现代京剧样板戏,当时在三墩区内绝无仅有,且演技堪称一流水平,宣传队的《红灯记》演到哪里,群众的赞扬声响到哪里,邀请演出的人就跟到哪里。除主打节目外,还自编一些短小节目,其表演形式有民间小调(吴江调、金陵塔、夜夜游、杨柳青、大黄调、大陆调等)、大合唱、独唱、三句半、快板、乐器演奏等,形式多样的文艺表演较好地宣传了党的方针政策,深受村内外群众喜爱。

大队党支部对宣传队十分重视,专门派当时的党支部委员陈绥鸿分管,根据排练和演出的需要,在胜利大队大会堂设立了一个工作室,配备了老服装裁剪师专门进行服装设计制作,安排节目编写人员进行创作编写。宣传队白天集中排练,晚上深入农业学大寨大搞农田基本建设的各个生产队,到平荡、造田的田间地头现场进行宣传演出，极大地鼓舞了群众大干快上的信心。特别是现代京剧样板戏《红灯记》的演出，大大鼓舞了群众的生产热情，提高了村民们的政治素质，全大队3000多名群众深受教育。与此同时，还被周边的村社看好。文艺宣传队除在本大队演出外，还应邀去良渚、云会公社演出，原三墩区内演出最多，还有德清县界山头、杨坟、二都等地都前来邀请演出，还被余杭县文化宣传部门多次调演。一时间，胜利大队文艺宣传队《红灯记》剧组成了群众谈话中的主要话题，影响极大。当时的大队工作室挂满了周边公社大队单位送来的锦旗，文艺宣传队还多次受到了余杭县、三墩区和安溪公社的表彰，多次被评为“活学活用毛泽东思想”先进单位。

胜利大队毛泽东思想文艺宣传队成员一览表

表5-3-1

姓名	性别	职务(演职岗位)	主要扮演角色	人员来源
陆金荣	男	负责人		本大队
徐美根	男	报幕员		本大队
王锦培	男	演员	李玉和	本大队
蒋月泉	男	演员	李玉和	知识青年
陆　佩	女	演员	李铁梅	知识青年
应秋萍	女	演员	李奶奶	本大队
王顺根	男	演员	鸠山	知识青年
王建忠	男	演员	磨刀人	知识青年
沈福根	男	演员兼二胡	王连举	本大队
周子法	男	乐器演奏		本大队
陆顺法	男	编剧兼乐器演奏		本大队
金妙昌	男	演员	其他节目	本大队
林中柱	男	编剧兼乐器演奏		知识青年
王子良	男	演员	其他节目	本大队
沈志南	女	演员	其他节目	本大队
毛月兔	男	乐器演奏		知识青年
沈丽英	女	演员	其他节目	本大队
严林芝	女	演员	其他节目	本大队
周锦伟	男	乐器演奏		本大队
沈寿庆	男	乐器演奏		本大队
陈雪根	男	乐器演奏		本大队

滚灯操队　2016年，纤石村成立滚灯操队，由村内青年妇女组成，共有16人，并由妇联主任黄伟芳任队长。队员有宋红丽、赵玲虹、张敏、张灵霄、王仙、肖雪玲、王林仙、梁如琴、施琴英、沈霞、付永清、沈燕、方银秀、黄正英、陈红芳等。滚灯操队于平时进行排练，并在村里召开大会和群众集会时为大家表演。因平时精心排练得好，队员们表演动作娴熟，舞技精湛，博得观众一片赞扬。女子滚灯队于2017年9月16日代表纤石村参加了良渚镇农村艺术节会演并获得奖状。

村滚灯操队（2017年）　　村委供稿

五、村歌

2020年，由梁振奇创作的村歌《纤石》正式发布，在村民中传唱，并录制MV。美丽乡村风貌配以优美的村歌旋律，在音乐的衬托下，尽显纤石的旖旎风光。

六、电视兴起与普及

1978年，村内15队梁慈祥（梁全根）是全村第一家拥有黑白电视机的家庭，是一台12英寸西湖牌黑白电视机，由供销社配给购买，当时实为稀罕物品。之后，村内少数生产队由于粮食丰收，超额投售，受到上级的奖励，奖品为黑白电视机一台。13队、15队、8队等先后由安溪公社奖励获得电视机。1982年1队（草里坝）由余杭县人民政府奖励黑白电视机1台。当时电视网络不通，仅靠电视机随机配备外接天线接收电视信号，因信号弱，收视效果与质量不佳。至1982年，全大队集体有黑白电视机8台，一般均放在集体仓库，夜晚时播放供村民观看。

之后，农户电视机逐步增多，大多为黑白电视机，以杭州电视机厂生产的西湖牌为主。20世纪80年代中期，彩色电视机逐步替代黑白电视机，但大多为18英寸，以上海产“金星牌”、南京产“熊猫牌”、杭州产“西湖牌”3个品牌为主，也有少数使用进口彩电，大多为日本产。

20世纪末，农户中的电视机已基本达到普及，也有先富的家庭改用新型平面电视机,基本式样仍为坐式,后生活条件年年提高,彩色电视机也逐渐更新换代。

2010 年后,电视机逐渐被平板电视机所替代,既有摆放式也有壁挂式,体积小,屏幕大,占用空间少,清晰度高。平板电视机更新换代快,后来 4K 高清电视机问世,现今大多数家庭均已用上此种彩电。

2005 年,村内连通了有线电视网络,电视收视效果十分好。

第二节 文化礼堂

纤石村文化礼堂(2022 年) 沈祥林 摄

随着农村经济的日益发展，农村居民一方面在物质生活水平上显著提高，另一方面对精神文化生活的需求也不断增强。农村文化礼堂已成为村文化建设和文化娱乐活动的重要载体，不仅为广大村民提供了专门的文化娱乐场所，也对丰富全体村民的文化精神生活发挥了极其重要的作用。此外,农村文化礼堂还是巩固农村意识形态的前沿阵地,是加强农村精神文明建设的重要保障,是传承历史文化和非物质文化及五千年农耕文化的重要平台。

遵照上级党委和政府的指示与部署,2019 年纤石村文化礼堂建成，并投入使用。村文化礼堂本着因地制宜、功能融合、内容丰富、群众参与的理念,成为全村各种文化活动的中心。文化礼堂设有村宣传栏、图书室、阅览室、大中小会议室、电子阅览室、农耕文化展示室、大型电子宣传屏,此外还有送戏下乡等团队到村演出。

一、宣传栏

纤石村文化礼堂设置了大量的宣传栏，分室外和室内两大部分。在村委办公楼周边设20个宣传橱窗,74平方米。主要宣传纤石概况、纤石历史、班子建设、党务公开、村务公开、村规民约、环境美化、纤石风光、美丽庭院、垃圾分类、新时代文明实践、平安良渚、先进人物以及卫生健康科普知识等各类内容,展览经过美化设计,材料翔实,表达生动,文图并茂,数字精准,一目了然,很是吸引观众,并能产生极强感染力,深入人心。

纤石村科普宣传栏(2022年) 沈祥林 摄

室内宣传栏以村务工作程序、政策解读、退役军人事务及风采为主,方便群众对村务工作的了解与监督,同时也可提高对各种政策的解读能力,提高办事效率,使村务工作与村民连在一起,便于工作展开。退役军人风采展示,让村民特别是年轻一代接受革命传统教育,激发其爱国热情。

村办公楼院内还设有一面大型电子屏,每天不间断地宣传党建和社会发展、经济建设、文化生活、生活常识等各种内容,把天下事和国家事统统展示给村民,提高村民的家国情怀,爱党爱国爱集体,为村民的灵魂深处注入巨大正能量。

二、农耕文化遗产展示室

在村委办公室三楼,村文化礼堂设置了30平方米的空间,用于农耕文化传统老物件的陈列展示。

纤石村是典型的江南水乡地区,河港密布,土地肥沃,雨量充沛,四季分明,五千年的农耕习俗,使得这方宝地盛产稻米、蚕茧、茶麻,同时也形成了相对应的农耕习俗礼仪与稻桑文化。村内农户都有传统的农耕文化所配套的农家用具和农耕用具,

风箱(2022年) 沈祥林 摄

随着农业现代化的进程和生活现代化的发展，这些宝贵的传统农耕农家用具都已弃之不用，大量毁坏丢弃。因此，村委文化礼堂向全村村民征集搜罗，广大村民非常踊跃捐献，使得非物质文化农耕文化展示室展品琳琅满目，丰富多彩。

农耕文化展示室是现代村民了解中华五千年农耕历史与文化习俗的一个重要窗口。通过参观，既能从感性上了解中华五千年传统农耕文明的过程与历史，激发村民回顾自己祖先为之付出的辛勤劳动和倾注的全部心血，也能体会自己的先祖们创造生活、创造财富、创造历史的聪明才智，特别是对青少年观众，通过参观，可以使其知晓什么是人类智慧和时代进步，会大大提高他们爱国家、爱社会、爱生活的思想情感。

陈列的传统农耕用具和生活用具，有织布机、纺线车(摇车)、水桶、大小陶缸、甏、蚕具、大匾、土箕、谷箒、杆秤、米斗、饭桶、铁耙、锄头、锹、蔑领、脚桶、谷桶、蓑衣、风箱等物件，还有早期农耕时代所使用的大量竹、木、铁器和陶瓷用品。

三、图书室与电子阅览室

村文化礼堂内建有村图书室和阅览室，加强了图书室书籍的配备，为全村村民输送精神食粮。图书室的书籍，村民既可借回家看，也可在阅览室观看学习；既可学习时事政治，又可阅读各类专业书籍，提高自己的政治思想水平和自己需要的专业基础知识，知识摘抄后成为有用的资料，随时可用。

村“两委”提出打造“书香良渚，文化纤石”的号召，集政治、文学、历史、社会、经济、文化、艺术、医学、法律、工艺、旅游、科普、人物、少儿、小说、学生学习参考、工具类等十几个大类，可阅览图书达到2500余册。能满足村民的文化学习要求。图书室制定了管理制度，附设了农家书屋、春泥书屋，分别放置桌子、椅子，还配有矿泉水等，方便读者阅览。农家书屋与村委办公同时开放，并由黄伟芳兼任管理员为大家服务。

电子阅览室设置电脑4台，方便村民上网阅读政治时事，了解国家政策方针，还方便村民从电脑中查阅资料，获取各种生产生活方面的专业知识，特别是在农业生产方面可获取配套的技术，较好地服务于农业生产。

四、文化活动

文艺演出　文化礼堂建成后，村里每年多次开展文艺演出活动。良渚街道也开展“送戏下乡”活动，有文艺团队前来村文化礼堂演出，村委也经常邀请外地文艺团队前来演出，村内还举办一些自编自演节目为村民演出。文化礼堂的各种文艺演出，大大丰富了村民的文化精神生活，文化礼堂真正是村民享受文化娱乐、陶冶精神文明的一个好场所。

“端午连心粽”活动 每年端午节，村举办“端午连心粽”活动，活动由15组后荆村于2018年创始。在端午节当天，村民自行组织发起，全组村民踊跃参加。活动内容为端午节习俗展示，全组包粽子、吃粽子。包粽子原料由小组购买，由女村民自发包粽子，然后供全自然村村民品尝，对那些数量多、质量好的裹粽能手分别给予奖励。包粽子既是一种历史文化和民俗节目的传承，又体现了当今社会欢乐和谐的村风，加强了村民之间的睦邻友好与团结合力。同时还伴随文艺表演，村子里甚是热闹。15组连续两年举办了“端午连心粽”活动，深受村民欢迎。“端午连心粽”活动还将包好的粽子送给安溪敬老院老人品尝。

端午连心粽活动(2018年) 梁中平供稿

2020年起，“端午连心粽”活动由村委组织举办，其活动内容仍是包粽子、发粽子和吃粽子，还同时举行唱红歌文艺演出。良渚街道有关领导和村老干部也参加了活动，并为党员志愿者、青年志愿者、妇女志愿者3支队伍授旗。

第三节 文物古迹

一、纤道

村内有古纤道两条，即东苕溪纤道与西塘河纤道。

东苕溪纤道 东苕溪呈东西走向，下游之船往上游航行，阻力大，故用人工拉纤。西险大塘村域段适宜拉纤，纤夫一般2—3人为一组。拉船只人朝前行走，拉竹筏人朝后退步走。村域内全程可拉纤。

西塘河纤道 西塘河流经村境约2千米，其河道西边河港无阻，堤坝适宜拉纤，上纤埠也因此得名，即到此可“背上纤绳拉纤”，由于后期人类筑堤等活动，其纤道已无踪迹。

二、古寺庙

相公庙 1900年左右始建,历时3年,与庙相对有戏台,由陈家门徐锦奎木匠师傅带领几个徒弟建造。资金通过政府拨款、化缘、大户人家出资献物筹集获得,用工为百姓投工。建成后由两名庙主负责日常管理,担负菩萨生日出会及时节日、日常的接待开门。

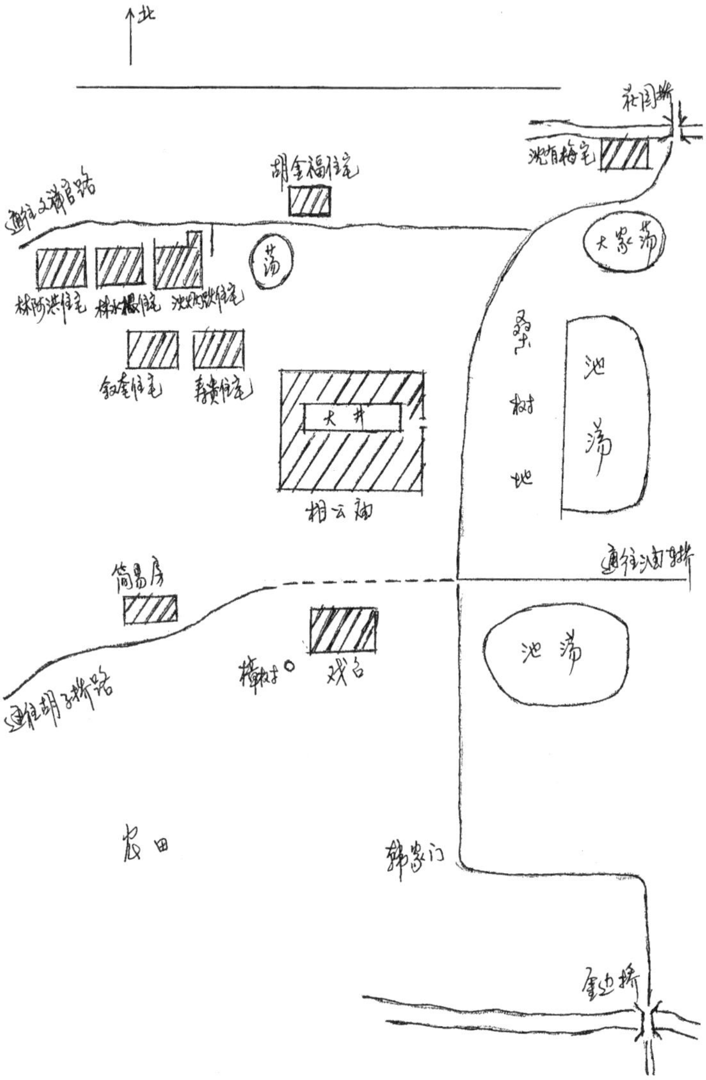

相公庙平面示意图　　梁文伟　绘

相公庙有老相公和新相公两位菩萨,东西边有四大金刚,还有4个小菩萨。西南角有个叫猛将军的菩萨,据传能祈求风调雨顺,驱虫防灾。庙前中央有一个用条石砌成的大戏台,朝向相公庙大门。戏台东西两边有石狮一对。庙西边还有一棵古樟,因树龄长,树干中间已空,可容一孩从树中由内向外爬出,东南边还有一个池塘。

1957年,相公菩萨被敲掉。1966年,相公庙在破"四旧"中被拆除,大小菩萨、古石全部扔在东边池塘里,戏台上的一对大石狮及可用木料全部运至金边桥鱼种场,后大樟树也被挖起。

1969年,当时胜利大队在此地上建造了房屋办起了新联小学。从此相公庙荡然无存,无历史痕迹。

大云寺(大隐寺) 万历《钱塘县志》载:在奉口塘下(今纤石村上纤埠之北大云寺湾塘东面),唐贞观元年(627)建,原庙宇气宇轩昂,占地面积大,造工考究,每年举行庙会，但毁于历史兵燹。

大云寺（鹤庙） 原有正屋三间朝南，两间朝西。两间朝西房屋内有龙子菩萨。3间朝南房屋南边还有3间小屋，供吃饭之用。寺院内外有3棵古樟，里面两棵，外面1棵，显示着大云寺的古老。3间房屋南边还有两个小池塘，叫“血污池”。寺内观音菩萨、主持菩萨等坐满3间房屋，中华人民共和国成立初期还有和尚做课。

大云寺（2022年）　　沈祥林 摄

20世纪90年代由上纤埠村民自发出资重修。

观音堂 坐落于西险大塘南侧唐家渡。早先后荆村、何家村家有亡故老人的村民均到三官堂烧香求菩萨，久而久之，三官堂村民认为后荆村、何家村可以自己造个庙堂。常言道“人争一口气，佛争一炷香”，后荆村、何家村两村聚集一堂商讨建庙堂一事，并达成一致选址在唐家渡，一时内捐钱的捐钱，出力的出力，并立即实施建造观音堂。

观音堂占地面积约100平方米，正房3间，正中摆有观音菩萨，旁边有“塘南夫人”之尊。观音堂旁西险大塘常受洪水危害，据说“塘南夫人”能降洪水，保百姓平安。此外还有一位“蚕王菩萨”，能保佑村民种桑养蚕。

庙堂前大约十八步处有一棵八角梧桐和一棵塘松点缀，使庙堂更加美观。

观音堂在中华人民共和国成立后改为西险大塘防洪站，装有防洪专用电话和防洪物资。由沈玉泉负责看管，为保护西险大塘的安全起到了十分重要的作用。

三、古道

根据清《浙江全省舆图并水陆道里记·钱塘五里方圆》记载，旧时村境内记载古道有3条。加上未记载的5条，村内共有8条古道。村内至安溪镇、良渚镇等村均有乡间古道相通。

良渚—上纤埠 良渚街北经县桥、石桥、金笔桥（现为金边桥）、马家桥到上纤埠与塘路相通。

荀山北—金边桥 荀山以北杭宁古道旁至相公庙前有路通向金边桥，通上纤埠与良渚道路。

安溪—上纤埠 安溪古镇南缘往东经五马头、何家村、后荆村到上纤埠。

塘河村—安溪 往高明桥、沈家门、冯家门、葛步桥、五马头、西险大塘塘路至安溪。

后荆村—良渚 经高明桥、沈家门、花园桥，在金边桥与上纤埠至良渚古道相接。

冯家门—上纤埠 经沈家门、高明桥、塘河村、木圩里、西险大塘塘路到上纤埠。

村内—界山头 翻越西险大塘，乘摆渡船到对岸界山头，入德清县境。

上纤埠—文祥官 由上纤埠经东桥头、韩曹村、湾池儿、木圩兜、木圩里、三官堂、陈家门、马家桥、大家塘、相公庙至文祥官。

四、古桥梁

村内属水乡地带，河流交错，古桥是连接村内外的主要通道。高明桥、花园聚财桥是北部一片，是德清县介山头出行到南部四暑坊、石桥头、吴家埭、钱粮村、良渚的必经桥梁。

高明桥（2021 年） 沈祥林 摄

村内有古桥 12 座，保存较好的古桥有 8 座，除个别略有改变，大多古桥保留了原来风貌。这些古桥在历史上或村的发展中起到了不小的作用。

高明桥 桥上刻名“保安桥”，民间习惯叫高明桥。位于高明桥自然村，南北走向，跨三官塘港。建于清朝，为单孔平形石桥，桥为石块干砌，桥面为两块条石铺设。跨度 2.2 米，宽 1.5 米，水面与桥面高度为 1.65 米。

石墩高桥（2021 年） 沈祥林 摄

石墩高桥 又名陈家桥。位于沈家门村南，南北走向，通向林家里以及更远。干砌单孔石桥，桥面为两块大条石，可通行人。跨油车桥港，桥跨度 2.6 米，宽

1.3 米，距水面 1.7 米。桥上藤蔓攀缘，原貌被遮挡。

花园桥 桥上刻名“花园聚财桥”，民间称花园桥，位于花园桥自然村，横跨南北，连接花园桥南北两片，是北部村民早期去良渚或至外部的主要桥梁。跨油车桥港，桥长 2.6 米，宽 1.3 米，可通行人。

花园桥（2021 年） 沈祥林 摄

花园聚财桥因明末清初时此地有一官宦沈氏的后花园而得名。2019 年 3 月被杭州市人民政府命名为“杭州市余杭区历史建筑”。

油塔桥 桥上刻“保兴桥”桥名，习惯称油塔桥。位于 8 组马家桥自然村北，南北走向。此桥可通塘河村等地，系由油车桥港与三官堂港交汇处。单孔干砌石桥，南北走向，跨径 3.9 米，宽 1.3 米，水面距桥面为 1.4 米。

油塔桥（2021 年） 沈祥林 摄

油车桥 位于油车桥村中部，东西走向。在众多的古桥中，此桥建造风格独异，为单孔、单条石块桥面，干砌石桥，承接桥面石的两头不同于其他古桥，而是两边用竖条石承接桥面条石，跨度 4.6 米，其桥面宽度也是最窄的一座古桥，仅 0.8 米，水面距桥面 2.3 米。

油车桥（2021 年） 沈祥林 摄

天神桥 位于草里坝自然村，系比较知名的古桥。东西走向，横跨西塘河草里坝支流，单孔干砌石桥，双条石桥面，跨度 5.4 米，宽 1.3 米，水面距桥面 2.6 米，保存完好。东边现已被浙江电视发射工程外围阻挡，不能通行。

天神桥（2021 年） 沈祥林 摄

天神桥始建于清代末年,是当时安溪、良渚、云会、东塘、獐山等地往来的主要通道。桥塆两边各有两级台阶,保存完好,桥上镌刻的桥名清晰可见，也是历史上比较有影响力的桥梁。

胡子桥(2021年)　　沈祥林 摄

胡子桥　桥上刻名“宝善桥”。单孔石块干砌桥,东西走向,跨油车桥港支流,是早期通往安溪、瓶窑古道上的桥梁。桥跨度2.8米,宽1米,水面距桥面1.2米,是众多古桥中最低矮的一座桥梁,基本保留原貌,可走行人。

钱家桥(2021年)　　沈祥林 摄

钱家桥　桥上刻名“福寿桥”。位于塘河村自然村南部，三官堂河支流，东西走向,石块干砌桥。桥跨度1.5米,宽2.0米。可通行人,保存良好。

万岁桥(2021年)　　沈祥林 摄

万岁桥　位于万岁桥自然村，南北走向,跨油车桥港,三孔石桥,长9.8米,宽4.8米。后期已做改造,改两边石阶为平坡,并铺设沥青路面,古桥依稀可辨。可通小型汽车,连接桥北3组。

大会长桥(新)(2021年)　　村委供稿

大会长桥　位于上纤埠,东西走向,人行桥,跨西塘河,连接街东西两片。20世纪70年代拆除并向南移位,相距不远,原桥已无痕迹。新建大会长桥为公路拱桥,单孔。桥跨度60米,宽6米,沥青路面,双向两车道,东边连接仁和街道,是村内最大的一座桥梁。

马家桥(2021年)　　沈祥林 摄

马家桥　位于8组马家桥，油车桥港南侧,单孔,原为石砌桥,跨度3.7米,宽4.3米。桥已改造并铺沥青路面,可通一辆小车。

丁家桥 位于文祥官村北，原为石砌桥，现已改为水泥桥，跨度3.5米，宽3米，南北走向，属油车桥港，可通行人，已无原貌。

丁家桥(新)(2021年) 沈农高 摄

五、土圆仓(谷仓群)

1970年，在油车桥自然村由粮管部门建造了土圆仓。

修缮后的土圆仓(2022年) 村委供稿

土圆仓是用于储存粮食的圆形仓库，有两组，每组由4个圆形仓库组成一体，共8个仓房。占地面积2300平方米，其中建筑面积520平方米。单个仓库直径6.97米，高5.97米，圆顶。土圆仓的建造风格类似于“土楼”，圆形结构与圆形拱顶增加了牢固度。墙体采用“三合砂”(黄泥、石灰、砂等)合成，用圆形墙体模板夯紧，往上逐渐加层，至顶部内架圆顶模具，用砖砌成，再拆除模架模板。整个土圆仓无柱、无梁，增加了储存空间。当时周边各生产队(组)、农户均到此投售粮食，十分方便。土圆仓建造在桑树地中，具有隐蔽性，符合“备战备荒”的要求。

上纤埠博物馆(2022年) 村委供稿

土圆仓在20世纪80年代中期停止使用，派专人值守。因年久未用，自然损坏严重，但至今仍具有历史、科学价值。

2020年，政府立项拨专项资金对土圆仓进行修缮，预算资金300余万元。土圆仓修缮后作为谷仓博物馆和农耕文化的展示基地，供游客参观，已被列入余杭区文保点。

六、文物保护

2019年3月，上纤埠供销社被杭州市人民政府确定为“杭州市余杭区历史建筑”。

2019 年 3 月，位于花园桥自然村的花园聚财桥被杭州市人民政府确定为“杭州市余杭区历史建筑”。

第四节　群众体育

一、国术团

民国期间，纤石村内建有国术团(也称拳灯)，兵器多样，大致分为刀、枪、剑、棍等基本器械，另外还有滚灯、三节棍、流星等灵活器械。

国术团由花园桥村沈仿梅任团长，团员包括乐队总共 30 余人，均来自花园桥、高明桥、沈家门、冯家门、祝家兜等自然村。其成员有花园桥沈仿梅，高明桥沈荣毛，沈家门沈文钊、沈海元、沈成权、沈小毛、沈文魁、沈春林、沈洪根，冯家门冯永根，祝家兜方雪堂等组成，每人都有分工和自己的特长兵器表演。

沈荣毛，主要敲打竹板乐器，掌握表演节奏，增加演出气氛。

沈海元，表演大刀，功夫娴熟，声音洪亮，有气度。

沈成权，表演关刀，功夫比较熟练。

沈文魁，表演滚灯。此项目为余杭区非物质文化遗产。

沈春林，表演钢棍，其手艺高超，表演精彩。

沈洪根，表演叠人塔，因其个子小，叠人塔时是最顶上的一个，身手不凡，表演熟练。

冯永根，表演枪术，在一次表演中不慎将眼睛刺伤致瞎。

沈文钊，小名“野和尚”，为沈家门人，是七排楼表演的主要角色，其人伟岸壮实，力气相当大。因七排楼表演中最底部表演者要求体力大，能承重，故由他承担这一重要角色。

国术团排练和演出的所有经费，当时均由肖菊根资助，每年入冬空闲时起，国术团开始排练，排练地点在沈家门沈玉生、沈子连家的堂屋内，排练到阴历年底，到正月十五上灯之日起就四处外出进行表演，除寺庙菩萨开光、大型佛事、平安道场、大小庙会、三官会等必到演出外，亦应各方邀请前往演出，一般邀演方都会以米为报酬相回报。国术团最引人注目的是叠七排楼，即 7 个人竖着叠起来，底部由 1 人独托 2 人，第二层 3 人，顶部 1 人。故底部承重大，要求团员身强力大,能承受上部6人的重量而稳如泰山,丝毫不动。

国术团除了在本地安溪、良渚、瓶窑演出外,还应邀到德清武康、二都、四都及本县的塘栖、东塘、仁和等地演出,还与兄弟团队切磋武艺。纤石国术团在当时已是远近闻名。纤石国术团一直活跃到中华人民共和国成立后,因互助合作开始评工计分,即停止训练和表演。

二、健身场地和设施

纤石村自2008年开始建设健身场, 到2017年基本完成各自然村健身场的建设。至2021年底,共建健身场14个,设置健身器材140件,基本达到每组都有健身场。

14组高明桥规划建设了篮球场,10组韩家门与祝家兜相距较远, 分设两个健身场。每个健身场按场地面积大小、形状地形,分别设置不同种类与数量的健身运动器材。每个健身场的健身器材从6件至12件不等,大多在10件以上,运动器材种类不同,满足人们锻炼的不同需求。

健身器材包括健身车、二位太极揉推轮、腿部按摩器、背部按摩器、踏力器、晃板、扭腰器、上肢牵引器、臂力器、骑马机、二位太空漫步机、跷跷板、腹肌架、腹肌训练器等14种。

村内健身场建设,本着"购买体育彩票、回报健康人生"的精神,由良渚街道办事处和纤石村共同建设,并由杭州市体育局、余杭区体育局负责监制。

这些健身场中,1组草里坝健身场因征地而拆迁,拆建后的新村草里坝新苑将规划筹建新场点。2组健身场因建设规划调整暂停使用,亦需重建。10组韩家门与13组沈家门健身场等2016年又进行了更新改造,使之更趋人性化,大大激发了人们锻炼身体的热情。

纤石村健身场设置一览表

表5-3-2

组别	健身场位置	面积(平方米)	器材数(件)	建造时间	状态
2	万岁桥周水庭家前	450	10	2008年	暂停使用,需重建
3	前后桥庙前	280	11	2008年	使用中,完好
4	上纤埠赵茂水家后	350	10	2016年	使用中,完好
5	韩曹村红女家前	250	10	2008年	使用中,完好
6	油车桥金永祥家前	300	9	2016年	使用中,完好

续表 5-3-2

组别	健身场位置	面积（平方米）	器材数（件）	建造时间	状态
7	油车桥金耀权家后	200	12	2017 年	使用中，完好
8	陈家门沈法潮家东	280	10	2014 年	使用中，完好
9	花园桥沈新荣家前西	200	6	2020 年	使用中，完好
10	韩家门良安公路东	750	10	2008 年建，2016 年更新	使用中，完好
10	祝家兜方英家前	380	11	2017 年	使用中，完好
11	文祥官沈根山家前	400	8	2008 年	使用中，完好
12	冯培尧家路西	250	10	2008 年	使用中，完好
13	沈家门潘宝根家前	350	11	2008 年建，2016 年更新	使用中，完好
14	后荆村梁金水家东	450	10	2008 年建，2021 年移位	使用中，完好

注：1 组草里坝因征地未建。

三、健身活动

纤石村内早期无健身场和健身团队，一些喜爱健身活动的村民都到良渚街上参加一些健身团队的健身活动。13 组沈志南、徐杏珠、龚宝珠等村民定期到良渚参加健身队和腰鼓队活动，还有村民去安溪门球场打球。之后，村委新办公楼建成后，在办公楼后面的广场上村民自发组织各种健身活动，众多妇女前往跳健身舞，并请专业老师前来指导，参加人数甚多。但受多种因素的制约，健身舞等健身活动无法长期坚持，时断时续。因此，大多村民小组开始自发组织，自筹音响器材，在组里安排场地开展健身舞等健身活动。

健身场点（2020 年） 沈祥林 摄

随着村民生活水平的提高，健身活动越来越被村民重视，成为生活中不可缺少的一部分，出现了健身高潮。从 2008 年起，村内各组陆续建造健身场，推动全村村民的健身活动进入了一个新阶段。一些村民长期坚持晨跑、走，锻炼身体。西险大塘也成了村民健身的好去处,早晚两个时段到处是村民健身活动的身影。

四、体育比赛

纤石村由村民组织成代表队参加了良渚镇(社区)举办的历届人民运动会及各项体育赛事,获得名次及奖状。

2006年,纤石村代表队获得良渚镇第三届人民运动会田径比赛农村组团体第一名。

村内经常组织开展配合农业生产的各种运动比赛, 将体育与农事活动相挂钩,以农活为主题,又有运动气氛,使农业生产与体育运动相结合,大大激发了村民的竞赛热情,形成了体育农业双促进的新格局。

1974年,安溪公社组织男女插秧能手在光明大队松毛圩举行全公社插秧比赛,胜利大队派出3队的管凤南、管建珠两人前往参赛。管凤南获得全公社第一名,获奖品草帽1个、毛巾2条。

1979年,胜利大队在9队花园桥前生圩组织全大队村民开"龙桥沟"比赛。参赛选手20余人,在大麦田开龙桥沟,要求速度快、沟直、匀称,深度达标。比赛结果11组文祥官沈水根获得第一名,另外一些村民也获得了名次。

2013年, 良渚街道组织钓鱼爱好者在东塘河白条鱼养殖场开展钓鱼比赛,村选派村民徐美根参加比赛,获得第三名的好成绩。

第六编

社　　会

三官堂港　　村委供稿

第一章 人口 家庭

1950年,中华人民共和国成立后第一部《中华人民共和国婚姻法》诞生,至20世纪90年代逐渐形成了以《中华人民共和国婚姻法》为主干,以《中华人民共和国收养法》和《婚姻登记管理条例》为配套的法律体系。2020年5月28日,十三届全国人大三次会议表决通过了《中华人民共和国民法典》,自2021年1月1日起施行。

1953年,村内共有住户441户,人口1774人,到2020年12月31日,发展到973户,人口4088人。其中农业人口3436人,非农人口652人。总人口比1953年的1774人增加了2314人,增长率130%。人口的增长主要是自然增长,还有一部分是村内村民结婚后配偶迁入。迁入略多于迁出。

村内家庭组成以及发展的主要因素是子女增加而分家立户。村民世俗上一直保持儿娶女嫁的习俗。在未实行计划生育以前,一般家庭子女比较多,待到成年后儿子分家立户,增加了家庭的数量。

中华人民共和国成立前,婚姻的种类上比较杂,形式繁多。通常婚姻均为媒人拉线介绍,合者则成。此外,还有指腹婚、童养媳、定小亲、纳小妾、姑表亲等形式。

中华人民共和国成立后,《中华人民共和国婚姻法》颁布,规范了婚姻家庭的组成行为,一些陈规旧俗已不复存在,提倡婚姻自由,蔚然成风。大多男女追求婚姻自由,也有一些人经介绍人牵线自由恋爱,形成一种新风尚。

村内世代相传儿娶女嫁,也有少数儿子多的被招赘到女方落户。计划生育实施以后,每个家庭只生一个孩子,同一时代的家庭均为一个孩子,成婚又出现了一种新的婚姻方式——两家合一,即女方不属于嫁男方,男方也不属于入赘。一般生两个小孩,男女方家庭各一个,不失为一种新风尚。

村内结婚嫁娶一直保留传统的风俗,其婚礼形式上有所改变,在硬件(场地)允许的情况下,采用婚庆公司承办的婚礼也逐渐增多,传统婚礼与现代礼仪相结合,相得益彰。无论是传统婚礼还是现代婚礼都体现婚俗的传统与现代文明。

第一节 户籍 民族

一、户籍

户籍，又称户口，是国家主管户政的行政机关所制作的，用于记载和留存住户人口的基本信息的法律文书，也是每个公民的身份证明。

户籍是对自然人按户进行登记并予以出证的公共证明簿，记载事项有自然人姓名、出生日期、亲属、婚姻状况、文化程度等，是确定自然人作为民事主体法律地位的基本法律文件。

登记户口的册籍古时也称户版、丁籍、黄籍、籍账，中国户籍制度建立于商朝。

中华人民共和国成立以来，户籍管理制度的变化大致可划分为三个阶段：第一阶段，1958 年以前，为自由迁徙期；第二阶段，1958—1978 年，为严格控制期；第三阶段，1978 年以后，为半开放期。

户籍分为农业户口和非农户口。农业户口一般为农村从事农业劳动的人口，具有土地使用权并获得粮食自给。非农业户口一般在城镇从事第二、第三产业的人口，计划经济时代，粮食由国家配给。

农业户口与非农业户口的归属与上一代的户口性质有密切关系。早期新生儿随母申报户口，不能随意改变户口类别。

20 世纪 60 年代以前，户口申报则比较简单，一般农户有新生儿出生或其他需要迁户口的，只要与大队说一下，大队干部到公社给予报户口。

20 世纪 80 年代中后期，随着户籍制度的松动，“农转非”控制指标有所调整。

1998 年 7 月 22 日，国务院发出批转公安部《关于解决当前户口管理工作中几个突出问题的意见》。文件对户口管理作出四项改革，实行婴儿落户随父随母自愿的政策，对以往出生并要求在城市随父落户的未成年人，可以逐步解决其在城市落户的问题，学龄前儿童应当优先予以解决，户籍管理制度 90 年代末有所变动。

2000 年以后，村内每户家庭农业户口和非农业户口实行一本户口簿管理。即一本户口簿中既有农业户口又有非农业户口。

2018年前,村内迁入、迁出、出生、死亡的村民,凭村证明到派出所办理相关事宜。

2018年后,迁入先到村签字,然后到派出所办理。死亡先到社区卫生院开具证明,再到派出所办理相关事宜,迁出直接到派出所办理。新生儿可直接到派出所申报户口。

2020年第七次全国人口普查,村内共有住户973户,共4088人。其中农业人口3436人,非农业人口652人。由此可见,村内人口以农业人口为主,占84%。

村内大部分都为农业户口,非农业户口甚少。早期非农业户口主要集中在上纤埠集市。

改革开放以后,村内有部分农业户口通过大中专学校读书、招工、顶职、招干、参军后转业等形式转为非农业户口。2003年以后,宣杭铁路征地应建平、金菊芬、沈香农、乐建英、倪伟琴等5人因征地农转非,之后陆续有企业来村征地而农转非的村民。2014年浙江电视发射塔工程在1组征地,农户全部农转非。其安置地属9、10、11组土地,这些组部分农业户口因第二次征地转为非农业户口。

二、民族

第七次全国人口普查资料显示,全村4088人中,汉族4012人,土家族36人,苗族24人,畲族4人,布依族3人,满族3人,仡佬族2人,壮族2人,彝族1人,傣族1人。

汉族居民4012人大多数为世居,占全村人口的98.14%;少数民族76人,占全村人口的1.86%,均为外地与本村村民结婚而迁入。

三、语言

村民之间语言交流平时均用本地话。村内本地村民的语言大同小异。东部(2—5组)倾向于村东边仁和口音,在语调、发音与西部(6—15组)略有差异。少数民族同族交流使用民族语言,与本地村民大多使用普通话交流。随着文化教育水平的提高和社会对普通话的推广与运用,村内早期教育,学校教学均采用普通话教学,家庭对孩子的教学沟通采用普通话的也比较普遍,学生则更喜欢用普通话交流。在书写上使用规范汉字。

第二节 人 口

一、人口增长

1953年纤石村(当时为4、5、6、7村)共有441户,总人口1774人,经过几十年的发展,人口增长与经济同步增长。到2020年第七次全国人口普查时,村内共有973户,比1953年增加532户,增长比例121%;总人口4088人,增加2314人,增长比例130%。

1953年纤石人口一览表

表6-1-1

村	户数(户)	总人口(人)	其中(人)		
			男性	女性	不满18周岁
4村	124	466	256	210	138
5村	90	364	196	168	132
6村	96	435	231	204	181
7村	131	509	271	238	171
合计	441	1774	954	820	622

部分年份纤石村人口变动一览表

表6-1-2

时间	户数(户)	总人口(人)	其中(人)		
			男性	女性	不满18周岁
1953年	441	1774	954	820	622
1970年	690	3419	1740	1679	
1974年	706	3572			
1981年	745	3589			
1982年	718	3433			
1984年	802	3418			
1992年	917	3435			
1996年	918	3490			
2020年	973	4088	1992	2096	723

1970 年各生产队人口调查一览表

表 6-1-3

项目/数目/生产队	总户数（户）	总人口（人）			总人口中没有户口的（人）
		合计	其中		
			男	女	
总计	690	3419	1740	1679	1
第一队	38	216	120	96	
第二队	57	307	154	153	
第三队	39	199	98	101	
第四队	80	346	162	184	
第五队	55	289	148	141	
第六队	37	213	110	103	
第七队	37	200	103	97	
第八队	43	199	101	98	
第九队	40	221	110	111	1
第十队	36	172	89	83	
第十一队	36	164	88	76	
第十二队	32	150	81	69	
第十三队	47	210	99	111	
第十四队	39	173	95	78	
第十五队	74	363	183	180	

年龄结构：据 2020 年 12 月 31 日第七次全国人口普查资料显示，全村 4088 人中未满 18 周岁 723 人，60 周岁以上 1099 人。60 周岁以上人口中 60—69 周岁 625 人，70—79 周岁 316 人，80—89 周岁 136 人，90 周岁以上 22 人。60 周岁以上人口占全村总人口的 27%，人口进入老龄化。

二、世居与迁入

村内人口绝大多数为世居村民，早期由于信息不通，交通不便，婚配以村域内或邻村居多，少有外地人与村民通婚，故外部迁入者甚少。大批的迁入主要是城市居民下放到村落户以及知识青年到村插队落户。

1958 年杭州市区范荣春等一批城市居民来到村落户，分配到各生产队成为新农民，增加了人口。1958 年初始资料不详。1978 年 8 月 26 日统计尚有 44 户，115 人。其中，1 队 3 户，10 人；2 队 4 户，8 人；3 队 3 户，10 人；5 队 4 户，10 人；6 队 1 户，11 人；7 队 3 户，17 人；8 队 4 户，13 人；9 队 5 户，12 人；10 队 1 户，4 人；

11 队 3 户,9 人;12 队 2 户,6 人;13 队 2 户,2 人;14 队 4 户,5 人;15 队 5 户,8 人。改革开放后落实政策,一部分回迁至原籍,一部分在本地招工,农转非,户籍随迁。20 世纪 60 年代中期后,有百名知识青年分别从杭州、三墩、上纤埠、南山林场等地插队到村落户,户籍由原籍迁至村内,至 70 年代末因招工、顶职等原因又回迁到原工作地或原籍。

胜利大队知识青年一览表

表 6-1-4

队别	姓名	性别	原籍	队别	姓名	性别	原籍
一队	计国荣	男	杭州	四队	沈玲娣	女	上纤埠
	冯国兴	男	杭州		严小毛	男	杭州
	陈扣凤	女	杭州		沈明元	男	杭州
	陈　弘	女	杭州		陈祖娟	女	上纤埠
二队	汪庆根	男	杭州		陈祖达	男	上纤埠
	张　超	男	杭州		陈祖英	女	上纤埠
	俞建民	男	杭州		赵春芬	女	杭州
	朱海鹏	男	杭州		边金子	女	杭州
	王木土	男	杭州		俞建民	男	杭州
	邱子岗	男	杭州	五队	魏　英	女	杭州
	陈忠林	男	杭州		谢爱芬	女	杭州
	周顺林	男	杭州		沈玲娟	女	上纤埠
	俞丽娟	女	杭州		王元元	女	杭州
	陈国庆	男	杭州		方凤美	女	上纤埠
三队	郎兴贵	男	杭州		王如平	男	杭州
	李评议	男	杭州		俞建英	女	杭州
	陆凤仙	女	杭州		胡国华	男	杭州
	李如坤	男	杭州	六队	朱月美	女	杭州
	吴振义	男	杭州		张珍珍	女	杭州
	吴国民	男	杭州		蔡丽忠	女	杭州
	张美娟	女	杭州	七队	王洪明	男	杭州
	王文祥	男	杭州		王建忠	男	杭州
四队	马建平	男	杭州		张玉琴	女	杭州
	严杭生	男	杭州		张建英	女	杭州
	严小杭	男	杭州		李建华	男	杭州

续表 6–1–4

队别	姓名	性别	原籍	队别	姓名	性别	原籍
八队	王学虎	男	三墩	十二队	陈金祥	男	杭州
	蒋月泉	男	三墩		汪子建	男	杭州
	徐吉良	男	三墩	十三队	徐明岗	男	杭州
	蒋正娥	女	三墩		董凤英	女	杭州
	季祝英	女	杭州		裘建敏	女	杭州
	季祝法	男	杭州		陈美娟	女	杭州
	郁品强	男	杭州		刘凤英	女	杭州
	陈国庆	男	杭州		陆跃英	女	杭州
九队	林中柱	男	杭州	十四队	王顺根	男	杭州
	尹锦康	男	杭州		方仲春	男	三墩
	陆乃剑	男	杭州		李明华	男	杭州
	何峥鸣	女	杭州		徐鹏掌	男	杭州
	张秀珍	女	上纤埠		方凤珍	女	上纤埠
十队	陆望海	男	杭州		冯幼英	女	杭州
	汤建强	男	杭州	十五队	卢 舫	女	杭州
	姜熊雄	男	杭州		陆 佩	女	杭州
	楼国元	男	三墩		戚庚慧	女	杭州
十一队	茅月兔	男	杭州		陈跃明	男	杭州
	鲁 茵	女	杭州		徐 晔	男	杭州
	金缓妹	女	杭州		田丽华	女	杭州
	童建花	女	杭州		许美凤	女	杭州
	方招娣	女	杭州		孙小红	女	南山林场
十二队	卢 航	男	杭州		周永明	男	杭州
	汪志远	男	杭州		赵苏敏	女	杭州
	孙启华	男	杭州				

三、人均寿命

民国 18 年(1929)至民国 20 年(1931),根据金陵大学学生对全国 16 个省 101 个县的 38256 户农民个体的寿命调查，农民平均寿命男性 34.68 岁、女性 34.63 岁。余杭情况大概相似(《余杭通志》第一卷,2009 年版)。

中华人民共和国成立后,由于社会因素、自然因素以及卫生条件的改善,村民生活水平不断提高。村民寿命不断延长。2020 年全村死亡者平均年龄男性为 80 岁、女性为 81 岁。

第三节 家庭宗族

一、家庭

家庭形式 旧时村内家庭以田产资财来分，一般可分上、中、下三类。上等人家大致以财主、富农、商家为主，俗称“大户人家”；中等人家即有自己田产的中农阶层；下等人家为没有田地的贫农、雇农。三类人家的生活不同，因而家规、家法与家教均有不同。

上等人家经济富裕、物质优厚，其家庭意识支柱是“书礼传家”，家规森严，且注重家人的家教与子女的教育，尤把子女受教育的程度看得特别重。即使是民国期间教育不发达，大户人家子女必定在乡间读完高小，毕业后送到杭州去读中学，然后再读大学，有的出洋留学。

中产家庭的人家其思想意识的支撑是“耕读传家”，即首先是种好自己的田、养好自己的蚕，过好自己的日子。勤劳是第一位，奉行一句话：“田庄做得全，只要买样盐”。过好自给自足的自然经济是中等家庭的特征。对于子女，也是要求十分严格，家教放在首位，对教育培养则不求高深，一般在乡间能读完高小，但注重子女在生产、生活的实践中学习，其中打一手好算盘，记个账，写一手好毛笔字是对子女学习的第一步要求。

贫困家庭因其贫苦，终日为温饱奔走，能有食果腹和有衣蔽体是最大的愿望，养了子女希望能活下去，能长大，不卖与人和送与人，其子女一般不可能进学校受教育，所受的教育充其量只能是父母的言传身教，文盲者居多。

中华人民共和国成立后，百姓生活逐年得到改善，城乡差别、贫富差别逐步缩小，加上推行实施计划生育，家庭户型多以人口来衡量。

家庭 家长 村内家庭，均以血缘关系结成生活之实体，或祖父与儿子、孙子同居，或曾祖与子、孙、曾孙同居，三世或四世同堂，绝少有与高祖见面的例子。

1949 年前，村内家庭一直奉行和维持封建农耕社会、礼教与伦理，为治家教化之准则。尤以“三纲五常”“三从四德”为最，稍有违背，即被视为“忤逆”与“不道”。

家长即户主,负责治理家庭,支配家财。家庭成员出卖各类物品所得,都得交与家长集中,家长每晨上街,购买蔬菜与日常用品。四时八节或全家置办衣穿,由家长扯布到家,再请裁缝至家制作。旧时女人暗中积攒私房钱是家庭的大忌,被视为不守妇道。

家长治家年限只视身体健康、头脑清楚,不视年龄。旧时家长不提分家,则儿子儿媳不能提出,否则被视为"抢班夺权"和"拆家败子"。分家最基本的一条即是以当家人的儿子都须成家有子嗣为准。如若家长已成祖父,有子孙理应分家时,由家长自己提出,子女商议并应谦让再三,然后,请族长、子女的娘舅、姑父以及族中先生(担任分家文书起草)到家,由家长提出分家建议及家产(田地、房产、钱财现金)分配方案。一般人家田地以均分为多,田、地、荡、果、木、竹、茶均好歹搭匀,大型农具与中小型农具及家具搭配,家禽家畜亦一同均分。兄弟间或自认一份,或抓阄决定。家长年迈多病的会提留部分现金作为养生防病用,亦有提留土地的。如分家时弟兄新建房屋的,老屋按规矩由老大继承,若不建新屋,即老屋均分,大者居东,以此类推。中下人家建不起新屋,则老屋均分。分家后老者一是各家子孙轮流吃饭、住宿,二是吃住某儿子家,饭钱均等筹纳,其中两个儿子者,也有夫妻各由一家吃住,直至养老送终。分家时兄弟间对财产分配有异议的,及时提出,由姑父娘舅与族长解释或裁决,分家议结后,当场由族中先生写好分家文书,家长与儿子及族长、娘舅、姑父、待笔中人签字画押后,各户各执一份为凭。分家协商议事只能是家长、儿子、娘舅、姑父与族长及文书先生参与,家中妇女(母亲、媳妇)一概回避。

旧时村内家庭财产只有男性儿子有权继承,出嫁女子概无继承权,故年老无子者,须从自己弟兄或宗族近房侄子过继为后嗣,俗称"开门"。若兄弟近房宗族间无可过继者,即可认领异姓之子为后嗣,俗称"养子"亦称"领儿子"。

按村内习俗无论分家与否,若老者在世,置办家具农具一律写老者名字,老者故世,当续写三年后,方可署写自己名字,是为行孝之举。

中华人民共和国成立后,家长只是用于户口登记时之称,在实际生活中家长夫妻行事互为协商,子女儿媳的正确建议均被采纳。

家规家教 旧时家长治家有严格之家规。家规渗透于家庭生活之每一细节,诸如敬老、爱幼、教子、勤劳、节俭、拒毒、尚德、崇贤、睦邻、惜贫、助若、布施、行善等方方面面,虽无条文订立,但言传身教一脉相承。

生活起居中家庭成员外出，必先对长辈交代，回家进屋先叫爹娘。媳妇为示孝敬，须于公婆之前早起，公婆起身应先问好，睡前须向公婆请安，早晨和饭后应为公婆奉茶，公婆小恙应送饭与茶水至房内。媳妇外出须征得婆婆同意，外出做客均由丈夫送接。

用饭必按规矩入座，朝南者为家主，座位一般固定，家主未落座，其他人不得先坐，大多家庭 8 岁以下儿童，一般于矮凳上用饭，饭菜由母亲夹在饭碗中。媳妇端菜须将好菜陈与上首，是谓尊重家长。自 20 世纪 50 年代起此习俗逐渐消除。

旧时大户家女子出嫁前一律深居简出，故有“闺房”之称和“待字闺中”之说。除财主大户人家的女子上学读书之外，其他家庭女孩都在家学习生活技能与本领，如纺纱织布、女红、厨艺与礼节。

中下家庭之男孩，除少数能上学念书之外，六七岁起就要学会每天割羊草等技能。

家庭年长成员有违族规与家规者，一律训斥规治，家长违规由族内公治。

旧时家庭十分注重家庭教育，家庭成员与子女在外社交与待人接物若有闪失，或行为与语言失检，或干了不光彩之事，均会被人视为该家庭家教缺失与放纵溺爱。孩子从牙牙学语起，就按照伦理道德与传统美德两方面引导、灌输、要求、规范，并时刻注意其所言所为，纠正其不足与缺憾。家庭教育全凭长辈对晚辈的言传身教，晚辈子女全凭经年累月耳濡目染得到教育与熏陶，直至全盘继承家教为止。

家庭分工 旧时，村内家庭成员分工一直停留在“男耕女织”之中，即男子主外耕作田地，女子主内操持家务与纺纱织布。男子在治家的同时必须懂得田庄的耕作，精通稻桑耕作栽培技术，紧抓农时节令，筹谋家庭生活致富事略，还要研习与实践社会交际。

女子主内，孝敬公婆、服侍丈夫、养育儿女，除站灶掌厨、分担农活外，还要负责一家人的衣着，一年四季要纺纱织布、缝补旧衣、制作鞋子。养蚕是村内妇女的一大主活，有采桑、饲蚕、缫丝、打棉线等劳作。老年妇女已无家务负担，除料理日常生活外，一般均会参加些外出念佛等活动。

中华人民共和国成立后，实行男女平等，政府机关、事业单位、企业单位及农村，均实行男女同工同酬，大多数家庭主妇还总揽经济大权，成为内当家。

日常生活 村内农家日常生活即是侍弄田地。一年四季经营着种稻、植桑、栽棉、养蚕,按农时节令里外奔忙。“黎明即起,日出而作,日落而歇”,轮回着春种、夏播、秋收、冬藏。旧时农家,晚上点的是油盏照明,即香油中加灯草。民国中期有了煤油灯,较为新式和光线好的即是“美孚灯”。若遇红白喜事即点“汽油灯”,1964 年开始,村内各村先后通电,家家户户有了电灯照明。

旧时社会缺医少药,农家人生病,小病痛一般都是服用家用“土方”为主。各家屋前房后均栽一些常备草药苗,可随时拔来服用。只有久病重病才请镇上坐堂郎中把脉服药,还得看家中经济情况而论。至于患上绝症,因缺钱只能听天由命。

中华人民共和国成立后,每个家庭主要劳力按劳获取报酬。家庭内衣食住行一切支出,大部分虽仍由家长安排开支,家长也将收入之部分分配给家庭成员自己支配,余额存入银行。中共十一届三中全会后,农民不但务农,种承包田,还从事务工和经商,家庭务工工资收入已是经济收入的主要部分。

睦邻与亲戚关系 村内民风淳朴,邻里姻眷及友朋间和睦礼待,俗重人情,相互酬酢,丰于款待。

村内千百年来都是聚族而居,以族成村。族人住房一般连栋合柱,家家门户相通,走家串户,雨天无须湿脚。邻里均为叔伯侄兄等辈亲人,平时每天走动频繁,喝茶抽烟无拘无束。每家做点心时,除自己享用外,均会将圆子、塌饼、粽子之类分与邻居共享。每逢杀猪宰羊,也要将猪血肚肠、羊杂碎煮千张等分赠每家。

家来邻居与宾客,先是请坐、敬烟,然后就烧茶罐煮水泡茶。1969 年以前,尚保留着千百年来夜晚村中男子挨家串门聚集喝茶之习俗。一般按约聚四五人至七八人,在油灯下大家边喝茶,边聊山海经,加深了睦邻关系。

村内人注重“屋邻舍”与“田邻舍”,邻里之间以自然村为单位,互助互帮的精神得到弘扬。旧时建房屋打墙筑基或另有建设工程,凡要力气活投工,邻舍各户都会前来“帮工”,只招待用餐,无须付工资。村人有病了,各户均买礼品前往探望,村邻若遇急事难事,邻里会尽力相帮,出钱,出力,共渡难关。建房与办喜事,邻里均贺礼庆贺。丧事时近邻舍必前来吊慰、陪夜、帮忙,远邻舍也要前往吊慰。

亲戚间行节至贺礼与祝寿贺礼。正月春节、立夏、中秋,贺礼者为晚辈,对象为岳父母、舅父母与姑父母。礼品根据送礼者身份及经济条件与节至而定。贺寿礼的对象同上,一般 60 岁以上者由小辈“送肉”,也有提早一年送贺,即逢“9”送贺,“9”“久”相谐,讨吉利。现今生活水平提高后,也有 50 岁送礼的,大多为“蹄髈”1 个,面 2 筒,糖 2 包, 外加红包,红包金额各家因人而定。之后收礼者还要回敬长寿面之类的物品。

二、宗族

姓氏与家族 纤石村内家庭至1949年大多为世居土著。清咸丰十年(1860)二月,因太平军从武康攻九度岭后分别从陆路经安溪、良渚、宦塘、勾庄与经水路安溪过东至奉口从西塘河攻杭州,良渚域内因战争人口骤减,但即或如此,还是世居土著继续繁衍,无大批外地移民来村。

村内世居家庭,其祖宗年代久远,子孙多的达百户之上,有沈姓、梁姓、金姓在村内是人口较多的大姓。沈姓分散在各自然村,主要分布在沈家门、花园桥、文祥官、高明桥等自然村,梁姓则相对集中,主要在后荆村自然村。油车桥自然村金姓氏族达120余户500余人。

村内家族虽祖宗久远,但历来未注重修家谱,很少能有人知道高祖名字。一般曾祖以下(即五代)称为“近房”,再远的就算是远房同宗。近房宗族内年龄最高男子是当然族长,族长过世另由年长者递接。一般宗族的婚丧喜事就在近亲宗族内操办,族人须帮主人操办,承担“相帮”之义务。

族长与族规 村内旧时是族长治族、家长治家。德高望重的族长又是地方长老或担任旧行政之保甲长之类,集族权与政权于一身,是乡村及宗族事务的主宰。族内大小事务均由族长最后裁决,对外事务由族长出面、斡旋和决定。平时男婚女嫁帖子均由族长为东翁大人发出,每家有大事商议亦须请族长到场。

村内各家族均设有族长,基本在家族日常生活中设计生产、生活及社交等诸方面形成讲勤劳、讲节俭、守信誉、重孝道、重妇道、重教化的族规,但形成文字的极少。

祠堂 村内宗族无祠堂,有的设家堂,一般设于祖辈最早建造之厅屋内。姓氏宗族均有堂名,如沈氏的三铭堂,康氏的宁远堂,陈氏的存心堂,施氏的衍庆堂,叶氏的三槐堂,但同姓往往不同堂。旧时族内操办婚丧喜事,均用“堂名灯笼”,纸灯笼一面是大红姓字,一面上书名堂,黑夜外出用此。

称谓 在人的称谓上,以土著称谓为主,历史上少数移民已于本地土著无异。家庭成员、宗族至亲、姻戚等都须分辈分、伯仲、尊卑、长幼,于是产生了成员的特定称谓。称谓分书面与口头两种,口头又分通称和昵称。古今书面称谓,经史书传至今日,少有变化。口头称谓亦代代相传沿袭不变,只是村域内有钱塘口音(西部)与仁和口音(东部)的少许声调差别。

纤石村内的称谓列表如下：

村内父党称谓一览表

表 6-1-5

亲属关系	书面称呼	口头称呼	自称
父之祖父(母)	曾祖父(母)	阿太、太公、太婆	曾孙子(曾孙女)
父之父(母)	祖父(母)	阿爹、爹爹、爷爷 (奶奶、阿娘、娘娘)	孙子(孙女)
父之父的兄弟(妻)	大(小)祖父(母)	大阿爹、小阿爹、大阿爷、小阿爷 (大奶、小奶)	堂孙子(堂孙女)
父之父的姐妹(夫)	姑婆(姑爹爹)	姑婆、姑奶奶、姑婆奶奶(姑丈爹爹)	侄孙(侄孙女)
父之舅父(母)	舅祖父(母)	舅公爹爹、舅公 (舅婆奶奶)	外甥(外甥女)
父之姑父(母)	姑公(姑婆娘娘)	姑丈爹爹 (姑婆奶奶)	内侄孙(内侄女)
父之姨父(姨母)	姨公(姨娘娘)	姨公爹爹 (姨婆奶奶)	外甥(外甥女)
父	父亲	爸爸、阿爸、 阿爹、爹爹	儿子(女儿) 昵称:囡囡、阿囡
父之兄弟(妻)	伯父、叔父 (伯母、叔母)	大伯、小伯、 叔叔、奥伯(婶娘)	侄儿(侄女)
父之姐妹(夫)	姑母(姑父)	姆娘、干娘、姑姑(姑父)	内侄儿(侄女)
父之侄儿(女)	堂兄、弟 (堂姐、妹)	阿哥、阿弟 (阿姐、阿妹)	堂兄、弟 (堂姐、妹)
父之媳妇	大嫂、二嫂、弟妹	阿嫂、阿妹	阿哥、阿弟、 阿姐、阿妹

注:阿爹、爹爹,孙子称读 dia,为爷爷;儿子、媳妇称读 di,为父亲、公公。

村内母党称谓一览表

表 6-1-6

亲属关系	书面称呼	口头称呼	自称
母之曾祖父(母)	外高祖父(母)	外太太公(外太太婆)	外玄孙(外玄孙女)
母之祖父(母)	外曾祖父(母)	外太公(婆)、阿太、太爷爷(太娘娘)	外曾孙(外曾孙女)
母之父(母)	外祖父(母)	外公(外婆)	外孙(外孙女)
母之姑父(母)	外姑丈(姑祖母)	外姑丈爹爹(外姑婆奶奶)	外侄孙(外侄孙女)
母之舅父(母)	外舅祖父(母)	外舅公爹爹(舅婆娘娘)	外孙(外孙女)
母之姨父(母)	姨公(姨婆)	姨公爹爹(姨婆、姨奶奶、姨婆奶奶)	姨外甥(姨外甥女)
母之兄弟(妻)	舅父(母)	娘舅、舅舅(舅母)	外甥(外甥女)
母之姐妹	姨母	姨妈、娘姨、干娘	外甥(外甥女)
母之姐妹夫	姨丈	姨夫、干爷	外甥(外甥女)
母之侄儿(女)	姨表兄、表弟 (姨表姐、表妹)	阿哥、阿弟 (表姐、表妹)	表哥、表弟 (表姐、表妹)

村内妻党称谓一览表

表 6-1-7

亲属关系	书面称呼	口头称呼	自称
妻之祖父(母)	太岳父(母)	岳太公(岳太婆、太婆)阿爹、阿奶	孙女婿
妻之父(母)	岳父(岳母)	爸爸、丈人(妈妈、丈母、丈母娘)	女婿
妻之伯叔	伯、叔岳父	大伯、小伯、伯公、叔公	侄女婿
妻之舅父(母)	外舅公(外舅婆)	舅父、舅公(舅婆)	外孙婿
妻之姑丈(母)	外姑丈(母)	姑父(姑妈、姑母)	内侄婿
妻之姨丈(母)	姨父(姨母)	姨父(姨母、姨妈)	侄甥婿
妻	妻子	老娘	丈夫
妻之兄弟	舅兄、舅弟	舅佬、阿哥、阿弟、阿舅	姐夫、妹夫

丈夫称妻子:称老娘、老婆、爱人,第三人称为我家女人,我屋里头,戏称我家老太婆。妻子称丈夫:一般叫丈夫、老公或者叫名字与小名。也有称孩子他爹、当家的、我家男人,现今夫妻间大多叫名字。

一般情况下妻称夫之长辈,均以夫之平辈称呼,但对夫之爷爷、奶奶在礼节上自逊一辈,呼为“阿太”,降于子女辈分来称呼。入赘女婿旧时称妻之长辈亦自逊一辈,随子女称呼,中华人民共和国成立后均已按本辈称谓。

村内历来有孩子认干爹、干娘之风俗,俗称寄拜爷,自己为寄拜子女,其寄拜爷与生父结为干亲,俗称“亲家公”,但与称儿媳妇之父“亲家公”有别。

第四节　婚姻种类

一、种类

纤石村村民的婚姻及其家庭生活,千百年来基本上是沿袭着江南水乡特有的与封建制度和农耕社会相适应的传统模式。

中华人民共和国成立前,村内男女婚姻不能自主,全凭“父母之命,媒妁之言”决定,于是包办代替、买卖婚姻占据了主导地位,还存在着多种畸形的婚姻,诸如重婚纳妾、典妻租妻、童养媳、寡妇不得再嫁以及早婚等。男婚女嫁,必先由媒人或亲友介绍牵线。经由男方父母选中女方,女方父母相中男方,然后,将女方“生辰八字”送往男家,男家再将女方“生辰八字”与男方生辰请盲人先生占卜,由占卜先生决定是否“匹配”抑或“克冲”,只有占卜先生说是“匹配”的,才能成局。

故封建婚姻男女在婚前绝无见面之可能,只有洞房花烛夜挑起红盖头,新郎才能见到新娘真面目。旧社会境内妇女地位十分低下。封建伦理道德中的“三从四德”“在家从父,出嫁从夫,夫亡从子”,都是套在妇女脖颈上的枷锁,都是妇女必须遵循的。否则,妇女嫁夫后,就连自己的名字到夫家后亦立即隐失,即变成了丈夫名字后的辈分称呼,变成“××嫂子”“××大妈”“××奶奶”,直至“××阿太”终其一生。其在唯一能参加的烧香活动上,即使捐助署名时也只保留自己的姓氏,如“某门(夫姓) 某氏(自姓)”。

旧时婚姻形式有以下多种, 中华人民共和国成立后大多数旧时婚姻形式已绝迹。

通常婚姻 这是最正统的婚姻,占婚姻总数的80%以上。是由媒人做媒,按封建社会基本婚姻形式、礼节、手续、步骤所举行的婚姻,一般是一夫一妻。此种婚姻所娶妻子称为 “花烛夫妻”和“结发妻子”。一般均白头到老,不散不离,有“糟糠之妻不可丢”之说,生为同床,死为同坟。

填房亲 成婚男子妻子亡故,凡资财雄厚之家,男方尚在壮年即继续娶妻,若有再娶,称为“续弦”,所嫁之女称为“填房”,前夫所生子女,背后会称其为“晚娘”。

讨二房 民国时期及以前,有财有势之家庭,男子在花烛妻子之外再娶第二个老婆,即为二房,第三个老婆即为三房,也称“小老婆”和“姨太太”。大财主讨两个老婆者较为普遍,当然为了社会影响,会找一些理由,如大老婆无生育能力或只生女孩,传宗接代便成为理由。社会上称此现象为“纳妾”。

招赘女婿 旧社会只生女儿不生男孩之家,就将女儿住家,招入别家男子为子。入赘之家举行婚礼办“入赘酒”(喜酒),入赘后女婿改姓女家姓,视为儿子。

领童养媳 旧社会的中下等人家,因其经济不富裕,养子之后,便将无力抚养子女之家的女孩(有买有送)领养到家里,时称领“童养媳”。小时干活,长大后与子成婚。童养媳地位低下,被社会看不起,收养之家把她看作婚前从事劳动的苦力,婚后生育儿女传宗接代的工具,只有儿女长大做了家长,其母才能直起腰杆。

调面亲(调门亲) 旧时子女多,穷困人家男子娶不起妻子。家长将其姐或妹与人家换亲。即甲将女给乙做媳,娶乙女儿给儿子做媳。甲乙两家对调叫“两调头”。此种婚姻延续至20世纪70年代初。

姑表亲　旧时舅表、姑表、姨表三表间兄妹结成夫妻称“姑表亲”，视为“亲上加亲”之美事。但如此“近亲结婚”的弊端使后代易得，如“白化病”“低能儿”“畸形”等，村内广有例子。

成小亲　旧时资产中等以上人家，父母一方早逝，特别是男方家，于是便为未成年之子提早娶妻成家，一般为女大于男，称为“成小亲”。常因新郎个头矮小，须站在米袋上与新娘拜堂。此种婚姻耽误女方青春，夫妻关系常有不睦，中华人民共和国成立后已将此陋习革除。

订小亲　俗称“娃娃亲”，一般男女双方资材雄厚，且是世交或友情深厚，男女均在婴儿时便由双方父母(一般为亲朋)商定，女方出“八字”给男方，习俗约定长大后成婚，是违背男女双方意志的婚姻。中华人民共和国成立后已绝迹。

指腹为婚　旧时有财有势之家互为莫逆，互有地位声望，两家某方已怀孕，或其一方已生育，愿生育后将双方子女结成连理，曰“指腹为婚”。但历经岁月后，若一方落魄或失势，亦有反悔成亲的。中华人民共和国成立后已绝迹。

易嫁转禅　一户人家兄弟间兄亡，嫂嫁其弟或弟死弟媳嫁其兄的婚姻。一般是弟兄多而无力娶妻之贫困家庭产生的特殊婚姻，此习至今还有个案，但甚少。

招夫养子　小户人家夫亡，其子女尚未成人，女方即续招一男子进门成婚，担当户长之职责，在抚养前夫子女同时，亦生育自己的子女。但女方应先在族中提出，经族中商议准许，方可招夫。

抢亲　男方抢姑娘成婚有两种情况：一种情况是男女双方相爱，女方父母坚决不允，于是两小约定日子，男方私下操办酒席等候。新郎挑选年轻力壮一伙男子到女方村上，其女溜出家门，众男便保护新娘快逃。待女方父母得知想追回，男方半路就放炮仗，表示已拜天地，女方听见炮仗声，便罢追。另一种情况是地主、财主或地方匪痞看中了某家漂亮姑娘，女方一家不同意，明媒正娶不成，于是动用武力，堂而皇之上女家抢走姑娘。民国时期，两类抢亲，纤石村内都有个例。

典妻　旧时，财主与中上等人家男子婚后无子，又不想讨二房纳妾破坏原夫妻与家庭，便向贫穷人家男子租妻生子。出租妻子称“典妻”，一是家中无田地耕种，子女生活贫困无法糊口者；二是因天灾人祸突遇不幸，又无法解决生活者；三是各种原因倾家荡产者，虽妻子不愿，但亦无奈。一般典妻期限为三年，如果三年内有生育，合约期满后即回夫家。但亦有宁可留下而不愿再回夫家者。典妻一般均为签约者，由地方乡绅见证，签约后即付给典家三至十石米作为典金，典期内有否生子都不还典金。

休妻 旧时，男方家庭若认为妻子犯有不孝顺父母、无子、犯淫妒、有恶疾、口多言、盗窃等其中一项或多项，尤以一二项为最，男子一方可在族长见证下提出休妻。休妻一般均发生在资财雄厚及生活富裕之家。休妻一般由族长、娘舅、姑夫等见证，写好休书，无须征得女家同意，将所休之妻退回娘家，被休之女及娘家很无脸面。

寡妇再嫁 旧时中下和穷苦人家，夫亡以后妻子成寡妇，在家无男人难度日子，征得家人族人同意，只能寻找出路再嫁，娶寡妇者亦以穷苦人家年长光棍为多。寡妇再嫁均先在尼姑庵或好姐妹家住几日，然后约定日子，定于后半夜由夫家派船来接，偷偷下船后，到夫家村上不能从正式河埠头上岸，寡妇也无人送亲，不摆喜酒，只带随身衣服和鞋袜，在河滩上岸。

新型婚姻：

两家合一家 实行计划生育后，一般家庭均为一子或一女，许多家庭子女结婚采用两家合一家的做法。即男方不算娶，女方不作嫁，生两个孩子，男女双方家庭各姓一个，这是现代婚姻的一种新时尚。两家合一的结婚形式，一般男女双方均准备结婚新房，各自负责自己一方的酒席和结婚一切事宜，互不赠送钱物。结婚后可以在双方家里居住，也可常住在一方家里。

二、形式

中华人民共和国成立后，1950 年 5 月，《中华人民共和国婚姻法》颁发，纤石村村民才从旧婚姻制度和陋习中解放出来，实行一夫一妻制的自主自由婚姻，组合家庭。大多是当婚男女先行认识恋爱，然后告知父母，托人介绍谈合，经民政部门登记领证后，成为合法夫妻。婚事一般从简，择元旦、"三八"妇女节、劳动节、国庆节、春节前后或农历良辰吉日举行婚礼。

20 世纪 50 年代至 60 年代初，新婚嫁到夫家一般是沿旧习花轿抬或用船载。60 年代后期至 80 年代中期，花轿退出婚嫁仪式，一般为步行或船行。90 年代开始，小轿车成了载新娘入夫家的主要工具。21 世纪后，用小轿车接新娘入户已成时尚。一般婚礼均已用八辆甚至十多辆高档轿车组成婚车队接新娘。男女双方均摆宴席宴请宗亲邻舍、亲朋好友及同事。男家为婚礼酒，女家为"回门酒"，是夜施放烟花爆竹，热闹异常。也有少数是旅行结婚，但必须补办喜酒。亦有单位出面和领导主持，举行集体婚礼，分送糕点、糖果和香烟。2010 年后，有结婚者邀请婚庆公司承担婚礼仪式,场面非常热闹。

收录机　　沈农高供稿

1955年由内务部公布《婚姻登记办法》后,完善了婚姻登记制度。结婚青年双方由村（大队）开给证明至乡(公社)进行婚姻登记,办理手续。

1981年1月1日起,施行新的《中华人民共和国婚姻法》,进一步完善和保障了公民婚姻家庭方面的合法权益,成为婚姻家庭关系的法律依据。

VCD机　　沈农高供稿

20世纪50年代,结婚嫁妆较为简单,女方随嫁衣服、被子和箱子。60年代结婚时嫁妆为箱子、叠箱(箱柜)、三斗或五斗桌、梳妆台,外加衣、被。70年代结婚时为自行车、缝纫机、手表、电风扇、收音机。80年代结婚时嫁妆变为收录机、摩托车、电风扇、缝纫机。90年代结婚时嫁妆除彩电、电冰箱、洗衣机、VCD、金首饰外,少数人家已开始陪嫁摩托车。

至21世纪初,结婚嫁妆已经完全现代化与电器化,有电瓶车、冰箱、煤气灶、彩电、电脑、DVD加音响,还有黄金、钻石等首饰,条件好的还陪嫁小轿车。

第五节　计划生育

在计划生育政策实施前,生育方式顺其自然,一个家庭4—5个子女的比较普遍,有的家庭更多。在传统思想的影响下,每个家庭都希望人丁兴旺,多子多福,20世纪50—60年代人口快速增长。

一、组织

实行计划生育以后,各级都设立计划生育行政管理部门。村内成立了计划生育相应的管理机构,具体落实村的计划生育工作。自1971年胜利大队开始,无论村分与合,始终设有计划生育管理部门。

胜利大队1971—1983年计划生育负责人分别为朱耀根、章阿寿、周雪洪。

1983 年后纤石村计划生育负责人一览表

表 6-1-8

村	时间	计划生育负责人
上纤埠村	1983—1996 年	黄建娣
	1996—2003 年	黄伟芳
花园桥村	1983—1998 年	赵凤金
	1998—2003 年	陈雪英
沈家门村	1983—1998 年	沈金连
	1998—2003 年	沈文连
纤石村	2003—2020 年	黄伟芳

二、职责

根据计划生育工作的八大职能要求，村计划生育职能部门积极做好宣传教育、技术服务、药具发放、人员培训、信息咨询、优生指导、随访服务、生殖保健等工作。

宣传教育　开展群众性宣传教育，广泛宣传人口与计划生育政策，法律法规知识，新型的婚育观念，计划生育的科学知识。

技术服务　为村内育龄群众免费提供安全、有效的避孕节育全程服务，及时做好流动人口节育相关服务。

药具发放　建立规章制度，完善免费发药的工作制度，定期随访使用效果。

人员培训　积极上报计生部门组织的培训、轮训，更新知识，提高工作能力与水平，服务村民群众。

信息咨询　利用信息化手段，建立健全育龄群众信息采集，分析和建立档案，做好信息查询服务以及相关政策的咨询服务。

优生指导　向育龄群众开展优生宣传、健康进、优生咨询、高危人群指导以及优生筛选、均衡营养等工作。

随访服务　开展经常性服务，为育龄妇女及时提供孕情环情等随访服务，指导安全避孕，避免意外妊娠。

生殖保健　实施生殖健康促进计划，积极开展生殖健康普查。

三、计划生育奖励

20 世纪 80 年代，对独生子女家庭颁发独生子女光荣证，并由单位发给奖励金，每名子女每年保健费 30 元，直至 14 周岁。1987 年起，调整为 50 元；1990 年，调整为60元;1996年增加到100元。独生子女家庭如建房宅基地可增加1份(人)指标。

逐步实行农村独生子女父母和女儿户父母养老保险制度。2006年,落实农村部分计生家庭奖励扶助政策,其扶助、奖惩政策包括:计划生育家庭奖励扶助制度;计划生育家庭特别扶助制度;计划生育公益金;城乡居民社会养老保险补贴;城乡居民基本医疗保险给予独生子女父母奖励费等。

四、独生子女政策

村根据余杭区政府设有关部门关于计划生育家庭的相关规定,全面落实计划生育家庭"帮扶工作"。

2020年,独生子女父母奖励费标准为每人每年960元,全村共有91人享受奖励费。

第二章 村民生活

村内史上盛产水稻,村民以大米为主食,面食为辅。中华人民共和国成立后,村民生活水平不断提升,大米的质量也在不断提高。从吃旱稻米(籼米)到吃粳米,直至优质精加工大米。

村民饮食一日三餐制,但在农忙时下午(中晚饭之间)加一餐点心。

菜肴中荤素搭配,荤菜中村民喜食猪肉,其次是羊肉、牛肉,以及鱼类及其他水产品。素菜以青菜、豆类、瓜类、块茎类为主。

村内盛产棉花、蚕丝,农妇均掌握纺纱织布的手艺。棉与丝是早期的穿着主要面料,在当今丰富的面料市场上,棉、丝仍是村民的首选。

村民住宅经历从草房—小瓦木结构房(九路十桁条)—水泥柱假西洋楼—平顶倒三层—别墅式的过程,建房更趋于规范,质量更加上乘,结构更加实用,内饰更加精细,环境更加优美,居住更加舒适。

交通出行从步行到使用自行车、摩托车、公交车、私家车出行。村民收入与消费快速提高,生活步入小康。

第一节 衣食被褥

一、衣着

村内有种棉、养蚕的历史,早期盛产棉花和蚕丝,并且作为穿着衣服的主要原料,其家庭妇女均能纺纱织布,一年四季如此。农妇有时走亲访友也带上纺纱活,既走亲戚又纺纱,做客纺纱两不误。纺纱的质量直接影响织布的质量,纺纱技术优者,所纺之线粗细一致,十分匀称、光洁,织布后自然布的质量就好。

农家织的布称为“老布”,实际上是一种土布。中华人民共和国成立前村民几乎都穿老布。20世纪70年代前织老布者也有不少。老布原料采用地道棉花,棉花为自种,也有部分为购买。老布的特点是柔软、透气,做成衣裤穿着十分舒服,深受村民喜爱。

经过农妇的巧手，老布除了本色以外，还可以织成彩条，即在经线中嵌入彩色线，织成彩条布。若再在纬线中加入彩色线，形成独具一格的老布格子色彩。本色老布也可以染成各种颜色，做浇花布等。老布不仅可以做衣裤，也可以做棉被铺盖。

民国及以前服装，其布料除土布（老布）外，还有洋布、呢绒、丝绸三大类。服装形式为长衫与短打组合。长衫一般为有身份地位及有资产的有阶层人士所穿，外罩有“马褂”，穿长袍马褂者，一般均头戴“碗脱帽”（形如半个西瓜），六块布拼成，顶端有纽，额前镶片（翡翠、玉石、珍珠串、钻石）。凡劳动者与贫农均着短衫。

男式衣服一般都为对襟，中间缝纽襻为扣，女性穿大襟衣服居多。长袍也为大襟，向右开襟在肋下缝纽襻。男女裤子均为大裆叠裆，不分大小片，前后两面均可穿着，换穿可延长穿着时间。男子棉裤为扎脚，在脚踝以上扎住。女子在裤子之外，四季均穿黑裙，以离地遮住鞋子为标准。衣着必须宽大，女子曲线毕露为社会之大忌。小孩衣服基本与大人相同。

20 世纪 50 年代初，男装有中山装、列宁装、学生装、青年装、香港衫、衬衫。女装有列宁装、对襟衫、两用衫、学生装，旗袍极为少见。干部当时通行灰色“干部装”（中山装）。其时，布的质料多为平布、斜纹、纱卡，卡其已是较高档次。60 年代中期，总称为“人造棉”的化纤类面料逐渐增多，品种有东方呢、富春纺、雪花呢，后来又出现了的确良、涤卡、涤纶等较为时髦的料子。之外还有灯芯绒、丝绒和绸缎、毛料。服装面料的颜色、品种、花样也逐趋丰富。服装款式更趋新颖，男装春秋以中山装、两用衫、衬衫为主，夏季也有穿西式短裤和纺绸衫的。冬季内穿棉毛衫、卫生衫、毛线衫，外加对襟暗扣拉链薄棉袄或丝绵袄，亦有穿呢大衣、棉大衣的，还有短大衣。女性夏季服装已有连衣裙、学生裙、褶裙，春秋衣服则以对襟衫、两用衫为主。

1966 年“文化大革命”期间，旗袍、西服、裙子及花衣服一律被斥之为“封、资、修”黑货和“奇装异服”，都在“革命”范畴之内，统统销声匿迹，只盛行草绿军装。其时，土布均到镇上染成“北京蓝”颜色，男女老少均穿此颜色之衣裤，与草绿色平分秋色。

1983 年起，“西装”“夹克衫”渐渐取代了中山装。春秋服装开始以羊毛衫类领军，并逐渐时装化，形式从套头衫、背心、开衫加到外装，其质地柔软细致和花色品种的多样，让统领了几十年的毛线衫相形见绌。

1984年后，女性服装每年都有流行色，式样翻新，鲜艳夺目。迷你裙、西装裙、超短裙、健美裤、直筒裤、萝卜裤相继出现和流行。男性服装则比较稳定，基本上以西服、夹克、休闲服、运动服等款式为主。内衣内裤从原来的单衣裤逐渐改变为棉毛衫、裤，保暖衫、裤。冬天的外衣出现了滑雪衣、羽绒衣、羊绒衣、皮毛大衣。

20世纪90年代后，衣服的面料五花八门，有涤卡、的确良、涤棉、涤乔、涤纶、毛涤、涤绸、亚麻、涤麻、丝光棉、重磅真丝、涤丝绉、特纶绉、尼绵纶、水洗布、砂洗布等，而真丝与纯棉衣料更受群众欢迎。90年代中期，各类皮革服装开始出现，迅速被广大群众所喜爱，各类皮大衣、皮夹克、皮背心、皮裤、皮裙、皮迷你裙从春秋直穿到冬季盛行不衰，总体是面料和式样的多样性。

改革开放后服装款式名称一览表

表 6-2-1

<table>
<tr><th>类别</th><th>女性穿用</th><th>男女穿用</th><th>男性穿用</th></tr>
<tr><td rowspan="2">衣</td><td>幸子服、惠芳服、闪光服、束腰服</td><td rowspan="4">工作服、标志服、采访服、军警服、厂服、校服、羽绒服、旅行服、迷彩服、演出服、紧身服、休闲服、太空服、击剑服、登山服、生态服、运动服、风衣、牛仔服、风雨衣、衬衫装、运动装、社交装、职业装、情侣装、青春装、牛仔装、运动衫、轻便衫、文化衫、滑雪衫、宽松衫、T恤衫、击剑衫、时装衫、摇滚衫、高尔夫衫、马裤、港裤、直筒裤、喇叭裤、灯笼裤、萝卜裤、乒乓裤、阔腿裤、牛仔裤、中裤</td><td rowspan="4">乞丐装香港衫、老头衫、老板衫、圆领衫、广告衫太子裤、沙滩裤</td></tr>
<tr><td>紧身装、丽人装、露脐装、靓女装、芭蕾装</td></tr>
<tr><td>衫</td><td>娃娃衫、太婆衫、蝙蝠衫、婆婆妈妈衫、吊带衫</td></tr>
<tr><td>裤</td><td>健美裤、连袜裤、踏脚裤、裙裤、铅笔裤、七分裤、低腰裤、热裤、宽带裤、高腰裤、包臀阔腿裤</td></tr>
<tr><td>裙</td><td>百褶裙、西装裙、时装裙、直筒裙、喇叭裙、旗袍裙、长筒裙、休闲裙、皮裙、呢裙、裤裙、捆裙、背心裙、短褶裙、婚纱裙、波浪裙、工装裙、太阳裙、碎褶裙、一步裙、套装裙、A字裙、超短裙、迷你裙、高腰裙、吊带裙、高衩裙、牛仔裙、长筒直身裙、荷叶边彩花裙、各类旗袍</td><td colspan="2"></td></tr>
</table>

二、膳食

村内盛产水稻，村民喜食大米，主食均以米饭为主，一般一日三餐制，即早饭、中饭、晚饭。农忙时因劳作时间长，下午加一餐点心补充体力。

早饭　一般称为“吃粥”。因早期限于生活水平，村民吃早饭一般都是家里烧一锅粥，配以咸菜，权当早饭，这样“吃粥”就是早饭的代名词。

改革开放以后，随着生活水平的不断提高，村民的早饭也发生了变化，早饭不仅是吃粥,一些早点也进入农家。花园桥农贸市场营业后,村民开了几家面馆,供应早餐。之后一些外地点心摊进入市场,有馒头、包子、小笼包、馄饨、大饼、油条等,丰富了早餐品种,一部分村民在点心店用餐,方便了上班族和上学学生用早餐,早饭烧粥的家庭越来越少,喜欢吃粥的人也可以到点心店吃上一碗。

中饭 村民一般称“吃饭”。早期村民劳作辛苦,中饭一般以米饭为主食,配以菜肴。20 世纪 80 年代以前,菜肴以蔬菜为主,少有荤菜,平常日子中饭的菜肴略比晚饭简单。改革开放后,村民的中饭菜品与质量不断丰富与提高,保持荤素搭配。

晚饭 也称“夜饭”。村民对吃晚饭一般称“吃夜饭”。晚饭是农家一天中最主要的用餐,在主食的基础上配以几个菜肴。早期生活水平不高,菜肴以素食为主,一般农户不一定天天有鱼、肉。随着生活水平的不断提高,菜肴注重荤素搭配,鸡、鸭、鱼肉是主要的荤菜,大多农户每天去市场购一些荤菜、豆制品,蔬菜自种自食。

改革开放后,村民的饮食标准普遍提高,过去不太问津的甲鱼、海鲜、火腿等亦已属平常。

点心 为夏天中饭与晚饭之间的用餐。早期点心比较单一,一般为粥或饭,也有农家做一点塌饼、圆子。现今,村民劳动强度不大,点心基本不用餐,但农妇邻里之间邀请喝茶,都备一些点心,边喝茶,边聊天,边吃点心。点心的种类比较多,有塌饼、圆子、馒头、番薯、芋艿、水果、休闲食品, 此点心与原来之点心含义和种类大相径庭。

塌饼(2021 年) 村委供稿

三、铺盖

晚清、民国直至中华人民共和国成立后的 60 年代,村内百姓床铺中挂帐子,不用垫被。帐子大都用自织稀疏老布做成,帐门染成青色为多,财主人家或集镇中产商人等考究的用夏布做成,帐门以青浇花大蝴蝶纹为主,也有到商店购买成品蚊帐或购蚊帐布做帐子。

中华人民共和国成立前,床上不用褥子垫被的原因一是生活贫穷,连衣服都穿不起,不能顾及铺垫,贫苦人家无被盖是常事,寒冷时连蓑衣都当被盖。二是传统上从来不用褥子,只有少数大财主家有时会买一张毡毯,冬季铺用。不用垫被而传统睡的都是宁席(草席),冬天在宁席下铺稻草保暖,从开始的薄层逐步按天气转冷铺成厚层,天热后逐步取掉稻草。夏天村内居民一般均睡篾席。

床中所盖被子传统为两种,一种是以土棉花弹成花胎翻成被子,称为"行花被",另一种是用桑蚕丝绵翻成,称为"丝绵被",一般家庭均以"行花被"铺盖。

1978年改革开放后,开始在冬季床上垫棉花胎,上面铺床单。床单一般为自织土布和市场上购买床单两种。夏天为宁席与篾席兼有。1990年后,床上用品不断丰富与改善,农村里亦开始用"席梦思",床单、褥子花色品种不断增加,物品渐趋精美。同时市场上出现了毛巾毯、羊毛毯,适宜夏季使用,后又出现了弹力絮被、羽绒被、空调被、羊毛被等现代化床上用品。篾席也创新成各式各样的新式制品,除竹编传统型之外,有折叠型、串竹型等多种。如今村内家庭的床垫在冬天已全部铺上棉花胎,再也没有用稻草铺床的了。

第二节　住　　宅

村内农户20世纪60年代前建房者甚少,一般家庭均住祖居之房屋,以木结构房为主,另有部分农户住草棚子。

70年代后期,随着人口增加,兄弟分家立户,陆续有农户开始建房,所建房屋均为平房,木结构,开间小,占地面积不大,周边占地亦少。

1982年统计,村内有农户718户,人口3433人。有楼房45间19651平方米,平房1193间,46523平方米,披屋364间,8924平方米,合计2000间,75098平方米,人均21.9平方米。

当时规划:房屋改建户分别为1982年8户,1983年131户,1984年60户,1985年81户,1986年127户,合计407户。占用土地面积112.8亩。随着建房农户数逐年增多,占用土地也逐渐增加。

一、住宅式样

晚清、民国至20世纪70年代初,村内民房从草房和木结构泥墙瓦房为主。原先木结构房屋,大小按椽子数量而定,分七把、八把和九把十梁头三种。又分为柱子落地与起架梁两种,九把十梁头的房子一般都起架梁,且退堂有三把,中间设家堂。上等人家祖屋较宽敞的分别有三间厅屋、三间楼屋,有前厅、后楼,还有加厢屋或厢楼的，有的前后都有厢房。好房子的墙头一般先用石头衬底打基，然后用砖头砌墙，墙顶砌有马头，俗称马头封火墙。中上等人家均建有辅房以堆柴草及放农具和养猪羊用，普通人家人畜同屋。早期木结构农居前面均为“板装”，即用木板为面，有窗称“窗盘”。大门外有低矮的小门，称“矮大门”。

修缮后的早期农居（2021 年） 沈祥林 摄

20 世纪 70 年代建造农居 沈祥林 摄

20 世纪 70 年代后期，出现了第一次建房高潮。几个弟兄分家立户后拆分一幢老屋，然后将老屋加以改建；有的另择新地址建房，但都为木结构平房，木材不够就用水泥柱脚和梁头。

20 世纪 80 年代末，村内出现第二次建房高潮。起先是三间一层预制板楼房，后来逐步流行两层预制板楼房。建造质量比先前讲究，形式趋向新潮，居住更为舒适。

2001 年后，第三次建房高潮形成，开始建单门独院的新式别墅，一般先对地基打桩，采用混凝土灌注桩，若是新地基则需先进行工程地质勘察再打桩。建房讲究房屋的装饰与庭院的设计，建筑与装修材料采用大理石、花岗岩、塑钢、铝合金、不锈钢等高档建材，庭院美化如同花园。

二、基地与面积

20 世纪 70 年代基本是原基地拆建为主，若新扩建房屋需占地一般由本人申请，报村委批准方可建造，村里给予土地，农户无偿获得基地建房。

80 年代开始，农户建房审批制度趋于严格，一般由农户本人申请，报村委审核，再报镇（乡）村镇建房办公室，审批后方可建房。

2017年开始，根据浙江省村镇管理条例标准实施，按村镇规划批地建房，宅基地审批更加规范和严格。

审批流程：由农户本人申请，报村委审核，再报街道建房办公室审批后方可建造。建造时由街道负责建房的工作人员到现场放样，房屋竣工后统一验收。

20世纪70年代，农户建房无明确的宅基地标准，根据农户需要和实际由村里批给宅基地。

80年代始，审批建房面积按大、中、小户规定的标准审批（独生子女可增加一人面积），其标准为：3人以下为小户，宅基地面积为75平方米；4—5人为中户，宅基地面积为110平方米；6人以上为大户，宅基地面积为125平方米。6人以上每增加1人，面积增加15平方米。

1990年5月，安溪乡人民政府下发《关于农户建房的审批制度》，农户建房必须由建房农户申请报告，经村民小组讨论，组长签名，村委集体研究，审核上报。由乡土管员、驻村干部实地调查，报乡长办公会议审批，是耕地的报县土管局审批。建房面积以所在地人口册常住人口为准，1—3人为小户，75平方米；4—5人为中户，110平方米；6人以上为大户，125平方米。已领取独生子女证的可向上靠级（小户变中户，中户变大户），并对建房面积、放样、验收作了规定。对超面积建房的一平方米罚款100元。建房前农户必须交押金200元。执行情况与干部考核挂钩。

2017年后，农户原址建房面积标准为：3人以下宅基地面积不超过110平方米，4—5人宅基地不超过115平方米，6人以上宅基地不超过125平方米。使用其他土地（原宅基地）的3人及以下不超过120平方米；4—5人不超过130平方米，6人及以上不超过140平方米。两户以上联体建造，每户统一控制在125平方米之内。新基地建房面积标准比原址建房面积标准有减少。

1983年9月10日，安溪公社管委会，对社员建房作出了意见，要求认真贯彻党中央、国务院关于搞好村镇规划，加强土地管理，坚决制止滥占耕地和乱建私房的一系列重要指示和规定，对违章建房问题作出了措施。

2020年8月23日后余杭区人民政府规定，农户宅基地面积标准（包括附属用房、庭院）限额：

（一）占用耕地的，3人及以下（指符合建房人口，下同），不超过100平方米；4—5人，不超过115平方米；6人及以上，不超过125平方米。

(二)使用其他土地的,3 人及以下,不超过 120 平方米;4—5 人,不超过 130 平方米;6 人及以上不超过 140 平方米。

(三)两个农户以上联建的,每户统一控制在 125 平方米之内。

房屋建筑层数应严格控制 3 层以内,建筑檐口高度不超过 10 米,坡屋顶总建筑高度不得超过 13 米。架空层层高超过 2.2 米(含)的按 1 层计算层次。并对地下空间利用相关问题作了明确规定。

第三节 交通出行

一、陆路

20 世纪 60 年代以前,村内陆路交通不便,只有几条通往外界的古道,说是古道就是蜿蜒的乡间小道,仅能容两个人相向而过。村民出行基本上是步行,到公社开会,上街购物都是步行,肩挑手提。

20 世纪 70 年代后,自行车逐渐兴起,在凭票供应的年代,有的村民到杭州吴山路旧货市场购买旧自行车代步, 在那个年代拥有一辆自行车也是非常有派头的。改革开放后自行车逐步普及,给出门带来方便。

20 世纪 90 年代,摩托车逐渐兴起,从自行车时代过渡到摩托车时代,先是国产幸福牌、西湖牌摩托车。15 组梁其林为村内最早购买摩托车者,用于做贩鱼生意。之后摩托车、踏板车兴起,一般男子用摩托车,女子用踏板车,一个时期村民将摩托车作为出嫁女儿的嫁妆。

1993 年 8 组徐美根拥有村内第一辆轿车桑塔纳。之后,道路改变与畅通,个体中巴车运行方便村民出行。2010 年后,村内先后通两条公交车线路,私家车也逐渐走向农户家庭。近途出行,上班者又使用上环保型的电动车。现今出行的交通工具主要是公交车、地铁、电动车、私家车。

二、水路

中华人民共和国成立前,村民水路出行靠自划小船,还有航船运输。航船根据需要可载客,也可载货,还可以根据需要与船主约定具体用船事宜。

20 世纪 60 年代后期, 有瓶窑—德清的轮船航班和良渚—塘栖的轮船航班都途经上纤埠,并设停靠站,水路出行方便快捷。

生产队用于货物运输均靠船只。从木头船到 60 年代后期的水泥船、机帆船,载重和运输速度都得到了提升。

第四节　村民收入与消费

一、收入来源

村内农户世代以农业为生，农业生产是主打产业，村民收入也是靠农业种植、养殖获得。

汽油灯

中华人民共和国成立前，村内地主富农拥有较多的田地，其收入相对较高，一般村民田地少，收入低，生活十分困难，粮食时有断档，特别是春季，往往青黄不接，只能维持一般生活，甚至借粮生活。生活照明基本是煤油灯、蜡烛，生活条件好一点的人家若有喜事，则用上汽油灯。

中华人民共和国成立后，通过分田地，农民获得了赖以生存的土地，通过互助组、初级社、高级社、人民公社的形式，大大提高了劳动生产力。在人民公社的体制下，以生产队为核算单位，一般生产队在0.7—0.8元/日分红，高者可达1元左右，基本满足村民的日常生活。

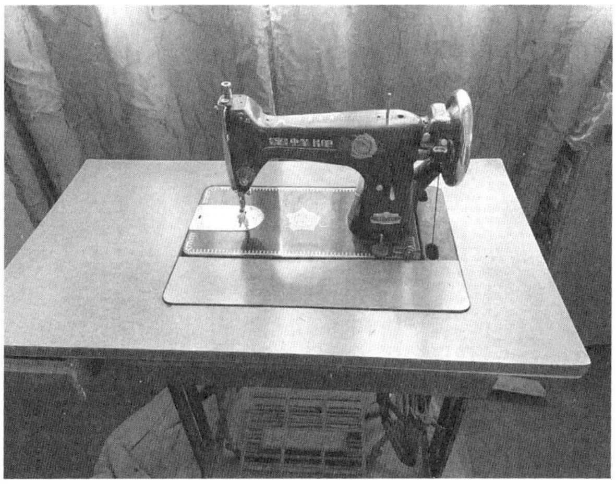

缝纫机　　沈伟平 摄

改革开放以后，通过土地承包增加了村民的劳动生产热情，农户的收入快速上升，生活开始走向富足。

20世纪80年代，村民秉持主农亦工亦商的思路，土地实行家庭联产承包后，出现了劳动力富余，村民陆续到城镇打工，有的则在村内或城镇开店经商，增加收入。1984年村内已有了32家个体经营户，到2020年发展到59户。村民通过务工、经商增加经济收入，生活水平上新台阶。

对村内15户农户抽样调查，1980年户均总收入4330元，人均542元。2020年，全村人均收入40140元。

1980年农户收入主要来源于农业收入及养殖业收入。之后，随着家庭联产承包，农村劳动力富余，村民逐渐走出去到企业上班或经商，增加了经济收入。2020年，村民收入来源从农业收入为主转向工资收入或经营收入为主。

二、村民消费

中华人民共和国成立前，纤石村村民生活贫困，消费水平很低。中华人民共和国成立后，村民生活水平逐渐提高，消费从满足一般生活需求到高档消费。

黑白电视机

20世纪70年代开始，有少量自行车进入村民家中并逐渐普及。80年代开始，缝纫机、手表、收音机、电视机、电风扇兴起。90年代开始，村民开始拥有摩托车、手机、固定电话、彩电、汽车等高档消费品。2000年后，大多村民建新房，建房不断趋向高档化。2010年后私家车逐渐进入农家，大部分农户购置了汽车。建房、购车是农户最大的消费。

2000年以后，网络的发展改变了人们的生活环境，有线电视、网上消费等给生活带来极大的便利。

2020年，全村户均拥有电视机3.33台、空调6台、汽车1.53台、洗衣机1.33台，手机、电脑、宽带、固定电话基本普及，村民生活水平实现从满足基本需求到追求高品质生活。

胜利大队各生产队社员建房及添置生活品调查情况表

表 6–2–2

填表日期:1981 年 11 月 21 日

次	项目　数量　队别	1	2	3	4	5	6	7	8	9	10	11	12	13	14	15	合计
1	新建房屋(间)	55	80	47	64	67	47	54	25	27	26	21	61	24	39	41	678
2	自行车(辆)	13	10	6	9	8	5	18	17	6	16	27	5	10	8	22	181
3	缝纫机(台)	5	6	3	28	20	8		5	4	5	4	4	8	6	14	120
4	收音机(只)	6	11	5	27	28	11	10	19	7	2	5	7	5	13	15	171
5	手表(块)	35	69	35	75	49	38	32	46	50	24	32	28	43	33	45	615
6	队有电视机(台)	1	1	1							1	1		1	1	1	8
7	私有电视机(台)																
8	电风扇(只)	2			2				3								
9	协查人	宋水根	俞阿元	陆根山	沈阿达	陈雪根	金雪有	金大根	沈元根	沈金浩	吴士林	沈阿元	冯阿毛	沈寿富	沈子尧		
10	调查日期	10/8	10/8	10/13	10/19	10/18	10/13	10/13	10/9	10/9	10/14	11/21	11/21	11/6	10/29		

注:1.新建房屋按调查日期盖好瓦的新房作统计,没有盖好瓦及生产队公房居民和房不在内;

2.各物实到社员家里统计,不到家里及居民吃商品粮不统计在内;

3.半导体做收音机统计。

第三章　民政社保

纤石村应征青年服现役期满退伍后，都得到妥善安置，分别在政府机关、企事业单位和农业生产中发挥着重要的作用，继续彰显军人的风采。

2019 年，村设立“退役军人服务站”，全方位为退役军人服务，成为退役军人之家。

村重视扶贫济困工作。全村共有五保户 11 户，全面落实“五保”待遇——保吃、保穿、保医、保住、保葬。

2009—2020 年，全村列入低保户的共有 59 户，占全村农户的 6%；保障人数 69 人，占全村总人口的 1.67%。

全村有残疾人 159 人，占全村总人口的 3.9%。其中，男性 88 人，女性 71 人。其中，一级残疾人 11 人，二级残疾人 32 人，三级残疾人 55 人，四级残疾人 61 人，全部享受相应的待遇。

对特别困难家庭以及受灾户进行特别困难照顾、救济补助，对个别贫困农户实行建房扶贫帮困。

村内老年人逐渐增多，权益得到保障，老年人享受乘车优惠、公园免票等多重政府优惠，同时，享受多项老人福利，每年一次的免费体检。80 周岁以上老人可享受居家养老服务。

1984 年开始，村内提倡殡葬改革，改革殡葬习俗，实行火葬。沈家门村沈玉凤、花园桥村沈广生分别为两村实行火葬第一人，之后，村民对火葬形成共识，一改过去土葬陋习陈俗。

村民中年长者信奉佛教、道教，还有部分村民信奉基督教。

第一节　退役军人事务

一、退役安置

军人服役期满复员退伍后，政府和村把妥善安置复退军人视为应尽的义务和光荣职责。

中华人民共和国成立后,村内退役军人由民政部门予以安置。因兵役制的变化,复退军人接收安置政策各期有所不同。1950年,中央军委和政务院提出"妥善安置,各得其所"的要求,制定了一系列具体的安置政策,妥善解决复退军人的工作、学习、生产、生活、住房、治病及婚姻等方面的实际问题。1954年,对复员转业军人的安置,原籍农村的回农村务农,城镇的介绍到事业单位和企业单位工作,也有少数自谋职业。1955年的安置原则:有农业生产能力的继续务农,无农业生产能力,而有条件做其他工作的给予适当介绍工作。1956年鉴于当时安置工作的难度,实行"归口包干安置"的政策。1958年贯彻"从哪里来回哪里去"的归口包干安置的政策。在职入伍的退伍军人(不包括临时工、试用工、学徒工、练习工、半脱产乡干部等)回原单位复职、复工、复学。1980年对退伍军人的安置为农村入伍的,回农村安置;乡村赤脚医生(户口在农村,非正式在编的农村医生)、赤脚教师(户口在农村,非正式在编的农村教师)应征入伍的,退伍后依旧从事原工作。1983年,随着军队大力培养军地两用人才工作的开展,大部分退伍兵均掌握一二门地方所需专业技术,安置中做到"妥善安置、各得其所"。1985年,农村人伍荣立二等功以上,参战荣立三等功以上的退伍军人均由县安置办公室安排到全民事业单位工作。1989年,余杭县人民政府制定《余杭县退伍义务兵安置工作实施办法》,退伍工作走上法治化。此后,退伍军人大多数安排进社办企业(乡、镇企业)就业。

1992年,余杭县人民政府制定《余杭县实施〈军人抚恤优待条例〉若干规定》和《余杭县部分在乡优待对象医疗费减免办法》。1994年,根据《余杭市贯彻〈退伍义务兵安置条例〉实施办法》初步形成国家与地方相互配套的优抚法规体系和国家、社会、个人相结合的优待抚恤制度。采取"双向选择,供需见面,政府包底,按需分配"的方法,将城镇退伍兵、转业志愿兵分配在单位,农村退伍义务兵均由镇妥善安排。

1999年,据《余杭市城镇退伍义务兵,转业志愿兵安置工作暂行规定》退伍安置工作实行"按系统分配任务,包干安置"的指令性分配办法,并采取自谋职业,有偿转移安置等辅助办法,保证退伍军人第一次就业。

2001年后,退伍军人安置以自谋职业为主,对自谋职业的给予一次性补助。援藏驻港军人、志愿兵退伍的由区民政局安置工作。

2019年村委组建了“退役军人服务站”，为广大退役军人服务，并由村党委主要领导负责，党委副书记、村副主任、党委委员、村务工作者为成员。

服务站设阅览室、娱乐室、休息室等场所，丰富退役军人的业余生活。同时，建立退役军人先锋服务岗，定期开展便民服务，发挥退役军人在平安守护、垃圾分类、邻里纠纷调解等村常态化工作中的重要作用。

通过建设退役军人服务站，传承红色基因，丰富人文内涵，建设和谐农村，打造服务亮点。

退役军人服务站建立工作制度，明确工作职责，规范服务流程完善四“微”服务机制。

服务站是退役军人之家，服务对象包括烈军属、伤残军人、转业军人、复员军人、退伍军人。其主要工作职责：掌握基本情况，开展走访慰问，加强沟通协调，组织志愿服务，传递政策信息，搭建创业就业平台。

服务站还设有“军人风采”“此生难忘从军路”等图片和军人用品展示。

退役军人服务站（2022年）

通过聊一聊、问一问、看一看等形式，和联老兵、谈军旅、树典型、助自治活动，充分体现对退役军人的崇敬。

纤石村籍（客籍）应征服役青年中，有革命烈士1人，失联1人，在部队病故1人，退役后到村外落户的3人，退役回村后病故的19人。

二、拥军优属

中华人民共和国成立之初，余杭无双拥机构，但遇春节、建军节或重大活动，由县组成临时组织开展拥军活动，1958年春节成立浙江省各界人民春节慰问团，杭州市为第七分团，杭县属之。1959年、1961年和1966年，杭州市为第一分团，1977年至1980年春节，由省组织成立浙江省春节拥军慰问团，杭州市设分团，余杭县仍属之。

1983年前，纤石村对现役军人家属以补助工分代补现金的方式每年补助

2000 工分。春节期间对现役、退役军人及烈属发放慰问年画、光荣之家牌匾。1983 年,对现役军人家属补助每年每人 350 元。1984—2001 年,对现役军人家属进行现金补助，由各村统一上缴到镇政府，由镇政府统筹安排发放到各村军属户,其中 1994 年军属款补助每人每年 800 元。

1998 年 4 月,余杭市人民政府出台《余杭市兵役义务费和优待金社会统筹实施办法》,按“以支定收,略有结余,均衡负担”的原则,实行社会统筹。是年,城镇入伍义务兵家属户均优待金 3600 元,农村入伍义务兵家属户均 3200 元,进藏义务兵家属平均优待金 7600 元。2002 年开始,对现役军人补助由镇政府统一发放。

第二节　社会保障

一、村干部参保

参保范围与对象　良渚镇委《关于村干部参加社会养老保险的实施意见和通知》作出规定,就村干部参加社会保险提出相应的参保办法,其间进行了一些调整。参保人员为在职的村党支部书记(村联社社长)、村民委员会主任、村党总支委员、村民委员会委员、村会计、妇代会主任,先后参保共计 10 人,按正常缴费标准为上一年全省职工平均工资的 60%为基数，单位缴纳 21%，个人缴纳 7%，其他干部参照个体工商户养老金标准。

参保条件　1. 凡 2002 年 7 月 1 日起在职人员的男未满 60 周岁、女未满 50 周岁的村干部。

2. 领取养老金的年龄按相关规定执行,男性一般到 60—65 周岁,女性 50—55 周岁。

3. 参保后村干部因犯严重错误受到撤职、开除党籍或刑事处罚的,以及在职期间未经组织批准擅自离开的,即终止保险,其已缴纳的保险费按终止时的相关政策给予办理手续。

4. 从刚开始参保到享受退休养老金待遇,所缴纳年限(包括折算年限)必须满 15 年。男超过 45 周岁,女超过 35 周岁的村干部,到达法定退休年龄后,累计缴纳不满 15 年的允许按余杭区委〔2002〕34 号文件相关规定“先延后补”手续办理,补交部分一律由本人承担,单位不作按量补给。

5. 当年刚退休下来的村干部，按原来的政策给予办理。对 2019 年度养老保险按原职标准渠道投保，退下来的干部从 2020 年起，如需续保的，保费一律自负。如正职退副职的，从 2020 年度起按现职标准投保。

待遇 养老金：保险对象从 60 岁开始领取保险金。继承保险金：保险对象从 60 岁开始领取保险金。保险金：保险对象因拆迁、农转非或在缴费期间身亡等原因，退保时支付的保险金。丧葬费：已继承人和指定受益人的保险对象，在保险期间内或以前死亡时，支付的保险金。

二、独生子女父母保险

享受独生子女补助的两种形式，根据《中共中央、国务院关于全面加强人口和计划生育工作统筹解决人口问题的决定》，余政办〔2009〕3 号《关于转发余杭区农村独生子女父母参加农村居民养老保险补贴办法的通知》精神，《余杭区农村部分计划生育家庭奖励扶助制度的实施方案》(余人口计生局〔2006〕4 号)精神，享受条件：本人为独生子女父母；本人年满 45 周岁。补贴标准：农村独生子女父母养老金保险补贴每人每年 1000 元，最高年限为 15 年。村内根据杭州市余杭区农村居民享受独生子女父母参加城乡居民社会养老保险补助的农户有 522 人。

三、失地农民养老保险

2006 年开始，宣杭铁路全面征地开工，铁路在村域地段经过，涉及 4 组耕地，征用耕地面积为 4.9144 亩，安置失地村民 5 名，根据征地政策，于 2007 年 6 月中旬实施落实失地农民社会保险。

2007 年，改革开放再度深入，市场更加拓宽，企业引进的力度再次加大，一些企业在村内落户，同时伴随征地工作。首先引进了杭州余杭大庄玻璃有限公司落户于 9 组，征用 9 组的耕地 25.842 亩，解决落实了 9 组村民 23 人的失地保险。

2009 年，村内招商引资的力度再次提升，引进床上用品品牌企业杭州长相知股份有限公司，征用 8 组耕地 16.158 亩，落实解决失地农民养老保险 14 人。

2014 年，杭州广播电视台发射台对原金家门的发射台移位，新选址草里坝自然村内，征用耕地面积 214 亩，拆迁农户 69 户，并解决了 1 组村民失地养老保险 286 人，其中参加失地保险人员 244 人，货币安置人员 42 人，全部实行了失地保险政策。

在征地的同时,择地为1组村民建安置房,通过综合考虑、精心安排,政府同意在花园桥市场旁建安置小区,二次征用土地。征地以9组耕地为主,涉及10组、11组耕地一共征用土地53.111亩。按国家落实失地人员安置的相关规定,解决了9组失地人员社会保险为59人;10组征地5.948亩,解决失地社会保险5人;11组征地2.732亩,解决失地社会保险3人。

第三节 扶贫济困

一、五保户

村内先后共有五保户11人,其中1组:许福其、杨贵珍、陈丫头;4组:周锦伟;7组:金阿文、金宝玉;8组:王杏如;13组:沈阿凤(九阿娘);14组:姚贵庆;15组:梁洪春、陈水中。这些五保户中9人为分散供养,2人为集中供养。

享受待遇:1. 供给粮油和燃料;2. 供给服装、被褥等用品和零用钱;3. 提供符合基本条件的住宿;4. 及时治疗疾病,对生活不能自理者有人照料;5. 妥善办理丧事。村内全部五保人员均享受五保待遇。

二、低保户

低保户是因家庭成员存在重度残疾或疾病丧失劳动能力,享受最低生活保障的家庭及住房或收入明显低于本村当地标准的村民。

享受该待遇的家庭主要是以下4类:

1. 无经济来源、无劳动能力、无法定赡养人或抚养人的村民;

2. 领取失业救济金期间或失业救济期满仍未能重新就业,家庭人均月收入低于市低保标准的村民;

3. 在职人员在领取工资或最低工资及退休人员领取养老金后,其家庭人均月收入仍低于城市低保标准的村民;

4. 其他家庭人均月收入低于城市低保标准的村民(不包括五保对象)。

符合申请低保户条件的,由户主通过户籍所在地的村委向所在街道提出书面申请,并提供相关证明材料;村委会对申请人家庭收入和实际生活水平进行初审,张榜公示。公示后三天无异议的,发给所在地城市居民最低生活保障待遇申请表,然后按步骤申请低保。区民政部门委任第三方到申请人家中实地核查,上报相关资料,批准后享受低保待遇以后,每年对低保户按一定比例进行抽查、核实。

2019—2020 年，村内共有低保户 59 户，保障人数 69 人。每户根据实际情况获得保障金。村内低保户分 5 类，分别为收入型低保户 9 户、支出型困难户 3 户、残疾人单列户 43 户、低保边缘 1 户、特困供养 2 户、麻风病人 1 户。

纤石村享受低保家庭汇总情况表

表 6-3-1

组别	低保户数（户）	其中						享受人数（人）
		收入型低保（户）	支出型低保（户）	残疾人单列低保（户）	低保边缘（户）	特困供养（户）	麻风病人（户）	
1	1			1				1
2	6	1		4			1	6
3	6			5				6
4	10	1	2	7		—		15
5	5	1		4	1			6
6	5	1		4				5
7	4	1		3				4
8	1			1				1
9	4	1	1	3				8
10	2			2				2
11	3	1		2				3
12	1			1				1
13	3			3				3
14	4	1		2		1		4
15	3	1		1				3
合计	59	9	3	43	1	2	1	69

三、残疾人

1994 年安溪镇成立残疾人联合会，其时上纤埠、花园桥、沈家门三个大队分别设残疾人专职员。依据《中华人民共和国残疾人保障法》，对残疾人生活、就业等方面帮助和关怀，维护残疾人的合法权益，并逐渐使残疾人工作规范化。

村内残疾人经县级以上医院鉴定，认定后发给中华人民共和国残疾人证。2010—2020 年，共有残疾人 159 人，其中男性 88 人、女性 71 人。按残疾等级分类：一级残疾 11 人、二级残疾 32 人、三级残疾 55 人、四级残疾 61 人。按残疾类别分：语言残疾 4 人、智力残疾 9 人、肢体残疾 80 人、精神残疾 16 人、视力残疾

13 人、听力残疾 31 人、多重残疾 6 人。残疾人全部享受相应的残疾人待遇。

四、困难照顾补助

特困建房 村对特别困难建房的家庭实行困难照顾补助，对全村 21 户家庭列入危房改造困难补助，帮助这些危房困难户对危房进行改造重建，由政府出资建造两层楼新房，使困难家庭得以安居。21 户家庭分别为：一组：2 户；二组：2 户；三组：1 户；四组：1 户；五组：2 户；六组：1 户；八组：2 户；九组：3 户；十一组：1 户；十二组：1 户；十四组：1 户；十五组：4 户。

受灾救济 村内遭受灾害的农户通过申报，获得上级政府部门的救灾补助。

1975 年 2 月 12 日下午，当时胜利大队第八生产队城迁户李梅春家因小孩玩火烧毁草屋 4 间以及粮食、农具、家具、生活用品等。李梅春一家生活陷入困境，是月 14 日，遂向安溪公社管委会报告要求给予生活困难补助。余杭县革委会生产指导组于 2 月 17 日即批复，批给李梅春家救济款和物资，救济款 100 元，补助布票 200 市尺，供应棉絮 10 公斤，木材 0.8 立方米，毛竹 40 支，小竹 150 公斤，一家 7 人生活得到了保障。

1981 年 12 月 28 日晚 9 时 10 分左右，后荆村梁洪春房屋东面第三柱脚安装的电灯线路老化，引起火灾。当晚风力在 7 级以上，火势迅猛，周围群众自发赶来扑救，最终烧毁楼房 2 间，平房 5 间 1 弄，火灾涉及黄祖民、梁永坤、梁洪春等农户。

1982 年 1 月 2 日，余杭县民政局批准对受灾户发放救济款和生活用品。对重灾户发放救济款 750 元，其中梁洪春 100 元、黄祖民 430 元、梁永坤 220 元。共计补助棉布票 400 市尺；供应木材 1.5 立方米；棉絮 50 公斤；毛竹 50 支；水泥 3吨。

1983 年 5 月，村内遭受暴风，有农户受灾，安溪公社管委会通过调查摸底，向县民政局申报资金和木材、毛竹、水泥补助受灾农户。

扶贫帮困 1983 年 3 月，村内有 3 户被列为扶贫对象。扶贫对象：陈和尚；包帮人：郭炳荣。扶贫措施：帮助发展家庭副业，增加收入来源。目标：两年脱贫，救济金额 40 元。扶贫对象：陈志根，包帮人：俞德有。扶贫措施：帮助发展副业收入，目标：两年脱贫，救济金额 50 元。扶贫对象：胡宝春；包帮人：沈炳耀。扶贫措施：帮助发展家庭副业；目标：三年脱贫，救济金额 50 元。

五、爱心捐助

徐卫平 良渚典策广告公司经理，作为一名共产党员，他热心开展捐资助学活动，体现了共产党员的风采。

徐卫平获授锦旗

2016 年 1 月，良渚镇安溪村缪美玲丧偶后家庭经济十分困难，此时正值儿子周佳康考上大学被温州医学院录取，面对所需学费而犯愁。此时徐卫平得知此事，对缪美玲家庭伸出援助之手，上门慰问并表示捐资帮助周佳康完成学业。周佳康接受徐卫平的资助后，勤奋学习，以优秀的成绩完成学业，毕业后已在医疗卫生部门工作，以行动回报社会，也是对资助人最好的感谢。

良渚街道安溪村的学生梅加文学习非常认真，每年都被评为“三好学生”，家里贴着各类奖状，是个品学兼优的学生。2019 年 9 月，梅加文新学期将进入良渚第一中学学习，但家里父亲和奶奶都患有重病，家里还有一个 96 岁的爷爷和一个 6 岁的弟弟，一家人全靠妈妈一人上班维持生活，经济十分困难。徐卫平表示将尽自己所能帮助梅加文顺利读完初中、高中，直至大学毕业。

徐卫平在经营好企业的同时，热心捐资助学，献出了爱心。

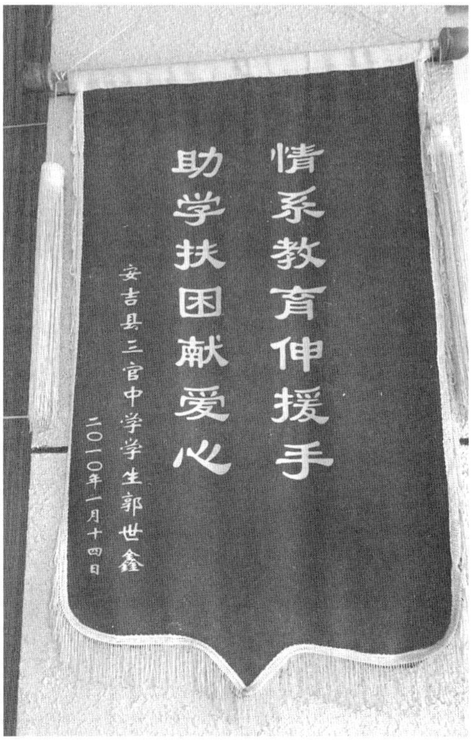

周水文获授锦旗

周水文 杭州远强食品公司经理，共产党员。在企业发展的同时不忘献爱心，帮助那些需要帮助的人。

2009 年，周水文在浙江电视台《小强热线》栏目中了解到安吉县三官中学学生郭世鑫 3 岁失去父亲，7 岁失去母亲，家庭十分困难。他本着“情系教育伸援手，助学扶困献爱心”的精神，向郭世鑫伸出了援助之手。从2009年至2019年每年资助郭世鑫18000元，帮助其完成了学业，现郭世鑫已参加工作。2010年10月14日，郭世鑫为了表示感谢专门送来锦旗给周水文。

2013年，周水文对安溪敬老院献出爱心，给每位老人做了一件羽绒服，共计50件左右，价值约5000元。同时他还去敬老院每年慰问老人们3次，即元宵节送汤圆，端午节送粽子，中秋节送月饼。这项爱心活动一直延续至今，没有间断。敬老院授予了周水文“关爱五保老人，温暖世间真情”的锦旗，也得到了良渚街道的表彰。

第四节　老龄工作

中华人民共和国成立后，纤石村经济和社会各项事业全面发展，生活水平、医疗条件不断提高，寿命延长，老年人的人口比重上升。

2001年8月，成立良渚镇老年人工作委员会，村内也成立老年人协会，由赵凤金任会长。

2006年11月，《余杭区优待老人规定》出台，村内60周岁以上老人享受到养老保障、医疗保障、生活服务、文体休闲、维权服务五个方面的优待政策。

一、政府优待

乘车优惠　村内老人享受政府优惠，60岁以上老人乘公交车享受优惠，充值时政府给予补贴，充值享受同等数额补贴。70岁以上老人乘坐公共汽车免费。

公园优惠　60岁以上老人享受游公园半价优惠，70岁以上老人免费游公园。

就医优惠　70岁以上老人门诊就诊优先挂号、付款。

二、老有所乐

村内各组建立了健身场，供老年人休闲健身，一些老人参与健身操锻炼，享受乐趣。

村内有4名退休干部参加良渚街道开办的老年大学。梁文

老干部座谈会（2021年）　村委供稿

伟、沈农高参加书画班学习;沈伟平、沈云娣参加综合班学习。

三、老干部关怀

村委对老干部十分重视,每年春节对历任村级老干部开展慰问。平时注重与老干部沟通,对生病住院的老干部及时探望。

2020年,村成立了老干部工作室,并以“银耀良渚”为主题开展活动,成立民间调解队伍。梁文伟、沈云娣、周志法担任纤石村民间纠纷调解员——“老娘舅”。

四、老人福利

慰问困难家庭(2021年)　　村委供稿

2020年12月31日,全村有90岁以上老人22人,老年人越来越得到政府和村的重视,随着经济水平的提高,老年人的待遇也得到提高。得到杭州市余杭区良渚街道以及村的重视与关怀,每年节日都对老年人进行慰问,发放慰问金。

居家养老　2015年,良渚街道民政办成立居家养老服务机构,针对孤寡老人和残疾人服务村内成立了一支服务队,成员有赵凤金、沈金莲和冯建月,3人有服务对象20—30人。服务内容为洗衣服、烧饭、洗脚及给卧床者理发等。

居家养老服务(2021年)　　村委供稿

现今80周岁以上老人经本人申请获民政办同意后,可以获得居家养老服务。现有服务人员郭培英、沈文娟、冯建月、沈文连、陈雪英、沈伟仙、沈建女、胡秋琴8人,由杭州社区服务有限公司负责管理。

其他福利　每年对老年人开展一次免费健康检查,由良渚社区卫生院统一安排;每年重阳节开展免费近途旅游活动。

五、长寿老人

2020年底，全村1930年以前出生的长寿老人有22人，其中男性5人、女性17人。9组沈阿囡是村内年龄最大的一位长寿老人。她出生于1922年10月，她身体健康，心态乐观，除听力有点自然变弱外，基本无慢性疾病。她爱清洁，思维清晰，饮食也比较平稳，以素菜为主，吃少量荤菜，食量比较稳定，生活有规律并能自理。

2020年纤石村90周岁以上老年人一览表

表6-3-2

序号	姓名	性别	出生年月	家庭地址
1	沈阿囡	女	1922.10	9组花园桥自然村
2	沈雪琴	女	1929.2	11组文祥官自然村
3	沈金坤	男	1929.9	11组文祥官自然村
4	沈早凤	女	1930.2	11组文祥官自然村
5	冯小毛	女	1925.4	12组冯家门自然村
6	何美英	女	1929.8	14组高明桥自然村
7	沈有子	女	1928.8	14组塘河村自然村
8	金彩娥	女	1930.11	15组后荆村自然村
9	施阿南	女	1929.9	1组草里坝自然村
10	周雪昌	男	1928.8	2组万岁桥自然村
11	夏根芳	女	1928.8	3组前后桥自然村
12	金小毛	女	1930.2	4组上纤埠自然村
13	李法子	女	1927.12	4组上纤埠自然村
14	金有叙	男	1930.10	4组上纤埠自然村
15	史香玉	女	1928.2	4组上纤埠自然村
16	周琴贤	男	1924.12	5组韩朝村自然村
17	王甫英	女	1928.11	5组上纤埠自然村
18	沈仙凤	女	1926.11	10组祝家兜3号
19	陈彩英	女	1930.9	7组油车桥自然村
20	罗凤仙	女	1928.4	8组马家桥自然村
21	沈炳祥	男	1930.12	9组花园桥自然村
22	林雪凤	女	1928.07	9组花园桥20号

第五节 殡葬改革

一、殡葬习俗

村内世居村民以棺木土葬的丧葬习俗延续数千年。早期殡葬习俗死者三朝入葬,亲人披麻戴孝,扬幡招魂,焚烧纸钱,抬棺土葬。实行火化后,骨灰盒放入殡葬专用轿子内,由四人抬至入葬地或骨灰存放室,并焚烧纸品房屋。送葬后还要宁丧、做七、供饭、六七(42天)断"七"。至此,丧事告一段落。

棺葬 用木头做成的棺椁入殓。20世纪70年代,木材资源少,由水泥棺椁代替木棺椁,人去世后入殓于棺椁中,然后抬至墓地放在地面上。

瓦材舍 瓦材舍是将棺椁落葬后,在棺椁的四周砌上砖块,棺椁顶上盖上瓦片,一般是经济条件较好的人家才做瓦材舍。

土坟 棺葬时间长久后,棺椁腐朽,后人将棺椁整理后,将死者遗骨收集后埋入土内,在地面形成泥堆坟墓。

"大跃进"和"农业学大寨"时期,两次大规模对厝柩、坟墓进行清理。1983年开展平坟深埋棺椁。1985年底,所有地面裸露坟堆全部清理深埋。

火葬 1982年3月,根据《余杭县殡葬管理办法》,经过宣传教育,破除迷信,进行殡葬改革。村民对火葬有了初步认识。同年9月,杭州市殡葬改革会议后,村内逐渐实行火葬,其推行过程中也有阻力。改变丧葬习俗,村民一时难以接受,经宣传与严密的组织工作,遗体火化被广大村民认可与接受。沈家门村沈玉凤、花园桥村沈广生,分别是当时两个村的第一个火葬者,成为殡葬改革的先行者。

2018年新建骨灰存放室 沈祥林 摄

1987年,村内开始建骨灰存放室,先后建造了沈家门村2个,花园桥村2个,上纤埠村3个,共7个骨灰存放室。

2018 年,拆除停用了沈家门村骨灰存放室 1 个,上纤埠村骨灰存放室 3 个,花园桥村骨灰存放室 1 个,共 5 个骨灰存放室。原有骨灰存放室保留 2 个,新建西险大塘边骨灰存放室,三间二层楼,占地面积 120 平方米,存放穴位 2400 个,总投资 75 万元。

二、殡葬政策

实行殡葬后,安溪乡购置了殡葬专用车,为死者火化提供单程运输,回程由死者家属自行解决。

为鼓励带头火葬的农户,当时安溪公社对实行火葬的农户给予 70 元的补助。

第四章 村风民俗

纤石村地属江南水乡地区，从五千多年前的良渚文化时期就有祖先在此繁衍生息，并且创造了无比灿烂的物质文明、精神文明与社会文明。

五千余年的历史进程中，纤石村的村民们和其他地区的人们一道，在生产、生活过程中和社会活动中产生并形成了一定模式的礼仪与风俗以及各种习惯，于是逐渐沉淀并进行传承，变成了传统。人们不约而同地遵循并加于发展，从而形成了今天所称的“村风民俗”。

纤石村村民在五千年的农耕社会中，一直从事稻桑栽培，男耕女织，男主外、女主内，家庭长幼有序，遵守伦理规则。纤石村民历来是勤劳、朴实，民风淳厚；热情、好客、村风优良。纤石村民智慧、勇敢，富于创新。中华人民共和国成立后特别是改革开放以后，其积极性被极大地激发出来，不论务农还是务工、务商，都是业绩斐然，村貌村容也焕然一新。

纤石村的民风习俗中具有江南特有的水乡色彩，继承和发扬了越地民族的传统礼仪，某些风俗明显带有良渚文化的印记，如祭祖等。也有南宋迁都临安(杭州)后的一些影响，如喝咸茶等。

纤石村的村风民俗大致包含人生习俗、节至习俗、生产习俗、生活习俗、社会习俗诸方面，有些习俗具有多方面的属性，只是粗略归类。由于时代的变迁、社会的进步和科技的发展，尤其是人们的文化素质的普遍提高，村风民俗中的某一部分会被自然淘汰，某一部分又被简化，有的只是过程存在，其内容有改变更有符合时代的新风尚被加入，这就是当今的移风易俗。

村风民俗是传统道德的一部分，是人类物质文明与精神文明相统一、相结合的民族财富，优良的村风民俗能产生好的家风，是一个民族立身于社会的根本。

第一节 民风习俗

一、诞生习俗

纤石村对小孩的出生,有较多传统礼节与风俗,主要涉及保母平安与婴儿健康成长。

催汤 在孕妇临盆之月(小孩降生之月内),由其娘家送一份礼给女儿,俗称“催汤”。一般有赤砂糖1公斤,鸡蛋16—32个,挂面1公斤,毛衫(婴儿衫)1套,抱裙1条,外加荔枝、桂圆、高丽参。大户人家则扛条箱,上等人家须挑盒子(6个红漆描金之木盒,内盛礼品),小户人家一般用篮子提。催汤后孕妇一个月内未产,娘家须补第二次“汤”。

送汤 婴儿出生过三朝,娘家应给女儿送汤,用于补给产妇营养,确保奶水充足。送汤礼品与催汤相似,但须增加云片糕,“糕”与“高”谐音,意为祝愿新生儿日后高升。另外,须有“熟汤”,为红烧熟鸡一钵,红烧熟肉一钵或火腿,是给产妇补身子催乳所用。孩子降生一个月内,除舅家外,至亲好友也要送汤,但礼品常为糖、面、蛋、糕加婴儿衫一套。现今大多为送红包,代替实物送汤。

三朝 新生儿出生第三日,须请“三朝菩萨”。家堂桌上供太君娘娘神马,供菜为鲫鱼、猪尾巴连肉,以及其他菜肴和水果糕点,主要是请上代祖宗保佑新生儿健康,产妇能通奶多乳。

满月 新生儿满月,当谢灶剃头。须将剃头师傅叫上家门,由娘舅主持剃发。娘舅应挑盒子送礼。礼品中有:四荤盒,即鱼、肉、鸡、蛋;四素盒,即千张、小干、糕点、果品;新生儿衣裳,包括大襟衫1套、棉袄裤1套,绸抱裙1条,外套1件等共6件;外加香烛、爆竹与百响。午后,主家在堂前摆上供桌,上首供福、禄、寿三星神马加老君马与送子观音马,上香点烛。主人与新生儿叩拜后,即开始剃发。待新生儿头发被剃光后,由奶奶将干茶叶嚼碎涂抹于头发,意为“头青山绿”。然后由娘舅抱住,撑一把伞到天井里转一圈,意谓能使新生儿开天门、扬威武、安全长大,日后能顶天立地。满月这天,凡送汤亲朋都由主人回送大圆子(或大馒头)8个,谓“谢汤”。同一自然村十岁以下孩童都要分给两个圆子或馒头,称为“分相骂圆子”,意为今后不会吵架相骂。

次日,新生儿母子即回娘家,称“头趟”,意即第一次到外婆家。此时,外婆已在大门屋檐下放好高脚梯子,婴儿到后必须在梯档间从外面传给里面的外婆抱,名曰“节节高”。一般母子住上几宿后由娘舅送回家,外婆家须备好粽子、包子、鹅蛋(可用粉做的替代),到家后,由奶奶用新的畚箕接进婴儿,并在自家灶窝里睡一睡,意为让灶君知道家里又添了新丁。也有人家老来得子的,还会摆满月酒宴请亲朋,以示喜庆。

百日 即新生儿满一百天。是日开始坐座车,让他朝四面八方活动,请祖宗保佑,让小孩百无禁忌,聪明伶俐。奶奶用糯米粉印桃子饼供奉家堂与灶君,并替新生儿项上戴银锁,脚上戴脚镯。

周岁 孩子满周岁,须斋佛,供神像南极仙翁(寿星)神马、三世如来佛神马,叩拜。娘舅家挑盒子,四荤二素,并做周岁饼,外加周岁衣一套,鞋子连袜一双。近亲也送衣物或红包。

孩子拜神马后接着就要“抓周”,即验其人生前途。于堂前置一八仙桌,桌四周置物。男孩一般置笔、钱币、算盘、粉圆子;女孩则置书、剪、针、胭脂,另加饮食之物与珍宝、古玩。将孩子放置中间,任他选取,以验其智、愚、廉、贪。若抓笔、书寓意能读书做官;抓钱寓意终身会理财发家;抓玩具、吃食则示其玩、吃一生,等等。至今尚有少数人家还保留此习。

二、做寿

旧时人的寿命不长,七十谓“古稀之年”,古人到花甲很不易,此时儿孙满堂。特别是出嫁的女儿要送礼给父母,便做六十大寿。送寿礼,斋佛,寿礼一般挑盒子,四荤两素,酒一坛,外加炮仗、寿烛(印有金字“寿”或“福如东海、寿比南山”)、寿桃、寿面、寿糕、寿幛(大红缎子被面)、水果及衣料(或成衣)。斋佛时上首供南极仙翁神马与三世如来神马。如举行参拜仪式,由儿子、女儿、女婿、寄拜子、外甥、侄女婿等叩拜,然后设寿宴招待。

三、嫁娶习俗

说媒 男子弱冠以后,便将娶妻。旧时不能自由恋爱,便由媒人介入。家大业大,资财雄厚之家,若女家父母相中男家,媒人便由女家约请;如男家相中女家,媒人则由男家邀请;第三种媒人专吃做媒饭,女人居多,俗称“媒婆”,是专为小户人家牵线搭桥之媒人,但凡中等以上体面人家,绝不要媒婆说媒。双方邀请之媒人一定与自己相交相知,并亦是体面之辈,且能在男女两家同时周旋。

出八字 媒人首先是将女子的“八字”(出生的年、月、日、时的天干地支计算法)写在红纸上,代表女孩的生命和一切(19岁以下称“花女闺年”,20岁以上称“闺年花月”)。大户人家如果同时有许多女孩的“八字”由媒人送来,先上香点烛供在灶膛上,然后家长用米筛将所有“八字”盛在里面,在灶膛前将米筛向空中抛上几抛,那些飘在外面的“八字”意为“轻飘”就算落选。存在筛中的两至三个“八字”便要拿到算命瞎子那里去“开卜”,即将女孩的“八字”与许配男子的出生年月都要算过,看有否犯冲或相克,最后剩下一个理想的“八字”,算是“成了”。其他“八字”说些客气话送些礼品叫媒人奉还。相中“八字”的女孩即由媒人在月内回话,以免女家牵挂。1949年后,《中华人民共和国婚姻法》规定自由恋爱找对象,拿“八字”已基本绝迹,或只是一番形式。

定亲 女孩“八字”一成,男家便可“定亲”,即把这门亲事定下来。男家遴选黄道吉日,由娘舅、姑父、媒人、族长四人,上女家吃饭,下聘礼。女家亦由娘舅、姑父、族长接聘,由男方客人带回女家的“回礼”。从此,此女是男家之媳。定亲也称“报吉”,现今此环节有省略。

开话 定亲后,男家为婚礼挑选吉日,并举办“开话酒”,至亲宗族一户一人赴席,即公布婚礼喜日。账房先生将聘礼、财礼列单,现金包成红包,称为财礼(身价银)。鱼肉、香烟为女家办开话酒用,一般用盒子挑往女家。

男方的礼单一般开列为:财礼(俗称“身价银”,分三次付,定亲时付三成,称“文定之敬”;开话付四成,称“导日之敬”;随轿付三成,称“合卺之敬”)、代酒席(女方办宴用,称“酒席之敬”)、代衣(给女方置备新嫁衣)、代首饰(按金银器折价,定亲时已交付的,只列单),后来又衍生出代车(摩托车)、代表(手表)等大宗物件(一般按女家所要求而设红包)。代鹅必须有两个包,意为雌雄鹅一对,另外还要司厨(给司公)、司火(给烧饭烧火工)、司茶(给茶相)、托盘(给相帮)四个包。并由男方写好大红帖子,名曰“择日帖子”,文字为:“谨择(订)于公元某年某月某日农历某年某月某日为儿完婚大吉 某(家长)谨订。”旧时由族长邀请,改革开放后亦有新夫妻出面邀请的。

女家由娘舅、姑父、族长接待男方来客,开拆礼单,清点钱财,验收礼品。女方收下“择日帖”后,亦当回一个女子的“大八字”给男方。大八字为“祥年瑞月吉日良辰”(中间大字),两旁右为“美满姻缘”,左为“百年好合”。当男方客人夜饭后回家时,女方须回敬礼品,饭圆、橘子、月饼、花生,桂圆、枣子(意为早生贵子),由男方分发给吃开话酒的亲朋。

好日 男方举行婚礼之日曰“好日”。预先早就向亲朋发出请帖，旧时的请帖大致分三类，第一类全家都请，写“阖第光临”；第二类单独请一人曰“台光”；第三类是请两人赴宴，名为“一红一绿”。如果好日前夕亲朋送礼过来，但男方考虑不接，由账房将红包加上一个“谢帖”奉还。现今请帖都是商店购来之新式帖子，礼也随到随送和全部接纳。好日一般三天排场。

起媒 好日前一天，由男方舅舅、姑父到媒人家请媒人到男家吃中饭。下午去女方家，有男方舅舅、姑父随媒人一同前往，女家发梳妆盘，早期一般是十六个桶盘。礼品为云双(云片糕)、炮仗、抱花一枝、金花(状元花)一对、旺相(用篾做的火把两支、饭淘箩一只、宁席两床、红绿丝线、开脸粉、鹅蛋粉、蜡烛、紧纱红头绳等)，现今要简约得多。与女方作最后沟通，即明白女家最后提出的要求，并摸清女家舅佬、侄儿的人数，随嫁陪客的阵容，并把女方的最后要求与出嫁阵容告诉男方，做好婚事一应准备。上午宗族相帮都到来，男的借桌椅板凳，女的杀鸡杀鱼洗菜，下午司公(厨师)、茶相、轿子、吹鼓手进场。司公(厨师)管烧菜兼婚礼司仪，茶相负责供茶、烫酒、照明(点汽灯)。男方客人一般都来吃晚饭。晚饭陆续有朋友送礼来，账房先收红包，早期朋友吃完晚饭后如果东家将红包收下则表示明天正日接待朋友，如果将红包发还给朋友则表示明天正日朋友恕不接待。现今起媒夜与过去大同小异，朋友不论邀请与否，都会去送贺礼，喝喜酒，东家一应接待，没有接待或不接待之说。

嫁妆 结婚之日，女方将嫁妆抬回男方。旧时，嫁妆按双方门第与家财而定。大户人家为高椅八仙一堂，十箱两衣橱、圆件木器(盘、桶、盒、盆)、金银铜锡器(壶、罐、缸、台)、衣亭帽架、被山(十二床)，外加丫鬟环，养娘。中等人家为四箱一衣橱，圆件木器，金银铜锡器，被四床。小户人家为两箱一橱，大小脚盆，被一床。穷苦人家为一个马桶、一床被。最穷苦人家，是谓“卖童养媳”，女子不

旧时嫁妆 康烈华供稿

到年龄就被男家收养。等结婚时,没有彩礼可收,新娘母亲只收一个“肚痛包”,因此也不办酒宴也没有嫁妆。

开脸 女子出嫁前夜,须由舅妈、姑妈和喜娘主持,进行开脸。同时沐浴洗脚,第二天上轿前打脸(搽胭脂花粉)、盘头,戴凤冠霞帔。现今新娘都于出嫁那天早晨,到美容店进行化妆,开脸仅形式而已。

花轿 康烈华供稿

催轿 成婚的正日,旧时新娘由喜娘陪在楼上或房中,花轿停歇门外等新娘上轿。其时鼓手奏乐,铜锣鸣敲,催促请新娘上轿。停息三五分钟后,再次奏乐鸣锣。“催轿”三次,新娘从楼上或房中由喜娘扶持出来,在大门口由娘舅抱上花轿,吹鼓手奏乐鸣锣,随即起轿。如今催轿以锣鼓三次为数。

随轿 轿子抬回夫家路上,队伍壮观。先是堂名灯笼(红色灯笼,上印男家姓字)开道,其后礼乐队(锣手、鼓手、唢呐手、铳手各两人),两只子孙灯(接新娘用),两只高脚灯(接亲家公用),两把旺相,之后是花轿,由喜娘和轿主护轿,轿后紧跟挑子孙桶(马桶)的“马子阿舅”,再接着是亲家公、舅佬、侄儿、陪员及其他送亲随员。

铺床 当新娘已行轿在路上时,男方在亲戚宗族中挑选两个(一对)“有福之人”为新人铺新床,将新被褥展开铺好。又挑选两个“有福之人”准备为“拜堂结烛”点燃龙凤花烛。“有福之人”要身心健康,父母双全,儿孙兴旺,家中无夭折之人,且家境顺畅无挫折者。

接子 村内通行上午接亲,花轿(轿车)到男家大门外,堂前铺好大红毡毯,此风俗一直流传至今,并且点燃龙凤花烛一对。大门外东侧放好椅子一把(新娘换绣花鞋用)。早期花轿一到,吹鼓手奏乐,新大爷上自己房中。挑“子孙桶”的小舅子行至大门边,里边司仪高喊:“东家娘接子!”于是婆婆到门外将“子孙桶”接下,由亲戚挑进新房,并寻找一名男孩往桶里撒一泡尿,之前先取出桶内红棉絮裹的果子鸡蛋和红包送给小孩,象征“传宗接代,多子多福”。接着,司仪高喊“接新娘下轿！”新娘由喜娘扶持下轿，然后由男方娘舅抱到椅子上，由喜娘或男方女宗亲帮助换红绣鞋。现今新郎偕新娘一同步入屋内，仪式略简。

拜堂 司仪在堂上高喊：“请新娘就位！”新娘由喜娘扶持走到堂前西首朝家堂站好，司仪又喊“一请新郎”“二请新郎”，直到喊过“三请新郎”，新大爷才从楼上或房间里走出来，到堂前站在新娘东面。此时，“拜堂结烛”仪式开始，外面燃放鞭炮。堂内，司仪高喊“一拜天地”“二拜高堂”“夫妻对拜”，一般都是以鞠躬形式行拜。行拜完毕，由司仪将一盘桂花糖、红枣、花生、甘蔗抛向看热闹的人群，然后司仪又喊：“送入洞房！”其时，大堂至新房间已铺好麻袋，是谓“传代”，新郎用红绸牵着新娘从麻袋上走进新房，龙凤花烛由点烛者捧进新房。接着，由喜娘或舅(姑)妈将准备好的糖茶和糖圆子给新娘新郎尝，意为“甜甜”和“圆圆”。随后新郎与新娘一道进入新房。

新娘从上轿起一直是头戴凤冠，身穿红缎绣花衣，肩披霞帔，并在凤冠处戴上红绸盖头，双手捧住抱花(在结烛后供在堂前)。新郎穿绸长衫，头戴礼帽，礼帽两边插上两朵金花。新娘的红盖头要在新婚之夜睡觉前由新郎揭去。现今的婚礼与旧时大不相同，拜堂者甚少。一般新娘进入家门即鸣炮迎亲，然后一对新人进入新房，洗脸、吃糖圆子。

正酒 酒席为一天，起媒夜为便饭。第二天早饭吃糖圆子，中饭设宴。婚礼之日晚饭叫“正酒”。茶相点亮汽灯，正酒开始前，是“新娘见礼”。即新娘在堂前参拜新郎的至亲上辈，先是伯父、叔父、伯母、婶子，接着是舅父、姑父、姨父、舅母、姑母、姨母，按排行见礼，被见礼者站在上首，由新娘鞠躬，行毕一个，即行回扶新娘。女长辈故意躲闪，一边派人找寻，新娘等待，鼓手在旁吹笛子、唢呐奏乐，气氛热烈，见礼毕即递“见礼包”给新娘，是谓“见仪”。

正酒开始，上首东边新郎席，西边新娘席，各有小弟兄、小姐妹相陪。岳父、舅佬、侄子分设三桌而坐。岳丈席由男家族长与舅父陪，舅佬席、侄子席都有相应者陪席，主席者坐上首。宴间，房子东首的鼓手班子开始唱戏，一般都是京剧，要唱到宴毕。席间，新娘新郎须向各席各位倒酒敬烟分糖。东家娘要给小客人分红蛋，未来过的还要封红包。现今酒席场用圆桌，座位比较随意，新郎新娘为一桌，所有小客人均分给礼品一包和红包。还有的采用婚庆公司主持婚礼，在村会所或酒店办酒席。

酒席的菜早期为六菜或八菜，现今在二十菜以上，菜肴有高档海鲜等，还有点心。

结婚当天，男方家还要给左邻右舍分一块有红枣的糯米饭和一勺盐，意为“结缘”。

闹房 正酒散席，除至亲外，客人大都回家，此时，闹房开始。闹房是相帮、邻舍在新房中向新娘和新郎讨桂花糖与香烟。“新婚三日没大小”，这时，大家兴高采烈，想出一些花样来“难堪”新娘新郎，以示“洞房春暖，欢乐无限”。闹房直到夜深才息止。新娘的所有陪员都在新郎家歇息，第二天陪新娘回门。现今此习俗基本消失。

回门 拜堂次日，女家宴请亲朋置办“回门酒”。早晨，由女方的兄或弟（舅佬）到男方家，意谓请新郎新娘赴“回门酒”，新郎新娘所请的陪员悉数赴陪，同日晚间，男方家“谢人”，即白天相帮还桌椅板凳炉台锅灶碗筷等，晚间共同进餐，由东家分发烟、果点以表谢意。

三朝 拜堂的第三天为“三朝”。早起后，新娘要在堂前拜“三朝阿太”，然后，用饭菜分别喂给鸡、猪、狗、猫吃，意是自己成了新的家主人，促六畜快大快长，家庭快发。接着新夫妻到女家，给女家宗亲分馄饨、面条，意为结缘分、喜长寿。

开箱 三朝新娘新郎回到女家以后，新娘的婆婆会同新郎的舅母、姑母及宗亲中的妯娌，在中饭后将新娘的箱子抬到堂屋里，由舅姑母用新娘交给的钥匙打开箱子，清点嫁衣裳及金银首饰和压箱钱（新娘自己的私房钱），是谓“开箱”，开箱的目的是有钱人家摆体面、博喝彩，是一件炫耀门楣的光彩事。

待亲 新娘过门不久，男家选吉日置办酒席，邀女方之母第一次来女儿家，是谓“待亲家母”，男、女双方舅母、姑母、嫂子等亦陪同一起，热热闹闹一天，从此结为亲家。现今新娘父母、嫂子都在结婚当天一同前往参加婚礼，待亲环节有省略。

随着时代的发展和生活水平的提高，村内婚礼仪式风俗有了明显的改变，除一部分仍保留旧俗外，许多礼仪被新俗代替。

四、丧事习俗

村内在人过世后有诸多礼仪，世代沿袭传承至今。

陪夜 陪夜亦称“守气”，从病人医治无效，行将弥留之际开始，亲人小辈当日夜守候病人床旁。亲人时刻关注病人何时“断气”，都希望能在亲人断气时在场“送终”，千万不可让他自行“升天”。

着衣 当视病人至弥留于世时,由亲丁(主要是子女)替亲人,将早已准备好的寿衣穿好。寿衣须成单数,一般有棉袄裤、罩衫裤加袍子帽子、手套共七件,外加烧香袋,袋内置纸扇、佛经、纸钱灰、手巾、手帕、香烟、生前各地进香盖印之文牒。

送终 亲人围在病人床前,守着去世之人叹出最后一口气,称送终。必须全家老小,出嫁女儿及女婿等都及早通知守候在旁,至确定亲人已断气无疑时,至床前开始高声痛哭,后由亲丁上庙。

设灵堂 灵堂即孝堂。堂屋中间上置案儿, 供纸牌位和逝者遗像, 堂壁挂“奠”字,现今堂前放主人家八仙桌,桌上放“羹饭”桌子不够用时可搭门板。

报蚕花 向至亲报丧俗称“报蚕花”,通知的亲戚户数应是单数,即三五七九之数。送终后第一件事是族众商议通知什么亲戚、几户。一般以女婿、女儿与舅、姑、姨、岳四亲及干亲为主,同时派出报蚕花的人。报蚕花人一般腋下倒夹着一把扎有红布的雨伞,到任何村坊,人们一看便知是报蚕花者,也不会认错人家。亲戚家须烧一碗鸡蛋给报蚕花者吃,曰“开荤”。凡安排挑羹饭的亲戚都在出发前由东家安排名单作出交代,报蚕花者须说明是否需要挑羹饭。

穿孝 老者去世后,小辈子女都要戴孝。儿子都穿麻衣、戴麻帽(麻帽上缀三个棉球,表示丧亲后哭得耳聋眼花)、冒麻鞋(用麻布将前半只鞋面贴住,中间嵌1厘米红布)。麻衣必须成单,儿媳妇必须全身白衣白裤,头上必须披麻,旧时女人梳头,将一条麻布在脑后发髻上打一个箍用簪别住,名为孝兜。往下垂30厘米左右,是谓做孝子。其余家人亲戚都着白衣,鞋子上贴一块小方白布,前面露出1厘米红布,曾孙一律披红布。

羹饭 亲戚(至亲)给死者送的菜饭叫羹饭。羹饭按挑者的门坊家财及去世者的身份辈分人丁而定,一般分大、小羹饭两种。

大羹饭,用具是装在两只桶盘中用脚箩桃。有三牲(猪头、全鸡、全鱼)外加糕、面、饭,酒一瓶、香烛、炮仗和纸锭,盖尸被一条。猪头现今以猪肉或蹄髈2只替代。

小羹饭用提篮挑,为八菜(四荤四素),两点心,羹饭一碗、灯油、酒、纸锭,盖尸被一条。

守灵 人去世后,一般在三朝出材落葬。夜晚由亲朋好友陪死者叫作守灵,也叫作陪夜。一般请人念佛,有钱人家则请和尚诵经,道士拜忏。对高寿者去世,还要请鼓手,请人唱戏后有乐队、点柱灯,由女婿出钱点送,主要还是以主人财力所及雇请。

落木 也称入殓。一般选在三朝的前半夜。落木前,堂前用八仙桌供好羹饭,上首供死者纸牌位,儿媳妇和女儿要跪在地上为死者沐浴、洗脸、梳头,然后将木梳折断装进棺材。为死者包扎,防日后骨殖失散。大户人家为"扎绵罄",即用新的丝绵将死者从头骨至脚全身扎裹;中户人家为"开面",即用新丝绵将死者的头、手、脚分别扎裹;小户人家为"包嘴",即用新丝绵将死者从下巴骨到鼻梁间扎裹。死者胸前挂上烧香袋,再为死者戴好帽子和穿好披风,最后由材夫将尸体移入棺木。此时棺木底上已铺好毛灰和木炭,再用草纸覆盖严实,上铺垫褥。等尸体移入棺木,在脚后放一蒸架,在头部放入陪葬用品,由材夫盖棺,开始祭拜。祭拜由儿子开始,直至全体吊丧者行礼完毕。

出丧 出丧也叫出材,民国以前比较讲究。按主人身份与家财分三年出、周年出、百日出、宁丧出、六七出、头七出、三朝出。1949年后一般都是三朝上午出为多。出丧的队伍,排列:扶纸亭、撒路钱(纸钱)、放炮仗者为先导,接着为和尚(一律披红色袈裟)、道士、吹鼓手,再接着为牌位(设轿样魂亭、由人扛)、长幡、小幡(由相帮拿),然后是棺木(棺木上罩大红缎子、金线绣花、四周流苏的棺罩),最后是亲丁、宗族、亲戚、朋邻,一律白衣素服,亲人一路哭哭啼啼。儿子、儿媳妇一律拿哭竹棒(三尺长),上贴法海和尚神马,若出丧途中材夫失手棺材落地,即可用此棒敲打材夫。

摆祭 棺木行至落葬地途中开阔地带,停棺拜祭一番曰摆祭。一般限于官宦或财主人家。摆祭的棺木为做牛杠抬,即八抬八扶。摆祭时,棺木横停路间,歇在杠上,头东脚西。将八仙桌(1—2个)横置棺南,摆上大羹饭,由德高望重之先生开读祭文,然后送丧者依次跪拜,鼓手奏哀乐,拜毕抬棺继续前行。官宦人家最多达三祭,中小户人家无祭,1949年以后,摆祭已绝迹。

落葬 旧时葬棺之地应先由风水先生择就风水之地,能保丁保财。有的死者生前早就择就,或其偶早丧,早已造好坟坑,即可将棺木推进封洞。有的是用砖瓦砌成材舍,有的用稻草盖棺木。棺木一着土落葬,先烧纸钱,儿子、儿媳妇等亲人手拉手围棺木簸三圈三回转,并取棺旁一抔泥土在怀里(名曰"抢蚕花"),回家放在米囤里,来年蚕花茂盛。接着大家拜棺木,将白衣白帽脱去,今后参加"做七"者,只脱帽。其余连和尚道士都将脱去的衣服在烧的纸钱灰上甩一甩,即刻转身回去。手拿的哭竹棒都靠棺木脚后一方放好。

宁丧 人去世后,即去道士处批“兜书”,为卜算死者的魂灵几天后全部从家中透出,魂归于阴间的鬼身上。道士根据死者的出生时辰和去世时辰,卜算出宁丧的日子,最短为死后的第九天,最长为死后第十八天。宁丧时将床铺按去世时的样子复原,扎草人穿上死者生前的衣服,由至亲挑至少一担羹饭(内须用米粉做一只鸡,曰“管魂鸡”也叫“丧鸡”),在床前拜祭,道士诵经,亲人痛哭,至亲和族众参拜,祭毕将草人抬至屋外柴堆上火化。人去世至宁丧用的是纸牌位,宁丧后即用木牌位(由道士书写,据传由韩信创始),纸牌位与长幡宁丧后一并烧掉。现今一般在出殡后回来就宁丧。

三朝 人死后第三天(落葬算起)是谓三朝。早晨应由儿子儿媳妇去坟上“望望亲人”烧化纸钱,在坟上点烛上香祭拜一番,以示亲人对逝者的思念。

做七 做七是对死者悼念。先确定做七的人员人数,自人去世之日算起,每逢七日小祭一次。第一次为头七,依次类推到断七(七七四十九天)。每逢做七,儿子女儿仍要披麻戴孝、痛哭。至亲要装羹饭,六七是断七之日,须由亲戚挑羹饭供奉。

做坟 棺材落葬后,即做成不同之坟,有草棚棺材、瓦材舍、享堂三种。另有路野死者及河溪漂来死者只掘地掩埋。凡年久棺朽已结骨殖者,都做土坟或石廓坟。草棚棺材只是棺木加盖稻草,瓦材舍有砖瓦砌盖。旧时,官宦人家和大财主,在家“停冷材”一年到三年者。落葬之地,造一间房屋,用墙间隔里外,里间停棺木,外间住守坟者,称为“享堂”,也叫“享堂屋”。待棺木停放后,即用砖封堵成墙,是为富家陪葬品贵重过多而防盗墓之举。1949年后,已无人家再建享堂。现今骨灰均存放在骨灰存放室,无须做坟。

供饭 死者断七以后,堂前摆一半桌,桌上供死者牌位,桌西首置一把椅子,椅子上披盖尸被一条,红面朝外,从椅把一直铺下,在被上放一双死者生前的旧鞋,以棉鞋居多,让死者鬼魂回来好坐、好睡、好穿。每天中午由儿媳妇或儿子盛饭来供牌位,不忘死者,孝敬如生前。供饭至少一周年,大户人家有长至三年的。至今已缩至断七为止。

忌日 旧时人故世时,每年到此日(一般以农历计)就祭奠一番,谓之“做忌日”。隆重者请人念佛,一般均烧化纸钱,凡农家将祖宗忌日牢记于心外,还用纸抄录,贴于房内衣橱门背面,以示子孙毋忘,祖宗忌日一般做至祖辈为止。

周年　做周年是子女亲人对死者纪念，一般分为一、三、五、八、十周年，十周年后以五年为间隔。做周年要通知至亲挑羹饭，形同去世时一样，东家念佛，做道场。三周年后，可给死者烧换衣(衣、裤、鞋、帽、袜整套)，换衣由女儿做，没有女儿的由外甥女儿或儿子做。把换衣和念好的佛、诵好的经一起放在门前柴堆上或坟前烧化，鸣放爆竹。

开吊　旧时官宦或大户人家，死者活过七十岁以上，花烛夫妻、子女双全，有孙子见面而终者，可以“开吊”，即办素酒来者不拒，只要知道信息，四方八邻不请自来者都可白吃。用菜一般是“四喜汤七菜”，为豆腐、油豆腐、千张外加三个荤菜一个汤。开吊一般在五十桌以上，不翻桌。素酒操办，根据东家的财产多寡而定。中等人家为素菜四喜加两荤菜，名为六菜。小户人家就是豆腐千张做起，蛋、鲞开荤。

开肩　即第一次培养新材夫试抬棺材。新材夫开肩的条件是自愿、力大、胆大、不怕污脏。开肩必须是逢“有福之人”去世，即死者必须是公认有福之人、有财、人丁兴旺，年长或有曾孙出世。

五、生产习俗

春龙节　农历二月初二前后是二十四节气之一的惊蛰。春雷已至，故为“春龙节”，农作物均可播种，此日在家堂上香点烛“请龙神”祈龙赐福，保佑风调雨顺，五谷丰收。此节民国期间相当兴盛。

芒种节和开秧门　芒种是农时节气之第九位，时长芒作物大小麦已成熟，水稻将插秧，故名。水稻开始播种之日，又称“开秧门”。是日，家主上街买菜，中午吃“白切肉”与“对劈咸鸭蛋”，主要是讨个种田吉利。下田拔秧前，先要在秧沟里用手舀水洒向秧板，然后开拔秧苗，是谓“芒种节开秧门”。此节自互助合作后，逐渐淡忘。

蚕花节　纤石村农历十二月十二称“蚕花节”，也称“蚕桑日”。“蚕花”即蚕神，是主宰养蚕丰歉的神仙。纤石是主要蚕桑区，家家养蚕。其经济收入可观，一直有蚕花崇拜，且渗透至生活中的方方面面。“蚕花廿四分”的吉利话也每次出现在祭祖拜神的仪式上，并成为节至内容的组成部分。农历十二月十二日，为“蚕花”过生日，上一天用糯米粉和红南瓜做成小圆子、蚕宝宝、蚕茧、桑叶等放在蒸架上。翌日一早蒸熟，将蒸架摆在灶膛上，上香点烛膜拜，是为祭“蚕花”。是日，农家多有择此日打新灶者，谓此日打灶，蚕花能年年丰收。

吃新米饭 旧时从事农业生产称为“做田庄”。百姓认为农业丰歉全由天主宰，于是新谷收起第一次吃新米，就要先祭天地，称“吃新米饭”，感谢天地之恩赐。饭前，先盛两碗饭，装成馒头状，一碗供在高灶上谢灶君，另一碗放在屋前天井里凳子上或草坪上供天地，由家主上香点烛拜神，祈祝“五谷丰登、年年有余”，然后全家上桌用餐，同餐时家主先吃新米饭。

伴工 中华人民共和国成立前至中华人民共和国成立后的互助合作前，农村生产方式中有一种用工方式叫“伴工”，伴工即三五家人家的男劳力一起干农活，今天老张家干，明天老李家干，做了几工，就还几工。一个小集体干农活，但还是吃自家的饭。伴工的好处是集中了三五个劳力，一天能干掉很多农活，能打歼灭战，使一家的农活告一个段落，彻底干净，同时一个群做农活亦能提高效率减轻疲劳感，而且是自愿结合，互助互惠，大家得利。伴工形式就是后来互助组的基础。

结工帮 旧时农村，农忙蚕忙时间，由于农户有的田多劳力少，有的田少劳力多，造成有田缺人种，有人无田种之情形。为了解决两者之间的矛盾，村子里都会结成“工帮”。“工帮”由农户自愿参加，组成临时的集体劳动形式，参加者将农田、农具(大型的水车、耕牛、谷箱)、劳力三者加入，不分你我之田，集体劳作(耕种与灌溉)。忙季过后，即进行结算，定下每个劳动日之报酬，以总投劳力按亩均摊，将大型农具折算一定租金按田均摊，最后田多者按摊算付出资金，劳动力付出多余者取得佣金，拿出大型农具者取得租金，做到收支平衡。工帮开工之日必须烧纸请菩萨，同时举办工帮酒，共祝工帮吉利，结束之日晚上亦宴请参加工帮者，是为谢人。工帮设三个工帮头，一正两副，俱为村中劳力强、威信高、办事公道者，由大家选举产生。此后，农活的安排，次序先后，均由工帮头分配，疑难事由工帮正头头裁决，此俗到中华人民共和国成立后互助组成立起消失。

打白水 昔时大旱年，域内小河断流干涸，农田若须车水，应先在小河进水口之陡门或大河入口处将苕溪与运河之水用水车进小河，一般陡门边和大河入口处装一部水车，小河边才能装一部水车车水上田，陡门边和运河入口处不装水车，则小河里不准装水车车水灌田。在陡门及大河入口处向小河中车水名为“打白水”，由乡、保派专人督促检查，四邻八村一概遵守，为习俗约定。此习俗一直延续至1954年抽水机灌溉时才消失。

六、生活习俗

喝咸茶 旧时农户均栽茶并制茶。喝茶是纤石传统习俗,仅次于吃饭。纤石人喝茶形式多样,如来客请茶、坐烟喝茶(田间劳动休息时喝大壶茶)、早晨年长老人喝早茶,夜晚串门喝茶,雨天相聚喝茶、家有喜事请喝茶、春节互邀喝茶等,而最具特色的是"喝咸茶"。

"咸茶"由主料与佐料相配而成,因佐料盐渍而得名。主料茶叶须于"明前"与"谷雨"采摘之一叶一心或两叶一心细茶,经精心焙炒后藏于石灰缸备用。佐料中的当家是橙子皮(经盐渍)、野芝麻(紫苏籽)、烘青豆三样,还可有胡萝卜干、野笋干、五香豆腐干等。故咸茶清香、色艳、味咸、清醇爽口,为人们所喜爱。现今喝茶还配有水果、瓜子等多种休闲食品。

打年糕 农历十月底,新糯米登场,农民即张罗打年糕。民间谓:"年底打年糕,生活年年高。"糯米(加掺少量粳米)粉先上木蒸笼蒸熟,再放入石臼,两个壮汉用檀木榔头对打,软硬自行调节。打年糕是重活,操榔头者一般都赤膊短裤,打得汗流满身。一场糕起码得换三四班人才能打成,故打年糕须村际协作,聚拢附近几村高手比高下。年糕打好后,将部分送给亲朋。年糕干硬后,用冬日的水浸在缸里不会变质,一般吃到翻青田(清明)为止。20 世纪 70 年代末,年糕机出现,市场上大多是机械年糕。打年糕习俗无存,年糕均为购买。

过年酿酒 村内农家很早就有自酿米酒的习俗,其历史可上溯至四五千年前的良渚文化时期。糯米先浸泡,然后上木蒸笼蒸熟,拌匀药粉置入酒缸,加盖保温。待发酵后,再加水,密封。早者七天,迟者半月酒即酿成,榨后装坛。有人将酒坛深埋地下三年至五年,香醇浓郁。农家自酿糯米酒之习尚存,但熟悉该手艺的为数不多。

做酱 农村旧时家家做酱,原料以黄豆为主,掺少量蚕豆瓣在内。用锅煮熟,翌日将冷却之豆瓣糊做成菜碗大的饼子让它发酵。过三四天后,饼上开始长出"乌花毛"(霉菌),日晒夜露,待酱饼干燥后,放石臼里捣碎,装进专用的酱缸,加上适量的盐,再日晒夜露,直到紫酱色即可食用。此俗改革开放后逐渐衰微,现基本无农户自家做酱。

织老布 村内千百年来的农耕社会中,始终保持着男耕女织、自给自足的社会形态。农户家家种植棉花,家中妇女常年纺纱和织布,所织土布供全家老少四季衣穿。从棉花到织成土布有 13 个工序:轧花、弹花、拓棉条、摇(纺)纱、敷纱、浆纱、拼纱、剥纱、经布、行布、穿综、上梭、叩箝(织布)。如果织花布,还须纱线染色。花布有条文和格子两种。老布可做衣服、被褥,纱线稀的还可做蚊帐。

求子 旧时域内无生育之夫妻,均由妻子往观音庵堂向观音菩萨求子。求子者由婆婆或丈夫陪同,备好香烛供品及灯油前往。先由庵堂住持接待,行上香点烛跪拜叩头,并向观音菩萨说明前来求子,请菩萨降福赐子。同时许下心愿,即若生子后,为观音菩萨生日开光捐助。求子后无论生育与否,均须到观音堂还愿(俗称了愿)。

求签 晚清、民国及中华人民共和国成立初期,村内百姓均有到寺庙求签之习俗。大到造房起屋,婚嫁置产,小到行商外出、生子卜吉。在向和尚敬奉后,接过插有数支竹签的竹筒,跪在菩萨面前,口中念念有词,两手晃动竹筒,有意让竹签掉落。待第一支竹签蹦落,交给和尚断签。根据凶吉祸福,签分上中下类。

菩萨取名 晚清、民国与中华人民共和国成立之初,由于土法接生,新生儿死亡率高,因不洁剪刀剪脐带而感染破伤风。有的妇女连生两三个孩子都夭折。旧时医学科学不发达,而迷信盛行,故把新生儿连续夭折说成是“讨替代”。为了使成活新生儿健康,即去寺庙请菩萨取名字,谓之能使人健康。欲取名之家长须携带香烛、香油、助资前往寺庙,跪拜菩萨后,即由和尚或尼姑代为取名字。名字有两类:一类与法名相仿,如带有“静、空、思、斋、行、道”等字,另一类即以牲畜名字命名之,如×狗、×毛(猫)、×牛等,此举纯属迷信行为。20 世纪 60 年代后已绝迹。

结干亲 旧时新生儿出生均要盲人排八字,若得出“五行”缺失,家长即先从名字上下功夫,如缺水的取名就带水,使用带三点水偏旁或取有淼字之名。缺火者用炎字取名,之外,还将寻找多水多火之人结成干亲,叫为“干爷”,也叫“寄拜爷”,以平衡“五行”。寄拜爷应备礼品送给寄拜儿子:衣料一套、猪肘子一个、筒面四六成双、云片糕两块、炮仗四个。同时附红纸一张,中间书“寄姓×取名××大吉”,右首直写“福如东海”,左首书“寿比南山”,由寄拜子家贴于墙上。干爷家将以自己的取名称呼干儿子,干儿子逢年过节必须向干爷送礼品,看成自己亲爹一样。

办祭祀酒 村内绝大多自然村均是宗族聚居,为同一个祖宗繁衍子孙后同族而居,并以姓氏命名村子。旧时,以宗族形成祭祀,有的建有祠堂。以宗族最早的祖屋家堂上方作为安置祖宗牌位之所,俗称家堂。宗族每到清明节必须族祭,除对祖宗祭祀仪式外,这天大办祭祀酒,同族人聚集一起,上午拜祖宗,然后赴祭祀酒(中餐、晚餐),是宗族一年一度的祭祖活动和全宗族活动,祭祀酒一应支出由祭祀产开支。祭祀酒在“文化大革命”期间被革除。

择基 建房必先择基,旧时选黄道吉日请风水先生看风水。风水好是谓“青龙茂盛,白虎空旷”,即房子的东面最好有高房子及大树,房子的西面必须开阔,无房无树。宅基地对山坳或门前以“有溪水东来向西南者”为最佳。大部分的房子偏向东南,谓之“紫气东来”,能带来好运和福气。

破土 正式开工前先要“破土”,即敬请“山神和土地”,求他们保佑“建房平安、住房赐福”。敬供仪式在建房基地上举行,用大小桶盘盛上鱼、肉、鸡、蛋、素三牲(用米粉做成)、土圆(用米粉做成山核桃大小的圆子)加上钁头一把。焚香点烛,燃放炮仗,用铁耙在房基的四周掘一圈。破土一般在凌晨进行并完成。

放样 即泥水师傅按设计图纸和东家的意图,用弦线绷出屋子轮廓,在房子四角敲好木桩,撒上石灰线,以便开挖墙沟埋墙脚。放样后就挖土埋墙基。放样结束后,东家要将土圆分发全村各户,意为避邪,各户将土圆放入水缸内。

上梁 待屋架、屋墙全部完工后,就准备上梁。上梁之日东家须办“上梁酒”。由妻子的娘家烧纸,请神马。包括菜肴鱼、肉、鸡、肚肠、糕糖、水果、大红圈梁布一块、十二枚铜钱。将红布在正梁中间绕上一圈,并用铜钱以元宝形状钉牢。香烛、炮仗、鞭炮、香烟及红包两个(“上梁包”,一个给泥工头,另一个给木工头),并挑发元宝(元宝用糯米粉做成,蒸熟后叠成宝塔形装在木盘中)两盘,颗粒糖 1—3 公斤,对联 1—2 副。

堂屋正梁下,先供十二位神码,新梁头做好架在马架上,东西两头系绳子,由东家拜神,在屋柱上贴对联。梁头东端由泥水师傅负责,西端由木匠师傅负责。随着一声“上梁开始”,即将绳子扯上屋架,梁头安放到位,放炮仗,泥水、木匠在上面撒糖、发元宝,东家两夫妻用新被单接“蚕花”,众人哄抢,气氛欢乐。随后举办“上梁酒”,吃酒者都要封礼,以示祝贺。现今有“毛上梁”者,先上梁后办酒席。酒席也有在村会所或饭店办酒席。

砌灶 新屋落成后, 挑选黄道吉日在厨间砌灶。一般选取农历十二月十二日,即蚕花生日。相传此日砌灶会使蚕花茂盛,财丁兴旺。新灶砌好,先请灶君入座(在烟柜上砌有神龛,称东厨司命),然后烧吃糖圆子,以示团团圆圆。上香点烛祭拜灶神,祈求“日日平安,年年如意”。东家烧一碗糖水鸡蛋给砌灶师傅吃,表示谢意。

入屋 新屋落成待装修全部完工后，家人便要搬入居住，举办“入屋酒”。入屋之前，妻子娘家须置办菜肴，挑到婿家“烧纸”。由东家主持，在堂前敬供，鸣放鞭炮。“入屋酒”应邀者为至亲宗族。

二眼灶 康烈华供稿

望病人 村上有人生病或住院动手术等，凡亲戚邻舍都会上门慰问，这也是村内睦邻友好、相互关心的一种村坊美德。一般在病人出院后第二天就要上门看望，而且只能是在上午去，不能下午去，更不能晚上去，这是看望病人的一个大禁忌。谓早上看望病人有助于病者康复，下午看病人会让病人病情加重。一般看望病人会带上水果、鸡蛋、皮蛋等物。改革开放后人们的生活都富裕起来了，于是封红包代替了礼品，亦有红包加礼品的，视双方交往情况和经济实力而定。

演社戏 良渚境内多土地庙，土地庙有管辖范围，从七八个自然村到十多个自然村不等，由一庙管辖之区域称为一社。百姓认为死后都是土地庙管的，拜忏写黄榜时都要写明“××庙辖下××村××人”等。土地庙被人们视为阴间的行政管辖单位，其上级是东岳庙。土地庙前都建有戏台，每年春二月和秋八月，由土地庙管辖村子共同出资雇戏班子演戏，俗称“社戏”，意即演平安戏，能在辖区内保平安。社戏演出期间，不论何地人士，均可观看，不用买票。中华人民共和国成立后，社戏即停演。

罚影戏 旧时民间有罚影戏之俗。自晚清起，村坊上为纯洁乡风民俗，若遇火灾必须出钱请影戏团做皮影戏。当时民间少娱乐，逢到罚影戏，少则几百人多则上千人前来观看。中华人民共和国成立后改称罚电影，此俗保留至20世纪60年代初，现已不存。

放炮仗 纤石人把爆竹叫成炮仗。凡有人家遇到晦气事，如丧户穿着孝衣上门来、产妇未满月上门来、别家女人上门哭闹、长舌者惹是生非、诽谤造谣损坏人家名誉，均应由对方置办鱼肉请太岁神马（斋太岁），并放四个炮仗以示消灾化吉,此俗至今罕见。

帮工 农村家庭凡遇造房起屋、需用较多人工,在急于用工用劳力之际,以本村为主,在邻舍间通行“帮工”,并且主人的亲戚和朋友也会来帮工。除木匠、泥水等“大工”外,其余“小工”均由村邻及亲朋担当。一般村邻会在前一天晚上预约,主人按“大工”吩咐确定明日小工之数日,通知东家招呼帮工者。帮工者属自愿、无偿、互惠性质,只吃饭、不取工资,一般东家给一包烟。工程开始后东家将来帮工人员记录在册,以日后回帮奉还,且应回帮多于来帮工的时日。此习俗是邻里互助好风尚之表现,现今建房通行整体承包,不用帮工。

帮忙 农村人家每遇婚丧喜事和造房上梁喜宴,均会请厨师大办筵席。此时需要有人来帮忙,即上街购菜购物、装抬厨师的锅台碗盏、杀鸡杀鸭、洗菜洗碗、烧开水泡等。按照农村一直以来的传统习俗,帮忙者应是东家的宗亲承担,先由近亲族人担当,如筵席过多,近亲族人不够,即扩大到远房宗亲,直到人数够用为止。帮工者中择一文化较好的长者作账房先生,负责收礼金、上账册。择另一名有威望的青壮男子为“工头”,为一切工作的总指挥。女帮忙则负责泡茶,饭后洗碗,打扫场地。东家照例在第二天晚饭请所有帮忙男女吃晚饭,名曰“谢相帮”。东家应每天给男帮工一包烟。帮忙一般从筵席上一天下午开始,曰“进场”,到“谢相帮”一共三天,此习俗延续至今,一直保持着传统。

念平安佛 纤石各个村子自古就有“念平安佛”的习俗。念平安佛一般是两年一次,也有三年一次的。看一个自然村的具体情况而定。念平安佛的目的主要是一个村坊祈求平安,念了平安佛,这个村坊即能消灾消难,确保太平安宁。念平安佛的村子先要择好日子,预先张告启事,广告四村八邻的念佛者前来参加,同时村中向每农户募集念佛款项,向企业家集资,以用于念佛者用餐等。到了日子,该村应准备好桌子、凳子,安排好念佛的场地,一般均落实到农户家庭,并为念佛者准备中饭及茶水。参加念佛的老太太一般来自本村或邻村,人数在百人左右。念佛折成元宝用箩装好。从上午念到中午,便到村子中“行香走佛”,每人手持一炷香, 口念佛经在村中巡走一圈, 是为将佛气播于全村。念佛在下午 4 时前结束,村人将念好的元宝、佛经在全村东南西北各方大路上焚烧,参加念佛者分别得到 20—30 元红包外加小礼品,由念佛村坊从农户中募集所得款项中支付。

凑份子 亦称“做会”,旧时,某人若遇有重大事件,急需一笔资金使用,但又苦于无法筹措,可以邀人“凑份子”。做会者须有先决条件,即是自身须名声好或略有头面。在做会时考虑友朋之间经济宽裕者八至十人参加,邀请时须发帖子,同时讲明自己办事资金紧缺,须大家帮助渡过难关。于是办酒席宴请朋友,说明情况后,朋友出钱凑份子,但数额不会巨大,做会出的钱全凭情义与信赖,故出的钱无须归回,但事成之后,须谢凑份者。

第二节 节至习俗

村内节日文化氛围浓烈,形式多样,内容丰富。

一、春节

春节为传统节日,习俗活动内容多、形式绚丽多彩。

备年货 农历十二月十五以后,家家户户开始备年货。凡一家衣、食、住、行等项,缝衣、制鞋、购食品、腌鱼肉、酱鸡鸭、酿酒、打糕;置锅盆、添车船,均须在大年三十前备好。

掸尘 农历十二月二十三,是过年掸尘(屋内大扫除)的最后一天。俗语云:"廿三掸掸尘,廿四好动身。"指的是旧社会富人家的长工,廿三弹好灰尘,第二天就可回家过年。

钩年条、搭元宝 农历十二月廿三前,家家户户均砍些樟树、松树和柏树的枝条来,叫"钩年条"。于天井或大门前置一捆柴薪,插上松、柏、香樟枝条,形成元宝模样,叫"搭元宝",为送灶君上天之工具。

送灶、接灶 农历十二月廿三夜,是灶君上天的日子。午夜12时,全家人煮"大圆子"(糯米粉裹黄豆粉馅)吃。先在灶膛前点烛上香祭灶神,全家先后拜三次。一炷香过后,家主将灶君(纸像)取下放于元宝上面点燃,"送上天",一边放八个爆竹。大年三十夜,午夜时分再接回灶君,用香引往灶间,让他重新居住(贴在木板上),俗称"接灶"。因传说玉帝派人送灶君下来,故另有一"陪灶菩萨"神像,将陪伴灶君一段时间。接完灶,时已午夜,同样煮"大圆子"吃。

穿新鞋、揩糖草纸 旧时过年,每人须有新鞋,家庭主妇早就做好。年三十下午,洗脚穿新袜新鞋,是孩子们久盼之事。然后,主妇用备好的厚草纸抹上红砂糖,将孩子们的嘴巴一一揩抹,谓之"揩糖草纸",意思是新年新岁不准讲不吉利或龌龊之话。孩子们即使说了,人们就当他"没事"不予计较。

祭祖、吃年夜饭 除夕之夜,各家各户先是祭祖,再是吃年夜饭。祭祖即让祖宗先吃“年夜饭”。祭祖时,饭桌下放火缸一个,桌上点蜡烛上香,除酒菜饭外,还得有圆子、水果和糕点。家人一般在祭祖开始、烧化纸钱和结束时各跪拜一次,一般祭40分钟左右结束,待纸钱灰冷却后方可撤去酒饭。

祭祖结束,吃“年夜饭”开始。吃年夜饭象征着阖家的团圆幸福、吉祥如意。席间气氛欢乐祥和,家人互倒酒水,互挟菜肴。一杯酒后,家主人与长者即分别对长辈与小辈分压岁钱。老祖宗如有三四房儿子,家族集体或轮流吃年夜饭。

剪元宝、贴春联 年夜饭结束后,家人一边炒土年货(南瓜子、芽蚕豆、番薯胖),一边就用红绿纸剪各式元宝,在大门、灶头、菜橱、水缸、大型农具上,还有猪羊圈上。年三十前早由地方老先生写好春联,一般都张贴在墙门两边和大门上。现今仍有贴春联,多数人家贴“福”字,意为新年福到。

烧年纸 大年三十后半夜,富裕人家和生意人家开始“烧年纸”。堂屋中央供一桌酒菜,上首放十二位神码(玉帝、灶君、家堂、太岁、财神、土地、寿星、和合二仙、田公地母、蚕花、鱼花、六畜),财神居中。菜肴中必须鲤鱼成双,一只熟鸡,一刀熟肉放在桶盘内,内放一把刀,下面垫张红纸,旁边放一把盐,意为让财神切肉分给诸神食用。另外还须一盘粉元宝,一盘年糕。烧纸有讲究,一是必须让女人都睡觉(旧时有女人冲走财神之说),故选在后半夜;二是家主人必须沐浴更衣,表示虔诚,无污秽冲财神。烧纸目的是求财“请财神”,也有图吉利、托庇佑、求平安、保健康的,曰“斋太岁”。此习俗由来久远,包括停在苕溪等河中的船家也都在船上烧纸。烧纸成为春节习俗中的重要 ·环。

供家堂、挂祖像 旧时从年三十开始,农家均在家堂前的搁儿上供上供品,一般是葵菱、甘蔗段、橘子(带梗和叶)、荸荠、花生,用盘盛装。象征吉祥如意、生活甜美、人财两旺,供品在落灯之日(正月十八)收掉。

从正月初二开始,一般富裕人家就开始在家堂前挂祖像。原先没有照片,祖像是生前请画师画成的全身坐像立轴,原名“真容”。平日卷起保存,过年张挂,按辈分从东到西排列堂前,供子孙瞻仰参拜,落灯之日和供品一起收管。

关蚕花、拜邻舍节 旧时正月初一不兴出门做客,家家户户只开窗户而不开大门,名曰“关蚕花”。旧时良渚一带是蚕桑生产的主要地区,是稻桑并重的农业经济,经济收入全赖养蚕,故有“蚕花十二分”之吉利话。正月初一“关蚕花”是请“蚕花神”在家里待下来,有来年蚕花就会茂盛之说,此习代代相传。

正月初一不做客,家主要走边门出去在村上挨家串户作揖问好,名曰“拜邻舍节”(村内自古将拜年称为拜节)。其目的是一年之间邻舍间可能有口角冲撞,结下疙瘩或仇恨,而拜邻舍节大家客客气气问新年好,说些吉利话,就能消除前怨,重归于好,成为睦邻。此习俗在中华人民共和国成立后已消亡。

捞粉皮、看肉　旧时农家生活贫困,过年菜肴不多,但春节一定要到亲戚家拜年。正月初二至初七是男客出门,初八至月半是女客出门,春节待客的标准菜肴是粉皮。粉皮加肉丝韭菜烧煮后名为“大菜”,是正月待客之必备“礼菜”,往往煮一小锅随吃随添,席散而不见碗底。故春节拜年又称“捞粉皮”。

春节菜肴虽有鸡、鱼、羊肉、猪肉等,但大多客人不会动筷,此乃俗约。特别是一碗猪肉,排列整齐地放在那里,只看不吃,故名曰“看肉”。改革开放后,以上两种习俗均已被破除,春节待客之菜应有尽有,并已不吃剩菜,体现了人们生活之富裕。

拜节、果包　“拜节”即拜年,旧时,拜年讲究先后,不能乱套。依次是舅父、姑父、岳父、寄父,然后才是表亲与其他亲朋。女客顺序相同。拜节时,一进门就要说“××,向您拜节了”,双膝跪地叩头,同辈分者便可站着作揖,口中说些“恭喜发财”之类的话,然后敬烟、奉茶。旧时拜节礼品几乎清一色,较为普通,俗称为“果包”拜节包。大致是五六包酥糖为一个酥糖包,一个鸡蛋糕包,高档的就是寸金糖包和糖枣包,用厚草纸包成上宽下窄的长方形包,两个叠在一起,上覆印有店家商号的红纸。新女婿初二开始就随岳父向妻子的舅父、姑父、姨父家拜节,是谓“待新大爷”,意即认亲戚。但新郎的两个“果包”亲戚不会收下,拿进拿出称为“掼节包”,是那个时代为省钱立下的规矩。小孩子拜节,外婆、舅妈、姑妈等均会给两个红鸡蛋、一枝甘蔗。现今拜节包已讲究高档,不少人拿高档补品和整箱水果,替代旧时酥糖。

正月初五请财神　农历正月初五为财神生日。村内百姓原先该日在家堂供奉财神像(后为纸码),起早到门外燃放爆竹,名为请财神,故此日天蒙蒙亮就爆竹声四起,每家一早煮黄豆粉圆子,供财神像后食用。是日,商店正式开门营业,供财神放爆竹,是为利市大吉。财神日至今仍流行旧俗,但已不供纸码。

新春日　立春之日名曰“新春日”。民间云“新春大如年”,故新春日须在家堂、灶膛前装香点烛,供奉黄豆粉馅糯米大圆子,全家早晨都吃圆子。此习俗至今已演化为清早放爆竹、吃圆子,户户如此。

上灯、落灯、元宵　农历正月十三是“上灯”之日。即在灶君堂前点一盏香油灯以示家室亮堂兴旺，也祈祝人丁两旺。此日，家主起身后，即到天井里将“元宝”朝大门方向踢上一脚，向里滚翻，口中大喊：“元宝滚进来，恭喜大发财！”象征今年财运旺盛。

是日，春节各种文娱活动开始，特别是龙灯、狮子灯、拳灯、花灯、滚灯一齐出动，村上锣鼓声不绝于耳。庙宇开始请戏班子演戏。正月十五是元宵，各家各户都挂彩灯，小孩子们也手里提一盏兔子灯。灯会在元宵夜形成高潮，是夜，各家各户都吃豆沙馅糯米小汤圆，名曰“吃元宵”。

正月十八是落灯，每家在晚上将熄灭高灶上的香油灯。到这一天止，各种春节活动也相继停止。

二、清明节

清明节是专门纪念去世亲人和祖宗的传统节日，亦是个农事节气。清明为4月4日或5日。

寒食节　寒节又称熟食节、禁烟节、冷节。其确切日期是距冬至一百零五日这一天，距清明不过三两天。寒食节的主要习俗是禁火，不许生火煮食，故得名。相传源于春秋时晋国，晋文公为纪念烧死绵山的介子推而设。自唐之后寒食节改在清明节上一天，即与清明节融合在了一起。寒食习俗原有上坟、郊游、荡秋千、拔河、斗鸡等，解放初除上坟外还保留荡秋千与拔河，至今只剩上坟习俗。

插柳条、插挂帘纸、祭祖　原先食寒夜均要插柳条和在祖坟上插挂帘纸。插柳条亦是纪念介子推，传云“折柳而插，柳枝一活，介子推就复生”，表达人们的良好愿望。插柳条习俗保持至1960年以前。

寒食下午，各家各户均到祖宗坟上插“挂帘纸”，是用红、绿、黄、白各色纸剪成，简单的是白纸裁成条，俗话说是给祖宗“发请帖”，请他们寒食夜回家“赴宴”。同时，家主带着铁耙与柴刀，先将坟上柴草清除，然后掘土将坟修整一遍。如是草棚棺材，亦须将盖草整理添加一番，然后插上挂帘纸，谁家坟上挂帘纸多，说明他子孙兴旺。改革开放后，已有用鲜花、纸花替代挂帘纸。

寒食夜祭祖。仪式同于大年夜祭祖，但桌上必须有粽子、圆子和藕，烧化的纸钱是此前请人上门念的，只有少数是向念佛者购买。

上坟、烧纸锭　清明节按时间分为头清明、二清明、三清明。民国以前寒食下午各家均挑酒菜到祖宗坟上上坟，四碟素菜加鱼肉、酒饭、粽子、圆子、熟藕等敬供，上香、点烛、跪拜、放炮仗，然后烧化纸钱。供祖宗时，另须将粽子、圆子和藕供奉山神土地。

20世纪50年代后期起，只保留新娘子(新娶媳妇)上坟。须有八菜两点心，荤菜，粽子、圆子与藕。另备挂帘纸一条。新娘子上坟，表示子孙兴旺，感谢祖宗，此俗至今保留。凡出嫁女儿，不论年纪，只要能行走，头清明均须回娘家，到祖宗及已故父母坟上插挂帘纸，烧化纸钱，并伏在坟上哭一场。自有娘家女人前来劝哭，然后回娘家吃饭。如头清明无空，可在二清明上坟。至今，凡在外地工作之人，都在清明节回家上坟(大都已不挑酒菜)，即使是举家外迁的，也在此期间想方设法回来上坟祭祖寻根，并世代相延。

三、立夏

立夏是二十四农事节气之一，一般在5月5日、6日或7日。立夏又是中国传统中的一个民俗节日。

吃立夏饼 “立夏饼”形同月饼，个头较小，以筒论卖。家主人会买了分给全家人特别是小孩子吃。是日，新女婿必须给岳父母送立夏饼6—8筒一人，兼以名酒名烟，老女婿亦要赠送。传立夏之日吃了立夏饼可防医学上所说的“疰夏”毛病。

立夏饭与乌米饭 立夏必烧立夏饭。以糯米为主要原料，掺入嫩蚕豆、豌豆、笋丝、冬菜，煮成的糯米饭，因作料用猪油炒过，味道特别好。立夏饭一般均在屋外用石垒灶烧煮，左邻右舍互相品尝。

与此同时，采“乌米饭”树叶，揉碎浸米12小时，煮成青紫色糯米饭称“乌米饭”，色泽闪亮，香气浓郁，蘸上白糖滋味更好，据说吃了它能抗“乌蚊虫”叮咬。

立夏称人 立夏另一习俗是在树上挂一个秤，每人称一下，看看比去年的分量轻还是重。源出三国时刘禅(阿斗太子)每年在魏国称一次的习俗，父母看到子女体重增加，十分高兴。立夏有烧野米饭的习惯。

四、端午节

农历五月初五端午节，是民俗大节日。最多说法是为纪念古代爱国诗人屈原。

赛龙舟、裹粽子 端午习俗是赛龙舟和裹粽子。赛龙舟是用划船装上龙首龙尾扮成龙样，由16—20人分坐于船的两舷，握桨划船。多船竞发，比谁得先(胜)。屈原投江后，人们投粽子到江里去祭他，是端午裹粽的由来，后来演变为粽子祭祖。现今裹粽子的少，买粽子的多。

挂菖蒲艾叶 端午习俗每家每户于大门框上方挂菖蒲艾叶串，用菖蒲、艾草茎、桃树条、大蒜头扎成，民间认为菖蒲能降妖魔，艾草则驱百虫，桃树条能镇百鬼，大蒜头能避瘟邪，都是降邪驱魔之物，能保平安康健，至今尚有部分人家仍悬挂。

吃“五黄”　端午吃“五黄”一直传至今日，“五黄”即雄黄酒(酒中放上雄黄)、蛋黄(咸鸭蛋对剖)、黄鱼、黄瓜、雄黄豆(加雄黄炒成的黄豆)。现今雄黄豆少，大多选择黄鳝为五黄中的一黄。这是端午的传统菜，传夏服“五黄”有健体之说。小孩额头上画“王”字，穿老虎头鞋。20 世纪 60 年代后认识雄黄有毒，已不用。

五、中秋节

农历八月十五中秋节，是仅次于春节的传统佳节，俗称“八月半”，又称“中秋”。人们一直把它看成“团圆节”。吃月饼和送月饼是中秋主要内容之一。

中秋置节　“文化大革命”之前，凡到八月十五日，上一年结婚之新嫁娘须由娘家给新女婿“置节”，一般人家须挑盒子一对，下盒中盛的礼品为“四喜”或“四全”，为全鸡、全鱼、肘子、肉圆，上盒均为月饼，一般是 6 个一盒。“文化大革命”后此俗逐渐淡化，改革开放后，送礼变成了女婿送岳父母，包括未婚之“毛脚”女婿，礼品除了精致的盒装月饼，须有高档烟酒及滋补品。

中秋赏月　家长在中秋节会买月饼给家人吃，特别是小孩子。当中秋满月升起时，每家院子里或阳台上摆一小桌，桌上除了月饼，还有柿子、石榴。全家人聚在一起，一边品茶，一边吃月饼，同时欣赏那满满的银月，一家人共享天伦之乐，倍感温馨。

六、重阳节

农历九月初九是传统的“重阳节”。“九”数在《易经》中为阳数，九九两阳数相重，故称“重阳”，因日与月皆逢九，故又称为“重九”。重阳节是汉民族的传统节日，早在战国时期就已有重阳节，到唐代被正式定为民间节日，此后历代沿袭至今。2006 年 5 月 20 日，重阳节被国务院列入首批国家级非物质文化遗产名录。重阳习俗主要内容有：登高、插茱萸、饮菊花酒、赏菊、吃重阳糕。

插茱萸　中秋有插茱萸之俗。茱萸是常绿小乔木，果可入药，亦可制成药酒，药可治霍乱，根可杀虫，将茱萸插在身上，可避蚊虫叮咬，另有赏菊习俗。

祭菱神　20 世纪 60 年代前，村内盛产菱角。一入九月，菱角枯谢，故有“九月重阳，菱头消漾”说法。其时，任何人都可去采摘，俗称“放荡”。重阳日，栽菱人家就在家里用盘盛水红菱祭菱神，上香点烛膜拜一番，祈祝来年菱角丰收，此俗今不存。

吃重阳糕　以糯米为料磨粉嵌上红枣、莲子，蒸成糕，为重阳糕，上撒白糖、桂花，冷却后切成菱形小块，还插上彩纸三角旗，众人分食，故又称“千人糕”，因色、香、味俱佳，人人爱吃。

“文化大革命”以后，重阳节已逐渐式微，栽菱日渐趋少，“祭菱神”习俗已绝迹，重阳糕亦很少有人制作，两种习俗正趋于湮没。但重阳节也注入了新内涵，2012 年 12 月 28 日，全国人大常委会表决通过《中华人民共和国老年人权益保障法》，法律明确规定每年农历九月初九(重阳节)成为“老年节”，开展以老年人为主的各项活动，体现社会尊老爱幼之新风尚。节日期间村内开展慰问老年人等系列活动。

七、冬至

冬至是农时节令，其隆重仅次于清明。冬至习俗的主要内容为念佛、祭祖、结骨殖、盖稻草做坟。

念佛祭祖　冬至前，农村家家户户都叫人念佛，于祭祖时烧化给祖宗。冬至祭祖仪式与年夜和清明相同，但酒饭外需有萝卜丝糯米圆子，桌下须有火缸一个，以供祖宗取暖。上香点烛但不放炮仗，烧化纸钱后即撤席。另有祭祖日给祖宗“烧换衣”的(一般是死前没有着好寿衣和事故溺水等非正常死亡者，传说只有烧了换衣才有衣穿)就结合“冬至”进行。分为在大门外搭柴焚烧，或到坟上焚烧两种。如坟上去烧则要供请和放炮仗。另外，原先土葬均用棺木，冬至日要往棺材上添加稻草。

结骨殖做坟　早先坟墓分有坑洞坟、石板坟、瓦材舍，大财主还建有享堂屋。如新做这三类坟墓，也在冬至前做好。祖宗的棺材已年久破败，就请村里专门结骨殖的人在冬至上一天将祖宗骨殖拾进骨殖缸(市场上有专卖)。结骨殖前，先在坟上祭奠一番，在棺木上方搭架子，用芦扉或棚荐遮住太阳，然后打开棺木，骨殖缸内已铺好垫被，在垫被上放一个馒头(象征子孙会旺发)，然后从尸骨的脚趾往上开始将骨殖拾进缸里。不能失落一块骨头，最后将颅骨放在最上面，然后盖上被子将缸盖覆好，用石灰封住。棺材的盖草与尸衣等物用火焚毁。骨殖缸必须运回家里，在家堂前供好，烧纸钱祭拜，在家里过一夜，名曰“回家乡”，说是会给子孙带来好福气与好运气。第二日冬至日，运回原地或新择坟地，做成坟，立上碑，大都是泥坟，考究的置石头等台桌，便于今后上坟祭祀。殡葬改革后实行火化，骨灰直接放至骨灰存放室,无须结骨殖做坟。

七、节令习俗

百花生日 农历二月十二日是百花生日,亦称“花朝”。因五谷与果实均由花而结,农户们对此日甚为虔诚。早起每户放四个大炮仗,每户做小圆子脏、蘸芝麻当早饭,曰“芝麻开花节节高”,并供家堂、灶君。此俗至今只剩早晨放开门炮仗。

六月六 农历六月初六相传为小白龙上天探母之日,家家翻箱晒衣,是谓“烤衣”,读书人家遍翻藏书让烈日烤晒杀虫蠹。家家给小孩沐浴,谓“六月六,猫狗都沐浴”能健身强体。

七巧节 农历七月初七为“七巧节”,亦称“乞巧节”。传说是牛郎织女一年一度鹊桥相会之日,旧时有年轻姑娘在此晚向天上织女乞求纺织技艺,此习在民国时期还存,中华人民共和国成立后已消亡。

歇夏 “歇夏”也称“消夏”,为古吴越间相传之习俗。凡上年秋冬成婚之新嫁娘,次年夏天应回娘家相住一段日子,歇夏的时间从农历的六月初六到八月初三,历时近两个月,一般于六月初三由娘家派舅佬前来接女儿、女婿,男家须裹好粽子,装在提盒为一担,挑到女家。但女婿只待一天,当天即回家中。在妻子“歇夏”期间,丈夫可任意选日子去探望妻子拜见岳父母,也可在岳父家留宿过夜。

八月初三送女儿回夫家。岳父准备好一担粽子、一对公婆鸡(一雌一雄),折扇等物。歇夏习俗只是出嫁头年才有。此俗至今仍保存,但出嫁女在母家住宿日子已缩到三天。

中元节 农历七月十五为“中元节”,它与清明、冬至一起是中华民族纪念祖宗的三大传统节日。节前部分人家请人到家念佛,祭祖时形同清明要烧化纸钱,此俗至今仍盛行。

地藏节 农历七月三十是“地藏王菩萨”生日。此夜,60岁以上老人由女儿前来为之插路香红烛,从家门口插到土地庙门前为止,给老者连插三年,即谓老人去世时走向土地庙之路上会一片光明。此俗现仍存。

腊八 农历十二月(又称腊月)初八,称为腊八,传统以此日熬“腊八粥”。以米、豆之类加红枣、桂圆、莲子、花生等用火熬成粥即成。此日不但家庭熬粥,各大庙宇、大药房均用大锅熬成分舍众人食用。起于南宋,盛于晚清、民国。中华人民共和国成立特别是改革开放后,群众自发在此熬粥,与历史盛况相近无几。

第五章　方言　谚语

纤石村村民的语言，从属于吴方言，但“十里方言不相同”。纤石村主要口音有两种，良渚（安溪）口音和仁和口音。15 个组（自然村）中，1 组的章姓和 2、3、4、5 组普遍带有仁和口音，音质较软，其发声为波浪形口音，即在普通话四声之外。除此之外还有 10 个组其方言均是靠近或带有良渚（安溪）方言，个别日常用语又不同于良渚（安溪）口音。

良渚（安溪）方言是从良渚先民有史以来在生产、生活与社会交际时，逐步产生和形成自己的方言，并且经过千百年的锤炼，才形成平稳而固定的方言。

纤石方言和其他方言一样，它不是从普通话中衍生，而是独树一帜，因此，其方言所记录的文字只是代表发音，而不像普通话语言中由词素组成而且文字能够表意。纤石方言其组成的音节文字，只是表音而并不表意。

纤石方言中，尤其普遍的是人称方言、时间方言，还有其专指某一事物、行为的固定方言。这些方言，都是纤石人与人交往和生产、生活中时刻所使用，不但是习惯，并且讲的人和听的人都心领神会，人们的生产生活带来了便利。因此纤石方言是千百年来经过人们生活锤炼而形成的语言精华。

第一节　方　　言

早在良渚文化时期，域内就有人类栖居生活。从历史沿革和所处的地理位置看，村内方言当归吴语体系。

普通话	方言
我	嗯
你	尔
他	伊
我们	啊（音[ŋa]）（注：《余杭县志》第 817 页）

你们	倷
他们	伢
本来(原先)	别尬
一会儿前	头方(头毛)
下一次	吉会里
那一回(那一次)	赫里级毛
现在这个情况	吉汪水里
昨天	昨逆子
过段时间	腰逆
有一会儿	有钞嗯
等一会儿	歇尬嗯
现在	格歇嗯
赶快	熬烧
许多	交关
游玩、做客、不干活	白相
安逸	安耽
热情	花泡
田间干活休息一会	坐烟
有头绪,有段落	落位
难弄	疙瘩
事情	事体
丰盈,上档次	体面
撒谎	出空
瞎编	乱话
固执不听劝的人	藤头
疯子	毒头
见机行事,识趣	识相
整理	收桌
差一点点	险些
前段时间	宠此

什么	何事
哪里	啦里
贪小不要脸	利势
做丑事	滴卤
玩要	罗皂
总是这样了	索性
故意戏弄他	弄送依
开玩笑戏弄他	调白依
美丽大方	蛮好看
办不到或吃不消	勿来头
不认真,吊儿郎当	洋嬉嬉
遇事怕羞、难为情	勿是尬
指神经不大正常或说话不着边际	阿答答
比喻不正经,像废物一样只能扔到垃圾箱里	掼掉货
指人像将枯之藤蔓结出的瘘瓜,指人渣	败蓬瓜
指地方上欺行霸市的恶棍	王瓜儿
脑子模糊,浑浑噩噩	昏东东
快一点	熬烧点
不像样,做过分的事	呒调嗯
做人不懂事,不听话给父母添麻烦	勿还债
纠缠,闹纠纷	扯勒喀
女人通称	阿娘呐
说话撒谎	乱话三千
认为自己都懂,爱吹牛替人乱出主意	军师刮搭
指人与物的外观品相较好	蛮有相儿
遇事讨价还价,不爽快	疙里疙瘩
不着边际地说话和做事	呒称大头
不要说他(它)了	晓去话伊
乱说话,无依据,无中生有	搭空搭呒
未睡醒的样子	瞌充懵懂

认真,专心一致	价价勃经
不干净,不清洁	乌滋
指物体发粘,粘手	粘滋疙瘩
指人头晕,记性差	浑天倒地
反应不灵活	痴头痴脑
高声喊叫、哭泣或说话	划天倒地
脚头散,喜漫天乱跑,特别是小孩子	野头野脑
指办事专门弄糟的人	烂污客人
指专门惹是生非的人	夜菩萨嗯
形容挑箩筐、担子的样子	挑箩划担
事情或话语不合逻辑	搞七念三
分不清是非地乱想乱说	痴五杂六
带油腻的食品与物件	油滋锅搭
对数字或事物处理不灵清	拨勿灵清
一股脑儿	一搭刮之
跑个快步	追个六直呐

第二节　谚　　语

一、哲理类

吃勿穷,穿勿穷,打算勿好一世穷。

好话不要说完,坏事不要做绝。

跟着老虎吃肉,跟着狗吃屎。

晴天带伞,肚饱带饭。

人家要我三春雨,我要人家六月霜。

门前一条河,讨个媳妇像阿婆。

阿娘跌一跤,媳妇右脚跷。

出门看天色,入门看脸色。

萝卜不生芥菜种。

宁可与有学问人讨相骂,不可和无学问的人讲天话。

三兄四弟一条心,门前黄土变黄金。
谷怕八月风,人怕老来穷。
冷天冷在风里,穷人穷在债里。
三兄四弟并只牛,不如自己养条狗。
宁可出败子,勿可出呆子。
做天和尚撞天钟。
筷儿头上出逆子,棒条头上出孝子。
树高千丈,叶落归根。
落水喊救命,上岸讨包裹。
男人不能入错行,女人不能嫁错郎。
英雄勿闯尽,留下三分给子孙。
侍理田庄有谷,孝敬老人有福。
富在深山有远亲,穷在街沿无人问。
娘家的饭香,夫家的饭长。
穷做穷,三担铜。
出头椽子先烂。
穷人不生病,好比交大运。
人有拐杖跌不倒,事有商量错不了。
来是人情去是债。
风吹乌臼籽,结果自敲(靠)自。

二、生产类

六月里盖被,有谷无米。
秋风不出头,割去喂老牛。
只有懒人,没有懒田。
三分种,七分管。
落籽三分熟。
寸麦不怕水,尺麦怕寸水。
处暑苗根白,粥汤没得喝。
庄稼一枝花,全靠肥当家。
种豆不盖灰,到老要后悔。

正月撬金沟,二月撬银沟,三月撬草沟。

地头地脑处处种,小孩嘴里没得空。

芒种芒种样样要种,过了芒种再种落空。

谷雨前后,种瓜种豆。

下豆下在霜降里,还是下在甏里。

种田要好秧,秧好稻才好。

早稻不种六月田,晚稻不过立秋关。

浅水插秧,深水护苗。

深耕加一寸,抵上一担粪。

宁可田等秧,不可秧等田。

种子年年选,产量节节高。

六月不用功,十二月里叫命穷。

六月里不晒背,十二月里要懊悔。

稻熟要养,麦熟要抢。

麦怕春风连夜雨,稻怕寒露一朝霜。

草籽种三年,坏田变好田。

蓬头赤脚一个月,快快活活过一年。(指养蚕)

蚕老一刻,麦老一时。

人怕露筋,船怕露钉,桑怕露根。

端午杨梅,夏至梨,夏至杨梅满山红,小署杨梅要出虫。

七月葡萄,八月梨,九月柿子黄肚皮。

三天两头浇,十八天好开刀。(指小白菜)

七月半挖挖看,八月半吃一半。(指芋艿)

秀才不离书,种田不离猪。

静水鲤鱼流水鲫,青鱼沉底鲢鱼浮。

三、生活类

甘蔗老头甜,越活越清健。

脚踏西瓜皮,滑到哪里算哪里。

金窝银窝,不如家里草窝。

鼓不敲不响,话不讲不明。

新穿鞋子三日紧,新造茅坑三日香。
三岁打娘娘会笑,三十岁打娘娘上吊。
前半夜想想自己,后半夜想想别人。
不听老人言,吃苦在眼前。
出力不讨好,黄胖炒年糕。
吃苦不记苦,到老无结果。
若要好,大做小。
外行看热闹,内行看门道。
癞痢头女儿自己好。
风吹连檐瓦,雨打出沿椽。
瓜无个个圆,人无样样全。
寒从足下起,火从头上生。
庙不在大小,有神灵就好。
菩萨外地灵。
磨刀不误砍柴工。
白天赶四方,夜里借油补裤裆。
大树底下好乘凉。
千年不断娘家路,万年不忘祖宗情。
西北风刮一阵,邋遢婆娘吃一惊。
水流千里归大海,人行千里思故乡。
求人不如求己,他乡不如故乡。
坐轿不知抬轿苦,饱汉不知饿汉饥。
强将手下无弱兵,严师门里出高徒。
路有千条,理只一条。
一只碗不响,两只碗叮当。
冬吃萝卜夏吃姜,一年四季不生疮。
馒头吃到豆沙边。
生不带来,死不带去。
生煞的人,钉煞的秤。
出门鸡叫,入门鬼叫。

大路朝天各走一边。

自称好,烂稻草。

六月六,猫狗都汏浴。

猫嘴巴里挖泥鳅。

南瓜生在乌甏里。

牛耕田,马吃谷,各人自有各人福。

千金难买老来瘦。

跷子赶到,市面散掉。

亲帮亲,邻帮邻,摇船老大帮客人。

清水捉田螺,一眼就见。

日半世,夜半世。

人正不怕影子斜,脚正不怕鞋子歪。

人争一口气,佛争一炷香。

扫地扫壁角,抹桌抹四脚。

少来夫妻老来伴,露水夫妻不到头。

送佛送到西天,帮人帮到底边。

打虎亲兄弟,上阵父子兵。

打落门牙往肚里吞。

冬瓜扯在豆棚里。

豆腐刀,两面光。

儿子像娘,银子打墙。

狗眼看人低。

锅里勿滚汤罐里先滚。

好汉不赚六月钱.

和尚道士夜来忙。

红萝卜记在蜡烛账上。

一笔通天,饿煞灶前。

脚踏二头船。

姜是老的辣。

慢雕先飞。

长病无孝子。

四、天气类

短到冬至,长到夏至。

吃过端午粽,棉袄还要冻三冻。

冷在三九,热在三伏。

一场春雨一场暖,一场秋雨一场寒。

黄昏落雨当日晴,气煞懒惰人。

小暑一声雷,十八天黄梅到转来。

春天的天,孩儿的脸,说变就变。

一日赤膊,三日头缩。

头八晴好年份,二八晴好收成。三八抵不了廿四晴。

冬冷不算冷,春冷冻煞昂。(昂指小牛)

冬雪是宝,春雪是草。

东风急,要下雪。

一日黄沙三日雨,三日黄沙九日晴。

云幛推上南,外婆门前好撑船,云幛推落北,外婆门前好晒谷。

上看初三,下看十六。

立冬晴,一冬晴。

东虹日出西虹雨。

惊蛰一声雷,蛇虫百脚都出来。

黄梅天十八变。

干净冬至邋遢年。

头癣落雨,脚癣晴。

初三日头初六雪,初六不落雪,年里年外都是雪。

雾露醒,跳落井。

蚂蚁搬家要下雨。

黄鳝要乘凉,近日有雨降。

鸡鸭进笼早,明朝天气好。

鸡鸭出笼早,今晚雨就到。

六月六打雷,七月廿五看大水。

蚂蚁过桥,泥鳅翻泡,有雨就到。

麻雀成群,大雪来临。

清明断雪,谷雨断霜。

十二月初三晴,年底落雨到清明。

五、歇后语

白布落在染缸里——洗不清。

哑巴吃黄连——有苦难言。

石板上掼乌鸡——硬碰硬。

荷叶包野菱——里戳出。

和尚拜丈母——头一回。

脚底板上抹油——溜得快。

姜太公钓鱼——愿者上钩。

第七编

人　　物

军功章　　　　徐美根　摄

第一章　人物传记

张一能

张一能(1896—1962),男,字琢如、卓如,浙江东阳巍山人,从小与裁缝父亲寄居上纤埠周家,后考入保定陆军军官学校第八期步科,毕业后历任浙军讲武学校教官,浙军第二师连长、参谋。

1925年到广州,任黄埔军校少校军事教官,随军参加北伐战争。1928年起任江苏省保安团第一团团长，浙江警官学校训练大队副大队长，金华团管区副司令,浙江省军管区参谋长、副司令。抗日战争爆发后,任军政部第二十一新兵补训处副处长,后调任第九十九军参谋长,1939年任第九十九军副军长,1943年任遵义警备司令兼遵义师管区司令。1939年11月,获授陆军少将军衔。1946年2月退役,1947年，拒任川黔云贵四省剿匪指挥官和上海警备司令，返杭州定居。1948年,浙江五四运动先驱汪馥泉在上海办进步杂志《透视》,张一能因是其同乡,故出任杂志发行人。1949年在杭州迎接解放。中华人民共和国成立后,曾任浙江省政协特邀委员等职。1962年病故。

王志忠

王志忠(1907—2002),男,湖北省松滋县人。曾任杭县保安队驻上纤埠班班长、杭县自卫队第一中队队长。民国32年(1943)11月,杭县抗敌自卫总队改编为杭州市特务总队,王志忠任总队长,并以上纤埠为根据地,开展游击战,多次给日本侵略军以沉重打击。民国33年(1944)秋,杭州市特务总队改编为浙江保安特务三团,王志忠任团长。在上纤埠一带多次与日军交战。后该团因国民党地方当局“防共”“限共”及地方势力掣肘,导致解体。王志忠娶上纤埠女子曹瑞珠为妻,长期生活在上纤埠。后移居香港。1986年,王志忠第一次回纤石村探亲,当时安溪公社安排接待。2002年病故。

金洪财

金洪财

金洪财(1952—1972),男,7组油车桥人,初小文化,1971年1月应征入伍。

1960年,在石墩小学读书;1964年,在家从事农业生产;1971年,参加中国人民解放军,同年6月加入共产主义青年团;1972年8月10日,在青海国防施工中光荣牺牲;1972年8月15日,经中国人民解放军总政治部批准为革命烈士(烈士第6556号),时年20岁。《余杭民政志》烈士英名录中记载了为祖国国防建设献出年轻生命的金洪财烈士。

第二章 人物简介

中华人民共和国成立后，在社会主义建设和改革开放中涌现了一大批优秀人才，在各级党政机关和企事业单位不同的工作岗位上，努力工作，发挥作用。

全村有劳动模范 7 人，出席余杭县(市、区)党代会代表 3 人，出席余杭县(市、区)人民代表大会代表 12 人，余杭市(区)政协委员 3 人。

全村有处级干部(含乡、公社任主要职务的干部)14 人，正科级干部 13 人，高级职称 13 人，中级职称 43 人，技能人才 2 人。

陈炳荣

陈炳荣

陈炳荣(1920—1995)，男，陈家门自然村人，1951 年参加工作，1953 年参加中国共产党，初小文化。

1953 年担任瓶窑区纤石乡政府工作，任乡长；1958 年在瓶窑区纤石管理区工作，任党总支书记；1961 年三墩区安溪公社管理委员会，任主任。

1961 年当选余杭县第四届人民代表大会代表。

1963 年当选余杭县第五届人民代表大会代表。

沈锡根

沈锡根

沈锡根(1927—2018)，男，马家桥自然村人，1951 年参加工作，初小文化。1988 年退休。

1953 年任杭县瓶窑区纤石乡党支部书记；1958 年任杭县瓶窑区安溪乡党总支第一书记；1958 年 10 月任杭县瓶窑区安溪大队党总支书记；1959 年 3 月任余杭县三墩区良渚公社纤石管理区党总支副书记；1960 年 1 月任余杭县三墩区良渚公社纤石管理区党总支书记；1961 年 4 月任余杭县三墩区安溪人民公社党委副书记；1975

年10月任余杭县双桥公社党委副书记;1980年1月任余杭县三墩区安溪人民公社党委书记。

黄子来

黄子来

黄子来(1927—1995),男,韩曹村自然村人,1953年参加工作,同年光荣加入中国共产党,初小文化。1982年退休。

1953年任瓶窑区欠石乡中心初级社党支部书记;1954年任瓶窑区欠石乡中心高级社党支部书记;1956年任瓶窑区欠石乡中心大队党支部书记;1958年任瓶窑区欠石乡欠石大队党支部书记;1959年任瓶窑区欠石乡欠石管理区党总支副书记;1961年任三墩区良渚人民公社党委副书记。1969—1982年在良渚人民公社工作。

1954年当选杭县第一届人民代表大会代表;

1956年当选杭县第二届人民代表大会代表。

陆掌根

陆掌根

陆掌根(1927—1997),男,万岁桥自然村人。1950年参加工作,1997年5月28日病故。

1950年经三墩区孟兆财介绍参加工作。

1950—1953年任杭县纤石乡农会主任。

沈雪庆

沈雪庆

沈雪庆,男,后荆村自然村人,1938年12月生,1955年11月参加工作,高小文化。1959年9月加入中国共产党。1999年3月退休。

1955年11月任杭县瓶窑区纤石乡信用社会计;1959年2月任余杭县良渚公社宣传科干事;1961年4月任余杭县安溪公社秘书;1963年4月任余杭县安溪乡团委书记;1973年11月任余杭县安溪乡党委委员;1979年12月任余杭县安溪乡党委副书记;1984年1月任余杭县大陆乡乡长、党委书记;1989年11月任余杭县安溪镇党委书记;1995年10月任余杭县安溪镇巡视员、调研员;1995年5月任余杭市安溪镇计生协会会长;2005年10月任余杭区良渚街道老干部支部书记。

1992年度被评为余杭县行政事业机关先进工作者;1993年度被评为余杭县行政事业机关先进工作者;1997年度被余杭市评为计划生育先进工作者;1997年度被评为余杭市市级计生协会好会长;1999年度被评为计生协会好会长;2000年度被评为全国计划生育协会先进工作者;2006年度被评为余杭区老干部先进个人;2010年度被评为余杭区老有所为奉献奖;2011年度被评为优秀共产党员;2011年度被评为余杭区百名优秀老干部。

周水源

周水源

周水源,男,万岁桥自然村人,1941年8月生。1959年12月24日在杭州市拱墅联社良渚人民公社参加中国人民解放军。1963年10月加入中国共产党。2001年3月退休。

1960年4月至1964年3月,任南京军区某大队任班长;1964年3月南京军区某连任排长;1967年12月至1969年3月任某部排长。荣立个人三等功1次,集体三等功1次。

曾赴京参加国庆观礼,受到毛泽东主席和周恩来总理的接见。

1969年4月在南京任某部连长;1976年4月转业到余杭县瓶窑区长命公社任革委会副主任、党委副书记;1978年4月任余杭县瓶窑区彭公公社党委书记、革委会主任;1981年1月在余杭区农业局工作至退休。

梁文潮

梁文潮

梁文潮,男,后荆村自然村人,1943年5月16日生,1963年参加中国人民解放军,1965年加入中国共产党,党政管理专业大专学历。转业后在浙江省人力资源和社会保障厅工作,任调研员,2003年6月26日退休。

参加中国人民解放军后在师政治部宣传科任干事,连级;1968年1月11日在中国人民解放军某连,参加抗美援越战争,在抗美援越战争中所在连队荣获战功,个人也获得嘉奖,荣立三等功。

1978年转业后到浙江省劳动局等单位工作,数次荣获浙江省人力资源和社会保障厅(浙江省劳动局)先进工作者。

陈志福

陈志福

陈志福,男,上纤埠自然村人,1944年9月13日生。1963年3月参加中国人民解放军,1975年10月加入中国共产党,初中毕业。退休前任余杭区人民法庭良渚法庭庭长(处级),2004年10月退休。

1963年,在中国人民解放军服役,排级职务;1968年7月转业后在余杭县宏磐公社工作;1978年9月至2004年11月在余杭县良渚人民法庭工作。

在服役期间,吃苦耐劳,苦练军事本领,从战士到排长。转业后先后在法庭和政府部门工作。在余杭县宏磐乡人民政府工作期间,任文书,恪尽职守,服务于民。1978年,又回到法官岗位上并担任领导职务。

林水根

林水根

林水根,男,林家里自然村人,1946年6月25日生,1964年11月参加工作,1964年6月加入中国共产党。初中文化,2006年10月退休。

1964年在花园桥大队担任党支部副书记、贫协主任和共青团支部书记,负责财务和桑蚕工作。因工作需要,1969年底至1973年参加余杭县委工作队工作,工作队结束后回到胜利大队工作。

1979年11月在公社招干中进入安溪公社党委班子,担任党委委员、党委副书记职务,分管组织和工业工作。1974年11月,根据安溪公社党委安排,调入安溪卫生院,担任卫生院党支部书记,负责全面工作。多次被评为省、市、县卫生系统先进单位和先进个人。先后接待6批外宾,分别是联合国粮农组织代表、埃及开发大学代表、美国家庭母子代表团、澳新代表团、德国柏林大学医学系一行和日本农业代表团等,建造了安溪卫生院外宾接待室。

1984年1月当选为公社党委书记,经过五年的努力,安溪的工业、农业、党的建设等方面有了新的发展和提高。1989年11月调到大陆乡工作,担任大陆乡党委书记。1992年余杭县进入撤区、并乡、扩镇阶段,大陆乡合并到良渚镇,同年

5月,在良渚镇担任党委副书记,分管组织、党建、纪检、政法等工作。后改任调研员直至退休。

1990年2月当选为中国共产党余杭县第八次党代表;1993年2月，当选为中国共产党余杭县第九次党代表;1982年、1988年、1989年、1990年，获评国家行政事业机关先进工作者(余杭县委);1988年,获评余杭县“两个文明”建设先进工作者;1989年，获评余杭县农村合作医疗积极分子;2000年和2002年被县政协评为“双好”委员;2003年4月被评为杭州市老龄工作先进工作者;1991—1995年、1997年被评为良渚镇党员积极分子。

陈锡昌

陈锡昌

陈锡昌,男,韩曹村自然村人,1947年生,1965年参加工作,1996年加入中国共产党,中专文化。退休前曾任中铁十四局集团第二工程公司副总工程师,2007年3月退休。

1965年应征入伍,在铁道兵某营当兵;曾任副排长、排长、副营长、正营级参谋。

1972年团部组织训练,接受命令后,奔赴新的工作岗位。训练当中他严格要求自己,以身作则,完成各项新的训练任务,为全团做出了榜样,荣立三等功1次。

1976年7月28日河北唐山丰南发生7.8级大地震,所在连接到抢险救灾命令后,立即奔赴现场抢险救人,搬运货物,抢修公路,连续七天七夜奋战在第一线,荣立三等功。

1977年3月19日在去十连开会的路上，陈锡昌遇见一名中年妇女带着两个小孩掉入河中,奋不顾身,跳入河中,救起大人小孩,受到当地百姓的好评,荣立三等功。

1984年1月集体转业至铁道部，任铁十四局二处办公室主任;1990年任山东济青公路项目部经理;1998年任上海宝山区逸仙路高架桥项目部经理。

沈农高

沈农高,男,沈家门自然村人,1956年9月生,1973年12月参加工作,1985年9月加入中国共产党。1977年浙江省燃料化学工业学校地质勘探专业毕业。

2004年7月中共浙江省委党校行政管理专业毕业,在职大专。曾任中化地质矿山总局浙江地质勘查院纪委委员、党委委员兼办公室主任等职,高级工程师。2016年10月退休后回纤石村居住。

沈农高

1972年2月在胜利大队新联小学任民办教师;1975年10月在浙江燃料化学工业学校地质勘探专业学习;1977年9月毕业分配至浙江省化工地质大队(中化地质矿山总局浙江地质勘查院)先后从事技术工作和行政管理工作。曾任人事保卫科科长、办公室主任、人事教育处主任、监察室主任、机关党支部书记、纪委委员、党委委员等职。其间,2001年9月至2004年7月参加浙江省委党校行政管理专业在职学习,任副班长。

曾参与浙江省黄铁矿和浙江省化工矿产的综合研究工作,参与编写《浙江省黄铁矿》《浙江省化工矿产》技术报告,后从事技术管理工作。1991年下半年后从事组织和行政管理工作,制定单位多项管理制度。主编《浙江化勘四十年》画册,担任《浙江化勘》简报主编。曾被《中国国土资源报》聘为特约记者。在《浙江日报》《杭州日报》《信息早报(化工专刊)》《矿业报》等发表新闻消息多篇。2012年在《中煤地质报》发表长篇通讯。2005年,被中国昊华化工(集团)总公司聘为安全技术专家。2008年,与他人合著《工业技术风险管理浅谈》发表于《现代职业安全月刊》。2002年,参加《浙江省地质矿产志》编写工作。曾任浙江省地质学会会员,地质报告编写专家库成员。

2020年,参与纤石村《村规民约》编写讨论,编写《村规民约》三字歌。现任《纤石村志》主编。

1999年、2001年分别被浙江省石化建材集团公司党委授予优秀党务工作者称号;2004年、2006年、2011年、2014年分别被中化地质矿山总局党委授予优秀党务工作者称号;2006年被中国昊华化工(集团)总公司党委授予优秀党务工作者称号;2012年被中国煤炭地质总局浙江煤炭地质局党委授予优秀党务工作者称号;2005年、2006年分别荣获中国化工集团公司“中国化工人”称号。2020年获良渚街道老有所为奉献奖。

施南山

施南山,男,施田畈自然村人,1961年生,1980年10月入伍,1985年7月加入中国共产党,自学考试本科。现在临平区崇贤街道办事处工作,任二级调研员。

施南山

1980年10月入伍,在武汉某部队服役。曾任班长、排长、副连长、代连长、连长、作战参谋、副营长、营长、副团长等职。2002年转业至余杭区司法局任副局长,分管司法行政工作;2009年5月任崇贤镇副镇长、办事处副主任、人大工会副主任等职;2015年10月转为二级调研员。

荣立个人三等功2次;3次被评为广州军区空军优秀共产党员;在部队获得各级各类个人嘉奖10余次。

王洪银

王洪银

王洪银,男,祖籍江苏盐城,住纤石村马家桥自然村,1971年8月生,1990年3月参加工作,1991年6月加入中国共产党。武警学院消防管理专业在职大专学历。现任余杭区闲林街道党工委书记。

1990年3月任杭州市消防支队机动中队战士;1991年11月任浙江省消防总队教导大队学员。曾任杭州市消防支队上城中队正排职司务长、副政治指导员;下沙中队副政治指导员;特勤一中队政治指导员;后勤处营房科正连职助理员;建德大队副大队长;后勤处营房科副科长、营房科科长;滨江大队政治教导员、副团职政治教导员;2012年12月先后任杭州市余杭区良渚街道调研员、办事处副主任、党工委副书记、良渚新城党工委委员;2018年4月先后任杭州市余杭区仓前街道党工委副书记，党工委副书记、办事处主任;2021年5月起任杭州市余杭区闲林街道党工委书记。1998年12月、2012年3月、2021年4月3次荣立三等功。

沈　建

沈　建

沈建,男,韩曹村自然村人,1971年9月生。1995年1月加入中国共产党,1990年2月参加中国人民解放军,对潜通信工程专业大专文化。2014年转业后在杭州市余杭区黄湖镇人民政府工作,任副调研员。

1990年12月参加中国人民解放军，在海军某基地任战士;1993年9月海军电子工程学院学员;1996年海军某基地任分队长;1998 年 12 月在海军某基地任副连职分队长;1999 年 3 月在海军某基地任副政治指导员、指导员;2002 年 12 月在海军某基地工作;2005 年 6 月在海军某基地直属工作处工作;2008 年 12 月, 在海军某基地任副团职干事;2014 年转业至杭州市余杭区黄湖镇人民政府任副调研员。

在服役期间受到部队的好评。2011 年、2012 年 11 月分别被团党委、师部授予三等功各 1 次。

赵琪峰

赵琪峰

赵琪峰,男,上纤埠自然村人,1977 年 4 月生,1998 年 8 月毕业于杭州师范学院中文系汉语言文学专业,同年参加工作。2006 年 8 月加入中国共产党,在职研究生。现任杭州市临平区教育局党委书记、局长。

1998 年 8 月杭州师范学院中文系汉语言文学专业毕业后任杭州市塘栖中学语文教师;2004 年 8 月中共杭州市余杭区委办公室综合部科员、副科长,其间(2006 年 9 月至 2009 年 7 月)在浙江省委党校在职研究生学习;2007 年 12 月中共杭州市余杭区委办公室调研二科科长发展研究中心副主任;2011 年 9 月中共杭州市余杭区委办公室副主任、党组成员、区政府研究室副主任;2016 年 11 月中共杭州市余杭区委正处级组织员(驻区委办公室)、区委办公室副主任、政策研究室副主任;2017 年 8 月杭州市余杭区星桥街道党工委副书记、办事处副主任;2019 年 6 月浙江省政协研究室综合处副处长、二级研究员(主持工作);2019 年 12 月余杭经济技术开发区党政办主任;2021 年 4 月杭州市临平区教育局筹备组组长;2021 年 7 月杭州市临平区教育局党委书记、局长。

大学毕业后在塘栖中学从教六年, 曾获杭州市余杭区教坛新秀称号。2004 年 8 月后先后在区委、政府办公室、星桥街道、省政协研究室、国家级经济技术开发区等单位岗位履职。曾多次牵头起草单位党代会、区委全委会报告和区政府工作报告,组织开展《余杭区“十三五”发展思路研究》《建立健全“一张图一本账一盘棋”工作机制的思考与实践》等重点课题研究。

在星桥街道工作期间,全面提升政务服务能力和督察考评工作实效。抓经济建设、抓宜居环境、社会治理和民生改善,街道经济发展保持稳中有进,主要经济指标均实现两位数以上增长。推动社会治理持续完善,有关经验做法得到市、区肯定并推广。在开发区工作期间,牵头制定实施《杭州余杭经济技术开发区督查工作实施细则》《开发区机关后勤事务精细化管理办法》,打造“余经开数字督查系统”,实现“数智督考”。牵头起草的6篇专报信息得到区委、区政府主要领导批示,1篇信息上报国务院办公厅。

沈桂法

沈桂法

沈桂法,男,沈家门自然村人,1955年5月生,1977年7月参加工作,1983年7月加入中国共产党。中央农业广播学校栽培专业毕业,中专文化,高级农艺师。2015年6月退休。

1977年11月参加余杭县农业局组织到海南岛杂交制种;1978年7月在安溪镇农业技术推广工作,任党支部书记、主任;2001年在良渚街道办事处农技推广工作;2016年退休,杭州及时雨植保防治服务专业合作社作技术指导。

参加工作后一直从事农技工作,43年来致力于农技推广,从杂交制种到担任公社农技站负责人,始终奋战在农技推广第一线,与时俱进,刻苦钻研。在粮食高产栽培管理及新技术试验示范中,先后主持和参加37项农技推广项目实施,共有33项成果获奖。其中,省级32项、市级11项、区级19项。在国家级、省级、市级刊物上发表科技论文23篇。曾任安溪公社农业办公室党支部书记、主任;公社农技推广站站长、科协秘书长、区级责任农技师、水稻大灾害理赔专家。2012年评获高级农艺师。2020年获评杭州市E类人才。1998年当选为中国人民政治协商会议杭州市余杭区第七届委员会委员。

1991年至1998年,在纤石村木圩至蒋家圩“余杭区千亩春粮示范区”建设中走村访户做好技术指导和服务工作,大麦亩产达到400公斤水平,成为余杭县种子公司春粮种子基地,年提供大麦种子30余万公斤。多年来开展农业新技术、新品种、新模式的试验示范和推广应用工作,推广农场优质高产新品种83个,累计面积69.5万亩。先后示范、推广水稻轻型栽培、测土配方施肥、农作物化学锄草,“两壮两高”超级水稻高产创建、水稻基质叠盘育秧、水稻植保统防统治及高效双低农药、农业标准化和绿色防控无公害生产等多项栽培新技术,累计推广面积78.3万亩,增加效益1.85亿元。

1991年被评为杭州市优秀共产党员；1992年被评为余杭区和杭州市劳动模范；1995年被评为浙江省优秀乡镇农技员；1993年获余杭县委、县政府“农业标兵”称号；1998年获余杭市政协“双好”委员称号；2003年获得余杭区委、区政府“科技工作先进个人” 称号；2008—2009年度被评为杭州农技推广先进农技员、浙江省基层农技推广优秀工作者。

潘国凤

潘国凤

潘国凤，女，沈家门自然村人，1979年1月生，2005年8月参加工作，1999年5月加入中国共产党。2009年7月毕业于中国中医科学院中西医结合专业，博士。现任首都医科大学附属北京世纪坛医院科室副主任，主任医师。

2005年7月浙江省中医药大学硕士研究生毕业后任浙江省中医院住院医师；2006年9月至2009年7月就读于中国中医科学院，取得博士学位；2009年8月起任首都医科大学附属北京世纪坛医院科室副主任、主任医师、北京中医药大学副教授。

主要从事中西医结合肿瘤临床工作。担任国家自然科学基金委员会评审专家、科技部创新创业人才评审专家、国家药监局临床药物一致性评价评审专家与北京市首发项目评审专家等。兼任中国抗癌协会中西医整合肿瘤专业委员会常委兼青委副主委，中国抗癌协会北京中西医整合肿瘤专业委员会副主委兼秘书长，中国抗癌协会康复会学术指导委员会常委兼秘书长、国家远程医疗与互联网医学中心肿瘤专家委员会副主委、北京中西医结合学会肿瘤专业委员会常委、中国医促会肿瘤专业委员会常委、中国中医药信息研究会临床研究分会常务理事等职，曾主持国家自然科学基金青年项目1项，北京科技新星计划项目1项，北京市科委的首都临床特色应用研究项目1项。2013年获得北京市优秀人才项目资助，2014年获北京科技新星计划资助，2019年入选北京市优秀人才“青年拔尖团队”团队项目PI，同年入选全国中医药创新人才。2014年获北京市委组织部资助赴美国耶鲁大学访学，2015年公派赴美国哈佛大学访学，2016年赴香港大学访学。

2011年被列为第三批北京市中医药“125”人才，2012年被评为“北京地区优秀中青年医师”，2014年被评为 “北京市卫生系统高层次卫生技术人才青年骨干”,2016 年被评为“首都优秀青年医生”,2018 年被授予“国之名医—青年新锐”称号。

洪丽芳

洪丽芳

洪丽芳,女,陈家门自然村人,1975 年 3 月生,1994 年 8 月参加工作,2007 年 9 月加入中国共产党,护理专业本科。现任杭州市余杭区良渚医院护理部主任、主任护师。

1994 年 8 月杭州护士学校护理专业毕业后在余杭市第三人民医院任护士(1997 年 9 月至 2001 年 6 月在浙江大学护理专业学习);2001 年 2 月在杭州市余杭区第三人民医院任护士长(2004 年 9 月至 2007 年 6 月在浙江大学护理专业学习);2014 年 12 月在杭州市余杭区良渚医院任护理部主任。

2020 年新冠疫情期间,负责良渚街道 2 号集中医学观察点的管理工作。自 1 月 27 日至 4 月 13 日,一直奔波在医院与观察点之间,医院除了做好医院本职工作外,每天做好对医学观察人员体温、健康状况监测资料的收集、汇总和上报,出现发热或其他健康问题时及时处置,热心服务。由于观察点派驻的工作人员是临时组建,没有相关工作经验,洪丽芳多次组织护理人员开展防护衣的穿脱、手卫生、口罩的正确使用、医疗废弃物处置等防护培训,加强防护意识和水平,做好后勤保障工作。7 月 21 日,医院再次接到任务,她义不容辞地再次承担了重任,尽到了一名医务人员的责任。

2013 年 3 月被中共杭州市余杭区委宣传部评为“三八”红旗手;2020 年 7 月被中共杭州市余杭区卫生健康局委员会评为“余杭区卫健系统疫情防控工作先进个人”;2020 年 11 月被中共杭州市委、杭州市人民政府评为“杭州市抗击新冠肺炎疫情先进个人”。

陈　佳

陈佳,男,陈家门自然村人,1987 年 7 月 3 日出生,2010 年 8 月参加工作,浙江大学电气自动化专业本科毕业,现任浙江大学建筑设计研究院有限公司高级工程师。

2010 年毕业于浙江大学电气自动化专业本科,现就职于浙江大学建筑设计研究院有限公司建筑智能分院,从事建筑智能化设计工作,完成建筑智能化设计项目百余项,包括浙江大学紫金港校区、浙江大学舟山海洋学院、西湖大学、中国美术学院良渚校区、之江实验室、海康威视总部办公大楼、茅台国际大酒店、绿城医院等重点项目,参与设计的项目多次获得省部级奖项。作为主要起草人参与编制了《传染病应急医院(呼吸类)建设技术导则(试行)》《装配式传染病应急医院建造指南(试行)》等省标。

获评杭州市E类高层次人才;

获评浙江大学建筑设计研究院有限公司抗击新冠肺炎疫情先进个人;

获评浙江大学建筑设计研究院有限公司院级先进工作者。

沈元伟

沈元伟,男,花园桥自然村人,1961年10月17日生,1983年7月毕业于东北工学院(现东北大学),1986年7月硕士研究生毕业,后被分配到安徽省马鞍山市矿山研究院工作。

沈元伟

1983年7月东北工学院(现东北大学)大学毕业后在马鞍山矿山研究院硕士研究生学习;1986年9月在马鞍山矿山研究院任高级工程师;2000年11月至今,移居加拿大多伦多。

在国内期间,参加十多项中华人民共和国冶金工业部的重要课题,担任过深研组的组长、副所长等职,在通风安全等领域中取得了较好的成果并获得:1.矿用对旋式局部扇风机获"国家实用发明专利"。2.遂昌金矿全面留矿法采矿工艺研究获得"浙江省冶金科技进步二等奖",为重要贡献者。3.深凹露天矿开采技术研究和多级机站通风系统获两项国家科学技术进步奖三等奖,为主要参与者。4.发表各类科技论文14篇。

冯建伟

冯建伟,男,冯家门自然村人,1984年8月生,2003年3月参加工作。2003年7月毕业于宁波林业学校园林绿化专业,2012年2月浙江大学土木工程(工程管理)在职学习,大学本科。现任杭州未来科技城城市发展有限公司高级工程师,杭州市高层次人才。

冯建伟

2003年7月在浙江世贸园林环境工程有限公司任施工员;

2006年3月在萧山之江园林工程有限公司任园林工程项目经理，其间,2005年3月至2008年1月参加北京林业大学园林专业函授;2007年3月，在杭州恒力市政工程有限公司任园林工程项目经理;2009年3月，在浙江中亚园林景观发展有限公司任园林工程主管;2010年5月，在杭州未来科技城建设有限公司任综合部主管、工程四科科长;2017年6月,在未来科技城城市发展局任绿化环卫部经理,区城管局从事城市管理工作。

2018年12月获得高级工程师任职资格,2000年6月获评杭州市高层次E类人才。

2015年至2016年负责完成杭州未来科技城闲林港(文一西路—何过港)工程、永胜港(良睦路—高教路)河道整治工程获评2017年度“杭州市优秀园林绿化工程(公园及河道类)”,闲林港项目获评2015年浙江省河道生态建设示范工程、2016年余杭区最美河道、2021年度省级美丽河湖。

2017年至2019年，负责完成杭州未来科技城城市管理标准化示范区块创建项目,并获得杭州市2019年度精细化管理“一城区一品牌”创建二等奖。未来科技城风景田园建设管理,获得余杭区2018年风景田园示范二等奖。未来科技城“厕所革命”、城管驿站工作,建设管养的BRT2号公厕、溪望路公厕、永胜港公厕、中央公园公厕均获评2019年度全国示范公厕,BRT2号公厕获评余杭区“群众满意公厕”;配建的文一西路城管驿站,获评杭州精品驿站。

2021年6月，代表余杭区组织参加杭州植物园庆党百年花展布展工作,获得金奖。所管辖的五常北部园区公园获评2021年度省级优秀综合公园,良睦路获评2021年度省级绿化美化示范路。

2018年4月,被评为余杭区2017年度绿化先进个人;2019年2月,被杭州未来科技城管委会评为2018年度铁军先锋先进个人;2019年6月,被评为余杭区服务保障2019年全国“双创”活动周先进个人;2020年5月,被杭州未来科技城管委会评为2019年度铁军先锋先进个人;2020年10月，被评为余杭区优秀城市美容师。

沈国梁

沈国梁,男,后荆村自然村人,1974年10月生,1996年12月加入中国共产党,1993年8月毕业于浙江师范大学汉语言文学专业并参加工作，现为杭州市余杭区瓶窑镇第二小学负责人，高级教师(副高)。

沈国梁

1990年考入浙江省严州师范学校，1993年8月分配至良渚第一小学任教，先后担任良渚第一小学数学教研组长、团支部书记、教务主任，2015年8月因工作需要调到余杭区彭工小学任副校长，2018年8月调到余杭区瓶窑镇第一小学任副校长，2021年8月任余杭区瓶窑镇第二小学负责人。

在任教的近三十年里始终在教学一线摸索，在数学教学专业领域取得了较好的成绩，参与"一师一优课"活动获评教育部优课，30多篇文章在省、市、区教育杂志发表或获奖，多个教学课题在省、市、区立项，现为余杭区首届领航名师培训班学员，先后获得浙派名师培养对象、杭州市优秀教师、杭州市农村教师特殊贡献者、余杭区教育系统优秀共产党员、余杭区教坛新秀、骨干教师、学科带头人、教科研先进工作者等称号。

虞旺权

虞旺权，男，1982年12月25日生，浙江东阳人(新纤石人)，2004年毕业于湖南工程学院房屋建筑专业并参加工作，2019年取得浙江理工大学土木工程专业本科学历，现任蓝城房产建设集团公司总经理助理、高级工程师。

虞旺权

2001年9月湖南工程学院房屋建筑专业毕业后在浙江中天建设集团任施工员；2007年在碧桂园房产集团任土建工程师；2010年在杭州野风房地产开发有限公司任土建工程师；2013年在绿城房产建设管理集团有限公司任工程部经理；2015年起在蓝城房产建设管理集团有限公司任总经理助理，高级工程师、一级建造师。其间，2017年3月至2019年6月在浙江理工大学土木工程专业在职学习，取得本科学历。工作期间多次获评集团先进员工。

沈卯亭

沈卯亭(1923—？)，男，9组花园桥人，初小文化，1949年4月入伍。

1949年4月参加中国人民解放军，在第三野战军二十军五十九师一七六团一营二连当兵。在解放战争中英勇作战。

1949 年 12 月 19 日中国人民解放军第三野战军政治部、司令部发给革命军人优待证明书(第一七二四五号),要求当地政府根据其家属生活实际情况给予适当照顾。之后,沈卯亭与家人未有联系,至今杳无音信。

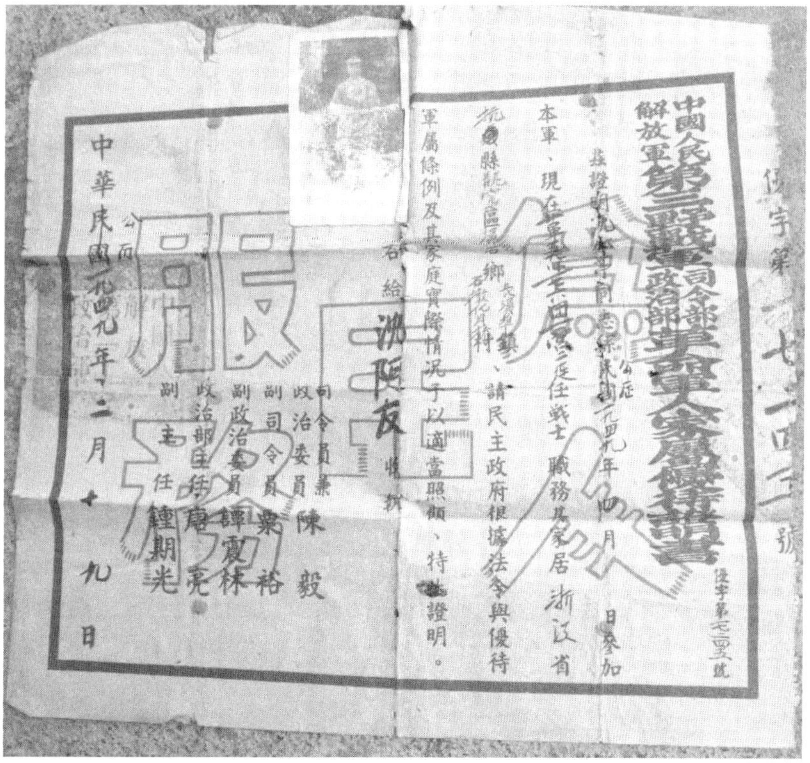
優字第一七二四五號
中國人民解放軍第三野戰軍司令部政治部革命軍人家屬優待證明書
優字第一七二四五號
茲證明 係於中華民國公元一九四九年四月 日參加
本軍、現任 任戰士 職務其家居浙江省
杭 縣 區 鄉 鎮 村、請民主政府根據法令與優待
軍屬條例及其家庭實際情況予以適當照顧、特此證明。
右給 沈阿友 收執
司令員兼政治委員 陳毅
副司令員 粟裕
副政治委員 譚震林
政治部主任 唐亮
副主任 鍾期光
中華民國公元一九四九年十二月十九日

沈卯亭革命军人家属优待证明书

朱耀根

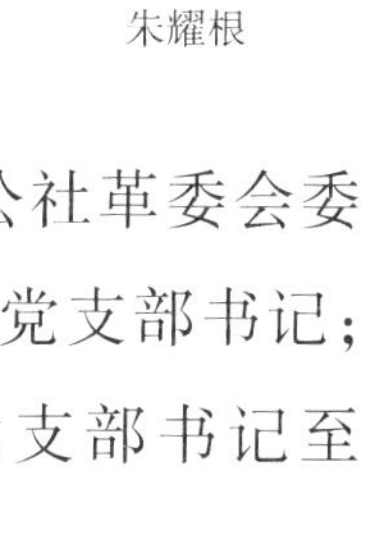

朱耀根

朱耀根(1926—2008),男,8 组马家桥人,1949 年 11 月参加工作,1950 年 6 月 16 日由一军三师八团一营二连的梁中柱、解城富两位同志介绍加入中国共产党。初小文化。1955 年退伍回村, 后在大队和乡镇企业任职,1981 年退休回 8 组陈家门居住,2008 年病故。

1961 年任花园桥大队党支部书记;1967 年任新联大队党支部书记;1968 年任胜利大队党支部书记、革命领导小组组长、安溪公社革委会委员(兼);1971 年任安溪公社果园党支部书记;1975 年任安溪农机站党支部书记;1977 年任安溪建筑队党支部书记;1979 年任安溪石料一工地党支部书记至退休。

1950 年响应中央军委“抗美援朝、保家卫国”的号召,随连队奔赴朝鲜,踏上了抗美援朝的征程。他作为炮手长,以身作则,在冰天雪地之中,做好战前的准备工作,运用平时积累的娴熟技术,带领好一班人,为祖国、为朝鲜,亦为家乡人民英勇善战。他洒下了一腔热血,在戎马生涯的 6 年中,屡立战功,多次受到部队嘉奖,荣获三等功3次、小功1次。

1955年3月复员回村从事农业生产和村民群众同甘共苦，服从组织安排，在14年中调换了7个单位,担任党支部书记等职务。

廖瑞华

廖瑞华(1926—2001),男,4组上纤埠人,1952年3月10日参加中国人民解放军。

在服役期间,努力学习和刻苦钻研兵训各课题,得到首长称赞,各项技能得到战友的好评。1952年12月分别获得个人学习三等功和集体学习三等功。1953年12月和1954年7月分别荣获2次三等功。

退伍后回家从事农业生产，先后担任过生产大队的出纳及企业的农机采购员。2001年1月28日病故。

俞有富

俞有富(1926—1976),男,11组文祥官人,初小文化,1949年参加中国人民解放军,1950年加入中国共产党。

1950年,参加中国人民志愿军,赴朝鲜参战,任战地炊事班长,同年加入中国共产党,在赴朝鲜作战中荣立三等功2次。

1955年3月,复员回村从事农业生产。

1976年,在家病故。

俞有泉

俞有泉

俞有泉(1930—2018),男,4组上纤埠人,1951年3月参加中国人民解放军,在部队加入中国共产党,初小文化,1956年4月5日退伍回村。从事农业生产。1961—1967年,任上纤埠大队民兵连连长。2018年在家病故。

参军后,参加“一江山岛”战役,坚守在战斗的第一线,不畏强敌,冲锋在先,英勇善战,表现出顽强的战斗精神。在解放“一江山岛”的战役中受到部队嘉奖,荣立四等功1次。

退伍回家后,始终保持军人本色。1961年任上纤埠大队的民兵连连长,发挥自身退役军人的优势,做好民兵工作。

陆金荣

陆金荣,男,1940年2月10日生,万岁桥人,1959年参加中国人民解放军,1961年11月加入中国共产党,初中文化。1968年3月退伍后,在新联小学任教后调安溪中心小学,2008年退休。

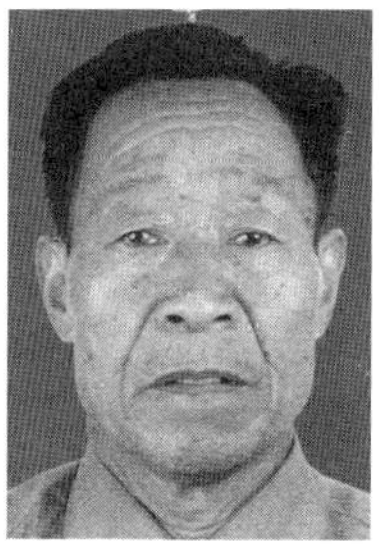

陆金荣

参军期间,1965年荣获某部队技能比赛一级技术能手称号,由空军政治部颁发荣誉证书。曾获中国人民解放军某部队政治处记个人三等功1次。

金子惠

金子惠,男,1942年10月出生于良渚石桥村7组(钱家兜自然村),1955年石桥小学毕业。1963年11月应征入伍,1966年8月加入中国共产党,1969年4月退伍回家从事农业生产。

金子惠

入伍后,在福建空军某部任通信线务员,1963年11月起除参加通信线路维修技能学习外,还参加炮兵手技能培训、理论及文化知识学习等。在训练和学习中刻苦认真,受到领导的好评。

1966年7月,被分配到某部担任有线电话线路维护员,平时刻苦训练业务技能,掌握接线、爬电线杆等技能。担任有线电话线路维护和维修。退伍后回村从事农业生产。

1967年荣获"五好战士"称号。

沈志跃

沈志跃,男,1945年8月30日出生,9组花园桥人,小学文化。1963年11月应征入伍,1967年7月加入中国共产党,1968年4月退伍,2005年10月退休。

沈志跃

1963年11月光荣入伍,在福建省空军某部担任炮兵班的一炮手。多次荣获"五好战士"称号。曾受到组织表扬,并荣立个人三等功1次。

1968年4月在马鞍山公安局当民警;1969年4月调到安溪医院担任卫生队

队长，同年7月调到余杭蚕种场人事科工作；1984年8月到良渚农场任治保主任；1991年1月调到余杭农业学校主管总务工作。多次荣获系统“先进工作者”称号，2020年获授“光荣在党50年”纪念章。

沈阿文

沈阿文

沈阿文，男，1945年12月出生，9组花园桥人，小学文化。1963年11月应征入伍，1966年3月加入中国共产党。

入伍后分配到福建省空军某部。1963年11月起参加炮兵手技能培训、理论及文化知识学习等。1966年5月起调到炊事班工作。

1964年3月学习训练刻苦认真被口头表扬，1964年8月荣获三级技术能手称号，1967年7月荣立个人三等功。

梁顺林

梁顺林

梁顺林，男，1946年9月生，15组后荆村人，小学文化。1965年3月参加中国人民解放军，1969年3月加入中国共产党。

1965年3月入伍南京军区服役。在部队中认真好学，刻苦训练，踏实工作，多次受到好评。1968年10月担任班长职务，1969年8月班长兼代理排长，负责机务队工作，为两个团的大型拖拉机提供维护维修服务，确保军需生产和公路运输的正常运行。1969年10月，参加部队所在地抗洪救灾突击行动，不分昼夜，冒着生命危险奋战在抗灾第一线，不畏艰险，冲锋在前。由于洪水凶猛，堤坝坍塌，被洪水卷出50米开外，由于年富力强，自救脱险，终于安然无恙。经过一周的连续抗战，堵住了洪水，保护了一方平安。因工作表现突出，多次受到嘉奖。

1969年10月荣立个人三等功1次，连续6年被评为“五好战士”。

退伍回村后从事农业生产。1971年3月至1983年担任前进片民兵连连长，同时兼任本生产队的农业生产负责人和财务队长职务。

陈掌根

陈掌根

陈掌根，男，1947年生，8组陈家门人，小学文化。1965年入伍，1969年加入中国共产党，2007年退休。

1965年，应征加入中国人民解放军，在修理连任修理工，刻苦训练，表现积极荣获部队嘉奖，荣立三等功1次。

郭永庭

郭永庭

郭永庭，男，1957年7月30日生，1组草里坝人，1978年参加工作，1979年12月在部队加入中国共产党，小学文化。

在部队服役的4年中曾因工作出色，作风过硬，成绩优良，被所在部队团部嘉奖一次，连部嘉奖2次，1979年在中越边境自卫还击作战中，荣获个人三等功1次。

1982年后，先后在安溪第一石料厂、獐山天裕石砂、黄山石矿、獐山钢瓶厂、良渚矿山机械厂、冠杭食品有限公司工作。

陈雪连

陈雪连

陈雪连，男，1957年8月生，后荆村自然村人，小学文化。1976年12月参加中国人民解放军，1979年加入中国共产党，1982年10月退伍，2011年退休。

1976年12月，应征入伍，担任某团班长。工作期间吃苦耐劳，带病坚持工作，团结同志，发挥带头作用，表现积极，1979年12月荣立个人三等功1次。

1980年8月，担任广州军区某部队机场后勤维护工作，任副排长，每年都被团部授予先进个人嘉奖。

1985年任沈家门村党支部委员；1989年至2003年担任沈家门村党支部书记职务；合并纤石村后在村从事管理工作。

沈建潮

沈建潮

沈建朝，男，1962年4月出生，9组花园桥人，初中文化。1981年10月应征入伍，1985年3月光荣加入中国共产党，1987年1月退伍。

1981年10月入伍到福建漳州某部队，一直担任班长职务，在部队期间，认真好学，刻苦训练，多次受到部队的表扬和嘉奖，1984年荣立个人三等功。多次荣获连嘉奖、优秀战士称号等。

1987年3月，在杭州星光电器有限公司工作

梁树中

梁树中

梁树中，男，1964年7月生，15组后荆村人，初中文化。1982年到部队服役，1986年退伍后先后在余杭县人民政府所属部门工作。现任杭州余杭东兴轻纺有限责任公司法定代表人、杭州千杯酒类有限公司总经理。

1984年7月13日，当友邻部队有参战任务时，积极要求上战场，写血书表决心要求参加老山战斗，最后得到批准，在临战驻训期间，带领全班勤学苦练，在科学严格的标准训练中克服种种困难，在考核中各科目全优。

1985年4月，带领全班配合友军接替防御老山某阵地。两阵地条件十分艰苦，全在敌人炮火覆盖之下，每天只吃一餐且由炊事班从十几公里外于夜里送来，其他时候吃干粮与水果罐头。在条件非常艰苦恶劣的情况下，带领全班坚守30多天，并多次击退敌军偷袭，牢牢地守住阵地，直至友军接防。在这一年的轮战里，带领全班较好地完成了各项战斗任务，全班人员无一伤亡，所在排被授予集体二等功。

沈生根

沈生根，男，1974年10月生，纤石村14组高明桥人，1995年6月加入中国共产党，1992年12月应征入伍，大专文化。1997年12月退役，任沈家门村团支部书记。现任纤石村党委副书记，工会主席。

沈生根

1992年12月应征入伍。在部队服役期间,因工作成绩出色,1994年、1995年分别荣获优秀士兵称号。1996年,因工作成绩突出荣立个人三等功1次。

1999年7月14日,余杭市人民武装部授予其“6·30”抗洪抢险先进个人称号。2010年12月,被余杭区委,余杭区人民政府评为余杭区2010年度(社区)信访工作先进个人。2014年8月11日,被良渚街道党工委评为良渚街道2013年度党员积极分子。2015年7月15日,被良渚新城党工委、良渚街道党工委评为良渚街道2014年度优秀共产党员。2015年、2016年连续两年被评为街道党员积极分子。

2016年,良渚新城管委会、良渚街道办事处授予其“G20杭州峰会”“维稳安保工作先进个人”荣誉称号。2019年,被余杭区政法委评为2019年度余杭区级“优秀网格长”。2019年、2020年连续两年被良渚街道党工委评为良渚街道党员积极分子。自2013年起参加无偿献血,共计12次,4300毫升,获得浙江省血液中心颁发的“三免”荣誉证。

苏文海

苏文海

苏文海,男,1978年10月生于安徽省蚌埠市固镇县,部队转业后落户于14组高明桥自然村, 高中毕业后,1997年12月参加中国人民解放军(后调武警部队),2000年10月加入中国共产党。在部队服役期间,在职参加解放军军事财经学院军队财务专业学习,在职本科。现任纤石村党委书记。村民委员会主任、股份经济合作社社长。

1997年,在江苏某边防检查站服役。2000年7月调到武警杭州支队,出色地完成了多次抓捕走私船、抓捕外国籍偷渡组织者的任务。

2003年度工作成绩突出,荣立三等1次。2009年,苏文海转业后成为一名新纤石人。

梁泽超

梁泽超, 男,1995年4月生,15组后荆村人,2013年9月进入消防队伍,2015年5月加入中国共产党,现任丽水市消防支队庆元大队庆元中队中队长助理。

梁泽超

入队9年，先后参加各种灭火救援和保卫任务400多次，用汗水保护了国家和人民生命财产安全。在“2014年2月塔吊农民工救援”“2014年6月西寅急流救援”“2015年9月竹木企业火灾”“2016年5月新建路民房着火煤气罐处置”等各项急难险重任务中，主动请缨，英勇善战，用实际行动证明了消防员不怕牺牲、赴汤蹈火的铁血精神。“‘95后’抱火哥”“优秀共产党员梁泽超”“消防路上青春无悔”，媒体纷纷争相报道他的英勇事迹。

历年比武竞赛中，表现优异。2014年取得支队5000米列兵组第一，登楼第二，负重400米第三，个人总分第二的成绩；2015年取得支队5000米第六的成绩；2016年取得支队3000米第二的成绩，并在总队比武中获得各项成绩全优。2017年取得支队五公里第四的成绩；2018年体能对抗赛中，取得负重5000米第一，负重800米第二，徒手爬绳第四的成绩。多次代表大队参加支队、总队集训，在急流水域救援培训、浙西战区攻坚组培训、CRAR绳索救援技术全国第八期培训班中表现突出。2021年2月，担任全国首届社会救援力量技能竞赛浙江省考核赛裁判员。并参加全国首届火焰蓝尖刀比武对抗集训队。参加国际技术交流。参加国家综合性消防队伍灭火实战演习。荣立个人三等功2次，获个人嘉奖5次，被表彰为“优秀士官”3次、“优秀共产党员”3次。

第三章　名　　录

纤石村获得区级以上劳动模范称号人员一览表

表 7-3-1

序号	级别	姓名	时间	组别	备注
1	杭州市级	沈玉生	1958 年	13	
2	杭州市级	韩阿女	1958 年	10	
3	杭州市级	金雪顺	1959 年	6	
4	杭州市级	沈红芳	1996 年	10	
5	杭州市级	沈桂法	1992 年	13	
6	余杭区级	姚永建	2019 年	及时雨合作社	驻村企业
7	余杭区级	徐　圳	2017 年	长相知公司	驻村企业

村民荣誉称号一览表

表 7-3-2

姓名	获奖名称	获奖时间
周雪洪	余杭县三墩区优秀共产党员	1983 年
陆元坤	余杭县三墩区优秀共产党员	1983 年
徐美根	余杭县(区)优秀共产党员	1985—1995 年
	余杭市人民代表活动积极分子	2008 年
梁泽超	浙江省消防救援总队优秀共产党员	2018、2019 年
	丽水市消防支队优秀共产党员	2017、2018 年
	丽水市消防支队优秀士官	2016、2017 年
沈云娣	余杭市人民政府计划生育先进工作者	1995 年
	国家人口计生委人口与经济协调发展贡献奖	2003 年
	余杭区人民政府人口和计生先进工作者	2004、2008、2012 年
谷旺国	2010—2013 年度优秀获三等功	2015 年
	浙江省公安厅千名好民警	2018 年
	2016—2017 年度全省优秀人民警察	2017 年

续表 7–3–2

姓名	获奖名称	获奖时间
陈　立	余杭区万名好团员	2013 年
	浙江省千名好民警	2017 年
	余杭区十佳优秀青年	2016 年
	杭州市公安局路面值巡岗位标兵(专家组)	2015 年
	杭州市优秀人民警察	2015 年
梁宇振	浙江省监获系统保障工作先进个人	2015 年
	浙江省第四监获嘉奖	2016 年
	浙江省监获管理局三等功	2018 年

注:获荣誉者其他章节已有表述的,此表不再罗列。

纤石村高级专业技术人才一览表

表 7–3–3

序号	姓名	性别	获得职称	发证单位	发证日期	证书编号
1	潘国凤	女	主任医师	北京市高级专业评委	2018.11	10203A014457
2	洪丽芳	女	主任护师	杭州市卫技人员高级专业技术职务任职资格评审委员会	2020.12	证书未发放
3	沈元伟	男	高级工程师	冶金工业部	1995.4	18510
4	沈农高	男	高级工程师	中化地质矿山总局	2008.6	中化地矿职字第 08300
5	沈学文	女	副教授	浙江省人力资源和社会保障厅	2009.8	G3300064211
6	沈桂法	男	高级农艺师	浙江省人力资源和社会保障厅	2011.9	G3300171387
7	沈学政	女	副教授	浙江省人力资源和社会保障厅	2016.4	330125197702031022
8	沈国梁	男	高级教师	浙江省人力资源和社会保障厅	2017.4	G3300276114
9	蒋学范	男	副主任医师	浙江省人力资源和社会保障厅	2017.6	G3300293487
10	冯建伟	男	高级工程师	浙江省人力资源和社会保障厅	2018.12	G3300302597
11	沈律明	男	副教授	浙江省人力资源和社会保障厅	2019.12	—
12	虞旺权	男	高级工程师	浙江省人力资源和社会保障厅	2020.2	G3300311639
13	陈　佳	男	高级工程师	浙江省人力资源和社会保障厅	2020.12	G3300338911

纤石村中级专业技术人才一览表

表 7-3-4

组别	姓名	性别	获得职称	发证单位	发证日期	证书编号
1	章 丽	女	一级教师	余杭区教育局	2019.12.19	Z330100078875
1	马金娥	女	小学高级教师	余杭区教育局	2003.5.8	05013—007—2003—09310
1	姚建风	女	小学高级教师	杭州市人事局	2003.5	05013—007—2003—11476
2	李 曼	女	文博馆员	文物博专业评委	2009.6	文物博物专业中评委授予中级资格
2	周宝珠	女	小学高级教师	杭州市人事局	2003.3	05013—007—2003—09311
3	周晨宇	女	经济师	杭州市人力资源和社会保障局	2019.3	10101100133600751
3	金 雅	女	一级教师	杭州市人力资源和社会保障局	2020.12.27	Z330100090674
3	钱惠英	女	小学高级教师	杭州市人力资源和社会保障局		证书遗失
3	严妃妃	女	经济师	杭州市人力资源和社会保障局	2021.10	20211000133000001433
5	冯 娜	女	一级教师	杭州市人力资源和社会保障局	2017.12	Z330100056608
5	黄美丽	女	一级教师	杭州市人事局	2011.3	05023—007—2011—26391
5	陈 俊	男	工民建	浙江物产元通集团	2012.6	ZDYTP20130007
5	沈洁慧	女	工程师	杭州市人事局	2010.2	0913—007—2010—04837
7	金国华	男	中学一级教师	杭州市人事局、余杭区教育局	2003.5.22	04013—007—2003—08983
7	沈卫武	女	小学高级教师	杭州市人事局	2005.6.1	05013—007—2005—17863
8	陈芸芸	女	妇产科学	国家卫生健康委员会	2019.6	30220190633023300008
8	沈金珠	女	中学一级教师	杭州市人事局	1996.12	04013—007—2003—12291
8	沈晓波	男	金融经济师	浙江省人力资源和社会保障厅	2014.2	13029134
8	沈 悦	女	讲师	浙江省水利水电学院	2019.12	2019ZJ001
9	林惠英	女	小学高级教师	杭州市人事局	2003.12	0513—007—2004—16503
9	林俞潇	男	工程管理（中级）	杭州市人力资源和社会保障局	2016.11	Z330100043314
10	胡韩文	男	工程师	杭州市人力资源和社会保障局	2015.1	Z330100029216
10	江 艳	女	工程师	杭州市人力资源和社会保障局	2013.9	Z330100016706
10	沈如意	女	中学一级教师	杭州市教育局	2016.8	Z330100033178
12	占位典	男	社会工程师（中级）	浙江省人力资源和社会保障厅	2016.9	2016038303820
12	冯 月	女	小学高级教师	杭州市人事局	2008.10	05013—004—2009—00261
13	沈莉芳	女	社会工作师	民政部、人力资源和社会保障部	2017.6	330184198902013807
13	沈丽燕	女	一级教师	余杭区人力资源和社会保障局	2019.12	Z330100078866

续表 7–3–4

组别	姓名	性别	获得职称	发证单位	发证日期	证书编号
13	李良传	男	工程师	中化地质矿山总局	2017.6	中化地矿中职字第 171273 号
13	沈志南	女	小学高级教师	余杭区教师职务中评委	1999.8	05013—007—2003—09215
13	沈杭燕	女	一级教师	杭州市人力资源和社会保障局	2017.12	Z330100056339
13	杨连花	女	财会中级	浙江省人力资源和社会保障厅	2020.11	2050103212
13	沈美丽	女	主管护师	中华人民共和国人力资源和社会保障部	2017.5	330125198011093843
13	余婷婷	女	财会中级	浙江省人力资源和社会保障厅	2020.9	330184198807224343
13	沈燕敏	女	一级教师	杭州市人资和社保局	2016.12	Z330100045215
13	沈文秋	女	一级教师	杭州市人事局	1999.10	05023—003—2002—04019
13	嵇寅洁	女	经济(金融)中级	杭州市人社局	2012.11	12013330901034601
14	姚菊平	女	中级外科护理	杭州市人力资源和社会保障局	2012.10	13041603
15	钱丽娜	女	金融中级	中华人民共和国人力资源和社会保障部	2013.11	201811001330000872
15	郎忠琴	女	一级教师	杭州市人事局	2004.12	05013—007—2005—17786
15	徐红丽	女	执业药师	中华人民共和国人力资源和社会保障部	2017.11	2017026420262016423083010100
15	沈丹丹	女	会计师	中华人民共和国财政部	2020.9	12021016200483
15	李建明	男	机械设计与制造工程师			证书遗失

表 7–3–5

纤石村技能人才一览表

组别	姓名	性别	获得职称	发证单位	发证日期	证书编号
15	梁晓丰	男	二级技师	上海动车段	2020.11	Y0013330000062000048
8	陈志兴	男	农艺师	省劳动和社保厅	2003.12	0311010000320355

纤石村籍正科级干部一览表

表 7-3-6

序号	组别	姓名	性别	职级	工作单位
1	2	周 尧	男	正科级	余杭区行政执法局
2	2	俞振华	男	正科级	浙江省南湖监狱
3	2	施泽奇	男	正科级	苏州市委秘书处
4	4	赵振洲	男	正科级	余杭区司法局
5	4	张国飞	男	正科级	余杭区公安局(五常派出所)
6	4	俞建时	男	正科级	余杭区第一人民医院
7	5	黄月春	男	正科级	余杭区委组织部
8	8	陈 立	男	正科级	余杭区交警大队
9	9	林 霞	女	正科级	余杭区良渚街道
10	10	俞 刚	男	主任科员	余杭区人武部
11	13	沈建坤	男	正科级	余杭区良渚街道
12	13	沈桂法	男	正科级	余杭区良渚街道退休
13	13	沈 洋	男	正科级	浙江省人民政府联络办

注:此表以 2020 年 12 月实际职务统计。

纤石村出席余杭县(市、区)党代会代表一览表

表 7-3-7

序号	届别	姓名	时间	组别
1	八	沈锡庆、徐美根	1990 年 2 月	15、8
2	九	徐美根、林水根	1993 年 2 月	8、9
3	十	徐美根	1998 年 2 月	8

纤石村出席余杭县(市、区)人代会代表一览表

表 7–3–8

序号	届别	姓名	时间	组别	备注
1	一	黄子来、沈玉泉	1954 年 4 月	5、14	
2	二	黄子来、沈玉泉	1956 年 8 月	5、14	
3	三				三墩区无资料
4	四	陈炳荣、章阿寿、沈玉泉	1961 年 6 月	8、1、14	
5	五	陈炳荣、章阿寿、沈玉泉	1963 年 6 月	8、1、14	
6	六	周锡洪、沈雪庆	1966 年 6 月	3、15	
7	七	周子法	1984 年 9 月	3	
8	八	沈水林	1987 年 4 月	13	
9	九	赵凤金	1990 年 3 月	7	
10	十一	徐美根	1996 年 4 月	8	
11	十三	沈雪良	2002 年 1 月	11	
12	十五	姚永建	2017 年 2 月		驻村企业
13	十六	姚永建	2021 年 7 月		驻村企业

纤石村任余杭市(区)政协委员一览表

表 7–3–9

序号	姓名	届别	时间	组别
1	沈德强	七	1998—2001 年	13
2	沈桂法	七	1998—2001 年	13
3	谭朝英	八	2001—2006 年	10

丛　录

一、规章制度

纤石村村规民约

第一章　总　则

第一条　倡导富强、民主、文明、和谐、自由、平等、公正、法治，爱国、敬业、诚信、友善，积极培育和践行社会主义核心价值观。为规范村民行为，提高自我管理、自我教育、自我服务的能力，制定本村规民约。

第二条　全体村民及居住本村的外来人员都应自觉遵守本规约。党员、干部和村民（代表）应当模范遵守和执行本规约，并有督促的权利和义务，对本规约的实施有检查督促的权利义务。

第二章　规约内容

第三条　村党委、村委会人员、组级代表管好用好村级、组级资产资源，做好“三务”公开监督。广大村民积极参与村组事务协商，为创建美好家园献言献策。

第四条　应当支持和配合村委对村庄进行整体规划和项目引进，做好土地流转工作，提高农业综合效益，让村民增收，共建共享幸福家园。

第五条　维护村庄环境整洁有序，不占用公共区域；不在路边、绿化等公共用地开垦种植、堆放；严禁霸占公共车位，不私装地锁；履行好“门前三包”责任制，禁止乱贴乱涂乱画，保持楼道及公共区域干净整洁。

第六条　倡导文明养犬，自觉清理宠物粪便。按规定饲养家禽家畜，草里坝新苑内严禁饲养家禽家畜，以确保村庄内环境优美，空气清洁。

第七条　垃圾分类从我做起，养成垃圾分类的好习惯，树立垃圾分类新风尚。

第八条 清洁家园、美化庭院,争创最美庭院。

第九条 治污水、防洪水、排涝水、保供水、抓节水,积极参与“五水共治”。带头做好生活污水治理,节约用水。

第十条 文明用电、规范用电,严禁私拉乱接,农户建房用电主动向组里申请,并缴纳使用的电费。

第十一条 电瓶车辆规范停充,不影响他人出行,不占用消防通道。开车行驶减速慢行,礼让行人保安全。

第十二条 农户应按照国家相关政策规定建房。依法拆除违章建筑,坚决遏制乱搭乱建。

第十三条 学法、知法、守法,弘扬正气,自觉维护社会秩序和公共安全,同一切违法犯罪行为作斗争,远离“黄、赌、毒”。

第十四条 实行网格化管理,做到“小事不出网格,大事不出村”发现可疑人员、可疑事件、可疑物品、矛盾纠纷及安全隐患等,应及时报告村民小组长、网格员、网格长或村干部,发现违法犯罪行为的及时报警。

第十五条 加强出租房管理,农户房屋出租时,需严格按照《纤石村房屋出租管理实施细则》执行。承租双方共同做好卫生、用电、消防、安全等工作。

第十六条 依法服兵役是公民的义务,适龄青年应当积极报名参军。

第十七条 村民对村干部执行公务有意见的,应当通过正规途径向其上级领导反映,不应侮辱、诽谤、围攻和殴打执行公务的村干部。

第十八条 提倡婚姻自由,男女平等,优生优育,反对家庭暴力。保障妇女合法权益,反对天价彩礼,提倡节俭,杜绝铺张浪费,不搞攀比炫富。

第十九条 弘扬家风传承家训,承袭美德尊老爱幼。子女赡养、关爱老人;父母抚养未成年子女和无生活能力子女,严禁虐待儿童。

第二十条 邻里和睦,以礼相待,互尊互助互爱互让。严禁侮辱诽谤他人,造谣惑众,搬弄是非。邻里发生纠纷,应友好协商解决,不能仗势欺人,强加他人。

第三章 附 则

第二十一条 成立规约执行道德评判团,对规约执行情况进行评判。通过好差大家判,评出先进个人或家庭,并进行表彰奖励。同时对违反规约的村民做出相应的处理决定。

第二十二条 本村规民约由村民委员会负责解释。本规约与国家法律、法规、政策相抵触的，按照国家法律、法规、政策执行。

第二十三条 本规约自村民会议表决通过之日起施行，原村规民约自动废止。

《村规民约》三字歌

国有法	村有规	遵法纪	守规约
纤石村	新规约	关乎你	要学习
爱国家	爱集体	美乡村	我参与
五水治	垃圾分	环境好	讲文明
用水电	须规范	不私接	保安全
引项目	做流转	促高效	增效益
搞建设	依规划	先报批	再奠基
出租房	按规定	擅自租	不允许
村财务	要公开	你监督	有权利
服兵役	是义务	好青年	踊参军
黄赌毒	不能沾	有隐患	要报警
男和女	应平等	优生育	美家庭
婚丧事	树新风	不铺张	不攀比
敬长辈	爱幼小	尽赡养	美德杨
与邻里	待以礼	家庭和	万事兴
履规约	先评判	好与差	有奖惩

（沈农高撰稿）

二、村歌

纤石

作词、作曲:梁振奇

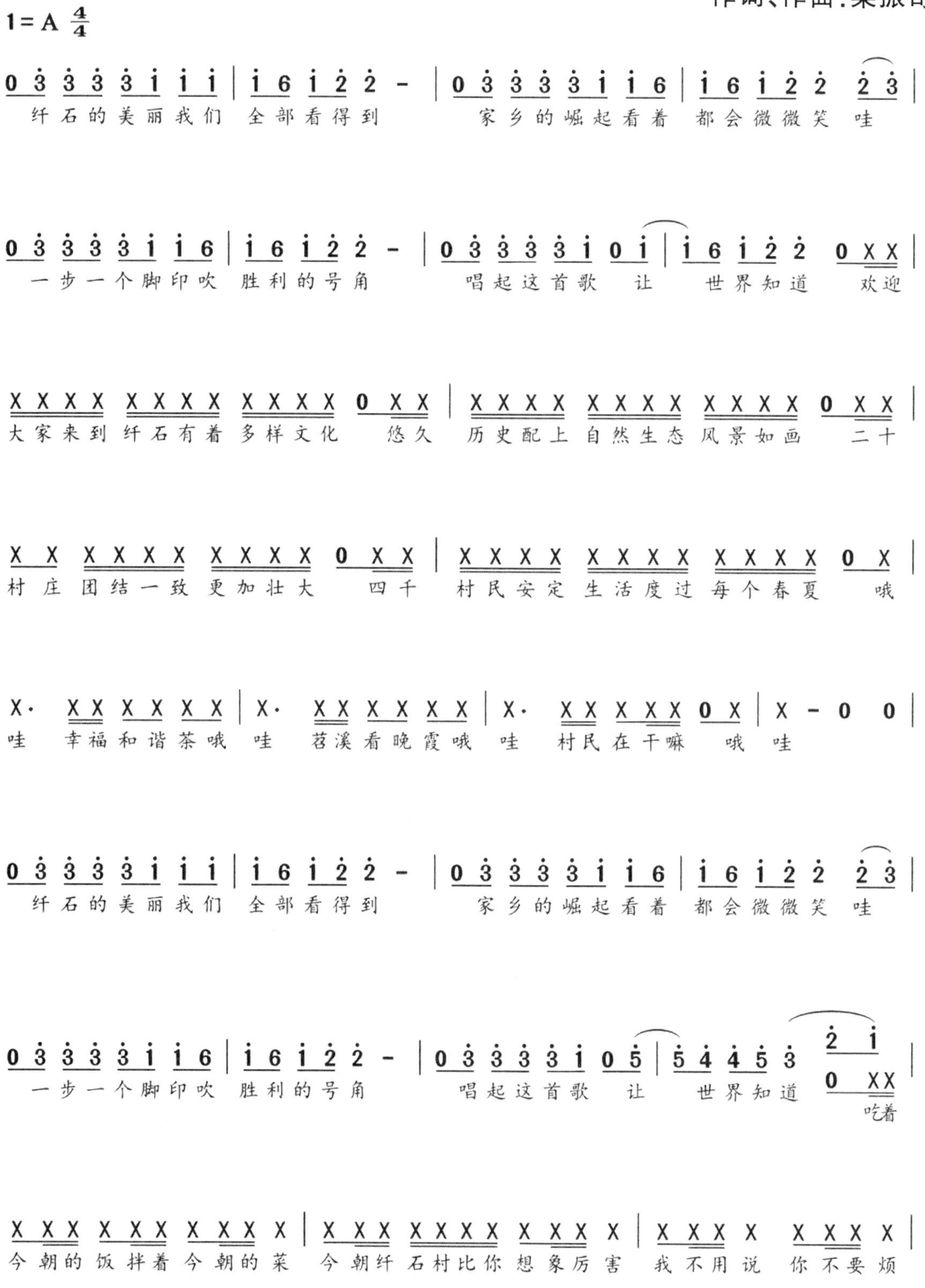

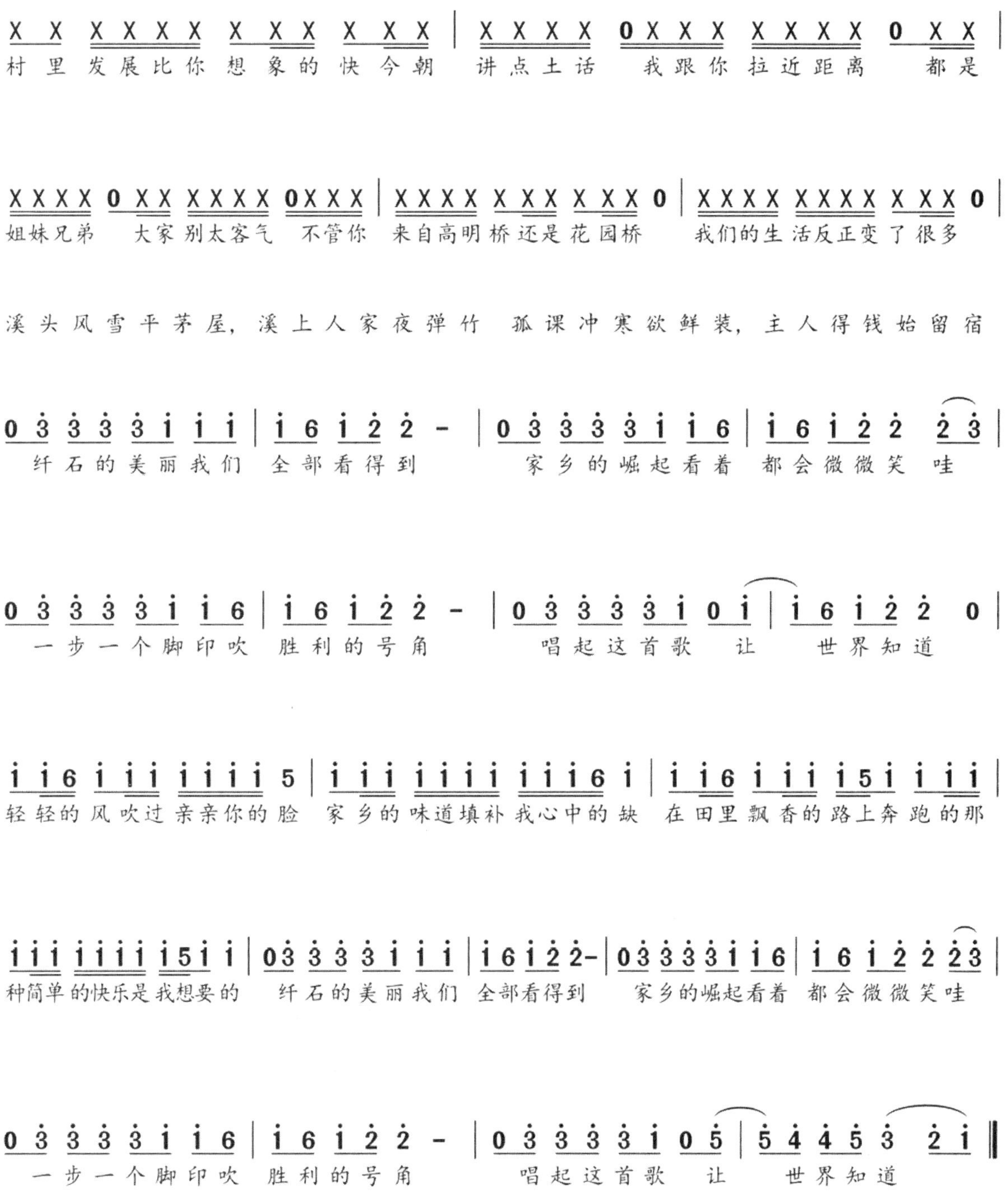
村里发展比你想象的快今朝 讲点土话 我跟你拉近距离 都是
姐妹兄弟 大家别太客气 不管你 来自高明桥还是花园桥 我们的生活反正变了很多
溪头风雪平茅屋，溪上人家夜弹竹 孤课冲寒欲鲜装，主人得钱始留宿
纤石的美丽我们 全部看得到 家乡的崛起看着 都会微微笑 哇
一步一个脚印吹 胜利的号角 唱起这首歌 让 世界知道
轻轻的风吹过亲亲你的脸 家乡的味道填补我心中的缺 在田里飘香的路上奔跑的那
种简单的快乐是我想要的 纤石的美丽我们 全部看得到 家乡的崛起看着 都会微微笑哇
一步一个脚印吹 胜利的号角 唱起这首歌 让 世界知道

三、诗词碑文

苕　溪　其一

[宋]杜耒

晚立苕溪溪上头，往来无数采菱舟。
采菱归去明朝卖，安识人间乐与愁。

《全宋诗》

苕　溪　其二

[宋]杜耒

风掠篷窗雨鬓秋，生涯无岁不扁舟。
吟诗本欲相消遣，及到吟成字字愁。

嘉庆《余杭县志》

【作者介绍】

杜耒，字子野，号小山，今江西抚州人，南宋诗人。

过苕溪

[宋]释文珦

苕溪发源自天目，一徯东之漾寒渌。
岸山续续相照映，原田每每资渗漉。
祇看后浪催前浪，当悟新人换旧人。
来往舟航谩如识，到头若个曾知津。

《全宋诗》

【作者介绍】

释文珦(1201—？)，字叔向，自号潜山老叟，于潜(今杭州市临安区西南)。早岁出家，遍游东南各地，终年八十余。

苕　溪

[元]戴表元

六月苕溪路,人看似若耶。
渔罾挂棕树,酒舫出荷花。
碧水千塍共,青山一道斜。
人间无限事,不厌是桑麻。

《剡源集》卷二十九

【作者介绍】

戴表元(1244—1310),字帅初,号剡源。剡源(今奉化)人。南宋咸淳七年(1271)进士,元大德五年(1301),61岁时,被荐为信州教授,再调婺州,因病辞归。著有《剡源集》。

寒夜宿苕溪

[明]田艺蘅

溪头风雪平茅屋,溪上人家夜弹竹。
孤客冲寒欲鲜装,主人得钱始留宿。
当垆少女酒如泉,红叶为茵呼醉眠。
溪流活活绕虚枕,梦到山中草阁前。

《香宇集》续集卷十二

溪渚夜泊

[明]田艺蘅

溪深月正明,系缆芦花里。
时有獭祭鱼,活活下潭水。

《香宇续集》卷七

雨夜宿苕溪公馆

[明]田艺蘅

空馆寂不眠，松柏秋声响。溪雨湿行装，檐风触兵杖。
葛衣凉已侵，莲漏水应长。侧闻邻鸡鸣，令人独抵掌。
《香宇续集》卷十二

大云寺

[明]田艺蘅

西南山畔寺，兰棹且须停。
犬吠僧何在，蚕忙户尽扃。
空阶生雨薛，高阁撼风铃。
云外留心赏，无惭双玉瓶。
《香宇续集》卷十八

游大云寺游怀塘栖诸友

[明]田艺蘅

奉口溪分一曲斜，大云古寺说唐家。
已教溪后真称帝，遂遣妖僧久乱毕。
卓午梵钟喧白鸽，小春香钵见黄花。
怀人远望频翘首，处处枫林挂夕霞。
《香宇续集》卷二十九

【作者介绍】

田艺蘅(1524—？)，明代文学家。字子艺，浙江钱塘(今杭州)人，田汝成子。以贡生为徽州训导，后罢官归。著有《大明同文集》《田子艺集》等。

过奉口战场

［明］高启

路回荒山开，如出古塞门。惊沙四边起，寒日惨欲昏。
上有饥鸢声，下有枯蓬根。白骨横马前，贵贱宁复论。
不知将军谁，此地昔战奔。我欲问路人，前行尽空村。
登高望废垒，鬼结愁云屯。当时十万师，覆没能几存。
应有独老翁，来此哭子孙。年来未休兵，强弱事并吞。
功名竟谁成，杀人遍乾坤。愧无拯乱术，伫立空伤魂。

《高太史大全集》

【作者介绍】

高启(1336—1374)，字季迪，江苏长洲(今苏州)人。元末曾隐居吴淞江畔的青丘，因自号青丘子。明初受诏入朝修《元史》，授翰林院编修。洪武三年(1370)拟委任他为户部右侍郎，他固辞不赴。与杨基、张羽、徐贲被誉为“吴中四杰”，有《高太史大全集》《凫藻集》《扣舷集》等。

凤　口

［元］陈基

溪坞晚含风，山营夜依谷。栖鸟息复惊，归云断还续。
画舸止宵征，连舻衔尾宿。戍鼓杂鸣笳，秋声一何肃。

乾隆《塘栖志略》卷上

【作者介绍】

陈基，字敬初，临海人。诗人

上纤埠引水航运综合工程碑记

为改善工农业生产和生活用水，沟通苕溪和运河航线，由杭州市城乡建设委员会、杭州航运管理处、余杭县林业水利局三方联合兴办上纤埠引水航运综合工程，并由余杭县水利水电勘测设计，苕溪堤防管理所组织下沙桥梁工程队承建，于 1984 年 1 月动工，1987 年 6 月建成。

船闸由上、下闸首和闸室组成，闸门净宽 7 米，闸室长 100 米，宽 18 米，最高通航水位为 5 米，通航孔高 4 米，闸宅水深 2.2 米，能通航 100 吨级船只，工程量为：土方90373立方米，浇捣混凝土4886立方米，砌石7260立方米，共投工6700个,总耗资131万元。

工程建成通水通航，使沿河两岸近50000亩农田的灌溉和杭州拱墅一带工业、民用水源大增,上游往来于沪杭船舶不必绕道德清,缩短迂回航程十六公里,兴利除弊,一举多得,永续利用,造福社会。

余杭县人民政府

1988年4月

重修西险大塘碑记

东苕溪源于东天目山,经南、中、北三溪汇合而成,其右岸西险大塘建于汉、唐,是杭嘉湖平原防洪的重要屏障。从余杭石门桥至德清长四十五公里,余杭境内长三十九公里。旧时堤塘古老残缺,堤身低矮单薄,历代屡修屡毁,常有险情和坍塌圮闸,民不聊生。新中国建立后,余杭人民在党和政府的领导下,年复一年岁修加固。一九八四年“六·一三”洪水后,在中央、省、市的重视支持下,实施第一期加固工程,至一九九五年基本完工。一九九六年“六·三〇”洪水后,实施第二期加固工程，按国家二级堤塘标准进行建设，防洪标准由二十年一遇提高到百年一遇。一期工程由浙江省水管总站、余杭县林水局设计,二期工程由浙江省水利水电勘测设计院设计。从一九八四年至二〇〇四年底,实施了全线堤身加高培厚、外坡砌石护坡、塘背填筑石渣平台、老闸危涵处理、堤塘防渗加固、通济桥退堤扩孔、安溪桥拆建退堤等多项工程,同时还对南湖、北湖滞洪区进行分洪闸重建和堤防加固,共完成土方五百六十万方,石方五十五万方,混凝土十万方。工程先后征用土地二千二百亩、拆迁房屋十三万六千平方米,投入人民币四亿八千万元。

现在大塘面貌焕然一新,防汛公路全线贯通,险闸危涵全面改造,窄段退堤扩孔,堤身隐患清除,沿线建有防汛站房,通讯完善交通便捷、堤防抗御洪水能力大为增强,防洪抗旱效益明显。此次重修之规模、投资、标准可谓史无前例。余杭人民为记始末,特立此碑,刻石为志。

杭州市余杭区人民政府

二〇〇五年元月立

（辑自《杭州市水利志》,碑立于东苕溪右岸瓶窑镇旁碑亭内）

四、历史纪事

西塘河与纤石奉口之往事

吕伟纲

良渚纤石村这一片区域,历史悠久,远在古良渚时期,即有先民在此聚居。夏禹属古防风国,当年防风古国的疆域,“东至海,盐官旧有防风庙。南至江,宋吴自牧《梦粱录·古神祠》:防风庙在廉德(乡)朱莕(村)。西至安吉,《同治安吉县志》:安吉属禹贡扬州之域,为防风国西境。北至太湖,唐李吉甫《元和郡县志》:湖州,禹贡扬州之域,防风氏之国。”(陈景超《三皇五帝之争与德清的防风古国》)。《杭县志稿》通记载有:“盖武康为古防风氏国,都禺山。今地名杨坟,渡溪即杭县境。”从纤石过苕溪至杨坟仅六里路,可谓近在咫尺。秦始皇二十五年(前222),王剪平定江南地,降越君,以吴越地置会稽郡,领县二十有四,在杭者四,钱唐其一也。(《史记》)。从钱唐建县起,其间汉元始四年王莽更十二州,名钱唐曰泉亭。光武帝建武初年,仍恢复钱唐县。至唐高祖武德四年(621年),改钱唐为钱塘。此后一直至清王朝倒台,1300多年时间里良渚纤石一直隶属于钱塘县孝女南乡。南宋《咸淳临安志》卷二十·疆域五·诸镇记载:钱塘县管十三乡,其中孝女南乡管里四,长平、横乐、杨山、奉口。据此可证今天的獐山奉口,南宋时期曾归钱塘县孝女乡管辖。分析当时由于人口稀少,今天的上纤埠和北面今属獐山的奉口都属奉口里。中华民国元年,并钱塘仁和两县为杭县,纤石属杭县瓶调区(按:当时的瓶调区面积很大,包括瓶窑镇、良渚镇、纤石乡、崇化乡、大陆乡、山桥乡、双桥乡、三墩镇、塘河乡、蒋邱乡、五常乡、履泰乡、留下镇、严庄乡。)而纤石乡,下辖乡镇有:上纤埠、石桥镇、北安溪、南安溪。《杭县志稿》又云:“安溪镇在纤石乡,南宋时为安溪市。”中华人民共和国成立后仍隶杭县,1959年,改隶拱墅人民公社联社,至1961年4月,原杭县、余杭两县地域合而为一称余杭县,1994年4月改余杭市,至2001年余杭撤市设区,隶属余杭区。2021年4月杭州市部分区划优化调整,纤石村隶属新的余杭区。

流经纤石村的西塘河,曾是古代往来杭州城的一条重要水路要道。明清两朝又是钱塘、仁和两县的界河,其历史最早可追溯至唐代。

西塘河历来叫法很多,南宋《咸淳临安志》称其为“新开运河”,又有“下塘河、奉口河、宦塘河”的叫法。

此文要梳理西塘河的各种名称及由来。

首先解析西塘河之得名。西塘河的“西”,是方位词,据此可知西塘河之名是以此河在地理位置上所处的方位而命名的。

杭州城北,有三条南北向的河流,第一条就是京杭大运河(江南运河),京杭大运河从杭州北新桥,一名大关桥往北,经拱宸桥、三里漾、谢村、义桥、柏树头一直往北,在王家庄汇合从苕溪经奉口陡门流入的漳山港之水、往北稍东又汇入从五福桥下流来的东塘港之水,至伍林头分流,一路往东至塘栖,可达嘉兴、上海、苏州。一路流入伍林高桥向北,经雷甸、德清、洛舍、菱湖至湖州入太湖。因对应于上塘而称此河为下塘河,北宋时期官府就在塘栖设有下塘寨、下塘巡检所。元至正年间,因张士诚拓宽浚深伍林港至江涨桥的南北向河道而称新开运河,河两岸的乡民更以其位于三条南北向河流最东侧,而称其为东塘河。

第二条河,是从今天三里漾码头北侧一里多路的京杭运河西岸支河口,往西约3里至勾庄运河小学,折而向北,河水流经勾庄行宫塘村之埋甲桥及南庄兜村、云会花园村、东山村的青云桥(俗称斗富桥、豆腐桥)、余庆桥(一名后墩桥)、再至獐山毛墩坝,然后曲曲向北向东流至东塘葛墩村面西的砖桥头与獐山港合流。因此河位于大运河与西塘河中间,所以民间称之为中塘河。

纤石村上纤埠　　照片来源城市秘密

第三条就是此文的主角西塘河,西塘河是京杭大运河的重要支流。历史上的西塘河从杭州小河(小河直街)往北,流过板桥(原址位于后来的华丰造纸厂内),从104国道新祥符桥,进入余杭区境。清光绪十九年(1893)的杭州老地图上,南起板桥,北至奉口陡门的西塘河上,曾有14座石桥。板桥北面是星桥(位置在祥符桥水厂),星桥往北有千胜桥,位置在今勾庄金家渡(浙江交通学院)附近。从金家渡再往北有小羊桥,从小羊桥往北就是勾庄，横跨西塘河上有东西向的万年桥，万年桥西就是那条曾经狭窄泥泞的勾庄老街。流过万年桥的西塘河水，一路往北，流经良渚的良畈桥、宦塘桥、西塘河村的“五方兴隆桥”，出此桥向北一里多路就是如今的杭州绕城高速北线，再往北流经今天疏港公路桥、云会栅庄桥码头、羊山圩的太平桥、余杭区东西大道、严家圩左近的宝善桥、再往北就是良渚纤石村草里坝和上纤埠的田园村庄了，河水从连接上纤埠老街的长会大桥往北至奉口陡门连通东苕溪。

旧时的西塘河，在进入勾庄地界后，是沿着杭州至南京的104国道(按：民国年间称京杭国道)一路往北的。三四十米宽的西塘河碧水潺湲，蒹葭垂柳，飞禽掠水，野趣盎然。过了勾庄万年桥后，河两岸，已是成片的粮田和桑园，到了深秋，更有枫叶荻花，稻田金黄，一派田园秋色。

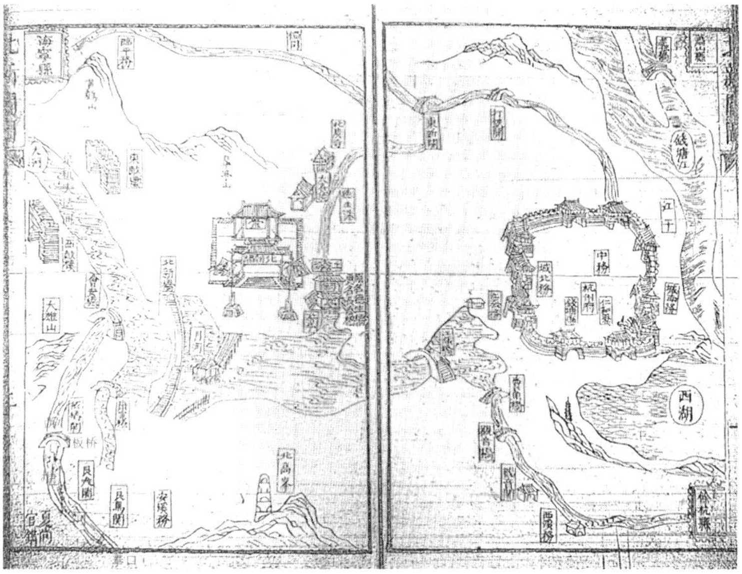

图中左下角是《北新关志》中的西塘河

西塘河又叫下塘河、奉口河、宦塘河，这些名字最早见于南宋《咸淳临安志》中。南宋淳祐年间西塘河曾发生过一件事关京城杭州粮食保障的大事。志中记载：“新开运河在余杭(武林)门外，北新桥之北，通苏湖常秀润等河。凡诸路纲运及贩米客舟，皆由此达于行都。淳祐七年夏大旱，城外运河干涸。赵安抚与筹奏照得，临安府客旅船只经由下塘，系有两路。一自东迁至北新桥，今已断流，米船不通。一自德清沿溪入奉口至北新桥，间有积水，去处亦皆断续。每米一石，步担费几十余千，米价之增实由于此。若不亟行开浚，事关利害。今委官相视，见得自奉口至梁渚仅有一线之脉，止可载十余石米舟。自梁渚至北新桥则皆干涸，不可行舟。共三十六里，计五千五百三十九丈五尺，除已雇募乡夫，差委官属，分段开掘外，又契勘塘岸一带，都保久失修筑，日渐坠坍，纤路狭窄艰于行往。今就此河所掘之土，幇筑塘路，庶几水陆皆有利济，实一举而两得。一自北新桥至狗葬开阔三丈，深四尺，一自狗葬至奉口，开阔一丈。自是往来浙右者亦称其便焉。”此河就是西塘河，只是南宋理宗时期尚没有西塘河的叫法。

文中说：南宋理宗淳祐七年(1247),因连续数年雨量稀少，江南地区极度干旱。京城临安军民粮食危急，严重影响了社会的稳定。当时的临安知府赵与筹,经过派员调查,查明了下塘河从东迁至杭州的水路已经干涸断流,粮船不通。东迁位于湖州南

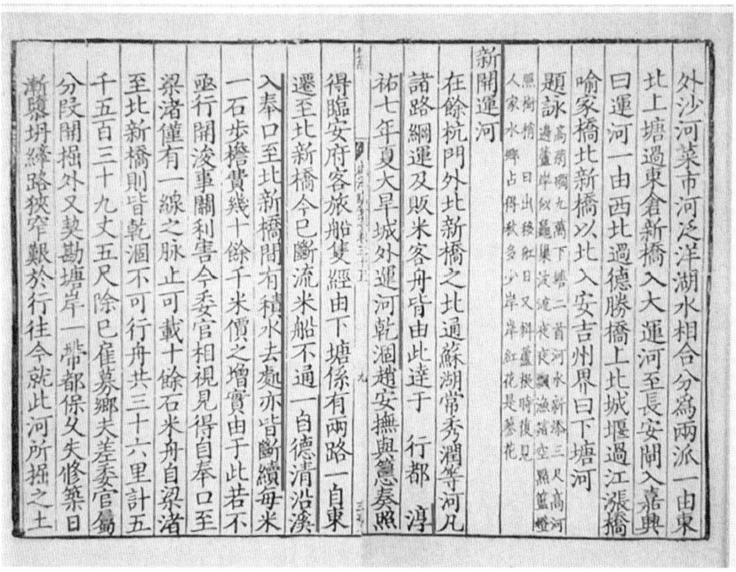
外沙河菜市河之洋湖水相合分爲兩派一由東
北上塘過東倉新橋入大運河至長安閘入嘉興
曰運河一由西北過德勝橋上北城堰過江漲橋
喻家橋北新橋以北入安吉州界曰下塘河
題詠 高荊碉九萬下塘二首河水新添三尺高河
邊蘆岸似龜巢波浪夜夜飄漁落空照點藍燈
照樹梢日出綠紅日又斜蘆根時復見
人家水鄉占得秋多少岸岸紅花是蓼花
新開運河
在餘杭門外北新橋之北通蘇湖常秀潤等河凡
諸路綱運及販米客舟皆由此達于 行都 淳
祐七年夏大旱城外運河乾涸趙安撫與籌奏照
得臨安府客旅船隻經由下塘係有兩路一自東
遷至北新橋今已斷流米船不通一自德清沿溪
入奉口至北新橋間有積水去處亦皆斷續每米
一石步擔費幾十餘千米價之增實由于此若不
亟行開浚事關利害今委官相視見得自奉口至
梁渚僅有一線之脉止可載十餘石米舟自梁渚
至北新橋則皆乾涸不可行舟共三十六里計五
千五百三十九丈五尺除已雇募鄉夫差委官偏
分段開掘外又契勘塘岸一帶都保久失修築日
漸隳坍縴路狹窄艱於行往今就此河所掘之土

《咸淳临安志》

浔镇西,从东迁沿灘溪塘往南,经练市、善琏、新市、塘栖至杭州北新桥的江南运河中线(按:需要说明的是,此河古已有之,大运河申遗文本中将此河定位在春秋时期)。分析当时干涸断流的河道应是从塘栖西面伍林村往南的南北向河道。另一条是从德清沿苕溪入奉口至北新桥的河道,就是西塘河,当时的西塘河也因干旱,奉口至良渚仅有一线水脉,但还可以通行装载几百斤粮食的小船,而从良渚至北新桥的河流已完全干涸,不能行舟,需要民夫步担运粮,从而增加了粮食运费,造成杭城米价飞涨。赵与筹决定对这条“下塘河”进行拓宽浚深,以使可以通行船只。赵与筹名字中的“筹”字,在《淳祐临安志》等多部志书中是一个由上中下三部分组成的生僻字,上面是“竹”字头,中间是“舆”字,底下是“心”字。加起来笔画有 23 画,难写不说,还难以识读。但《康熙字典》有此字注音“chou”,证明了此字是“筹”字的异体字。在赵与筹的筹划组织下,杭州府雇募大批民夫挖泥挑土,分段开掘,将从“北新桥到狗葬”的原有河流,拓宽了“三丈”,从“狗葬至奉口”的河道,则加宽了“一丈”,河道中的淤泥经过挖掘,使河底加深了四尺,从而掘成了长“共三十六里”的新开运河。原先河道旁边的塘岸,当地都保已经很久没有修理,已日渐坍塌“纤路狭窄,艰于行往”,今将拓宽河道挖掘出来的泥土,用来加筑河堤纤道,使纤夫能顺利行走。工程于当年 3 月开工,当年完工。从此时开始,往来浙北杭州的商民,都便利了许多。

《咸淳志》中又有:“奉口河,自北新桥三十六里至奉口大溪。”

此条“奉口大溪”当是指苕溪,“自北新桥三十六里至奉口大溪”,所以,奉口

河就是西塘河的别称。

《咸淳志》上还有:“宦塘河在余杭门外,板桥之西,淳祐七年亢旱,赵安抚与筹开浚以通米舟。”从淳祐七年抗旱,赵安抚与筹疏浚河道以通米舟”,可知此条“宦塘河”也就是西塘河。但“宦塘”之名则让人颇费思量,因为杭州城北除了西塘河有“宦塘”的别称外,还有从祥符桥往西流经三墩镇往大陆、吴山西面可通苕溪的那条河也有宦塘河的叫法。

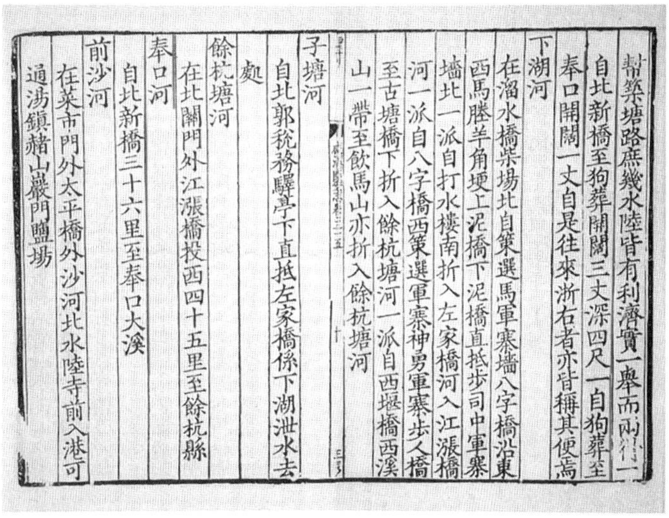
幇築塘路庶幾水陸皆有利濟實一舉而兩得
自北新橋至狗葬閘闊三丈深四尺一自狗葬至
奉口開闊一丈自是往來浙右者亦皆稱其便焉
下湖河
在溜水橋柴場北自策選馬軍寨牆八字橋沿東
西馬塍羊角埂工泥橋下泥橋直抵步司中軍寨
牆北一派自打水樓南折入左家橋河入江漲橋
河一派自八字橋西策選軍寨神勇軍寨步人橋
至古塘橋下折入餘杭塘河一派自西堰橋西溪
山一帶至飲馬山亦折入餘杭塘河
子塘河
自北郭稅務驛亭下直抵左家橋係下湖泄水去
處
餘杭塘河
在北關門外江漲橋投西四十五里至餘杭縣
奉口河
自北新橋三十六里至奉口大溪
前沙河
在菜市門外太平橋外沙河北水陸寺前入港可
通湯鎮赭山巖門鹽場

《咸淳临安志》记载的奉口河

在《杭县志稿》卷九·水利·塘一节中又有:“宦塘,北新桥西北接良渚、狗葬至奉口,塘长三十六里。宋淳祐七年,大旱。赵安抚与疏请自北新桥经良渚、狗葬至奉口,分段开掘,即以掘出之泥,培筑塘堤。赵以台州人而知杭州,是为乡宦捐资倡议以筑此塘,故曰宦塘。”根据文中内容可知,此处宦塘,是特指宦塘河两岸的堤塘。但志书编撰者在此给出了这条宦塘名称的由来,是因为“乡宦捐资倡议修筑塘堤,而命名为宦塘。”此说颇为牵强附会。

勞令不吾強也余亦欣然而思以謂揔揔而葦鮮
者有心其于于望望未嘗不基於寬厚之政廉汙
之操鮮令不從與不賞而勸者抑豈無其故哉今
范令尹光世濟其美連齋科級以儒道字民最再
課矣始終不撓與民相安宜其一鄉之善如范君
學諭武任君學録安世毅然以身其責也吁佚道
使民鮮勞不怨凡領民社之寄者何獨不然豈直
仁和之長獨擅其美永和之士勇於
爲誼耶故書　紹定庚寅陽月吉記
宦河塘
在北新橋之北接連運河大塘長三十六里　淳
祐七年趙安撫與篙修築塘之西又有一塘曰西
塘袤十八里抵安溪通四川驛路年深頹圮亦加

《咸淳临安志》记载的奉口河

而《杭县志稿》中的另一段话,用来解释宦塘河之得名

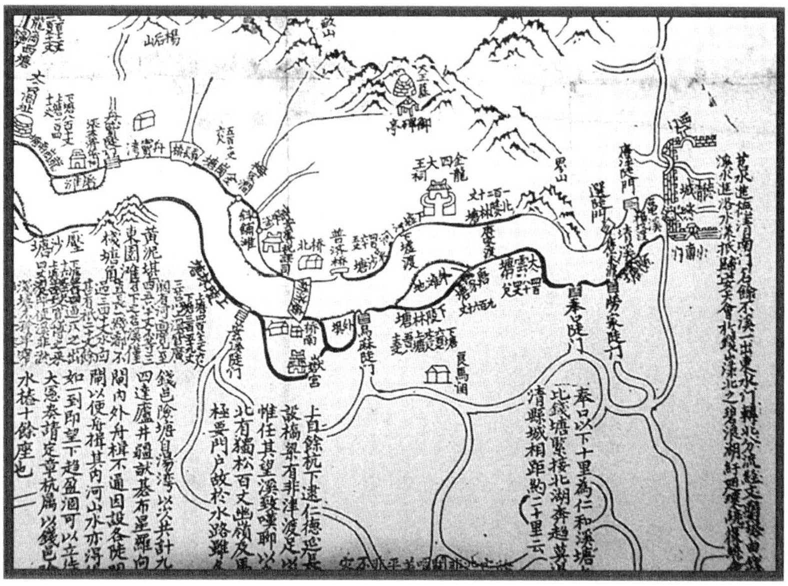

清代苕溪险塘图,有奉口、大云湾塘

似乎更贴近实际,“下塘河北流,出奉口陡门,与东苕溪合流,当山洪暴发,东苕之水,滚滚而来,陡门内外,水势相差至一二丈不等,稍有崩圮,滥及圩岸。明嘉靖时以患里目之,至清初,名其乡曰患区,又有患塘、患民等称。(康熙五十一年蠲免杂徭碑)。盖奉口一隅,关系全局,不得不征集人力、物力,共同守御。于是扩展图里,遂有新老患溪之名。”此文中的“患里’、‘患区’、‘患塘、患民’等所称的。”正是这一片苕溪流经之地,历史上“险塘卑薄,民穷难修”,每遇洪水,往往堤塘决口,一片汪洋,田园庐舍漂没。清雍正七年,巡抚李卫给帑开奉口河道。(重镌《仁邑患区蠲免杂徭碑》)

史书记载:从南宋绍兴二年(1132)三月,左从事郎、余杭县丞章籍建龙光陡门始,淳熙六年(1179),钱塘县分段筑塘间以陡门,名为“十塘五闸”,十塘为黄鄱、烂泥湾、化湾、羊山、压沙、上林陵、中林陵、下林陵、唐家渡、大云寺湾塘,五闸为化湾、角窦、安溪、乌麻、奉口陡门,名字沿用至今。这些塘、闸历史上曾多次出现险情,遭洪水冲决,坍塌。有记载可查的,自明永乐元年(1403)至清光绪八年(1882)大的塌方就发生了14次以上。涉及纤石、奉口一带的险情有:乾隆四十年,大云湾塘大溃:嘉庆十六年,羊山塘坍陷,道光三年,唐家渡塘冲塌;道光八年,大云湾塘坍溃:道光二十九年,大云湾塘,化湾塘,安溪陡门大崩:道光三十年,烂泥湾塘,化湾塘,羊山塘,龙岗塘,下陵林塘,唐家渡塘,安溪陡门冲坍。所以,苕溪西险大塘沿线的乡村正是历史上的洪水患区。据此可知“宦塘”即“患塘”。宦塘河,就是患塘河。

此文最后要说说西塘河通苕溪的奉口陡门。

奉口之名,缘起于三国丁奉。相传三国时期,吴国大将丁奉领兵征战,经过此地,当地百姓为纪念这位骁勇善战的大将军,取了“奉口”之地名。《唐栖志》上有:

“奉口之名最古，何春渚《唐栖志略》，记奉口战场事，及元《夷白斋稿·奉口》诗，而不仅此也。夫以奉口之地，而唐宋元人皆有题咏。实为钱塘至湖州之要道，非若今之僻处镇西北隅，为舟车不常过之地也。”

但最早见于著录的“奉口”地名，应是唐朝诗人白居易。当年杭州太守白居易北上湖州，经过纤石、奉口，写有《泛小二首》：“水一塘，舲一只。舲头漾漾知风起，舲背萧萧闻雨滴。醉卧船中欲醒时，忽疑身是江南客。船缓进，水平流。一茎竹篙剔船尾，两幅青幕复船头。亚竹乱藤多照岸，如从凤口向湖州。”诗中的“舲”字(音：lún)舟名。“凤口”，当是“奉口”的别称。古老相传，“凤口”之名与地形有关，说是东苕溪东岸自上纤埠起，往北至永泰的地貌形同展翅的凤凰，其中望洛山是凤凰的脊背，而上纤埠和东面的永泰里是凤凰的两只翅膀，奉口陡门则是凤凰的嘴饮啄于东苕溪水中，故地名“凤口”。独特的地理位置，使奉口与上纤埠、望洛山、东苕溪唇齿相依，紧密相连。

从诗中还可了解，当年的“奉口”是水上交通要道，从杭州经奉口可以直达湖州。宋代，朝廷在此设“巡检司”衙门管理，并驻士兵100人。奉口纤石一带也因交通要津而衍生出集市兴旺。南宋淳熙六年(1179)，为贯通东苕溪和大运河之间的水上运输通道，也为溪东岸的万顷农田灌溉需求，朝廷在奉口建造陡门，这就是历史上有名的奉口陡门。从奉口陡门往东经獐山、东塘港可直通大运河。经上纤埠西塘河往南，经良渚、勾庄可至杭州北新桥入运河。

奉口陡门堤塘上的六面佛柱 摄影俞国隽

《杭县志稿》则有关于奉口陡门管理维修的详细记载：“奉口陡门，在奉口村，为下塘河与苕溪合流之起点。万历旧志：钱塘东北，则奉口之防，与仁和相为唇齿，统宜周事，俾主守得人。闸板坚厚，启闭以时，则溪足以灌河，而不为河害矣。”“清康熙五十一年九月廿八日，仁和王知县，上报“有本县西北患溪七、八、九、十图里，徐、张、韩、盛、沈等人呈文：奉口西北，患塘之民最苦。历朝有定额发给患民修理堤塘银钱壹千叁百余两，因明季加派日增，藩司革银充饷，让患区人民自行捐修。给的政策是“永除一应杂派差徭，钱粮征七折三，遇荒全折……”并立碑告谕乡里人民，从此以后，该区内的险塘，如遇倾圮，由居民自行捐资，召集人工修筑。并立石竖碑，复给印帖。[案]今此帖犹存乡民家。光绪十六年修葺奉口陡门，改归钱邑险塘公所承值岁修。”

又记载：“民国21年(1932)，邑人汪澜以奉口陡门为苕水下游一大锁钥，防洪最属扼要。岁久失修，势将倾圮，创议重建。因约患区诸乡人士，公同呈请杭县县政府。经县长叶风虎会同建设厅、水利工程局、浙西水利议事会，叠次查勘，测绘图案，审议工程，分拨款项。于二十二年三月动工，全部拆卸，自下桩至筑石，均以科学方法，重行建造者…… 事务所设奉口庙，阅九月而工成，同时督修北塘一带沿塘圩堤。事竣，里人勒石奉口，详纪其事。”

汪澜，字步青，塘栖人，清末秀才，著名儒医，家境饶富。是他于民国21年发起重建奉口陡门。当时负责工程相关事务的还有塘栖市西镇镇长劳少麟。《塘栖镇志》对劳少麟简介中有“民国21年，参与整修奉口陡门，历时3年竣工”的记载。

历史上的东苕溪洪水是杭州府水害之一，纤石村北的西险大塘奉口段全长4.5公里，是余杭境内最后一段堤塘，因此地有始建于唐贞观年间的大云寺，故这段河道就叫大云寺湾，堤塘便叫大云寺湾塘。历史上此塘屡毁屡筑，故有叫砻糠塘的，意思是此塘如同砻糠一样稀松。

50年代塘栖镇文工团在奉口陡门留影

因为防洪重要，中华人民共和国成立后政府更是将西险大塘列为国家重要水利工程。每年寒冬腊月当地村民都要兴修水利，修筑堤塘。当时没有工程机械,所有泥土石头都靠人工肩挑手挖,大云湾至奉口这段堤塘除了当地劳动力以外,还有许多从塘栖塘南、超山、丁湖一带的村民来挑土筑堤。塘栖镇还组织过业余文工团到西险大塘工地上慰问演出,为修筑西险大塘加油鼓劲。

位于纤石村的上纤埠船闸

到了20世纪80年代初,因奉口陡门渗漏,形成隐患,且陡门孔径较小,难以满足工业用水和航运需要。1982年9月,由杭州市城乡建委主持召集市、县有关部门会议,商讨另行选址建闸,决定在奉口闸上游上纤埠新建一座引水航运综合水闸,经费由杭州市城乡建设委员会,杭州市航运管理处,余杭县三方投资。经省水利厅、市城乡建委批复同意。新的上纤埠船闸于1983年12月由余杭县下沙水利桥梁工程队动工承建,1986年10月初步竣工,1988年10月上纤埠船闸投入运行,替代了始建800多年的老奉口陡门。

上纤埠东街上的石板纤道

今天,奉口陡门的历史陈迹依然可寻。从上纤埠往北有一座用角铁焊接建成的木桥,桥下就是当年奉口陡门下来的旧河道。曾经,从奉口陡门进入的顺水船只,到上纤埠地方水势已经平缓,而西塘河在很久以前仅是一条窄浅的溪流,舟行艰难,船夫到此便需登埠拉纤,他们登上埠头,沿着宦塘古道,拉着沉重的船只往来南北,留下了至今存世的石板古纤道,和上纤埠地名。

路东烽火

陈烈生 王月芳

抗日战争爆发后，在我党的影响下，国民党浙江省主席黄绍竑，为巩固自身地位，顺应抗日潮流，组织了浙江省战时政治工作队(简称政工队)，启用一批爱国知识青年。我党也派去一部分地下党员参加政工队，利用这个合法组织，从事党的建设并开展抗日救亡活动。1939年春，我俩由党派遣以政工队员的公开身份，从浙西游击区转入杭县路东沦陷区。在杭县上纤埠等地，与农民群众同甘共苦地生活在一起。经历了近一年的艰苦斗争，现就回忆所及，略记述几个片段，以资纪念。

群众指引　穿越封锁线

那年三月，我俩一起分配到政工队二大队一中队的第二分队。陈烈生担任分队长。中队建立秘密党支部。我们的分队有马政三、林灵栖、傅斌、徐勤、顾锡武、李剑潭、陈风鸣、赵东维、程步、肖明和刘虹等十余人。任务是进入杭县沦陷区开展工作。当时的杭县，京(宁)杭公路以西是游击区，称路东沦陷区。国民党杭县县政府，设在余杭县山区的太公堂。

从临安到杭县的路东沦陷区，要经过武康、上柏。那里有日本鬼子的据点。驻着一个中队的敌人，筑有碉堡。岗哨林立，封锁严密。一天，我们来到上柏附近的一座寺庙里。深夜，当分队同志准备偷过京杭公路，穿越封锁地带的时候，寺庙里的一位杂工和方丈，真诚地告诫我们说:“鬼子为防止游击队，晚上戒备森严，稍有动静，便用密集火力扫射，如要过去只死不活。在白天，鬼子往往不加怀疑，反而容易过去。”劝我们不要夜间行动。还表示:“明天清晨可由我们带路。”大家看得出他俩确实出于爱国的忠告，就依了他们。翌日清晨，那位杂工带着我们，肩担几十斤重的抗日传单，各人备一手榴弹，三三两两拉开距离，坦然而又高度警惕地行进在敌人的鼻子底下，胜利跨越了封锁线。现在每一念及，那碉堡上鬼子虎视眈眈的狰狞面孔，还历历在目。而那寺庙杂工和方丈的爱国之情，水生难忘。

患难与共　抗日热气高

我们二分队到达路东沦陷区后，选择了武康县(现属德清县)境内的杨坟为分队驻地。这里是武康、德清、杭县三县交界的三角地带。由林灵栖、傅斌等同志负责杭县永泰，八字桥一带的工作，马政三、王月芳等负责上纤埠、低头村一带的工作。起初，农民避开我们，工作开展不起来。到了四月，鬼子误把我们当作游击队。有一天，他们出动三架飞机，对杨坟狂轰滥炸，炸弹中的燃烧弹引起民房着火，还炸死农民1人，炸伤5人。杨坟与上纤埠只一山之隔，驻在上纤埠、永泰等地的队员，立即赶到杨坟救火、救人。马政三同志，不顾个人安危，冲入一间着火的农舍，从烈火中背出一位奄奄一息的老太太。王月芳同志原是学医的，为了救治受伤群众，她拼凑资金，采购药品，上门为伤者送医送药，使伤员恢复了健康。队员们舍己为人的事迹迅速传扬开去，各村农民称赞我们"是一队热心救国的好青年，是农民的患难朋友"。

从此，农民群众都主动接近我们，积极参加民众夜校、姐妹读书班、儿童团等群众性抗日组织。我们自编自印课本，向农民宣传日本侵略者的罪行，讲解劳苦人民为什么这样苦?宣传八路军平型关大捷和江南首战取胜实况;还讲解毛主席《论持久战》和团结就是力量的道理;教唱《在松花江上》《大刀进行曲》等抗日歌曲，激发了农民的抗日热情，树立了抗日必胜的信心。到了6月，上纤埠一带农民严重缺粮。我们与群众商量后，决定组织农民向资福寺方丈借粮度荒。对方丈进行"积德行善与爱国救亡"是一致的教育，终于说服了方丈，借出白米20石，分给了严重缺粮的农户。这次行动，更使农民看到了自己组织起来的力量，抗日的热情更高了。我俩通过这些活动，培养考察积极分子，经特委批准，发展中共党员8人，建立起3个秘密党小组。

武装群众 组织农民军

经过以上活动，上纤埠、永泰等地农民，纷纷要求我们带领大家去打鬼子。有的拿起菜刀，要个别行动。我们分析了这些情况，认为应该引导农民武装起来。可是，没有武器怎么办?我们同积极分子商议，还把红军时代农民以红缨枪武装自己的事宣传群众，提出"武器要靠自己造，没有洋枪用土矛、大刀"的口号。农民就以民众夜校为基地，请了铁匠，拿来木棍等，很快制成了一批红缨枪。八月，在上纤埠附近的大祠堂里，召开了一次联合宣传大会，各村农民手执红缨枪汇集在一起。大会宣布"武装起来的农民军"成立，还高呼"团结就是力量""打倒日本帝国主义"等口号。

农民武装起来了,鬼子坐立不安。一个大雪纷飞的凌晨,日本鬼子偷偷地窜进了低头村。王月芳、陈尔久和刘虹等4同志,正分别住在这村子中的两户农民家。待发觉时,鬼子已踏进门了。在这千钧一发之际,刘虹等两同志的房东(是一位长工,但忘了姓名),机灵地把鬼子引开,并将刘虹二人推入堆满稻草的柴屋,掩盖起来。鬼子走进卧室;摸摸被窝还温热,便号叫着到处搜索,凶恶地把那位长工打得死去活来,往他鼻子里灌水,灌得这位长工呛出了血,但他始终不露真情。王月芳和陈尔久同志的住房主人,也迅速把王藏进古式架床的背后,让她一字形悬空在围挡与墙壁之间;又把陈藏在堆杂物的大缸里,上面再盖上盖子。鬼子进屋后,先在大橱内寻找财物,又擦亮火柴到床头寻了一番。接着,这两个鬼子走近陈尔久躲藏的缸边,把途中抢来的农民卖猪的钱进行分赃,临走时还匆匆地遗留下了一把雨伞。待鬼子灰溜溜地离开低头村后,陈尔久同志爬出大缸,拿起那把雨伞,风趣地说:“鬼子真客气,临别还赠送一把伞呢。”

是年12月,正当我们计划进一步开展工作之际,国民党浙西行署主任贺扬灵,配合抗战时期国民党顽固派的第一次反共高潮,为了控制政工队,分批把政工队调到天目山举办“集训班”,目的是排斥和溶化共产党人。我俩遵照地下党长期隐蔽的指示,于年底含泪告别了杭县的农民群众。

时隔50年,今天回顾在杭县上纤埠等地,与群众共同经历的烽火岁月,心情分外激动。在敌人力量强大的沦陷区,情况又如此复杂,但抗日救亡活动仍能开展得热气腾腾,这主要是依靠和发动了群众。如没有那里群众的热情支持和忘我精神,靠我们几个政工队员,是什么事也办不成的。对那里群众为抗日作出的贡献,值得永远怀念。

五、民间传说

油溻儿桥的传说

康烈华

纤石村马家桥自然村北,有一座平板桥,暗红色石板一米多宽,三米多长,毫不起眼,细看平卧着的桥板外侧隐约雕刻着三十来厘米方圆的石刻字“保兴桥”,但当地的人们并不这样称呼它,它有个非常奇特的称呼“油溻儿桥”。

“油溻儿”是个土语，它是旧时妇女梳理头发，为保持清亮润滑的外表，在头发上面涂香油的一种梳妆用品。一般是瓷器，也有少数白铜做的，像文房四宝中的印盒，里面装着绒布芯，它薄薄的圆片状，装在容器里，可以沾上香油，涂抹头发生光，它是当时女人化妆的主要用品。

这个桥名有一段凄美动人的传说。传说几百年前，这里有个沈氏家族是地方上的大财主，这一年邻近方圆百里有名的大户人家嫁来一个小姐到沈家。由于夫家姓沈，后人已不清楚富家小姐的名姓，只知道把她尊称为“沈氏早阿太”。

当地人津津乐道的是，她嫁到此地的那一天，风和日丽，艳阳高照。沈家门外的河岸上，密密麻麻地挤着看热闹的乡人，甚至卖瓜子花生的小贩也来河岸上做起了生意，村中那些衣衫褴褛但十分活泼的农家小孩，在大人堆里钻进窜出，更增加了祥和热闹气氛。送嫁妆的船只蜿蜒排列近百米，陪嫁物品丰富，质量考究，大的小的，红的绿的，金的银的……旁边那些观看的村民，眼睛都看花了。

乡民们仔细看，认真瞧的那一刻终于来了！运妆船队跳下二十来个年轻力壮的男人，据说是嫁女人家的“生活人”（当地土话，意思是做长工的）。他们和男家的接待人员迅速组成一支嫁妆搬运队。搬运上岸一下子来不及送入墙门里的物品，暂时放到了岸上，看热闹的人们看到了被铺衣穿、锅碗盆盏、十八坛花雕老酒、婴儿用品、木器等等。乡民们尤其感到惊讶的是，甚至用做寿材的楠木板材也嫁过来了。各种生活生产用品是应有尽有，至于彤红的精致木箱数十只，里面装了什么金银珠宝，就不知道了，不过，从外包装的雍贵华美，也可以推测里面装的物品肯定价值不菲。

热闹的一天很快就过去了，沈家娶了个富豪女儿，导致家中财富暴涨的新闻也传遍了方圆十里八乡，这天收嫁妆的宏大场面和搬来搬去物品的琳琅满目，牢牢地印刻在当地人们的脑海之中。

嫁来的小姐因为出生富门，既知书达礼，恪守妇道，尊敬长辈，又同邻里和睦相处，很得人们的称赞。过了近一年，她很快融入沈家的生活当中，全家互敬互爱，沈家原来也是一户殷实人家，讨媳妇儿又意外地得到了这些巨大的财富，本是如虎添翼，且指望更加的富有，想达到富甲一方。但乐极生悲，婚嫁那天的炫富举动早已引起周围二三股强盗的垂涎，也引起方圆一批地痞流氓的眼红。于是宁静的日子没过多久，接二连三的麻烦接踵而来。

从纤石村的地理位置来说，它地处良渚镇的东北部，地理位置的偏僻。旧社会的治安情况不好，再加上是地处冷水弯里的农村，有些游手好闲，生活困难的农民自然会沦为盗匪。

大约婚后一年多，有一天午夜，灾难降临了，六个强盗涂抹着花脸，头戴黑巾，搭着人梯翻过高高的围墙，跳到天井。他们点起了火把，把沈家的当家阿爹，也就是新媳妇的公公捆绑起来，然后开口向他要钱。沈家阿婆、儿子、媳妇姑娘及两三个生活人都龟缩在旁边，老太婆甚至害怕得瑟瑟发抖。

起初，老头子很坚强，回答说没有钱，一个高大的红花脸强盗哈哈大笑："笑话，沈家没有钱？"他走到新媳妇跟前，伸手在女人的脸上拧了一把说"你嫁过来时金器银器很多吧？"其他强盗顿时起哄起来："拿出来！拿出来！"沈家小姑娘突受惊吓哭出声来。有个强盗喊："大哥，别同他们啰唆，不拿出来，我给老头子烤烤火(意即用火烧下身)。"

这时，在旁的新媳妇儿说话了："别，别给我公公做刑罚。我把金器给你们！"于是她噔噔地上楼了，为首的强盗一个眼神，两个小个子强盗跟着上楼了，一会儿两个强盗捧着三四个盒子下来了。强盗头子一把拿过盒子，一只只翻看，并拿起一串串金链，一个个的戒指掂掂分量。旁边两个强盗偷瞥盒子里的黄货、白货，流着垂涎的口水。

一番翻拨以后，强盗头子说话了："看这个小娘子，倒还懂得点道理，可我们这一大帮子人，今天辛辛苦苦的来了，总不能有人空着走回去。去，再去寻点衣穿。"于是几个人又冲到楼上，在三四个房间里窜进窜出，到他们下楼的时候，身上着了皮袍，敞着大襟，一手捧一手提，有人头戴皮帽，脸上涂抹的油脂化成汗水流淌下来，不伦不类，真的是一帮十恶不赦的土匪强盗！深夜，沈家的哭声不停，新媳妇儿不停地安慰婆婆："财物是身外之物，今后可再挣回来，幸亏全家老小没事……"

但这是第一回，接下去的两三个月中，其他的强盗也来光顾沈家，虽然金银财宝由于第一次的被抢所剩不多，但也被席卷而空，其他衣穿被铺、粮食物资又成了强盗们大肆掠劫的对象。

夏末秋初的一天，在沈家常年帮工的黄阿大，正在一块地上掘地准备播撒菜籽。沈家新媳妇儿到田头来送茶水和点心，因为这一带农村有个习惯，在田间地头劳动的人们，下午3点钟左右要吃点东西，并略微休息，吃的东西称为"点心"，休息称为"坐烟"。等黄阿大准备坐烟时，新媳妇对自家的"长年"黄阿大说道："阿大伯,我家的情况你都看见了,除了几亩良田,值钱的差不多都搞光了。唉,这也是没有办法的事。”接着新媳妇又说:“我本来想在这里架座桥,来往乡亲们也能少跑些冤枉路。”原来,黄阿大从对面跑过来,要绕半里多路外走一座桥,如果这里有座桥,当然就方便了。然后新媳妇郑重其事地对阿大说:“一年多来,我看您为人诚恳可靠,想托付您办好一件事,就是筹备造桥。在东西未添置好动工前,先不要声张,以免出现意外,不知您可答应?”阿大想不到东家少奶奶竟对自己如此信任,他想推脱,但转而一想:您修桥铺路是积德的事,我出点力也是应该的。于是便答应了。

在筹备造桥时,新媳妇拿出一个黄灿灿的圆盒子,原来是装油溻儿的黄金薄盒。新媳妇感慨地对黄阿大说:“我一直以来舍不得用它,而且还把它密藏在墙头洞里,才躲过了强盗的盗抢。要是我老早就用了它,也就像其他金器那样,早变成了强盗的囊中物了!”她反复地端详了几遍,毅然决然地递给了阿大伯,嘱咐他送到当铺变成铜钱,用以造桥开支。

半年之后,新桥造好了,取名为“保兴桥”,意为“保佑村子兴旺”。当放过炮仗,庆贺新石桥落成通行的时候,近旁及周围的乡邻才知道这是沈家媳妇把强盗抢剩下的唯一金器变成了这座石桥。虽然石桥旁没有立碑记录予以纪念,但人们还是习惯称它为“油溻儿桥”,这口碑和桥本身就像座丰碑,通过村人路人的口传嘴说,宣传了沈氏媳妇的高尚情操与美德,把她永远留在了纤石村的子孙后代的心中。

韩家门的兴衰

康烈华

韩家门,在村里代代传下来有个传说,即是原来纤石村有“三黄牛,六母猪,七十二丁狗”的传说(“牛”即“牛人”,指大富人家,“母猪”次之,“狗”又次之)。“三黄牛”之说是指当时韩家门的韩其洲、沈家门的沈家富、高明桥的沈高明三大富翁。韩家门里的“六母猪”与“七十二丁狗”是指地主、富农一类的富裕人家,仿佛结成了纤石村一带富裕户的一张网络。说起韩家门,还得从韩其洲的祖先葬坟起家说起。

在韩其洲父亲的上几代,韩家家境十分贫寒,邻里之间也相去不远,与周围的村子一样,村民们一直在田野春耕与秋收,日出而作,日落而息,过着勤劳、艰苦又平淡的生活。

父亲过世后,韩其洲想要找一块好地方安葬自己的父亲,心想父亲生时不能过着富裕的生活,死去了希望他能感到安乐,也能保佑他的子子孙孙平平安安过上好日子。于是,韩其洲想去找个风水先生看看风水,为父亲找块好地方安葬。不料正好有一看风水之人经过村子,在村里叫喊看风水,韩其洲便请他到自己的家里,说明自己想为刚过世的父亲选一块风水好的安葬之地。风水先生看到他家虽然家境贫寒,但是人品很好,态度谦恭虔诚,便答应下来,立即随他去选看风水宝地。

风水先生走遍了他家的地看了一圈周围的风水后,确实是找到了一个风水很好的地方,但是人要葬在那里,却也要有相应的福气,并且落葬时有先决条件。于是他对韩其洲说:“这里确实有一处墓葬的好场地,风水特别好,但是这里的福气能否占得,就要看你们家的造化了。”

韩其洲谦虚地向风水先生讨教,风水先生对他说:“葬在这块宝地必须有四个前提,能达到这四个前提,那便是风水宝地,不要说你们一家能发达,就是整个韩家门也都能沾到其中的福分。如果达不到这四个前提,那这块风水宝地便与一般之地也无异了。”风水先生说着顿了一下,看着聚精会神听他解说的韩其洲,继续说道:“要使风水成为现实,落葬时必须具备四个条件:其一要有头戴铁帽的人走过;其二要有鲤鱼上树;其三要旁边的马步漾里水滚;其四要有五马一起行过。而且这些条件不能刻意去安排,必须要自然而然地让这些事成为种种巧合,方能让风水宝地生效。”

韩其洲听完风水先生的话,不觉陷入沉思,这怎么可能达到这样的条件呢?先不要说要自然发生,就算是去精心安排,也不知该从何着手啊!韩其洲想再问风水先生有无其他解释。

却早已没有了风水先生的身影,寻遍村子内外也见不到他了。

韩其洲百思不得其解,但反过来想,风水宝地不是人人都能得到的,平平常常的地里落葬也未尝不好。随即就按风水先生的意思,葬在他说的那块地上好了。

其父落葬当天,送葬的人很多,出殡的队伍浩浩荡荡,因为韩其洲请人看风水的事情已经在村里传开,大家也都想看看风水先生看的宝地是否有与众不同之处，或者有什么稀奇之事发生。所以棺木从家里出发到墓地，送葬队伍越跟越大，一些不明事由的人也跟了轧闹忙，想看看怎么会有那么多人，从没见过有那么大的殡葬队伍。

棺木向安葬目的地抬去时，说来也巧，天空淅淅沥沥地下起了雨，有一个人刚买了一只铁锅从良渚街上回家，看见天下雨了，便将锅子当雨伞，拿起来覆在了头上(锅口向下，就像是顶帽子)。刚巧这时走过这里，禁不住好奇，便也顶着锅子跟在了观看的队伍中。当送葬队伍快到达马步漾的时候，后面观看葬礼的队伍已经有百来人，形形色色都有，许多都不明事理凑热闹的，有背着小孩子准备到别家去串门的，也有挎着菜篮子准备到地里摘菜的，还有刚从菜市场回家手里提着鱼的，还有五个木匠，他们是到东家去上工的，所以他们身上都背着自己干活的工具，每人一只三角木马，因为都背着木马，所以在人群中就特别显眼。

再说马步漾里有许多货船经过，看到如此浩大的送葬队伍，觉得好奇，就都停下来观看。其中有一艘装满了石灰的货船，在看闹忙中，不知是船员技术出问题还是跟别的船只碰撞了，竟在这时候倾翻在马步漾中央，顷刻间石灰与水起了反应，顿时马步漾的水就沸腾了起来。这时队伍已到了目的地，观看的行人见没有什么特别之事发生，都竞相涌向漾边去看那只沉掉的石灰船。从市场里回来提着鲤鱼的人，也许是担心走到漾岸边会一不小心让鱼逃到水里，就将鲤鱼用稻草串起，悬挂在了离岸边较远的树上，就跑到漾边看热闹去了。此时，漾面上已经烟雾缭绕，湖水沸腾，水面上还不断地冒着气泡。这边沸沸腾腾，那边也已经安然落葬了棺木，人们感觉似乎什么事情也都没有发生。

大家不过是看了一场热闹，但是风水先生提出过的落葬时应发生的四个要求，即产生风水的四个前提都是无巧不成书，在不知不觉中，全部都实现了，只是没人留意到罢了。看完热闹后，大家也都散了，谁也没有再记挂起这件事，韩其洲也不知道父亲棺木落葬时，已实现了风水先生所说的必备条件，风水已经葬着了。

不久，韩其洲在种田外还做起了生意，而且机遇也特别好，过了不久，他就很快地发起了家，而且生意越做越大，财富也越来越多。他自己富了，但没有忘记他的乡亲邻里，他能帮的就帮，能扶的就扶，统统照顾他们。渐渐地，整个韩家门在韩其洲的带领下都富裕了起来，村里人个个对韩其洲跷起了大拇指，认为他就是大家的恩人，全村人就像个大家庭，互帮互助，共同致富。

这时村上的和周边村上的人都说是因为韩其洲家墓葬的缘故，祖坟葬到了好风水，福泽了整个韩家门。人们习惯性地称韩其洲家的祖坟为“燕子坟”。

几年后，韩其洲早成了这远近闻名的富豪，韩家门也成了闻名遐迩的“富家庄园”，自家有女儿的也都希望她能嫁到那样的好地方。那里家家户户都生活富裕，邻里间和睦相处。邻村村民有困难，也会到韩家门找韩其洲帮助解决。所以韩家门成了大部分人的向往之地，韩家门的七十几户人家也一直在往更高的生活水平发展，“燕子坟”的墓葬更成了传奇。

韩其洲家的家产业越来越大。当时农、林、副、渔各业兴旺，几年发展下来，光是池塘就拥有了 99 个，其他就更不用说了。村里人流传说，韩其洲家里已积有十八髭金十八髭银。一日，有人跟韩其洲提到："现在你们家 99 个池塘，何不再挖一个，凑成 100 个呢？"韩其洲听后，觉得确实如此，自己心里也早有了这个想法，只是一直以来都没有时间和花更多的精力去做这件事。经这个人这么一提，觉得这件事应该尽快去完成。

说做就做，韩其洲在自己的池塘和田地间仔细走了一圈，却没有找到合适的地方可以新挖一个池塘的。后来，经过祝家兜，看见祝家兜那么大，心里就想在祝家斗筑条坝，将它一分为二，就会多一个池塘，这样不就满 100 个了吗！想了后决定就办，他马上召集人手，开始在祝家兜的中间筑起了一条宽宽的埂道，祝家兜就分出了一个池塘，韩其洲家从此就拥有了 100 个池塘。

可是此后不久，韩家门就发生了一连串的事情。村里发生了瘟疫，所有的家禽都不约而同地生病，疫情不断地扩大，鸡、鸭、猪、狗、羊等所有畜养的动物无一幸免，整个韩家门人心惶惶。为了防止瘟疫传到人身上，村里人都自觉地将生病的家禽掩埋。瘟疫过后。韩家门所剩的家禽屈指可数，短期内村里的人也不敢再大量的养殖家禽了，所幸并没有人在瘟疫过程中感染。过了没多久，差不多是庄稼快要收割时，这里发生了水灾，狂风夹着暴雨，庄稼在风吹雨打中倾倒，风雨持续了好几天，整个韩家门就像是陷入了一片汪洋中，当雨水褪去已是一个多月之后，浸泡了一个多月的庄稼，几乎是颗粒无收，周边所有的村子都一样。

但因为韩家门田地产业大，损失相对就要高得多，尤其是韩其洲家，在渔业上的损失更是比农业上要大得多。庄上出现了恐慌，一连串的事情，天灾、人祸、瘟疫，似乎是上天有意惩罚的，遭到天谴，村里在外做生意的人也开始畏首畏尾，想等到所有家里的事情稳当一点，再到外面去经商。

屋漏偏逢连夜雨,船漏又遇顶头风。韩其洲家在经商上也出现了阻碍,各地的商家纷纷崛起,商业上的竞争越来越大,原本许多固定的客源也被别人挖走。联盟的商家因听到谣传的许多关于韩家门遭天谴的流言而散伙，生意竟然一落千丈,许多的家业因商业上的损失而变卖,当村里其他的生意人想联手挽救时,木已成舟为时已晚了。依靠韩其洲而发家的“六母猪,七十二丁狗”也因韩其洲家的牵带,都慢慢地败落下来,最后沦为贫民了。后来人们说起韩家门历史变迁的事,都说韩其洲家只能有 99 个池塘,因为在祝家兜筑埂道凑成了 100 个池塘而破了原先的好风水,那里本来是龙脉的七寸,一截断龙就被打死了。韩家门的财运也就破了。

从此,韩家门的故事一直在附近的乡村里广泛地流传下来,至今,人们说起时还津津乐道,韩姓人家还以此为荣呢。

沈高明的传说

传说清朝中期高明桥自然村的沈高明,他平时爱做善事,敬老爱幼,建桥铺路,广为后人的传扬,感动非凡。沈高明居住于高明桥之北的沈瑞松与沈志洪两家的中间,门口有一条 2 米宽的石板路,正屋前有两个石柱和门槛,进入墙门便是繁花似锦的花园,花香四溢,尽显大户人家的气派。

起初,韩家门村的韩其洲富了,且沈高明还在过着平常人的普通生活。

有一天,沈高明发家致富的机遇来了,他和往日一样,起床后去外面解个方便,正值此时,隐约听到有人说“快到韩家庄的韩其洲家了。”当时,沈高明不解其意,便上前探问,答道:“我们要将这车银两送往韩家庄的韩其洲家。”这时,沈高明心想,我是否也可以得到银两?并问及两位拉车人后,拉车人回答:“你的银两还在后面。”第三年,财神爷果然拉着装满银两的车送到沈高明的家,沈高明成了本地的财富,被誉为“三黄牛”之一。

沈高明富裕后,想为民做点事实。恰巧有一位村民在当地河道内捕鱼时,遭到了打网村渔民的挨打,其原因是当时村民捕捉了打网村河道的鱼。沈高明听闻后,心生不悦,深感不平,激起了他为农户抱不平的想法。他想,要解决此类问题,必须要打一场官司，并开始向当时的律师了解司法程序，下决心要打赢这场官司，为当地村民讨回一个公道。几经周折，花尽了银两，终于打赢了这场官司，即：高明桥至冯家门后的西息兜河道归当地所有，凡有打网村渔民来捕鱼时，打网村渔民捕得之鱼与当地村民各得一半。沈高明赢得官司后，原想在河道中立铜牌告知众乡亲，但由于耗尽了财力只能立了一块铁牌。

位于高明桥自然村的东南方向，即卷龙头南面的桑树地上有疑似沈高明之墓，现今健在的老人小时候都看到过此墓，并有墓碑可见，但是否确为沈高明之墓已无考证。

沈高明为富又仁，热心为村民做善事，弘扬美德，得到了大家的赞许并被传为历史传奇故事。人们习惯称位于高明桥村的保安桥为“高明桥”，自然村落也因此称高明桥村，也许与沈高明有一定的联系。

（根据村民叙述整理）

后　记

盛世修志是中华民族的优秀传统。纤石村“两委”决定编写《纤石村志》,这是纤石村文化建设的一项大工程,走在了村级编志工作的前列。村人写村志,作为土生土长的纤石人应尽一点绵薄之力。

《纤石村志》是一部记录和反映纤石村历史发展的纪实读本,是纤石村的宝贵资料。因为纤石具有悠久的历史,在历史的长河中,孕育、积淀了深厚的农耕文化、商贸文化、漕运文化、民风习俗等一系列乡村文化。

纤石村农耕文化源远流长,至今仍保留传统农耕色彩。上纤埠集市是纤石村商贸文化的雏形,并不断扩大,鼎盛时期,各方商贾云集于此,雅称“小上海”,商业氛围十分浓厚。古朴的村风民俗亘古至今世代传承,可以说纤石的历史是一部饱满的发展史,写好纤石史意义深远,责任重大。

《纤石村志》编纂坚持以马克思列宁主义、毛泽东思想、邓小平理论、“三个代表”重要思想、科学发展观、习近平新时代中国特色社会主义思想为指导,从思想政治性、资料真实性、编纂规范性出发,以达到专家肯定、“两委”满意、村民爱看的目的。

编纂《纤石村志》,面临时间紧、史料少的困难,通过周详的工作计划、内部培训学习,确立从易到难、由近及远、从已知追溯未知的有效工作方法,发挥团队的集体作用,避免走弯路,使编纂工作顺利进行。

通过档案馆收集资料、召开座谈会、个别访谈等方式,多方收集资料,力求资料的真实性。共计到余杭区档案馆收集资料 40 人次,召开各类座谈会 3 次,个别访谈 50 余人次,重点调查农户 15 户,并深入各组农户进行基础资料调查,力求全面、准确、客观地反映纤石村诸方面原貌。

《纤石村志》共设 7 编,25 章。其中,由沈农高设计纲目,执笔编写概述,第一编第一章、第三章,第二编第一章,第三编第一章、第二章、第三章,第四编第一章、第二章、第三章,第五编第一章、第二章、第三章,第六编第一章、第二章、第三章,第七编第一章、第二章,并对全书进行统稿、修改及部分照片拍摄。康烈华执笔编写凡例、第二编第二章、第六编第四章。梁文伟执笔编写第二编第三章、第四章第一节、第五章第一节以及插图描绘及资料统计工作。沈伟平执笔编写第一编第二章第一节;第二编第五章第二、三节,第六章第一节。徐美根收集并整理了"大事记"及历任村级领导任职资料,无私提供个人珍藏的史料。梁苏伟收集了大量资料,并整理编写第六编第五章资料。梁晓宇、金佳蓉担任文字录入,前期赵玲虹也做了部分文字录入相关工作。沈祥林担任照片拍摄工作。纤石村驻村法律顾问金忠华对《纤石村志》进行了审阅。纤石村"两委"对《纤石村志》进行了初审。

《纤石村志》编纂始终深得专家们的关心,王庆、李景苏、叶华醒、陈顺水、陈宏、吕伟纲等专家到编辑部现场指导。王庆、李景苏、叶华醒、陈顺水、吕伟纲等还在百忙中为《纤石村志》初稿进行全面细致的审阅,提出了十分有益的修改指导意见,并对评审稿进行专业评审,这对《纤石村志》编纂工作具有十分重要的指导意义,在此表示万分感谢!

《纤石村志》编纂中,得到了余杭区党史办、余杭区(临平区)档案馆的鼎力支持,同时还得到了余杭区委组织部、余杭区人力资源和社会保障局、余杭区退役军人事务局、余杭区民政局、余杭区农业农村局、余杭区教育局、余杭区地名办、余杭区良渚街道党工委办事处、中化地质矿山总局浙江地质勘查院、《仓前志》编辑部、良渚社区卫生院、安溪卫生院、良渚街道新港村等单位的大力支持,在此表示衷心感谢!村"两委"十分重视村志编纂工作,退休老干部以及各组组长、热心村民对《纤石村志》编纂工作也给予了关注和支持,在此一并表示由衷的感谢!

杭州市及时雨植保防治服务专业合作社、杭州梁山机械配件厂等驻村企业及教育卫生单位对《纤石村志》的编纂也给予了大力支持与配合,在此表示真诚的感谢!

《纤石村志》编纂工作能够顺利完成,与大家的支持是分不开的,也是编纂团队共同努力的成果。

由于我们编志水平不高,经验缺乏,加上史料不足,难以顾及全面,难免存在一些缺憾和不足之处或不尽如人意的地方,敬请读者不吝指正,待以后修编村志时再加以改进或弥补。

编者

2023 年 2 月 16 日

图书在版编目(CIP)数据

纤石村志 /《纤石村志》编纂委员会编.—北京 : 方志出版社, 2023.11
ISBN 978-7-5144-5741-4

Ⅰ. ①纤… Ⅱ. ①纤… Ⅲ. ①村史-余杭区 Ⅳ. ① K295.55

中国国家版本馆 CIP 数据核字(2023)第 219653 号

责任编辑:刘方圆
责任校对:张玉霞
责任印制:梅中英
出 版 者:方志出版社
地　　址:北京市朝阳区潘家园东里 9 号(国家方志馆 4 层)
邮　　编:100021
网　　址:http://www.zgfzcb.cn
发　　行:方志出版社图书营销中心(010-67110500)
印　　刷:杭州供销印刷有限公司
开　　本:889 毫米×1194 毫米　1/16
印　　张:30.2
字　　数:539 千字
版　　次:2023 年 11 月第 1 版
印　　次:2023 年 11 月第 1 次印刷
定　　价:160.00 元